国家通用手语系列
中国残疾人联合会　组编

美术常用词通用手语

中国聋人协会
国家手语和盲文研究中心　编

华夏出版社
HUAXIA PUBLISHING HOUSE

图书在版编目（CIP）数据

美术常用词通用手语 / 中国残疾人联合会组编；中国聋人协会，国家手语和盲文研究中心编. -- 北京：华夏出版社有限公司，2022.10
（国家通用手语系列）
ISBN 978-7-5222-0368-3

Ⅰ. ①美… Ⅱ. ①中… ②中… ③国… Ⅲ. ①美术－手势语－特殊教育－教材 Ⅳ. ① H126.3 ② G762.4

中国版本图书馆 CIP 数据核字 (2022) 第 122260 号

Ⓒ 华夏出版社有限公司　未经许可，不得以任何方式使用本书全部及任何部分内容，违者必究。

美术常用词通用手语

组 编 者	中国残疾人联合会
编　 者	中国聋人协会　国家手语和盲文研究中心
项目统筹	曾令真
策划编辑	王一博
责任编辑	李亚飞
美术编辑	徐　聪
装帧设计	王　颖
责任印制	顾瑞清
出版发行	华夏出版社有限公司
经　 销	新华书店
印　 装	三河市少明印务有限公司
版　 次	2022 年 10 月北京第 1 版 2022 年 10 月北京第 1 次印刷
开　 本	787×1092　1/16 开
印　 张	18.25
字　 数	400 千字
定　 价	59.00 元

华夏出版社有限公司　地址：北京市东直门外香河园北里 4 号　邮编：100028
网址：www.hxph.com.cn　电话：（010）64663331（转）
若发现本版图书有印装质量问题，请与我社营销中心联系调换。

再版前言

美术以视觉形象承载和表达人的思想观念、情感态度和审美趣味，丰富人类的精神和物质生活。美术教育是实施美育的主要途径和内容，对于立德树人具有独特而重要的作用。聋校美术课程能培养聋生发现美、欣赏美、表现美、创造美的思维和能力，对于聋生全面、健康的发展具有独特的作用。

2018年1月《美术常用词通用手语》出版，对聋人教育机构的教学工作和聋人欣赏、创作美术作品产生了积极影响。时光荏苒，随着国家通用手语研究的深入和聋教育的发展，一些新的情况出现：一是2019年10月《国家通用手语词典》出版，凡同一词目，若《美术常用词通用手语》与《国家通用手语词典》存在不同之处的图文，需要统一；二是聋校义务教育美术课程各年级教材陆续出版，其中一些专业术语和教学用语过去未被收入原书中，需要补充；三是原书使用过程中发现有的词目名称与聋校美术教材不一致、个别手语动作不够准确等，需要修正。为此，2021年12月起，《美术常用词通用手语》修订工作启动。在修订过程中，中国聋人协会手语研究与推广委员会徐聪，北京启喑实验学校孙联群、张春东、张洋、赵锦艳、高向昱，北京市健翔学校王昆，太原市聋人学校季谦，济南特殊教育中心卢文，淄博市特殊教育中心张茜，南京市聋人学校张晓华，如皋市特殊教育学校冒朝霖，合肥特殊教育中心刘同滨，武汉市第二聋哑学校刘黎，南昌市启音学校康宏军等提出了中肯的建议。在此一并表示衷心的感谢！

新版《美术常用词通用手语》共收入词目1468个（含列在括号中的同义词、近义词）。其中，❶❷为词目相同、词义不同的词；①②为词目和词义相同，但手语动作有差异的词。

限于我们的专业水平和能力，本书难免存在不完善之处，希望广大读者提出意见，以便今后进一步完善。

编者
2022年6月

前　言

2013年4月《美术专业手语》出版以后，对聋人学习美术知识、创作美术作品，规范聋校美术课程和美术专业职业教育课程的专业术语手语动作，顺利开展教学，发挥了积极作用。2011年，我国通用手语方案研究正式启动。随着对聋人手语表达特点研究的不断深入和通用手语词汇方案的形成，需要使美术手语与通用手语方案衔接，保持相同词目手语动作的一致性，并按照2016年12月教育部颁发的聋校义务教育美术课程标准补充与教学有关的新词。同时，对原美术手语中不符合手语形象性、空间性、简约性等特点的动作进行修改，以更好地适应聋人教育机构的教学工作和聋人欣赏、创作美术作品的需要。

在中国残疾人联合会的支持下，自2014年起，中国聋人协会与国家手语和盲文研究中心共同组织了对原《美术专业手语》一书的全面修订，整个修订工作历时3年多时间。在修订过程中，为尽可能体现手语重在表意表形的特点，编写组广泛听取全国聋人高等院校和部分聋校美工课、视觉传达设计课聋人教师的意见，通过反复讨论、比较，选取形象、简洁的手语，作为美术课教学应使用的通用性、规范性手语。需要指出的是，这些手语仅是表示词目的名称或是模仿绘画、雕塑、书法、工艺美术等动作，不能将手语动作等同于标准的绘画、雕塑、书法、工艺美术等的技术动作。在教学中，教师还应给聋生示范具体规范的相关技术动作。

修订后的新书更名为《美术常用词通用手语》。全书正文部分共收入词目1299个（含列在括号中的63个同义词、近义词和以①②标出的17个名称相同而手语动作不同的词）。与原《美术专业手语》相对照，词目未变而手语动作完全改变或部分改变的有762个，可见修订力度很大，这也是原《美术专业手语》使用者应该特别注意的。鉴于有的词目我国南北方聋人或教师的手语表达存在很大差异，且意见不能统一，本书列出两种不同的动作，供使用者面对不同地区的对象时选择使用。

参加修订讨论和编写工作的有：国家手语和盲文研究中心顾定倩、王晨华、于缘缘、乌永胜、恒淼、仇冰，北京联合大学特殊教育学院胡可，长春大学特殊教育学院王小舟、刘禹含，郑州工程技术学院（原中州大学）刘明、贺志强，浙江特殊教育职业学院卢苇，北京市东城区特殊教育学校祁伟，北京启喑实验学校孙联群、张洋、赵锦艳、高向昱、张春东，北京市健翔学校（原北京市第三聋人学校）王昆、邓利，天津聋人学校王健、崔一闻、张一星，哈尔滨市特殊教育学校鲍大鹏，石家庄市特殊教育学校庞涛、刘春燕、鄂宇、郑源，济南特殊教育中心李伟、卢文，淄博市特殊教育中心张茜、张霞，菏泽市特殊教育中心蒋学文，合肥特殊教育中心刘同滨，南京市聋人学校张晓华，苏州市盲聋学校华春，杭州聋人学校王小莲，郑州市盲聋哑学校俞楠，武汉市第二聋校刘黎，广州市启聪学校张辉，成都市特殊教育学校潘旻、朱艳，贵阳市盲聋哑学校李黔方，拉萨市特殊教育学校宁晓寒，宁夏特殊教育学校张军，华夏出版社徐聪。

全书文字说明和统稿由顾定倩负责，绘图由孙联群负责。

修订编写工作始终得到中国残疾人联合会主席团副主席吕世明、副理事长程凯，中国残疾人联合会教育就业部副主任李东梅、教育处处长韩咏梅、教育处科员林帅华，中国聋人协会主席杨洋，华夏出版社社长黄金山、副总编辑曾令真的关心；得到北京联合大学、长春大学、郑州工程技术学院、浙江特殊教育职业学院、北京市东城区特殊教育学校、北京启喑实验学校、北京市健翔学校、天津聋人学校、哈尔滨市特殊教育学校、石家庄市特殊教育学校、济南特殊教育中心、淄博市特殊教育中心、菏泽市特殊教育中心、合肥特殊教育中心、南京市聋人学校、苏州市盲聋学校、杭州聋人学校、郑州市盲聋哑学校、武汉市第二聋校、广州市启聪学校、成都市特殊教育学校、贵阳市盲聋哑学校、拉萨市特殊教育学校、宁夏特殊教育学校等单位的支持。华夏出版社特殊教育编辑部刘娲、徐聪、王一博为此书的编辑、加工付出了辛勤的努力。在此，谨向所有关心、支持此书出版的单位和人士表示衷心的感谢！

美术形式的变化无止境，手语的发展也无止境，美术常用词通用手语的修订工作将永远在路上。限于我们的专业水平和能力，本书难免有不完善之处，希望广大读者提出意见以便今后进一步完善。

《美术常用词通用手语》编写组

2017 年 10 月

原《美术专业手语》前言

美术是人类认识和表达客观世界和主观世界的一种特殊方式和方法。它用可视的平面或立体视觉艺术形象反映自然和社会生活,表达创作者的思想观念和感情,给人以感染与遐想。美术无时不在,无处不在,成为人们生活不可缺少的一部分。随着科技的发展,美术表达的形式也在不断丰富和变化之中。美术对聋人有着特殊的意义。它能充分发挥聋人视觉敏锐、观察细致的优势,施展动觉模仿力强的特长,在艺术的方式中体验美、欣赏美、热爱美、创造美,陶冶情操,张扬个性,乐观向上。因而,聋人对美术也有着天然的偏好。美术课一直是我国聋校实施美育的重要课程,美术相关专业也是聋人中等和高等职业教育的主要专业之一。

为了适应聋人美术教育的需要,规范美术专业术语的手势,促进聋人之间、聋人与健听人之间顺利开展文化交流和艺术切磋,中国残疾人联合会教育就业部于2002年委托长春大学特殊教育学院组织编写《美术专业手语》,作为《中国手语》专业手语系列丛书之一,进一步丰富手语词汇。在本书编写过程中,正值我国特殊教育学校进行课程改革和聋人中、高等职业教育的发展,因此,在词目选择和手势动作的研究设计方面数易其稿,花费了相当长的时间,可谓"十年磨一剑"。

本书共收录词目1207个(含括号内的同义词35个)。词目确定依据义务教育阶段美术课程教材,以及中等学校和高等院校美术专业教学内容,从中选择最基本和最常用的专业术语。全书按美术的一般词汇、国画、油画、水粉画、水彩画、版画、雕塑、动漫、工艺美术、艺术设计、书法、篆刻、美学及美术流派进行编排,并附拼音索引、部首索引和西文索引。

美术本身就是在动作中完成的,因此,美术专业术语的手势动作,首先从聋校美术教师和高等特殊教育院校美术专业教师,以及从事美工设计的聋人中采集,再依据《中国手语》提出的原则,对不同打法进行比较,择其优者使用多者而用之。对一些本无手势的专业术语,在征求各方意见的基础上编纂手势,凡是与绘画、雕塑等实际动作相关的,手势就直接模仿动作。在美术教学或美术实践的环境中,这些手势动作可以表达专业术语的概念,具有很强的专业性。可是离开了这一背景,它就不像表达一般生活概念的手势那样容易被人理解,具有一定的局限性,这是专业特点所决定的。另外,凡是《中国手语》及其专业手语系列丛书已有手势的，基本沿用，但也根据美术教师和聋人的使用实际，修改了个别术语的手势动作。这些修改主要包括以下几个方面。

第一，更改词目。《中国手语》中的"美术"与"绘画"是作为同义词处理的，因此，手势动作一样。在编写本书时发现原来的归并处理不够科学。美术包括绘画、雕塑、工艺、建筑和摄影等类型，其概念的内涵与外延都比绘画概念的内涵与外延要多和广。因此，本书将"美术"与"绘画"分开作为两个词，并相应地增加了"美术"的手势，局部修改了"绘画"的手势。与此相同，将原作同义词处理的"素描"与"写生"也分开了，按两个词分别用不同的手势来表示。

第二，更改动作。例如，"借景抒情"的"借"在《中国手语》书中是"一手打手指字母'J'的指式，然后变为手平伸，掌心向上，由外向内移动"。聋人则更多地使用自己的习惯手势。因此，本书的"借"采用了聋人较多使用的"一手拇、中指相捏，其他三指张开，从外向内移动"的手势。此外，更改的动作的还有"自然"、"怪"、"寓"等词目。

第三，增加动作。例如，"书法"有硬笔与软笔书法两种，《中国手语》中仅有执毛笔写字的手势，若用于硬笔书法就不准确。因此，本书补充了执钢笔、铅笔状写字的手势，以弥补原来的不足，体现两种书法的不同形式。这样，使用者可以根据实际情况选择其中的一个手势。

第四，减少动作。例如，《中国手语》用"左手横伸；右手侧立于左手掌心上，并左右拨动一下"和"一手五指并拢，指尖朝下，横、竖各划一下"两个动作表示"分割"一词，第二个手势实际上已经含有"分"的含义，不必再打第一个"分"的手势。因此，本书"分割线"一词的"分割"减掉了原来"分"的手势。

本书由长春大学特殊教育学院孙丰教授主持编写，编写组成员包括徐景福、米括、孙虎鸣。长春大学庄树范副校长和特殊教育学院领导张代治、鲁毅光及原院长王爱国一直关心支持本书的编写工作。编写初期，编写组向北京、上海、河北、河南、江苏、浙江、江西、广东、甘肃、新疆等地一些特殊教育学校和中等、高等特殊教育院校征求意见，得到了当地特殊教育院校的大力配合。北京启喑实验学校孙联群承担了全部的绘图工作。本书拼音索引由北京师范大学特殊教育系2007级本科生陈文雯、丰蕾、侯婷、贾睿、贾雪、吴冰、周娜娜完成，部首索引由北京市东城区特殊教育学校（北京市第一聋人学校）宋晓华完成。

国家手语和盲文研究中心主任、北京师范大学教育学部顾定倩教授主持全书的统稿和审定工作。华夏出版社徐聪，西安美术学院特殊教育艺术学院赵绪乾、秦东，中州大学特殊教育学院苏亮，山东省特殊教育中等专业学校王雯、姜欣、刘文江，广州市聋人学校吴蓉，兰州市盲聋哑学校王云，武汉市第二聋校刘黎，北京市东城区特殊教育学校（北京市第一聋人学校）宋晓华、么慧颖，北京启喑实验学校孙联群、孙宏伟，北京市第三聋人学校于缘缘、王昆，先后参加了研讨审定工作。

中国残联教育就业部副主任唐淑芬、副处长黄伟及原处长李东梅给予本书关心与指导。本书的出版得到华夏出版社的大力支持，刘娲编辑做了大量精心的编辑工作。北京师范大学特殊教育系2010级研究生刘颖也为此书做了大量校对工作。在此一并表示感谢。

限于水平和能力，书中难免有不足之处，敬请广大读者提出意见与建议，以便今后进行修正。

《美术专业手语》编写组

2012年10月

目 录

汉语手指字母方案 ··· 1
手势动作图解符号说明 ·· 11
手位和朝向图示说明 ·· 13

一、一般词汇

1. 美术通用术语

美术❶　美术❷　绘画（图画、绘制）　素描　写生 ························ 1
写真①　写真②（写实①）　写实②　速写　慢写　临摹 ·················· 2
追摹　线描　描绘　再现　刻画　塑造 ·· 3
提炼　简化　习作　草图　构思　构图 ·· 4
点　节点　线（线条）　面　选景　取景 ······································ 5
取景框　全景　远景　中景　近景　背景 ······································ 6
场景　物象　幻象　静态　动态　疏密 ·· 7
虚实①　虚实②　取舍　起稿　拓稿　涂鸦① ······························· 8
涂鸦②　喷绘　风景　静物　人物　造形（造型） ·························· 9
人体比例　关节点　脸型　三庭五眼　上庭　中庭 ··························· 10
下庭　头部八格　五官　石膏像　半面像　切面像 ··························· 11
肖像　头像　胸像　半身像　全身像　模特儿 ································ 12
直线　转折线　轮廓线　重心线　中心线　动态线 ··························· 13
S形曲线　分割线　辅助线　虚线①　虚线②　实线① ···················· 14
实线②　排线　透视　透视现象①　透视现象②　成角透视 ··············· 15
平行透视　倾斜透视　散点透视　空气透视　色彩透视　地平线 ·········· 16
视平面　视平线　视中线　视高　视线　视角 ································ 17
视野　视域　视距　视点　视向　距点 ·· 18
心点　余点　天点　地点　消失点（灭点）　焦点（交点） ················ 19
仰视　平视　俯视　平行　倾斜（歪）　原线 ································ 20
变线　光（光源、光线）　顺光（受光）　逆光（背光）　侧光　强光 ···· 21
弱光　主光　辅光　高光　人造光　自然光 ···································· 22
投影　光影　三大面　受光面　侧光面　背光面 ······························ 23
五调子　亮面　灰面　暗面　明暗　明暗度 ···································· 24
明暗交界线　黑白对比　黑白灰关系　二维空间　三维空间
　　形状（形态、姿态、款式、样式） ·· 25

形体　体积　体块　基本形　椭圆形　几何形体 26
正三角形　正五边形　正六边形　立方体　圆柱体　圆锥体 27
方锥体　球体　多面球体　六棱柱体　十字贯穿体　顶面 28
底面　感受　感觉　视觉　错觉　质感 29
量感　灵感　光影感　空间感　立体感　体积感 30
进深感　层次感　透明感　瞬间　弯度　测量 31
目测　物测　推测　弧线　垂直　起伏 32
反射（反光）　聚焦　整体　局部　细节　覆盖 33
单调　表现　对比　层次　衬托　遮挡 34
想象　联想　具象　抽象　形象　象形① 35
象形②　神态　传神　陪衬　题材　素材 36
典型　定型（定形）　位置❶　位置❷　视图　主视图 37
侧视图　俯视图　仰视图　左视图　右视图　要素 38
对称　呼应　平衡　均衡　多样统一　比例关系 39
黄金分割律　章法　画法　技法　步骤　思路 40
节奏　韵律　纹理（纹路、条纹、花纹①）　平涂　填涂（填漆）　添画 41
剪贴　撕贴　拼贴　拼摆　穿插　手绘法 42
粘贴法　浓重　轻淡　形似　神似　单薄 43
淡薄　湿润　气氛　功力①　功力②　功底① 44
功底②　协调法　景象　美化　远近　成组 45
单个　单体　笔触　示范①　示范②　范画① 46
范画②　画面 47

2. 色彩

色彩（颜色）　三原色　三间色 47
正色（正统色）　标准色　流行色　色谱　色相　色块 48
色性　色轮（色环）　色阶　色表　彩度（色度）　色泽 49
复色　混色　补色　肤色　深色　浅色 50
底色　铺色　浊色　上色（着色）　配色　调配 51
火气　明度　纯度　鲜艳度　灰度　饱和度 52
颜料　大红　橘红（桔红）　粉红　土红　深红 53
曙红　朱红　西洋红　玫瑰红　印度红　橙色 54
橘黄　土黄　柠檬黄　淡黄　深黄　中黄 55
草绿　翠绿　淡绿　粉绿　墨绿　浅绿 56
深绿　土绿　中绿　橄榄绿　群青　青莲 57
蓝①　蓝②　钴蓝　湖蓝　普蓝　紫 58
紫罗兰　赭石　生赭　褐色（棕色、咖啡色）　肉色　白 59
钛白　锌白　银白　银灰　高级灰　银黑 60
炭黑　煤黑　象牙黑　光源色　固有色　环境色 61
过渡色　互补色　极度色　邻近色　近似色　类似色 62

条件色　同种色　同类色　图案色　调和色　荧光色 ················· 63
中性色　对比色　强对比　中对比　弱对比　色立体 ··················· 64
色彩感　装饰色彩　色彩搭配　色彩倾向　调子　高调 ··················· 65
中调　低调　总色调　冷暖度　冷色系　暖色系 ··· 66

3. 美术工具
画材　画板　画垫（画毡）　画夹　画架 ··· 67
画框　画箱　衬布　调色板　调色盒　蜡笔 ··· 68
马克笔（记号笔）　荧光笔　色粉笔　油性笔　水性笔　炭铅笔 ········· 69
炭精条　木炭条　裁纸刀　美工刀　定画液　透图台 ································ 70

4. 美术种类　展馆
工艺美术　工业美术　实用美术（应用美术）　创意素描　结构素描 ········· 71
明暗素描　设计素描　全因素素描　十二生肖　壁画（墙绘）　变体画 ······ 72
丙烯画　玻璃画　布贴画　蛋彩画　独幅画　风景画 ································· 73
风俗画　钢笔画　挂画　挂盘画　海景画　记忆画 ···································· 74
架上绘画　简笔画　建筑画　胶彩画　军事画　刊头画 ···························· 75
科幻画　连环画　漫画　命题画　年画　农民画 ·· 76
拼贴画　漆画　全景画　群像画　绒画　三联画 ·· 77
色粉画　沙画　湿壁画　时装画　数码绘画　铁画 ···································· 78
西洋画　细密画　镶嵌画　宣传画　岩画　纸贴画 ···································· 79
组画　宗教画　祭坛画　经变画　天顶画　佛像画 ···································· 80
圣像画　浮世绘　画像石　画像砖　画廊　美术馆 ···································· 81
艺术馆　展览馆（博物馆）　陈列室（陈列馆）　展板　展台　展品（陈列品） ········· 82

二、国画

1. 种类
中国画（国画）　彩墨画　水墨画　山水画　金碧山水 ···························· 83
浅绛山水　青绿山水　人物画　仕女画　小品画　工笔画 ······················· 84
工笔重彩　工笔花卉　工笔花鸟　工笔人物　界画　写意画 ··················· 85
写意花鸟　写意人物　写意山水　写意小品 ··· 86

2. 画法
指画 ··· 86
三远法　平远　深远　高远　兼工带写　没骨法 ·· 87
双钩　勾勒　勾线　衣纹线　皱纹线　白描 ··· 88
十八描　混描　曹衣描　橄榄描　减笔描　枯柴描 ···································· 89
柳叶描　蚂蟥描　琴弦描　蚯蚓描　铁线描　枣核描 ······························· 90
折芦描　竹叶描　橛头钉描（秃笔线描）　钉头鼠尾描　高古游丝描　行云流水描 ········· 91
战笔水纹描　皴法　斧劈皴　荷叶皴　解索皴　牛毛皴 ··························· 92
披麻皴　折带皴　点叶法　夹叶法　个字点　介字点 ······························· 93
菊花点　梅花点　鼠爪点　松叶点　小混点　水墨 ···································· 94

墨法 墨分五色 淡墨 积墨 焦墨 浓墨 ⋯⋯⋯⋯⋯⋯⋯⋯⋯⋯⋯⋯⋯⋯⋯⋯⋯⋯ 95
泼墨 破墨 染墨 色墨 宿墨 墨彩（墨色）⋯⋯⋯⋯⋯⋯⋯⋯⋯⋯⋯⋯⋯⋯⋯⋯ 96
以墨破色 以色破墨 以墨破水 以水破墨 以浓破淡 以淡破浓 ⋯⋯⋯⋯⋯⋯⋯⋯ 97
以干破湿 以湿破干 破凤眼 水色 湿笔 罩色 ⋯⋯⋯⋯⋯⋯⋯⋯⋯⋯⋯⋯⋯⋯⋯ 98
重彩 蘸墨 蘸色 蘸水 渲染 染法 ⋯⋯⋯⋯⋯⋯⋯⋯⋯⋯⋯⋯⋯⋯⋯⋯⋯⋯⋯⋯ 99
分染 晕染 点苔 勾画 勾填 画题 ⋯⋯⋯⋯⋯⋯⋯⋯⋯⋯⋯⋯⋯⋯⋯⋯⋯⋯⋯⋯ 100
长题 题跋 题款 题诗 穷款 飞白 ⋯⋯⋯⋯⋯⋯⋯⋯⋯⋯⋯⋯⋯⋯⋯⋯⋯⋯⋯⋯ 101
留白 工细 造化 造境 印章（盖章、钤印） 名章 ⋯⋯⋯⋯⋯⋯⋯⋯⋯⋯⋯⋯⋯ 102
闲章 ⋯⋯⋯⋯⋯⋯⋯⋯⋯⋯⋯⋯⋯⋯⋯⋯⋯⋯⋯⋯⋯⋯⋯⋯⋯⋯⋯⋯⋯⋯⋯⋯⋯ 103

3. 式样 装裱

巨幅 手卷 画卷 长卷（横卷）⋯⋯⋯⋯⋯⋯⋯⋯⋯⋯⋯⋯⋯⋯⋯⋯⋯⋯⋯⋯⋯ 103
立轴 挂轴 通景屏（海幔） 卷轴画 轴头 册页 ⋯⋯⋯⋯⋯⋯⋯⋯⋯⋯⋯⋯⋯ 104
扇面 摹本 透稿① 透稿② 装裱 裱画 ⋯⋯⋯⋯⋯⋯⋯⋯⋯⋯⋯⋯⋯⋯⋯⋯⋯ 105
裱画台 ⋯⋯⋯⋯⋯⋯⋯⋯⋯⋯⋯⋯⋯⋯⋯⋯⋯⋯⋯⋯⋯⋯⋯⋯⋯⋯⋯⋯⋯⋯⋯ 106

4. 文房四宝

文房四宝 毛笔 笔杆 笔根 ⋯⋯⋯⋯⋯⋯⋯⋯⋯⋯⋯⋯⋯⋯⋯⋯⋯⋯⋯⋯⋯⋯ 106
笔腹 笔头 笔锋 大白云 中白云 小白云 ⋯⋯⋯⋯⋯⋯⋯⋯⋯⋯⋯⋯⋯⋯⋯⋯ 107
叶筋笔 衣纹笔 点梅笔 狼毫毛笔 羊毫毛笔 兼毫毛笔 ⋯⋯⋯⋯⋯⋯⋯⋯⋯⋯ 108
软硬兼毫 大提斗 排笔 板刷 棕刷 笔架 ⋯⋯⋯⋯⋯⋯⋯⋯⋯⋯⋯⋯⋯⋯⋯⋯ 109
笔筒 笔洗 墨汁 徽墨 松烟墨 油烟墨 ⋯⋯⋯⋯⋯⋯⋯⋯⋯⋯⋯⋯⋯⋯⋯⋯⋯ 110
砚台 矿物色 植物色 明矾 朱砂 朱磦 ⋯⋯⋯⋯⋯⋯⋯⋯⋯⋯⋯⋯⋯⋯⋯⋯⋯ 111
胭脂 藤黄 头绿 二绿 石绿 花青 ⋯⋯⋯⋯⋯⋯⋯⋯⋯⋯⋯⋯⋯⋯⋯⋯⋯⋯⋯ 112
头青 二青 石青 酞青绿 酞青蓝 宣纸 ⋯⋯⋯⋯⋯⋯⋯⋯⋯⋯⋯⋯⋯⋯⋯⋯⋯ 113
生宣 熟宣 夹宣 金笺 绢帛 皮纸 ⋯⋯⋯⋯⋯⋯⋯⋯⋯⋯⋯⋯⋯⋯⋯⋯⋯⋯⋯ 114
高丽纸 仿古纸 毛边纸 元书纸 棉纸 镇纸 ⋯⋯⋯⋯⋯⋯⋯⋯⋯⋯⋯⋯⋯⋯⋯ 115

三、油画

油画 表现油画 古典油画 肖像油画 薄涂法（薄画法）⋯⋯⋯⋯⋯⋯⋯⋯⋯⋯ 116
厚涂法（厚画法） 散涂法 肌理 断裂 龟裂 褪色 ⋯⋯⋯⋯⋯⋯⋯⋯⋯⋯⋯⋯ 117
蜂蜡 沥青 色粉 蛋清 明胶 鱼胶 ⋯⋯⋯⋯⋯⋯⋯⋯⋯⋯⋯⋯⋯⋯⋯⋯⋯⋯⋯ 118
骨胶 乳白胶 兔皮胶 动物胶 立德粉 大白粉 ⋯⋯⋯⋯⋯⋯⋯⋯⋯⋯⋯⋯⋯⋯ 119
塑形膏 油画底料 油底子 胶底子（胶性底） 丹培拉 调色油 ⋯⋯⋯⋯⋯⋯⋯ 120
松节油 速干油 上光油 核桃油 达玛光油 熟亚麻仁油 ⋯⋯⋯⋯⋯⋯⋯⋯⋯⋯ 121
膏状媒介剂 亚麻布 画布 画杖 油画棒 油画刀 ⋯⋯⋯⋯⋯⋯⋯⋯⋯⋯⋯⋯⋯ 122
油画三脚架 胶合板 ⋯⋯⋯⋯⋯⋯⋯⋯⋯⋯⋯⋯⋯⋯⋯⋯⋯⋯⋯⋯⋯⋯⋯⋯⋯ 123

四、水粉画 水彩画

水粉画 水彩画 铅笔淡彩 透明画法 干画法 ⋯⋯⋯⋯⋯⋯⋯⋯⋯⋯⋯⋯⋯⋯⋯ 124
湿画法 干湿结合法 干接法 湿接法 压接法 摆笔法 ⋯⋯⋯⋯⋯⋯⋯⋯⋯⋯⋯ 125
擦笔法 点笔法 勾笔法 搡笔法 扫笔法 挑笔法 ⋯⋯⋯⋯⋯⋯⋯⋯⋯⋯⋯⋯⋯ 126
刷笔法 浸纸法 刀刮法 留空法 吸洗法 ⋯⋯⋯⋯⋯⋯⋯⋯⋯⋯⋯⋯⋯⋯⋯⋯ 127

五、版画

　　木刻　水印　阳刻　阴刻　木口木刻 …………………………………………… 128
　　木面木刻　黑白木刻　套色木刻　版画　凹版画　凸版画 ………………………… 129
　　孔版画　木版画　平版画　石版画　铜版画　纸版画 ………………………………… 130
　　单色版画　实物版画　数码版画　水性版画　水印版画　丝网版画 ………………… 131
　　套色版画　套色纸版画　综合版画　木刻刀　刻版　雕版 …………………………… 132
　　铜版　纸板　双面板　三合板　五合板　PVC板 ……………………………………… 133
　　石膏板　绘稿（画稿、图稿）　过稿　转稿（反稿）　刻贴法　走刀 ……………… 134
　　刀味　版画机　套色印刷　版画颜料　油墨　回收印墨 ……………………………… 135
　　涂色（刷色）　分色　卡纸　吹塑纸　定位①　定位② ……………………………… 136
　　基准线　压印　盖毡　油磙子　网版　单独网版 …………………………………… 137
　　自绷网框　感光制版法　刻膜制版法　描画制版法 ………………………………… 138

六、雕塑

　　雕塑①　雕塑②　浮雕　透雕　悬雕 …………………………………………………… 139
　　圆雕　雕花　彩雕　根雕　骨雕　木雕① ……………………………………………… 140
　　木雕②（树雕）　泥雕　石雕（石刻）　线雕　牙雕　砖雕 …………………………… 141
　　塑像　壁塑　彩塑　泥塑　城市雕塑　园林雕塑 ……………………………………… 142
　　建筑雕塑　青铜雕塑　唐三彩雕塑　玻璃钢雕塑　石膏雕塑　装饰雕塑 …………… 143
　　佛塔雕塑　寺庙雕塑　摩崖雕塑　石窟雕塑　抽象雕塑　具象雕塑 ………………… 144
　　写实雕塑　打磨　糅合（相混）　体量　刮刀　压刀 ………………………………… 145
　　晕刀　晕烘刀　角刀　平刀　圆刀　锉（锉刀） ……………………………………… 146
　　转盘　橡皮泥　泥板　泥条　泥板成型法　泥条成型法 ……………………………… 147
　　拉坯成型法　捏塑成型法 ………………………………………………………………… 148

七、动漫

　　动漫　影像　动画片　动画纸　卡通画 ………………………………………………… 149
　　卡通人物　卡通形象　CG插图　二维动画　三维动画　动作设计 …………………… 150
　　原画设计　原画创作　背景设计　背景制作　布景　中间线 ………………………… 151
　　中间画　中间画线条　徒手画线　剪辑　特技　字幕 ………………………………… 152

八、工艺美术

　　手工　刺绣　苏绣　湘绣　川绣（蜀绣） ……………………………………………… 153
　　广绣（粤绣）　彩线　彩点　挑花　花纹②　水纹 …………………………………… 154
　　脸谱　刻纸　剪纸　衬色剪纸　彩笔剪纸　窗花 ……………………………………… 155
　　锯齿形　柳叶形　单月牙形　双月牙形　陶（陶瓷①）　陶瓷② ……………………… 156
　　陶器　陶艺　彩陶　软陶　蛋壳陶　瓷 ………………………………………………… 157
　　瓷器　青花瓷　刻瓷　搪瓷　坯体　拉坯机 …………………………………………… 158
　　釉色（色釉）　釉上彩　釉下彩　器皿　窑炉　民窑 ………………………………… 159
　　汝窑　官窑　哥窑　钧窑　定窑　德化窑 ……………………………………………… 160

景德镇窑　龙泉窑　珐琅彩　摆件　装饰　服饰…………………… 161
挂饰　壁挂　壁饰　纹饰　装扮　皮影…………………………………… 162
扎染　印染　蜡染　面塑①　面塑②　漆艺…………………………… 163
漆器（涂料）　雕漆　编织　草编　藤编　竹编………………………… 164
棕编（绳织）　柳条编　福字结　吉祥结　盘长结　如意结…………… 165
同心结　线材　图案　地砖图案　基础图案　几何图案……………… 166
立体图案　平面图案　综合图案　变形　花瓣形　万字形……………… 167
云勾形　拟人化　四大变化　动物变化　人物变化　风景变化………… 168
花卉变化　点绘法　影绘法　退晕法　花边　骨格………………………… 169
骨式　波浪式　重叠式　对称式（均齐式）　几何式　连缀式………… 170
倾斜式　散点式　水平式　团花式　相对式　折线式…………………… 171
直立式　纹样　边缘纹样　单独纹样　角隅纹样　适合纹样…………… 172
二方连续　四方连续　面具　头饰………………………………………… 173

九、艺术设计

字体设计　美术字　黑体字　楷体字（正体字）　宋体字……………… 174
仿宋字　变体字　三大构成　平面构成　立体构成　色彩构成………… 175
重复构成　打散构成　发射构成　渐变构成　近似构成　聚散构成…… 176
密集构成　特异构成　透叠构成　突变构成　分离　接触……………… 177
重叠　透叠　联合　减缺　差叠　重合…………………………………… 178
组合　群化　效果图　明度推移　空间混合　装帧……………………… 179
护封　腰封　封面　封里（封二）　扉页　封三………………………… 180
封底　条形码　书脊（封脊）　版式　版心　白边……………………… 181
内文　页码　对印　印纹　烫金　藏书票………………………………… 182
漏版藏书票　藏书印（藏书章）　版面设计　标题设计　标志设计　画册设计…… 183
请柬设计　工业设计　产品设计　模型设计　服装设计　服饰设计…… 184
时装设计　包装设计　外观设计　装潢设计　建筑设计　室内设计…… 185
室外设计　环境设计　景观设计　园林设计　宣传设计　海报设计…… 186
招贴设计　展示设计　平面设计　立体设计　空间设计　视觉传达设计…… 187
CIS 设计　POP 设计　VI 设计　平置图　直立图　图文编排…………… 188
图形创意　标志（标识）　提示（意见、主张）　牌子（招牌）　提示牌　警示语…… 189

十、书法　篆刻

1. 书法

书法　硬笔　软笔　墨迹　字帖…………………………………………… 190
临习　九宫格　碑刻　刻帖　拓印　拓印包……………………………… 191
拓片　甲骨文①　甲骨文②　金文（钟鼎文）　石鼓文　书体………… 192
篆书　隶书　草书　狂草　楷书　行书①………………………………… 193
行书②　赵体　瘦金体　舒同体　魏碑体　欧体………………………… 194
颜体　柳体　苏体　条幅（横披）　对联　横批………………………… 195

中堂字画　斗方　间架结构　笔画（笔划）　笔顺　笔意 ················· 196
执笔法　运笔法　枕腕　提腕　悬腕　按提 ····························· 197
转笔　折笔　顺锋　逆锋　回锋　出锋 ································· 198
藏锋　露锋　侧锋　中锋　永字八法　点法 ····························· 199
横法　竖法　撇法　捺法　折法　钩法 ································· 200
提法　骨法　笔法　用笔　顿笔　拖笔 ································· 201
运笔　败笔　笔势　笔力 ··· 202

2. 篆刻

篆刻（雕刻、镌刻） ··· 202
三字印　肖形印　秦印　汉印　朱文印（阳文印）　白文印（阴文印） ········· 203
边款（侧款）　印材　印泥　印床　印石　昌化石 ························ 204
鸡血石　莱阳石　莆田石　青田石　寿山石　平口刀 ······················· 205
斜口刀　执刀　单刀法（刀法）　双刀法（复刀法）　正刀法　反刀法 ········· 206
平刀法　留刀法　冲刀法　切刀法　涩刀法　舞刀法 ······················· 207

十一、美学　美术流派

1. 美学

美学　美感　美育　布局　立意 ······································· 208
意境　意象　情境　原作　风格　情趣 ································· 209
精华（精髓）　观念　欣赏　鉴赏　赏析　审美 ·························· 210
品评　保守　沉稳　传统　粗犷　典雅 ································· 211
独特（独树一帜）　高贵　简洁　简练　夸大（夸张）　朦胧 ················ 212
明快　凝练　凝重　神奇　生动（灵动）　细腻（精微） ··················· 213
鲜丽　雄伟　严谨　庸俗　优美　粗糙 ································· 214
光滑　生硬　渗化（渗入）　韵味　气韵　营造 ·························· 215
创意　创作　意图　内涵（含义、含意、意蕴）　寓意　艺术美 ·············· 216
形式美　形式感　残缺美①　残缺美②　借景抒情（以景寓情）　借物抒情 ····· 217
托物言志　因物象形①　因物象形②　因材施艺　诗情画意　笔为意用 ········ 218
意在笔先　言简意赅　画尽意在　行笔纵放　写形传神　以形写神 ············ 219
以神达意　形神兼备　气韵生动　情景交融　墨色交融　惜墨如金 ············ 220
千姿百态　多姿多彩　绚丽多彩（色彩绚丽）　五彩缤纷（五彩斑斓）　色彩斑驳
　变幻莫测 ··· 221
灿烂夺目　心旷神怡　图文并茂　不朽之作①　不朽之作②　视觉感知 ········ 222
视觉冲击力　感性认识　形象思维　理性思维　审美情感　审美教育 ·········· 223

2. 美术流派

美术流派　艺术起源　文艺复兴　表现主义　古典主义 ····················· 224
浪漫主义　立体主义　唯美主义　未来主义　现实主义　超现实主义 ·········· 225
写实主义　超写实主义　象征主义　印象主义　自然主义　抽象艺术 ·········· 226
具象艺术　意象艺术　现代艺术（当代艺术）　波普艺术　大地艺术　空间艺术 ··· 227

哥特式艺术　光效应艺术　罗可可美术　达达画派　乡土画派　野兽画派 …… 228
巴比松画派　威尼斯画派　长安画派　海上画派　黄筌画派　岭南画派 …… 229
松江画派　吴门画派　徐熙画派　扬州八怪 …… 230

十二、画家　书法家

达·芬奇①　达·芬奇②　米开朗琪罗（米开朗基罗）　拉斐尔　莫奈 …… 231
毕加索①　毕加索②　凡·高　安德鲁·怀斯　钱选　张择端 …… 232
郑燮（郑板桥）　董希文　丰子恺　傅抱石　古元　关山月 …… 233
韩美林　黄永玉　李可染　林风眠　刘海粟　刘开渠 …… 234
潘天寿　齐白石　吴冠中　吴作人　徐悲鸿　张大千 …… 235
张乐平　怀素　柳公权　米芾　欧阳询　王羲之 …… 236
颜真卿　张芝 …… 237

汉语拼音索引 …… 239
笔画索引 …… 250

语言文字规范　GF 0021—2019

汉语手指字母方案

（中华人民共和国教育部、国家语言文字工作委员会、中国残疾人联合会
2019年7月15日发布，2019年11月1日实施）

前　言

本规范按照 GB/T1.1—2009 给出的规则起草。

本规范遵循下列原则起草：

稳定性原则。汉语手指字母在我国聋人教育和通用手语中已使用半个多世纪，影响深远。其简单、清楚、象形、通俗的设计原则和手指字母图示风格具有中国特色，被使用者熟识和接受。本规范保持原方案的设计原则、内容框架和图示风格。

实践性原则。本规范所作的所有修订均来自汉语手指字母使用过程中发现的问题。

时代性原则。本规范吸收现代语言学和手语语言学理论的最新成果。

规范性原则。本规范力求全面、准确地图示和说明每个手指字母的指式、位置、朝向及附加动作，图文体例、风格与 GF0020—2018《国家通用手语常用词表》保持一致。

本规范代替1963年12月29日中华人民共和国内务部、中华人民共和国教育部、中国文字改革委员会公布施行的《汉语手指字母方案》，与原《汉语手指字母方案》相比，主要变化如下：

——根据语言文字规范编写规则，采用新的编排体例；

——调整了术语"汉语手指字母"的定义；

——调整了字母"CH"的指式；

——调整了字母"A、B、C、D、H、I、L、Q、U"指式的呈现角度；

——增加了术语"远节指""近节指""中节指""书空"的定义；

——增加了表示每个汉语手指字母指式的位置说明；

——增加了《汉语拼音方案》规定的两个加符字母"Ê、Ü"指式的图示和"Ü"指式的使用说明。

本规范由中国残疾人联合会教育就业部提出。

本规范由国家语言文字工作委员会语言文字规范标准审定委员会审定。

本规范起草单位：北京师范大学、国家手语和盲文研究中心。

本规范起草人：顾定倩、魏丹、王晨华、高辉、于缘缘、恒森、仇冰、乌永胜。

汉语手指字母方案

1 范围

本规范规定了代表汉语拼音字母的指式和表示规则。适用于全国范围内的公务活动、各级各类教育、电视和网络媒体、图书出版、公共服务、信息处理中的汉语手指字母的使用以及手语水平等级考试。

2 规范性引用文件

下列注日期的引用文件均适用于本规范。

《汉语拼音方案》（1958 年 2 月 11 日第一届全国人民代表大会第五次会议批准）

GF0020—2018《国家通用手语常用词表》（2018 年 3 月 9 日中华人民共和国教育部、国家语言文字工作委员会、中国残疾人联合会发布，2018 年 7 月 1 日实施）

3 术语和定义

下列术语和定义适用于本规范。

3.1

汉语拼音方案 scheme for the Chinese phonetic alphabet

给汉字注音和拼写普通话语音的方案。1958 年 2 月 11 日第一届全国人民代表大会第五次会议批准。采用拉丁字母，并用附加符号表示声调，是帮助学习汉字和推广普通话的工具。

3.2

手形 handshape

表达汉语手指字母时手指的屈、伸、开、合的形状。

3.3

位置 location

表达汉语手指字母时手的空间位置。

3.4

朝向 orientation

表达汉语手指字母时手指所指的方向和掌心（手背、虎口）所对的方向。

3.5

动作 movement

表达加符字母 Ê、Ü 时手的晃动动作。

3.6

指式 finger shape

含有位置、朝向和附加动作的代表拼音字母的手形。

3.7
汉语手指字母 Chinese manual alphabet

用指式代表汉语拼音字母，按照《汉语拼音方案》拼成普通话；也可构成手语词或充当手语词的语素，是手语的组成部分。

3.8
远节指 distal phalanx

带有指甲的手指节。

3.9
近节指 proximal phalanx

靠近手掌的手指节。

3.10
中节指 middle phalanx

远节指与近节指之间的手指节。

3.11
书空 tracing the character in the air

用手指在空中比画汉语拼音声调符号或隔音符号。

4 汉语手指字母指式

4.1
单字母指式

《汉语拼音方案》所规定的二十六个字母，用下列指式表示：

Aa	右手伸拇指，指尖朝上，食、中、无名、小指弯曲，指尖抵于掌心，手背向右。
Bb	右手拇指向掌心弯曲，食、中、无名、小指并拢直立，掌心向前偏左。
Cc	右手拇指向上弯曲，食、中、无名、小指并拢向下弯曲，指尖相对成 C 形，虎口朝内。

D d		右手握拳,拇指搭在中指中节指上,虎口朝后上方。
E e		右手拇、食指搭成圆形,中、无名、小指横伸,稍分开,指尖朝左,手背向外。
F f		右手食、中指横伸,稍分开,指尖朝左,拇、无名、小指弯曲,拇指搭在无名指远节指上,手背向外。
G g		右手食指横伸,指尖朝左,中、无名、小指弯曲,指尖抵于掌心,拇指搭在中指中节指上,手背向外。
H h		右手食、中指并拢直立,拇、无名、小指弯曲,拇指搭在无名指远节指上,掌心向前偏左。
I i		右手食指直立,中、无名、小指弯曲,指尖抵于掌心,拇指搭在中指中节指上,掌心向前偏左。
J j		右手食指弯曲,中节指指背向上,中、无名、小指弯曲,指尖抵于掌心,拇指搭在中指中节指上,虎口朝内。

K k	右手食指直立,中指横伸,拇指搭在中指中节指上,无名、小指弯曲,指尖抵于掌心,虎口朝内。
L l	右手拇、食指张开,食指指尖朝上,中、无名、小指弯曲,指尖抵于掌心,掌心向前偏左。
M m	右手拇、小指弯曲,拇指搭在小指中节指上,食、中、无名指并拢弯曲搭在拇指上,指尖朝前下方,掌心向前偏左。
N n	右手拇、无名、小指弯曲,拇指搭在无名指中节指上,食、中指并拢弯曲搭在拇指上,指尖朝前下方,掌心向前偏左。
O o	右手拇指向上弯曲,食、中、无名、小指并拢向下弯曲,拇、食、中指指尖相抵成O形,虎口朝内。
P p	右手拇、食指搭成圆形,中、无名、小指并拢伸直,指尖朝下,虎口朝前偏左。
Q q	右手拇指在下,食、中指并拢在上,拇、食、中指指尖相捏,指尖朝前偏左,无名、小指弯曲,指尖抵于掌心。

R r	右手拇、食指张开，食指指尖朝左，拇指指尖朝上，中、无名、小指弯曲，指尖抵于掌心，手背向外。
S s	右手拇指贴近手掌，食、中、无名、小指并拢微曲与手掌成 90 度角，掌心向前偏左。
T t	右手拇、中、无名指指尖相抵，食、小指直立，掌心向前偏左。
U u	右手拇指贴近手掌，食、中、无名、小指并拢直立，掌心向前偏左。
V v	右手食、中指直立分开成 V 形，拇、无名、小指弯曲，拇指搭在无名指远节指上，掌心向前偏左。
W w	右手食、中、无名指直立分开成 W 形，拇、小指弯曲，拇指搭在小指远节指上，掌心向前偏左。
X x	右手食、中指直立，中指搭在食指上，拇、无名、小指弯曲，拇指搭在无名指远节指上，掌心向前偏左。

Y y	右手伸拇、小指，指尖朝上，食、中、无名指弯曲，掌心向前偏左。
Z z	右手食、小指横伸，指尖朝左，拇、中、无名指弯曲，拇指搭在中、无名指远节指上，手背向外。

4.2
双字母指式

《汉语拼音方案》所规定的四组双字母（ZH，CH，SH，NG），用下列指式表示：

ZH zh	右手食、中、小指横伸，食、中指并拢，指尖朝左，拇、无名指弯曲，拇指搭在无名指远节指上，手背向外。
CH ch	右手拇指在下，食、中、无名、小指并拢在上，指尖朝左成扁"⊐"形，虎口朝内。
SH sh	右手拇指贴近手掌，食、中指并拢微曲与手掌成90度角，无名、小指弯曲，指尖抵于掌心，掌心向前偏左。
NG ng	右手小指横伸，指尖朝左，拇、食、中、无名指弯曲，拇指搭在食、中、无名指上，手背向外。

4.3

加符字母指式

《汉语拼音方案》所规定的两个加符字母（Ê、Ü）用原字母（E、U）指式附加如下动作表示：

Ê ê	用 E 的指式，手上下晃动两下。
Ü ü	用 U 的指式，食、中、无名、小指前后晃动两下。 （不论 Ü 上两点是否省略，均用本指式表示）

4.4

声调符号和隔音符号表示方式

阴平（—）、阳平（ノ）、上声（∨）、去声（＼）四种声调符号，用书空方式表示。隔音符号"'"也用书空方式表示。

5 使用规则

5.1

使用手

汉语手指字母、声调符号和隔音符号一般用右手表示；如用左手表示，方向作相应的改变。

5.2

手的位置

表示汉语手指字母时，手自然抬起，不超过肩宽。

表示手指字母"A、B、C、D、H、I、J、K、L、M、N、O、Q、S、T、U、V、W、X、Y、SH"时，手的位置在同侧胸前；表示手指字母"E、F、G、R、Z、ZH、CH、NG"时，手的位置在胸前正中；表示手指字母"P"时，手的位置在同侧腹部前。

5.3

图示角度

本规范的汉语手指字母图为平视图，以观看者的角度呈现。

手势动作图解符号说明

	表示沿箭头方向做直线、弧线移动,或圆形、螺旋形转动。
	表示沿箭头方向做曲线或折线移动。
	表示向同一方向重复移动。
	表示双手或双指同时向相反方向交替或交错移动。
	表示上下或左右、前后来回移动。
	表示沿箭头方向反复转动。
	表示沿箭头方向一顿,或到此终止。
	表示沿箭头方向一顿一顿移动。
	表示手指交替点动、手掌抖动或手臂颤动。
	表示双手先相碰再分开。
	表示拇指与其他手指互捻。
	表示手指沿箭头方向边移动边捏合。
	表示手指沿箭头方向收拢,但不捏合。
	表示双手沿箭头方向同时向相反方向拧动,并向两侧拉开。
	表示握拳的手按顺序依次伸出手指。

手位和朝向图示说明

	手侧立,手指指尖朝前,掌心向左或向右。
	手横立,手指指尖朝左或朝右,掌心向前或向后。
	手直立,手指指尖朝上,掌心向前或向后、向左、向右。
	手斜立,手指指尖朝左前方或右前方,掌心向左前方或右前方、左后方、右后方。
	手垂立,手指指尖朝下,掌心向前或向后、向左、向右。

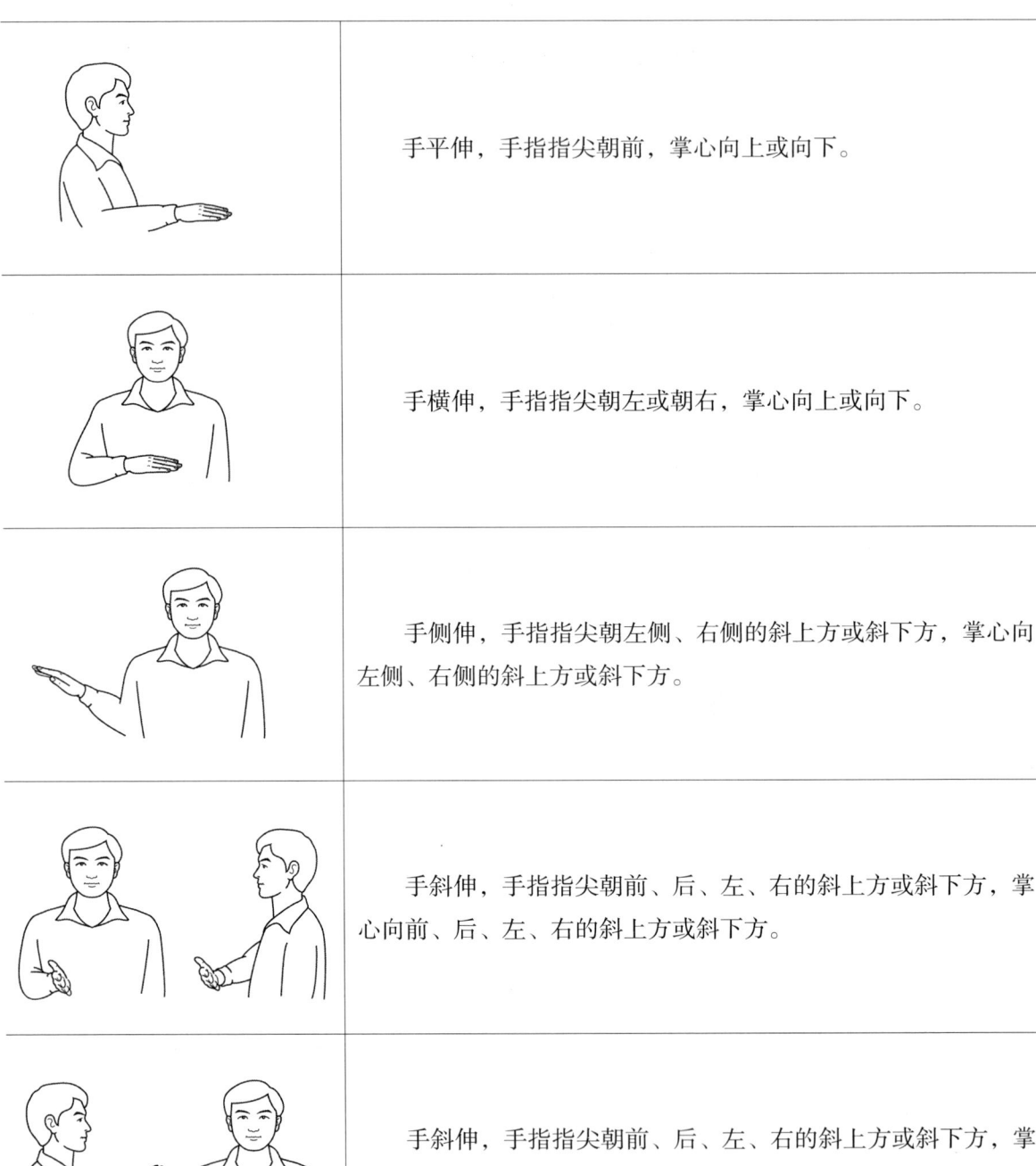

手平伸，手指指尖朝前，掌心向上或向下。

手横伸，手指指尖朝左或朝右，掌心向上或向下。

手侧伸，手指指尖朝左侧、右侧的斜上方或斜下方，掌心向左侧、右侧的斜上方或斜下方。

手斜伸，手指指尖朝前、后、左、右的斜上方或斜下方，掌心向前、后、左、右的斜上方或斜下方。

手斜伸，手指指尖朝前、后、左、右的斜上方或斜下方，掌心向前、后、左、右的斜上方或斜下方。

一、一般词汇

1. 美术通用术语

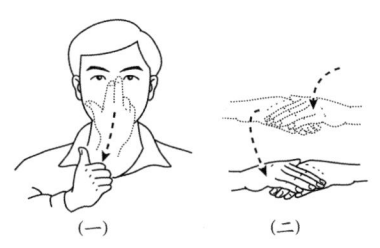

美术❶ měishù ❶
（一）一手伸拇、食、中指，食、中指并拢，先置于鼻部，然后边向外移动边缩回食、中指。
（二）双手横伸，掌心向下，互拍手背。
（此手势表示包括各种造型艺术在内的美术概念）

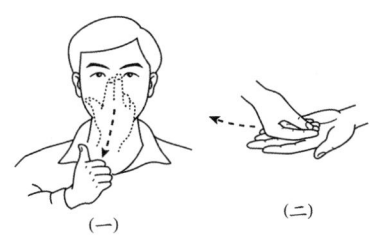

美术❷ měishù ❷
（一）一手伸拇、食、中指，食、中指并拢，先置于鼻部，然后边向外移动边缩回食、中指。
（二）左手横伸；右手五指撮合，指背在左手掌心上抹一下。
（此手势专用于表示绘画的美术概念）

绘画（图画、绘制） huìhuà（túhuà、huìzhì）
左手横伸；右手五指撮合，指背在左手掌心上抹两下。

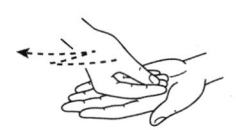

素描 sùmiáo
左手斜伸；右手伸食指，指背在左手掌心上划动几下，如在画板上素描状。

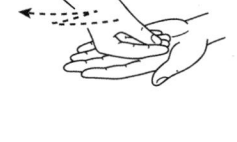

写生 xiěshēng
左手斜伸；右手如执铅笔状，在左手掌心上向左划动两下，头上下微动，模仿在画板上写生的动作。

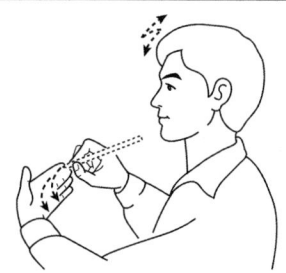

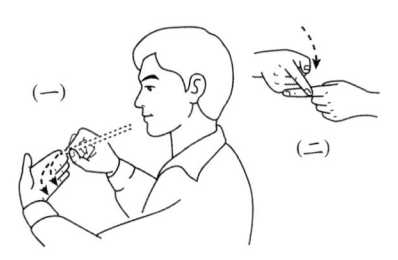

写真① xiězhēn ①

（一）左手斜伸；右手如执铅笔状，在左手掌心上向左划动两下，眼睛注视手的动作。

（二）左手食指横伸；右手食指直立，向下敲一下左手食指。

（"真"的手语存在地域差异，可根据实际选择使用）

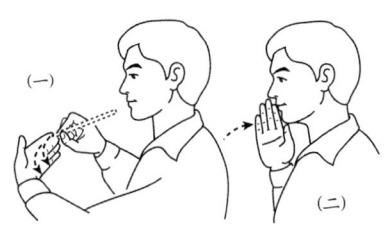

写真②（写实①） xiězhēn ②（xiěshí ①）

（一）左手斜伸；右手如执铅笔状，在左手掌心上向左划动两下，眼睛注视手的动作。

（二）右手直立，掌心向左，从外向内碰一下嘴部。

（"真""实"的手语存在地域差异，可根据实际选择使用）

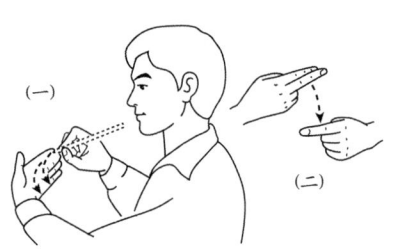

写实② xiěshí ②

（一）左手斜伸；右手如执铅笔状，在左手掌心上向左划动两下，眼睛注视手的动作。

（二）左手食指横伸；右手食、中指相叠，敲一下左手食指。

（"实"的手语存在地域差异，可根据实际选择使用）

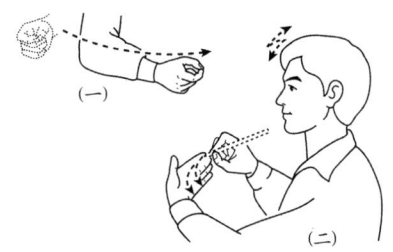

速写 sùxiě

（一）一手拇、食指捏成圆形，向一侧快速划动。

（二）左手斜伸；右手如执铅笔状，在左手掌心上向左划动两下，头上下微动，模仿在画板上写生的动作。

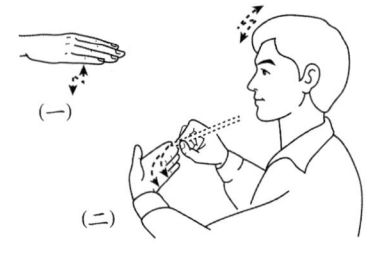

慢写 mànxiě

（一）一手横伸，掌心向下，上下微动几下，表示物体运动速度缓慢。

（二）左手斜伸；右手如执铅笔状，在左手掌心上向左划动两下，头上下微动，模仿在画板上写生的动作。

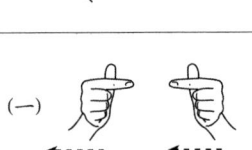

临摹 línmó

（一）双手拇、食指搭成"十"字形，同时向一侧移动一下。

（二）左手横伸；右手五指撮合，指背在左手掌心上抹一下。

一、一般词汇 3

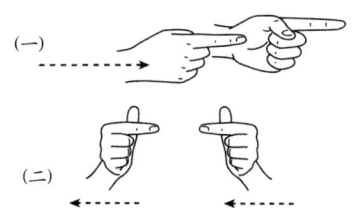

追摹 zhuīmó
（一）双手伸食指，指尖朝前，掌心左右相对，左手在前不动，右手从后向前移动。
（二）双手拇、食指搭成"十"字形，同时向一侧移动一下。

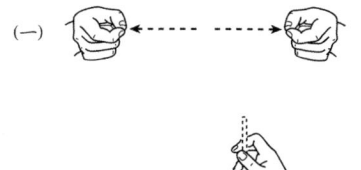

线描 xiànmiáo
（一）双手拇、食指相捏，虎口朝上，从中间向两侧拉开。
（二）一手如执毛笔状，随意做曲线形移动（如用铅笔，则一手如执铅笔状）。

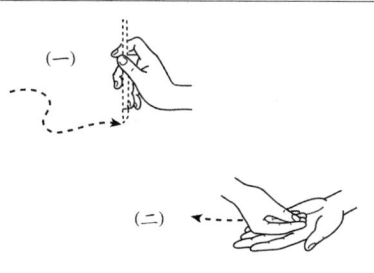

描绘 miáohuì
（一）一手如执毛笔状，随意做曲线形移动（如用铅笔，则一手如执铅笔状）。
（二）左手横伸；右手五指撮合，指背在左手掌心上抹一下。

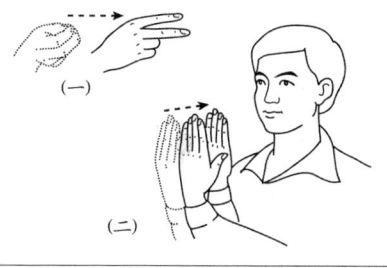

再现 zàixiàn
（一）右手拇、食、中指相捏，手背向外，边向左移动边伸出食、中指。
（二）双手直立，掌心向内，左手不动，右手向内移动一下。

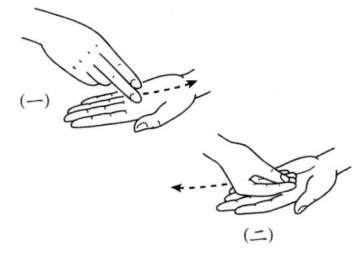

刻画 kèhuà
（一）左手横伸；右手食、中指并拢，指尖朝下，在左手掌心上划动一下，如雕木刻状。
（二）左手横伸；右手五指撮合，指背在左手掌心上抹一下。

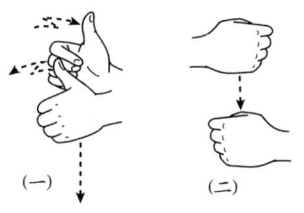

塑造 sùzào
（一）双手伸拇指，边交替向前按动边向下移动，模仿雕塑的手法。
（二）双手握拳，一上一下，右拳向下砸一下左拳。

提炼 tíliàn

左手横伸,五指微曲;右手五指张开,指尖朝下,边从左手掌心向上移动边握拳。

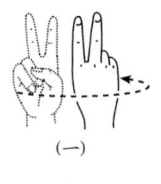 

简化 jiǎnhuà

(一)一手食、中指直立分开,由掌心向外翻转为掌心向内。
(二)一手拇、食指相捏,指尖朝上,向下晃动两下。

习作 xízuò

(一)一手五指撮合,指尖朝内,按向前额。
(二)双手握拳,一上一下,右拳向下砸一下左拳。

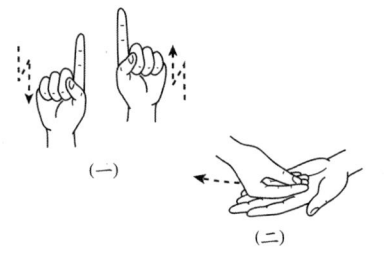

草图 cǎotú

(一)双手食指直立,手背向内,上下交替动几下。
(二)左手横伸;右手五指撮合,指背在左手掌心上抹一下。

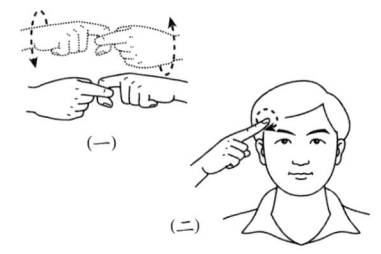

构思 gòusī

(一)双手食指弯曲,互勾两下。
(二)一手伸食指,在太阳穴前后转动一(或两)圈,面露思考的表情。

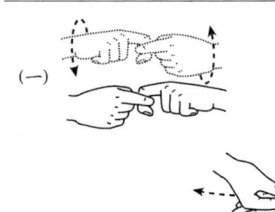

构图 gòutú

(一)双手食指弯曲,互勾两下。
(二)左手横伸;右手五指撮合,指背在左手掌心上抹一下。

点 diǎn

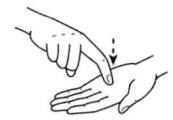

左手横伸；右手伸食指，指尖朝下，在左手掌心上点一下。

节点 jiédiǎn

（一）一手打手指字母"J"的指式。
（二）左手横伸；右手伸食指，指尖朝下，在左手掌心上点一下。

线（线条） xiàn (xiàntiáo)

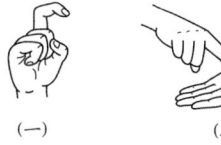

双手拇、食指相捏，虎口朝上，从中间向两侧拉开。

面 miàn

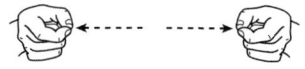

左手横立，手背向外；右手摸一下左手背（或在左手背上转动一圈）。
（可根据实际表示不同的面）

选景 xuǎnjǐng

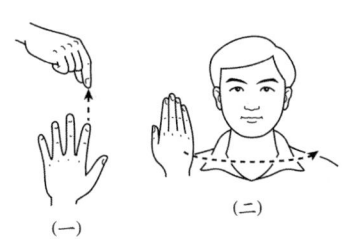

（一）左手直立，掌心向内，五指张开；右手拇、食指捏一下左手食指，然后向上移动。
（二）一手直立，掌心向内，从一侧向另一侧做弧形移动。

取景 qǔjǐng

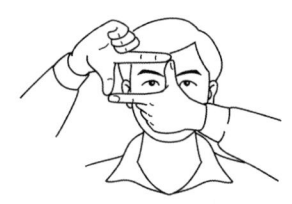

双手拇、食指搭成"□"形，如取景框，置于眼前，如取景状。
（可根据实际表示取景的动作）

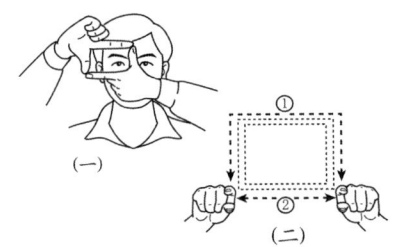

取景框　qǔjǐngkuàng

（一）双手拇、食指搭成"□"形，如取景框，置于眼前，如取景状。

（二）双手拇、食指微张，指尖朝前，从中间向两侧移动，再折而下移，然后从中间向两侧移动。

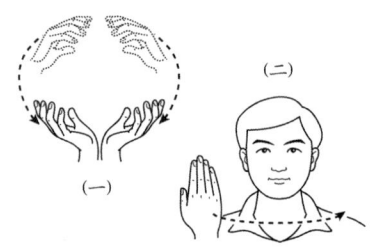

全景　quánjǐng

（一）双手五指微曲，指尖左右相对，然后向下做弧形移动，手腕靠拢。

（二）一手直立，掌心向内，从一侧向另一侧做弧形移动。

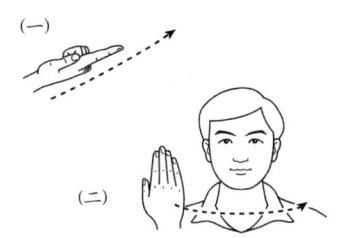

远景　yuǎnjǐng

（一）一手拇指尖按于食指根部，食指尖朝前，手背向下，向前上方移动。

（二）一手直立，掌心向内，从一侧向另一侧做弧形移动。

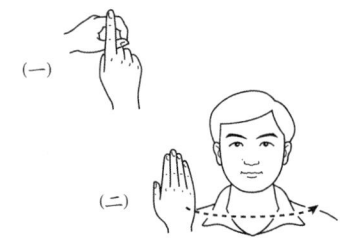

中景　zhōngjǐng

（一）左手拇、食指与右手食指搭成"中"字形。

（二）一手直立，掌心向内，从一侧向另一侧做弧形移动。

近景　jìnjǐng

（一）双手拇、食指相捏，虎口朝上，相互靠近。

（二）一手直立，掌心向内，从一侧向另一侧做弧形移动。

背景　bèijǐng

（一）一手拍一下同侧背部。

（二）一手直立，掌心向内，从一侧向另一侧做弧形移动。

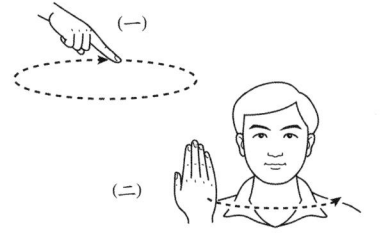
场景　chǎngjǐng
（一）一手伸食指，指尖朝下划一大圈。
（二）一手直立，掌心向内，从一侧向另一侧做弧形移动。

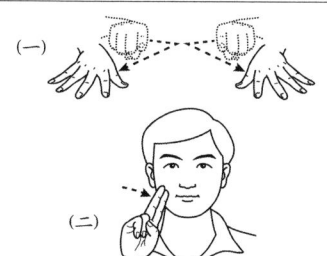
物象　wùxiàng
（一）双手食指指尖朝前，手背向上，先互碰一下，再分开并张开五指。
（二）一手食、中指直立并拢，掌心向斜前方，朝脸颊碰一下。

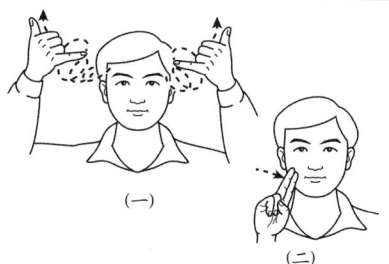
幻象　huànxiàng
（一）双手伸拇、小指，从太阳穴两侧同时向斜上方旋转移动。
（二）一手食、中指直立并拢，掌心向斜前方，朝脸颊碰一下。

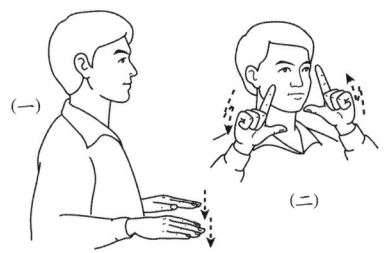
静态　jìngtài
（一）双手平伸，掌心向下，同时缓缓向下微按。
（二）双手拇、食指成"⌐⌐"形，置于脸颊两侧，上下交替动两下。

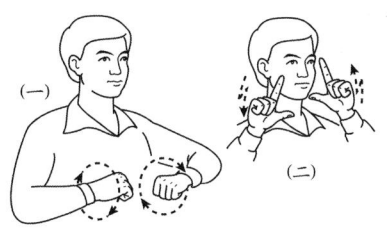
动态　dòngtài
（一）双手握拳屈肘，前后交替转动两下。
（二）双手拇、食指成"⌐⌐"形，置于脸颊两侧，上下交替动两下。

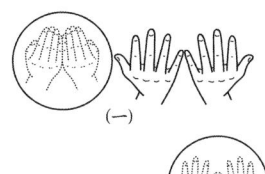
疏密　shūmì
（一）双手直立，掌心向内，五指并拢，靠在一起，然后张开。
（二）双手直立，掌心向内，五指张开，然后并拢，靠在一起。

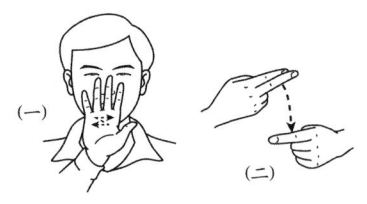

虚实① xūshí ①
（一）一手直立，掌心向外，五指张开，在面前左右晃动两下，同时眯眼。
（二）左手食指横伸；右手食、中指相叠，敲一下左手食指。

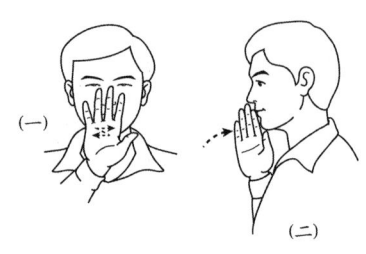

虚实② xūshí ②
（一）一手直立，掌心向外，五指张开，在面前左右晃动两下，同时眯眼。
（二）右手直立，掌心向左，从外向内碰一下嘴部。

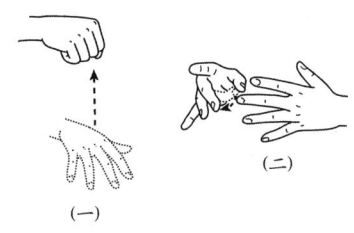

取舍 qǔshě
（一）一手五指张开，指尖朝下，边向上移动边握拳，如拿东西状。
（二）左手横立，掌心向内，五指张开；右手拇、中指相捏，中指弹一下左手中指。

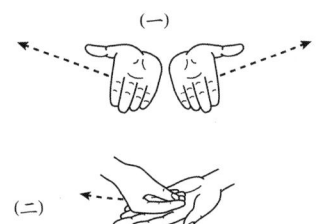

起稿 qǐgǎo
（一）双手斜伸，掌心向上，同时向两侧斜上方移动。
（二）左手横伸；右手五指撮合，指背在左手掌心上抹一下。

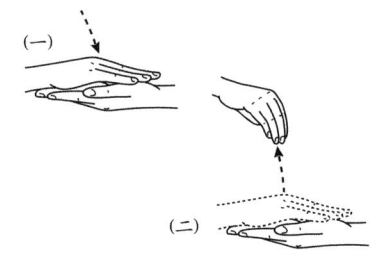

拓稿 tàgǎo
（一）左手横伸；右手横伸，掌心向下，贴向左手掌心。
（二）双手横伸，掌心相贴，左手在下不动，右手边向上移动边撮合五指。

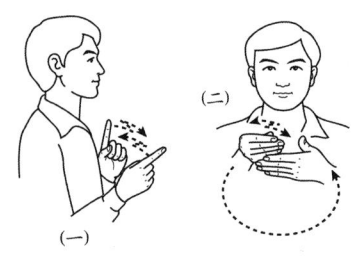

涂鸦① túyā ①
（一）双手食指直立，在胸前随意交替摆动几下。
（二）左手横立，掌心向内，在身前顺时针转动；右手五指撮合，指背在左手掌心上连续做涂抹的动作。
（可根据实际表示涂鸦）

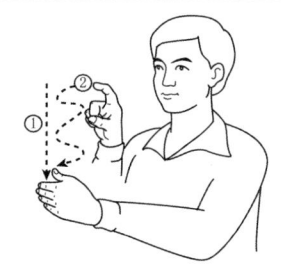

涂鸦② túyā②

左手横立,掌心向内,先向下移动一下;右手拇、中、无名、小指捏成圆形,食指弯曲,虎口朝左,随之从上向下做曲线形移动,表示用颜料喷罐在墙面上喷涂字画。
(可根据实际表示涂鸦)

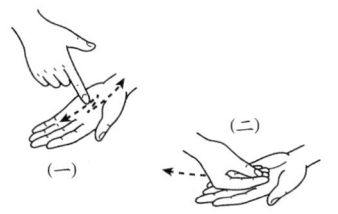

喷绘 pēnhuì

(一)左手横伸;右手伸拇、食指,食指尖朝下,对着左手掌心左右移动几下。
(二)左手横伸;右手五指撮合,指背在左手掌心上抹一下。

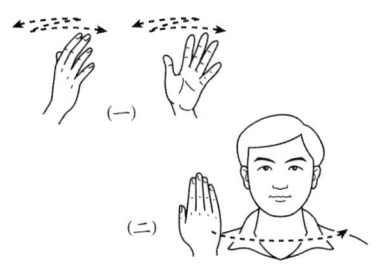

风景 fēngjǐng

(一)双手直立,掌心左右相对,五指微曲,左右来回扇动。
(二)一手直立,掌心向内,从一侧向另一侧做弧形移动。

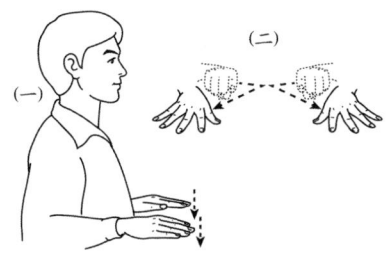

静物 jìngwù

(一)双手平伸,掌心向下,同时缓缓向下微按。
(二)双手食指指尖朝前,手背向上,先互碰一下,再分开并张开五指。

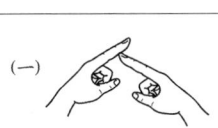

人物 rénwù

(一)双手食指搭成"人"字形。
(二)双手食指指尖朝前,手背向上,先互碰一下,再分开并张开五指。

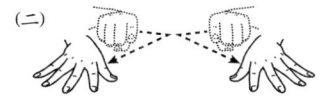

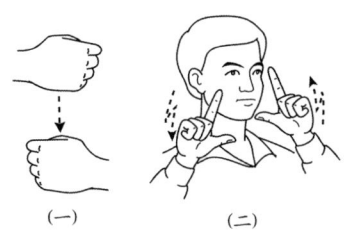

造形(造型) zàoxíng (zàoxíng)

(一)双手握拳,一上一下,右拳向下砸一下左拳。
(二)双手拇、食指成"⌐"形,置于脸颊两侧,上下交替动两下。

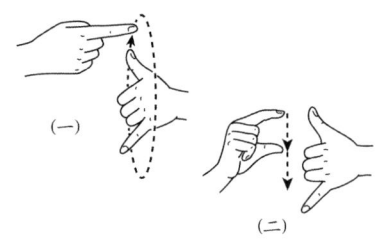

人体比例 réntǐ bǐlì
（一）左手伸拇、小指，手背向外；右手食指横伸，绕左手前后转动一圈。
（二）左手伸拇、小指，手背向外；右手拇、食指成"⊐"形，虎口朝内，在左手旁向下移动两下，表示身体各部分的比例。

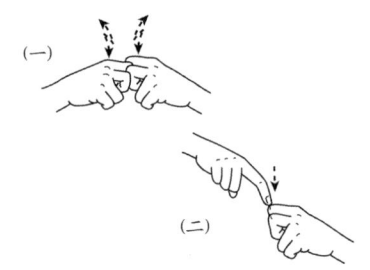

关节点 guānjiédiǎn
（一）双手食、中指弯曲，手背向上，相互咬住，上下弯动两下。
（二）左手食、中指弯曲，手背向上；右手伸食指，指尖朝下，指一下左手食指指关节。

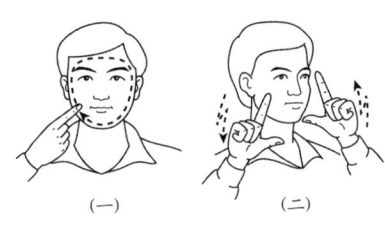

脸型 liǎnxíng
（一）一手伸食指，绕脸部转动一圈。
（二）双手拇、食指成"└ ┘"形，置于脸颊两侧，上下交替动两下。

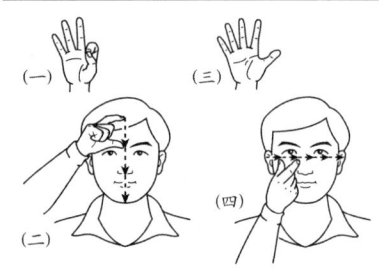

三庭五眼 sān tíng wǔ yǎn
（一）一手中、无名、小指直立分开，掌心向外。
（二）右手拇、食指成"⊐"形，虎口朝内，先置于发际线与眉处，再置于眉与鼻底，然后置于鼻底与颏部。
（三）一手五指直立张开，掌心向外。
（四）右手拇、食指张开，指尖相距同眼睛宽度，置于右眼外侧，然后向左移动四下。

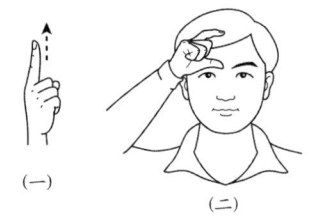

上庭 shàngtíng
（一）一手食指直立，向上一指。
（二）右手拇、食指成"⊐"形，虎口朝内，置于发际线与眉处。

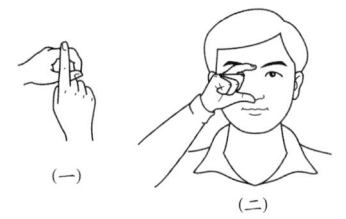

中庭 zhōngtíng
（一）左手拇、食指与右手食指搭成"中"字形。
（二）右手拇、食指成"⊐"形，虎口朝内，置于眉与鼻底。

下庭 xiàtíng

（一）一手伸食指，指尖朝下一指。

（二）右手拇、食指成"⊐"形，虎口朝内，置于鼻底与颏部。

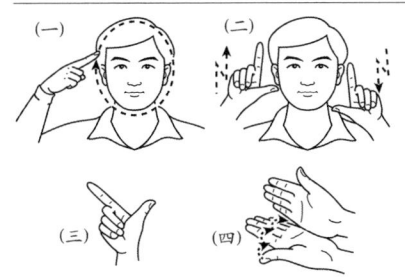

头部八格 tóubù bāgé

（一）一手伸食指，绕头部转动一圈。

（二）双手拇、食指成"∟"形，置于脸颊两侧，上下交替动两下。

（三）一手伸拇、食指，掌心向外。

（四）左手平伸；右手斜立于左手掌心上，然后向右一顿一顿做弧形移动。

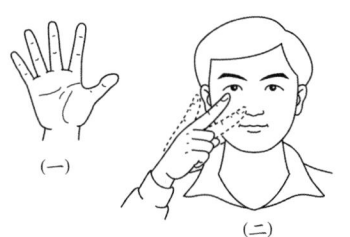

五官 wǔguān

（一）一手五指直立张开，掌心向外。

（二）一手伸食指，在脸部随意指眼、鼻、耳等五官。

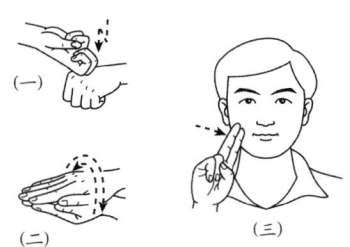

石膏像 shígāoxiàng

（一）左手握拳；右手食、中指弯曲，以指关节在左手背上敲两下。

（二）双手平伸，掌心相合，手背拱起，左右翻转两下。

（三）一手食、中指直立并拢，掌心向斜前方，朝脸颊碰一下。

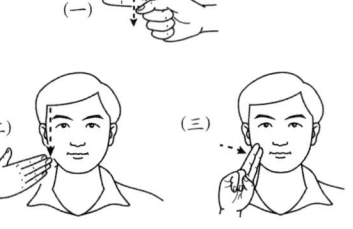

半面像 bànmiànxiàng

（一）一手食指横伸，手背向外，拇指在食指中部划一下。

（二）一手横立，掌心向内，指尖抵于脸一侧，从上向下移动一下。

（三）一手食、中指直立并拢，掌心向斜前方，朝脸颊碰一下。

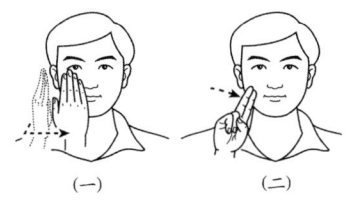

切面像 qiēmiànxiàng

（一）一手直立，从脸一侧向前移动再折向脸前。

（二）一手食、中指直立并拢，掌心向斜前方，朝脸颊碰一下。

肖像 xiàoxiàng

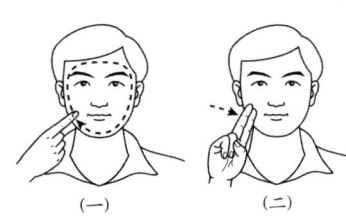

（一）一手伸食指，绕脸部转动一圈。
（二）一手食、中指直立并拢，掌心向斜前方，朝脸颊碰一下。

头像 tóuxiàng

（一）双手横伸，手背向上，一上一下，分别置于头顶和颈部。
（二）一手食、中指直立并拢，掌心向斜前方，朝脸颊碰一下。

胸像 xiōngxiàng

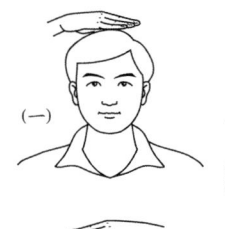 

（一）双手横伸，手背向上，一上一下，分别置于头顶和胸部。
（二）一手食、中指直立并拢，掌心向斜前方，朝脸颊碰一下。

半身像 bànshēnxiàng

（一）双手横伸，手背向上，一上一下，分别置于头顶和腰部。
（二）一手食、中指直立并拢，掌心向斜前方，朝脸颊碰一下。

全身像 quánshēnxiàng

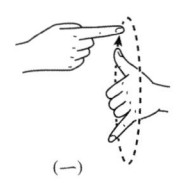 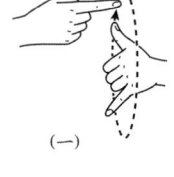 

（一）左手伸拇、小指，手背向外；右手食指横伸，绕左手前后转动一圈。
（二）一手食、中指直立并拢，掌心向斜前方，朝脸颊碰一下。

模特儿 mótèr

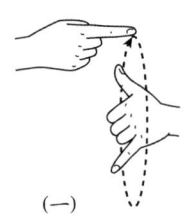 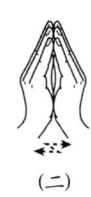

（一）左手伸拇、小指，手背向外；右手食指横伸，绕左手前后转动一圈，表示美术中的人体、肖像模特儿。
（二）双手直立，掌心相合，手背拱起，左右晃动两下。

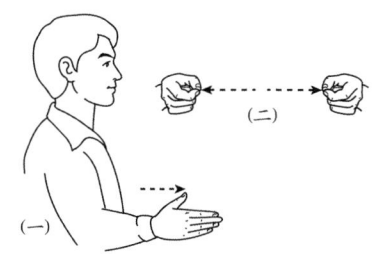
直线　zhíxiàn
（一）一手侧立，向前移动一下。
（二）双手拇、食指相捏，虎口朝上，从中间向两侧拉开。

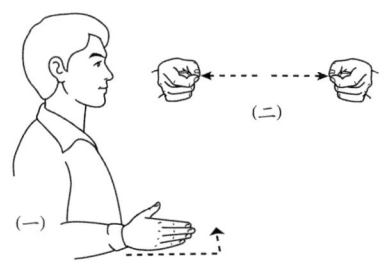
转折线　zhuǎnzhéxiàn
（一）一手侧立，先向前一伸，再转向一侧。
（二）双手拇、食指相捏，虎口朝上，从中间向两侧拉开。

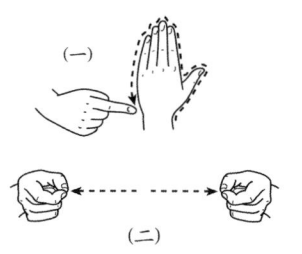
轮廓线　lúnkuòxiàn
（一）左手直立，手背向外；右手伸食指，指尖朝前，沿左手五指轮廓移动。
（二）双手拇、食指相捏，虎口朝上，从中间向两侧拉开。

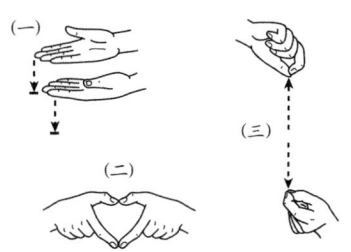
重心线　zhòngxīnxiàn
（一）双手平伸，掌心向上，同时向下一顿。
（二）双手拇、食指张开仿"♡"形，手背向外，置于胸部。
（三）双手拇、食指相捏，指尖上下相对，分别向上下方向移动。

中心线　zhōngxīnxiàn
（一）左手拇、食指与右手食指搭成"中"字形。
（二）双手拇、食指张开仿"♡"形，手背向外，置于胸部。
（三）双手拇、食指相捏，虎口朝上，从中间向两侧拉开。

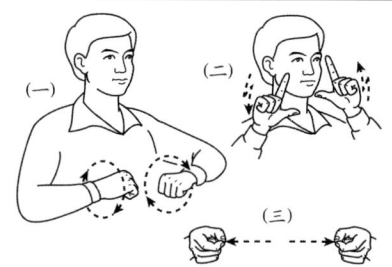
动态线　dòngtàixiàn
（一）双手握拳屈肘，前后交替转动两下。
（二）双手拇、食指成"⌊ ⌋"形，置于脸颊两侧，上下交替动两下。
（三）双手拇、食指相捏，虎口朝上，从中间向两侧拉开。

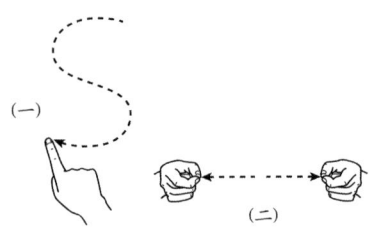

S形曲线 S xíng qūxiàn
（一）一手伸食指，指尖朝前，书空"S"形。
（二）双手拇、食指相捏，虎口朝上，从中间向两侧拉开。

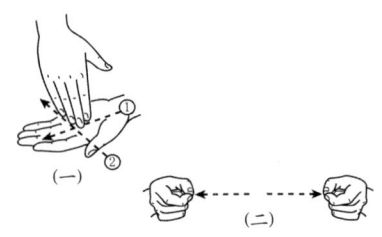

分割线 fēngēxiàn
（一）左手横伸；右手食、中、无名、小指并拢，指尖朝下，在左手掌心上横、竖各划一下。
（二）双手拇、食指相捏，虎口朝上，从中间向两侧拉开。

辅助线 fǔzhùxiàn
（一）左手伸拇指；右手五指并拢，轻拍两下左手拇指背。
（二）双手拇、食指相捏，虎口朝上，从中间向两侧拉开。

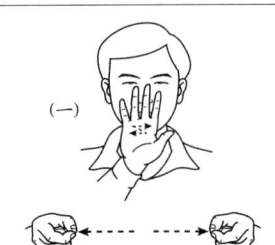

虚线① xūxiàn ①
（一）一手直立，掌心向外，五指张开，在面前左右晃动两下，同时眯眼。
（二）双手拇、食指相捏，虎口朝上，从中间向两侧拉开。

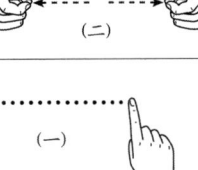
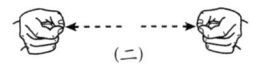

虚线② xūxiàn ②
（一）右手伸食指，指尖朝前，从左向右连点几个点。
（二）双手拇、食指相捏，虎口朝上，从中间向两侧拉开。
（可根据实际表示虚线）

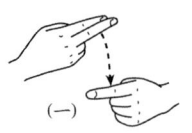

实线① shíxiàn ①
（一）左手食指横伸；右手食、中指相叠，敲一下左手食指。
（二）双手拇、食指相捏，虎口朝上，从中间向两侧拉开。

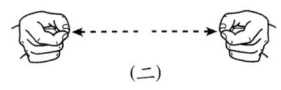

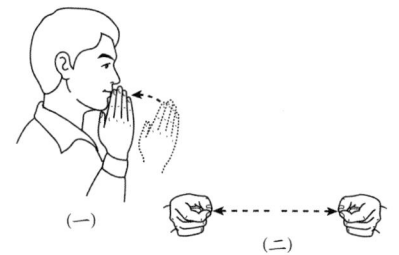

实线② shíxiàn ②
（一）右手直立，掌心向左，从外向内碰一下嘴部。
（二）双手拇、食指相捏，虎口朝上，从中间向两侧拉开。

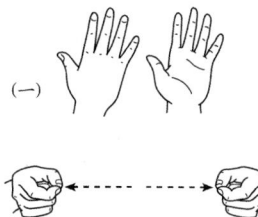

排线 páixiàn
（一）双手直立，五指张开，一前一后排成一列。
（二）双手拇、食指相捏，虎口朝上，从中间向两侧拉开。

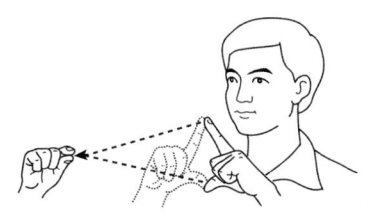

透视 tòushì
双手拇、食指搭成"△"形，虎口朝内，左手不动，右手边向前移动边逐渐相捏，表示近大远小的透视感觉。

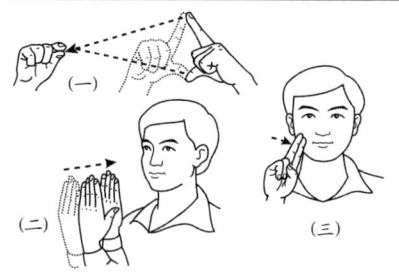

透视现象① tòushì xiànxiàng ①
（一）双手拇、食指搭成"△"形，虎口朝内，左手不动，右手边向前移动边逐渐相捏，表示近大远小的透视感觉。
（二）双手直立，掌心向内，左手不动，右手向内移动一下。
（三）一手食、中指直立并拢，掌心向斜前方，朝脸颊碰一下。

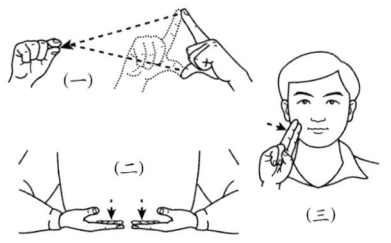

透视现象② tòushì xiànxiàng ②
（一）双手拇、食指搭成"△"形，虎口朝内，左手不动，右手边向前移动边逐渐相捏，表示近大远小的透视感觉。
（二）双手横伸，掌心向上，在腹前向下微动一下。
（三）一手食、中指直立并拢，掌心向斜前方，朝脸颊碰一下。

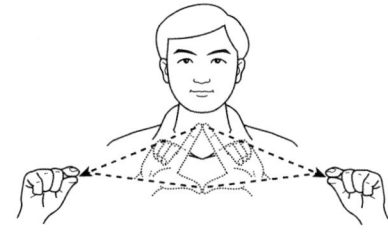

成角透视 chéngjiǎotòushì
双手拇、食指搭成"△"形，虎口朝内，边向两侧斜前方移动边逐渐相捏。

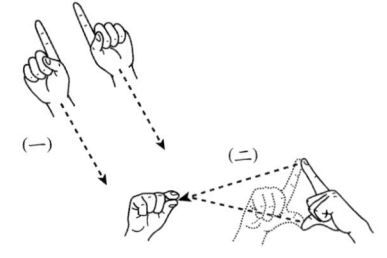

平行透视 píngxíng tòushì

（一）双手食指斜立（或右手食、中指分开），掌心向外，从右上方向左下方平行移动一下。

（二）双手拇、食指搭成"△"形，虎口朝内，左手不动，右手边向前移动边逐渐相捏，表示近大远小的透视感觉。

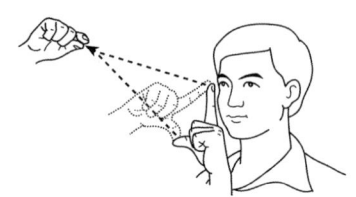

倾斜透视 qīngxié tòushì

双手拇、食指搭成"△"形，虎口朝内，左手不动，右手边向斜前上方移动边逐渐相捏。

（可根据倾斜透视的实际情况决定消失点的位置）

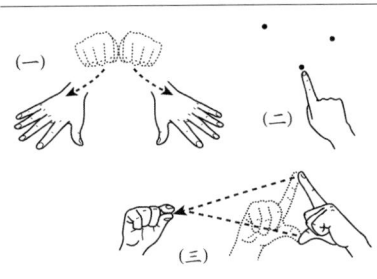

散点透视 sǎndiǎn tòushì

（一）双手虚握，虎口左右相抵，边向两侧斜下方移动边张开五指。

（二）一手伸食指，指尖朝前，在不同位置点动几下。

（三）双手拇、食指搭成"△"形，虎口朝内，左手不动，右手边向前移动边逐渐相捏，表示近大远小的透视感觉。

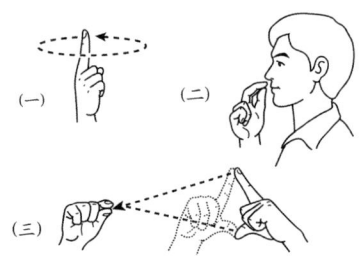

空气透视 kōngqì tòushì

（一）一手食指直立，在头一侧上方转动一圈。

（二）一手打手指字母"Q"的指式，指尖朝内，置于鼻孔处。

（三）双手拇、食指搭成"△"形，虎口朝内，左手不动，右手边向前移动边逐渐相捏，表示近大远小的透视感觉。

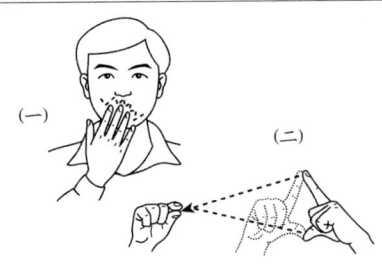

色彩透视 sècǎi tòushì

（一）一手直立，掌心向内，五指张开，在嘴唇部交替点动。

（二）双手拇、食指搭成"△"形，虎口朝内，左手不动，右手边向前移动边逐渐相捏，表示近大远小的透视感觉。

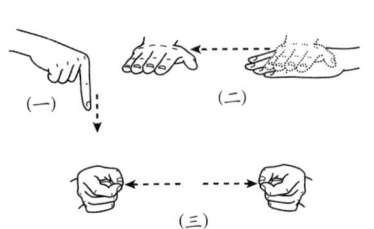

地平线 dìpíngxiàn

（一）一手伸食指，指尖朝下一指。

（二）左手横伸；右手平伸，掌心向下，从左手背上向右移动一下。

（三）双手拇、食指相捏，虎口朝上，从中间向两侧拉开。

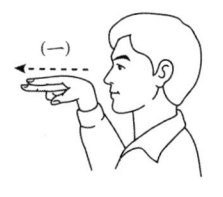

视平面 shìpíngmiàn

（一）一手食、中指分开，指尖朝前，手背向上，从眼部向前一指。

（二）左手横伸；右手平伸，掌心向下，从左手背上向右移动一下。

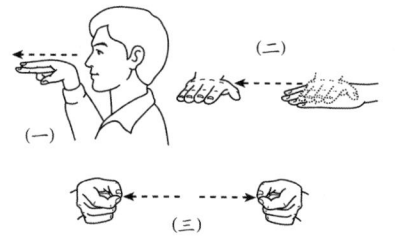

视平线 shìpíngxiàn

（一）一手食、中指分开，指尖朝前，手背向上，从眼部向前一指。

（二）左手横伸；右手平伸，掌心向下，从左手背上向右移动一下。

（三）双手拇、食指相捏，虎口朝上，从中间向两侧拉开。

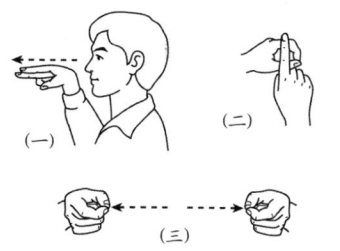

视中线 shìzhōngxiàn

（一）一手食、中指分开，指尖朝前，手背向上，从眼部向前一指。

（二）左手拇、食指与右手食指搭成"中"字形。

（三）双手拇、食指相捏，虎口朝上，从中间向两侧拉开。

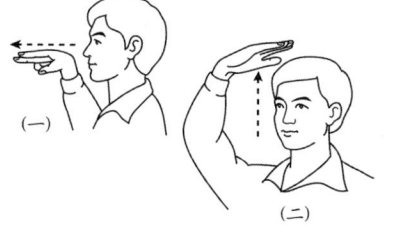

视高 shìgāo

（一）一手食、中指分开，指尖朝前，手背向上，从眼部向前一指。

（二）一手横伸，掌心向下，向上移过头顶。

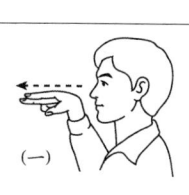

视线 shìxiàn

（一）一手食、中指分开，指尖朝前，手背向上，从眼部向前一指。

（二）双手拇、食指相捏，虎口朝上，从中间向两侧拉开。

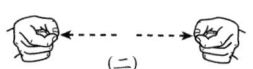

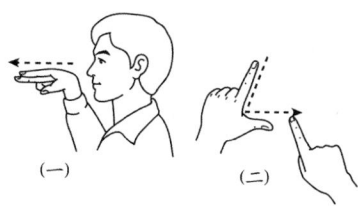

视角 shìjiǎo

（一）一手食、中指分开，指尖朝前，手背向上，从眼部向前一指。

（二）左手拇、食指成"∠"形，手背向内；右手食指沿左手虎口划一下。

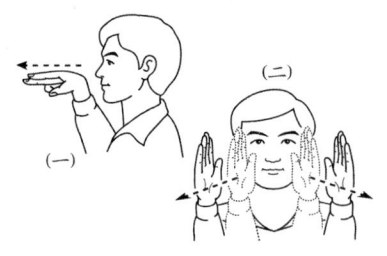

视野 shìyě

（一）一手食、中指分开，指尖朝前，手背向上，从眼部向前一指。

（二）双手直立，五指并拢，斜向置于脸颊两侧，然后向外移动。

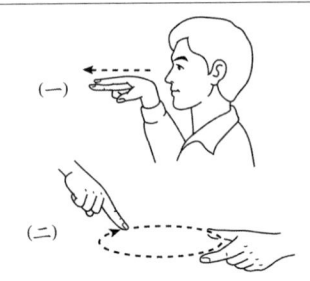

视域 shìyù

（一）一手食、中指分开，指尖朝前，手背向上，从眼部向前一指。

（二）左手拇、食指成半圆形，虎口朝上；右手伸食指，指尖朝下，沿左手虎口划一圈。

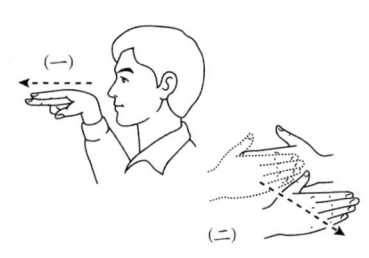

视距 shìjù

（一）一手食、中指分开，指尖朝前，手背向上，从眼部向前一指。

（二）双手横立，掌心向内，左手在后不动，右手向前移动一下。

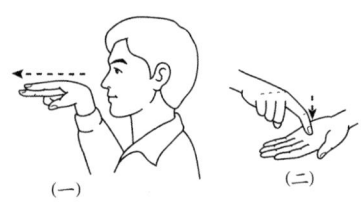

视点 shìdiǎn

（一）一手食、中指分开，指尖朝前，手背向上，从眼部向前一指。

（二）左手横伸；右手伸食指，指尖朝下，在左手掌心上点一下。

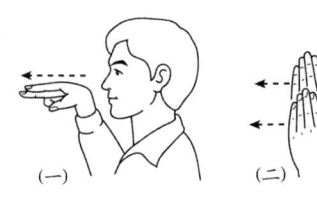

视向 shìxiàng

（一）一手食、中指分开，指尖朝前，手背向上，从眼部向前一指。

（二）双手直立，掌心左右相对，向前移动一下。

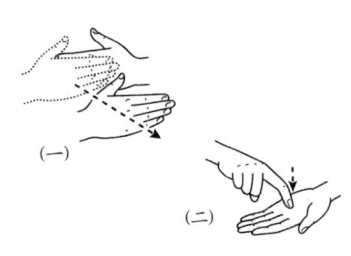

距点 jùdiǎn

（一）双手横立，掌心向内，左手在后不动，右手向前移动一下。

（二）左手横伸；右手伸食指，指尖朝下，在左手掌心上点一下。

心点 xīndiǎn
（一）双手拇、食指张开仿"♡"形，手背向外，置于胸部。
（二）左手横伸；右手伸食指，指尖朝下，在左手掌心上点一下。

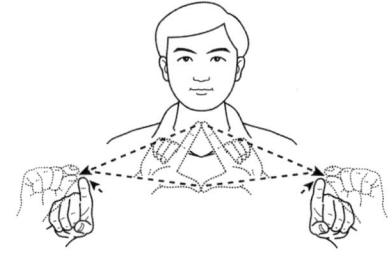

余点 yúdiǎn
双手拇、食指搭成"△"形，虎口朝内，边向两侧斜前方移动边逐渐相捏，然后双手伸食指，指尖朝前，在第一个手势完成处向前点动一下。

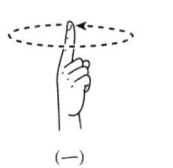

天点 tiāndiǎn
（一）一手食指直立，在头一侧上方转动一圈。
（二）左手横伸；右手伸食指，指尖朝下，在左手掌心上点一下。

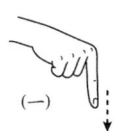

地点 dìdiǎn
（一）一手伸食指，指尖朝下一指。
（二）左手横伸；右手伸食指，指尖朝下，在左手掌心上点一下。

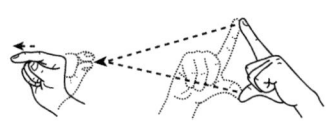

消失点（灭点） xiāoshīdiǎn（mièdiǎn）
双手拇、食指搭成"△"形，虎口朝内，左手不动，右手边向前移动边逐渐相捏，然后伸食指，指尖朝前，在第一个手势完成处向前点动一下。

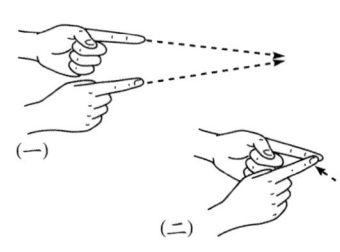

焦点（交点） jiāodiǎn（jiāodiǎn）
（一）双手伸食指，指尖朝斜前方，然后向前移动至指尖相抵。
（二）左手伸食指，指尖朝斜前方；右手食指尖点一下左手食指尖。

仰视 yǎngshì
　　一手食、中指分开,指尖朝前上方移动,手背向上,头同时后仰。

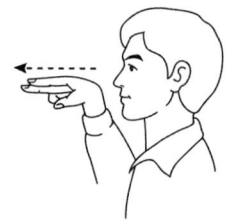
平视 píngshì
　　一手食、中指分开,指尖朝前,手背向上,从眼部向前一指。

俯视 fǔshì
　　一手食、中指分开,指尖朝前下方移动,手背向上,头微低。

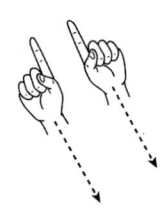
平行 píngxíng
　　双手食指斜立(或右手食、中指分开),掌心向外,从右上方向左下方平行移动一下。
　　(可根据实际表示平行的状态)

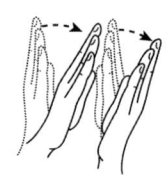
倾斜(歪) qīngxié (wāi)
　　双手直立,掌心左右相对,然后同时歪向一侧。
　　(可根据实际表示倾斜的状态)

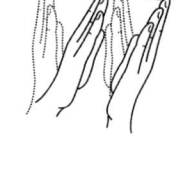
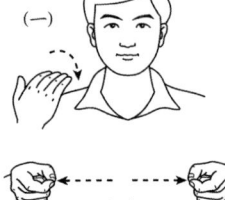
原线 yuánxiàn
　　(一)一手直立,掌心向内,向肩后挥动一下。
　　(二)双手拇、食指相捏,虎口朝上,从中间向两侧拉开。

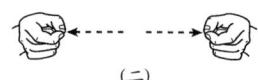

变线　biànxiàn

（一）一手食、中指直立分开，由掌心向外翻转为掌心向内。

（二）双手拇、食指相捏，虎口朝上，从中间向两侧拉开。

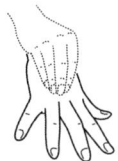

光（光源、光线）　guāng（guāngyuán、guāngxiàn）

一手五指撮合，指尖朝下，然后张开。

（可根据实际表示光的方向）

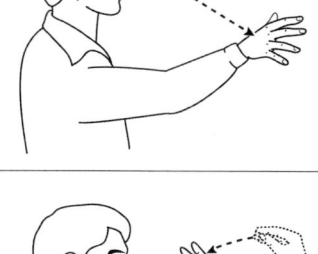

顺光（受光）　shùnguāng（shòuguāng）

右手五指撮合，指尖朝前，置于头一侧，然后边向前下方移动边张开。

逆光（背光）　nìguāng（bèiguāng）

右手五指撮合，指尖朝内，置于头前方，然后边向脸部移动边张开。

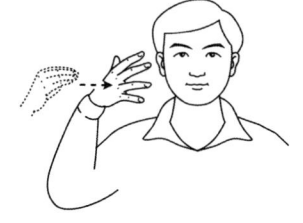

侧光　cèguāng

右手五指撮合，指尖朝左，置于头右方，然后边向头部移动边张开。

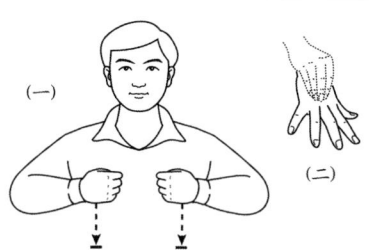

强光　qiángguāng

（一）双手握拳屈肘，同时用力向下一顿。

（二）一手五指撮合，指尖朝下，然后张开。

弱光　ruòguāng
　　（一）左手横伸；右手伸拇、小指，小指尖抵于左手掌心，左右晃动。
　　（二）一手五指撮合，指尖朝下，然后张开。

（一）
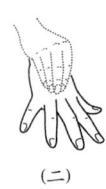
（二）

主光　zhǔguāng
　　（一）一手伸拇指，贴于胸部。
　　（二）一手五指撮合，指尖朝下，然后张开。

（一）
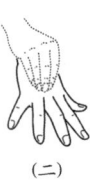
（二）

辅光　fǔguāng
　　（一）左手伸拇指；右手五指并拢，轻拍一（或两）下左手拇指背。
　　（二）一手五指撮合，指尖朝下，然后张开。

（一）
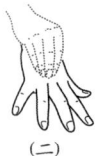
（二）

高光　gāoguāng
　　（一）一手横伸，掌心向下，向上移过头顶。
　　（二）一手五指撮合，指尖朝下，然后张开。

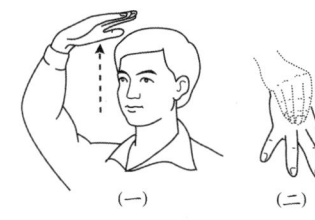

人造光　rénzàoguāng
　　（一）双手食指搭成"人"字形。
　　（二）双手握拳，一上一下，右拳向下砸一下左拳。
　　（三）一手五指撮合，指尖朝下，然后张开。

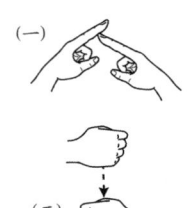

自然光　zìránguāng
　　（一）右手拇、中指相捏，边碰向左胸部边张开。
　　（二）一手五指撮合，指尖朝下，然后张开。

（一）

（二）

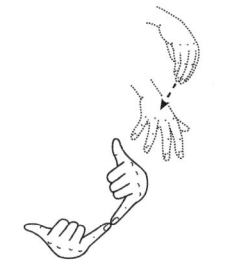

投影　tóuyǐng
　　左手伸拇、小指,手背向左;右手五指撮合,指尖朝下,置于左手左上方,边向左手移动边张开,然后伸拇、小指,手背向下,移至左手右侧,双手小指指尖相抵,表示影子。

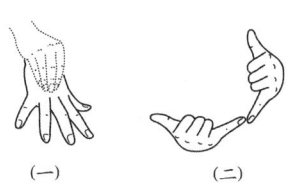

光影　guāngyǐng
　　(一)一手五指撮合,指尖朝下,然后张开。
　　(二)双手伸拇、小指,小指指尖相抵,左手背向左,右手背向下。

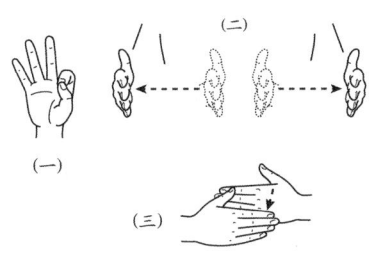

三大面　sāndàmiàn
　　(一)一手中、无名、小指直立分开,掌心向外。
　　(二)双手侧立,掌心相对,同时向两侧移动,幅度要大些。
　　(三)左手横立,手背向外;右手摸一下左手背。

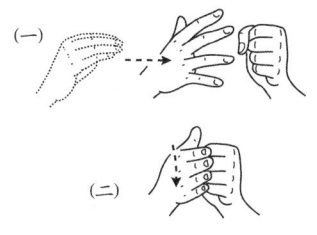

受光面　shòuguāngmiàn
　　(一)左手握拳,手背向左,虎口朝上;右手五指撮合,指尖朝左,边移向左拳边张开。
　　(二)左手握拳,手背向左,虎口朝上;右手侧立,贴于左拳右侧,向下移动一下。

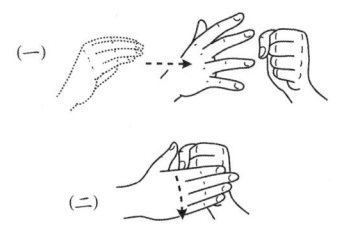

侧光面　cèguāngmiàn
　　(一)左手握拳,手背向左,虎口朝上;右手五指撮合,指尖朝左,边移向左拳边张开。
　　(二)左手握拳,手背向左,虎口朝上;右手横立,贴于左拳前方,向下移动一下。

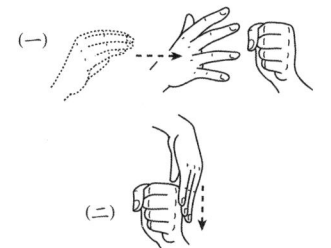

背光面　bèiguāngmiàn
　　(一)左手握拳,手背向左,虎口朝上;右手五指撮合,指尖朝左,边移向左拳边张开。
　　(二)左手握拳,手背向左,虎口朝上;右手垂立,指面贴于左手背,向下移动一下。

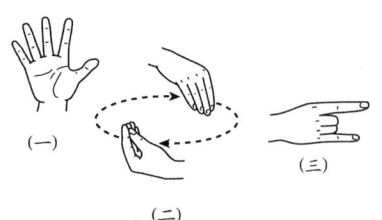

五调子 wǔdiào·zi

（一）一手五指直立张开，掌心向外。
（二）双手五指撮合，指尖上下相对，交替平行转动两下。
（三）一手打手指字母"Z"的指式。

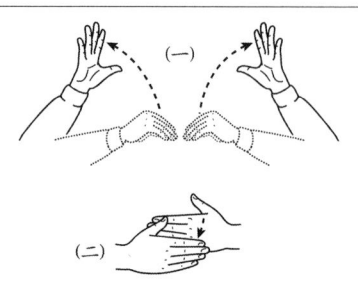

亮面 liàngmiàn

（一）双手五指撮合，指尖左右相对，手背向上，然后边向两侧上方移动边张开。
（二）左手横立，手背向外；右手摸一下左手背。

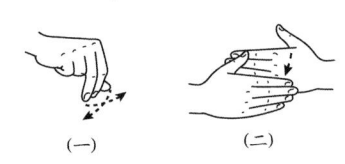

灰面 huīmiàn

（一）一手拇、食、中指相捏，指尖朝下，互捻几下。
（二）左手横立，手背向外；右手摸一下左手背。

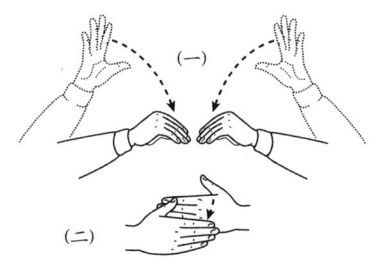

暗面 ànmiàn

（一）双手直立，掌心左右相对，五指张开，然后边向中间下方做弧形移动边撮合，指尖左右相对。
（二）左手横立，手背向外；右手摸一下左手背。

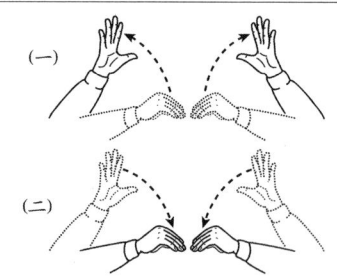

明暗 míng'àn

（一）双手五指撮合，指尖左右相对，手背向上，然后边向两侧上方移动边张开。
（二）双手直立，掌心左右相对，五指张开，然后边向中间下方做弧形移动边撮合，指尖左右相对。

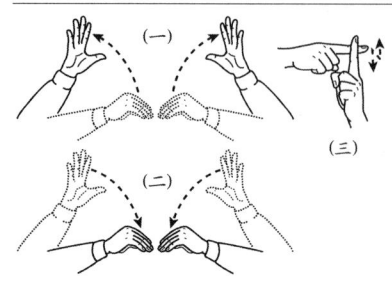

明暗度 míng'àndù

（一）双手五指撮合，指尖左右相对，手背向上，然后边向两侧上方移动边张开。
（二）双手直立，掌心左右相对，五指张开，然后边向中间下方做弧形移动边撮合，指尖左右相对。
（三）左手食指直立；右手食指横贴在左手食指上，然后上下微动几下。

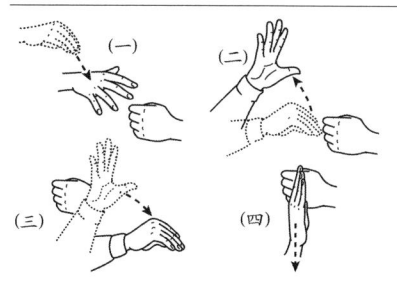

明暗交界线 míng'àn jiāojièxiàn

（一）左手握拳，手背向外，虎口朝上；右手五指撮合，指尖朝下，置于左拳右上方，边移向左拳边张开，表示光线投射到物体上。
（二）左手握拳，手背向外，虎口朝上；右手五指撮合，指尖朝左，边从左手指背处向上移动边张开，表示指背处光线亮。
（三）左手握拳，手背向外，虎口朝上；右手五指张开，掌心向左，边从左手指背处向下移动边撮合，表示手背处光线暗。
（四）左手握拳，手背向外，虎口朝上；右手直立，掌心向左，拇指沿左手四指根部关节向下一划。

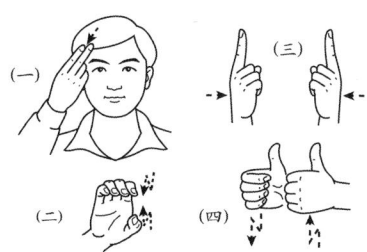

黑白对比 hēibái duìbǐ

（一）一手打手指字母"H"的指式，摸一下头发。
（二）一手五指弯曲，掌心向外，指尖弯动两下。
（三）双手食指直立，指面左右相对，从两侧向中间微移一下。
（四）双手伸拇指，上下交替动两下。

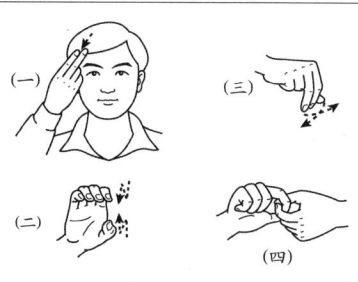

黑白灰关系 hēibáihuī guān·xì

（一）一手打手指字母"H"的指式，摸一下头发。
（二）一手五指弯曲，掌心向外，指尖弯动两下。
（三）一手拇、食、中指相捏，指尖朝下，互捻几下。
（四）双手拇、食指套环。

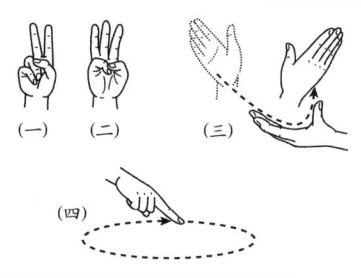

二维空间 èrwéi kōngjiān

（一）一手食、中指直立分开，掌心向外。
（二）一手打手指字母"W"的指式。
（三）左手斜伸，掌心向斜后方；右手食、中、无名、小指并拢，指尖朝前，小指外侧从右向左在左手虎口处刮一下。
（四）一手伸食指，指尖朝下划一大圈。

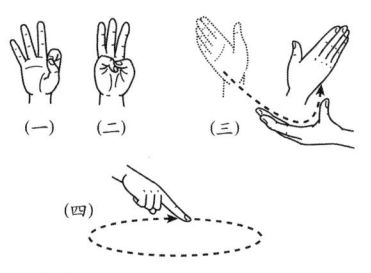

三维空间 sānwéi kōngjiān

（一）一手中、无名、小指直立分开，掌心向外。
（二）一手打手指字母"W"的指式。
（三）左手斜伸，掌心向斜后方；右手食、中、无名、小指并拢，指尖朝前，小指外侧从右向左在左手虎口处刮一下。
（四）一手伸食指，指尖朝下划一大圈。

形状（形态、姿态、款式、样式）
xíngzhuàng (xíngtài、zītài、kuǎnshì、yàngshì)

双手拇、食指成"凵"形，置于脸颊两侧，上下交替动两下。

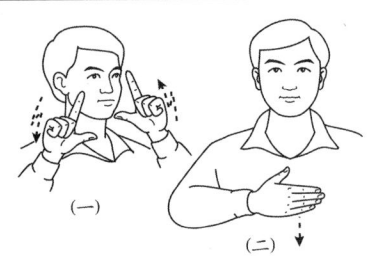

形体 xíngtǐ

（一）双手拇、食指成"⌐⌐"形，置于脸颊两侧，上下交替动两下。

（二）一手掌心贴于胸部，向下移动一下。

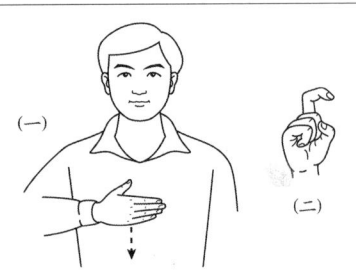

体积 tǐjī

（一）一手掌心贴于胸部，向下移动一下。

（二）一手打手指字母"J"的指式。

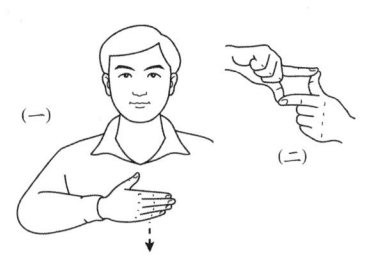

体块 tǐkuài

（一）一手掌心贴于胸部，向下移动一下。

（二）双手拇、食指搭成小"口"形。

（可根据实际表示体块）

基本形 jīběnxíng

（一）左手握拳，手背向上；右手拇、食指张开，指尖朝下，朝左手腕两侧插两下。

（二）双手拇、食指成"⌐⌐"形，置于脸颊两侧，上下交替动两下。

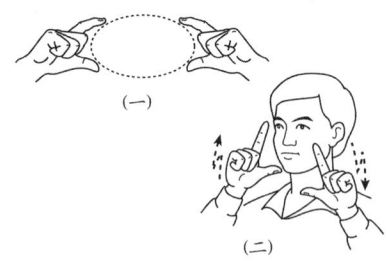

椭圆形 tuǒyuánxíng

（一）双手拇、食指张开，指尖相对，虎口朝内，如椭圆形。

（二）双手拇、食指成"⌐⌐"形，置于脸颊两侧，上下交替动两下。

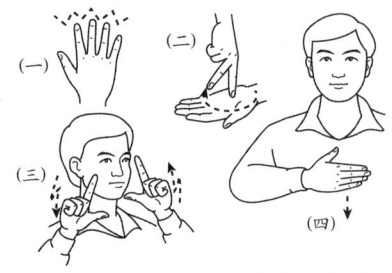

几何形体 jǐhé xíngtǐ

（一）一手直立，掌心向内，五指张开，交替点动几下。

（二）左手横伸；右手食、中指分开，指尖朝下，食指尖抵于左手掌心，中指转动半圈，如用圆规画圆状。

（三）双手拇、食指成"⌐⌐"形，置于脸颊两侧，上下交替动两下。

（四）一手掌心贴于胸部，向下移动一下。

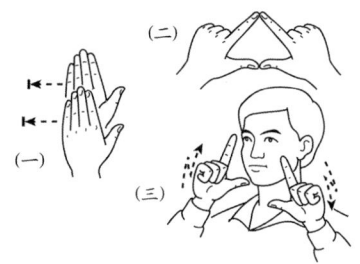

正三角形 zhèngsānjiǎoxíng
（一）双手直立，掌心左右相对，向前一顿。
（二）双手拇、食指搭成"△"形，虎口朝内。
（三）双手拇、食指成"└┘"形，置于脸颊两侧，上下交替动两下。

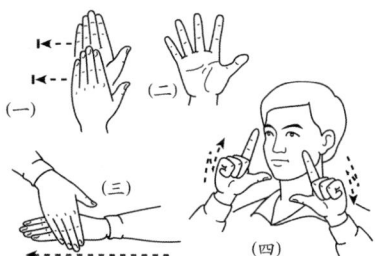

正五边形 zhèngwǔbiānxíng
（一）双手直立，掌心左右相对，向前一顿。
（二）一手五指直立张开，掌心向外。
（三）左手横伸，掌心向下；右手食、中、无名、小指并拢，指尖朝下，沿左小臂向指尖方向划动一下。
（四）双手拇、食指成"└┘"形，置于脸颊两侧，上下交替动两下。

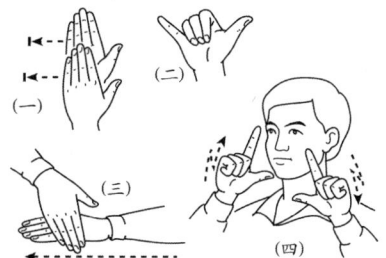

正六边形 zhèngliùbiānxíng
（一）双手直立，掌心左右相对，向前一顿。
（二）一手拇、小指直立，掌心向外。
（三）左手横伸，掌心向下；右手食、中、无名、小指并拢，指尖朝下，沿左小臂向指尖方向划动一下。
（四）双手拇、食指成"└┘"形，置于脸颊两侧，上下交替动两下。

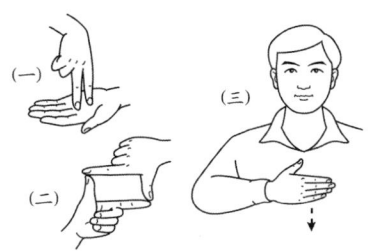

立方体 lìfāngtǐ
（一）左手横伸；右手食、中指分开，指尖朝下，立于左手掌心上。
（二）双手拇、食指搭成"囗"形。
（三）一手掌心贴于胸部，向下移动一下。

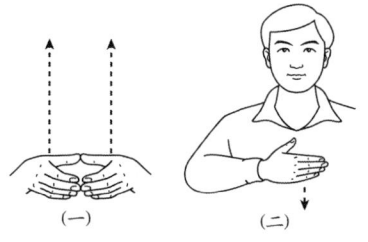

圆柱体 yuánzhùtǐ
（一）双手五指搭成圆形，虎口朝上，向上移动一下。
（二）一手掌心贴于胸部，向下移动一下。

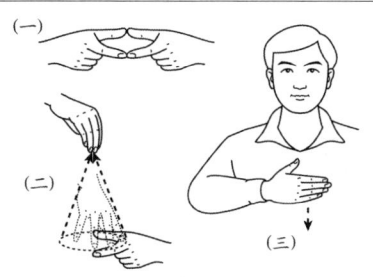

圆锥体 yuánzhuītǐ
（一）双手拇、食指搭成圆形，虎口朝上。
（二）左手拇、食指成半圆形，虎口朝上；右手五指张开，置于左手拇、食指上，然后边向上移动边撮合。
（三）一手掌心贴于胸部，向下移动一下。

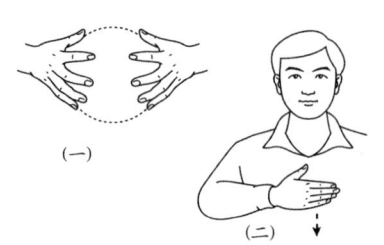

方锥体 fāngzhuītǐ
（一）双手拇、食指搭成"□"形。
（二）左手横伸；右手五指张开，置于左手掌心上，然后边向上移动边撮合。
（三）一手掌心贴于胸部，向下移动一下。

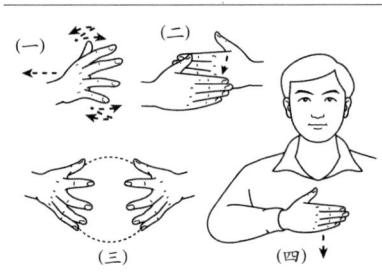

球体 qiútǐ
（一）双手五指微曲，掌心左右相对，如球状。
（二）一手掌心贴于胸部，向下移动一下。

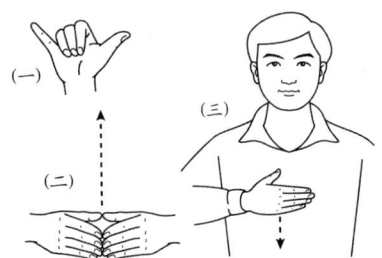

多面球体 duōmiànqiútǐ
（一）一手侧立，五指张开，边抖动边向一侧移动。
（二）左手横立，手背向外；右手摸一下左手背。
（三）双手五指微曲，掌心左右相对，如球状。
（四）一手掌心贴于胸部，向下移动一下。

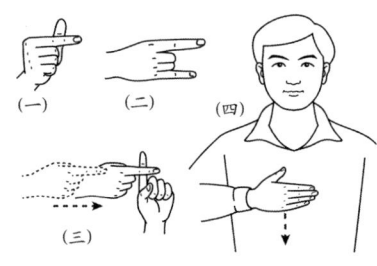

六棱柱体 liùléngzhùtǐ
（一）一手拇、小指直立，掌心向外。
（二）双手五指搭成"△"形，虎口朝上，向上移动一下。
（三）一手掌心贴于胸部，向下移动一下。

十字贯穿体 shízì guànchuāntǐ
（一）一手拇、食指搭成"十"字形。
（二）一手打手指字母"Z"的指式。
（三）左手食指直立；右手食指横伸，手背向外，从左手食指中部移过。
（四）一手掌心贴于胸部，向下移动一下。

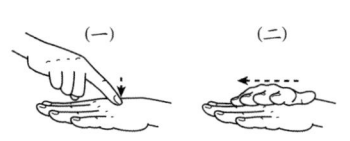

顶面 dǐngmiàn
（一）左手横伸；右手伸食指，指尖朝下，指一下左手背。
（二）左手横伸；右手平伸，掌心向下，摸一下左手背（或在左手背上转动一圈）。
（可根据实际表示物体的顶面）

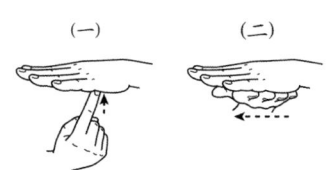

底面 dǐmiàn
（一）左手横伸；右手伸食指，指尖朝上，指一下左手掌心。
（二）左手横伸；右手平伸，掌心向上，摸一下左手掌心（或在左手掌心下转动一圈）。
（可根据实际表示物体的底面）

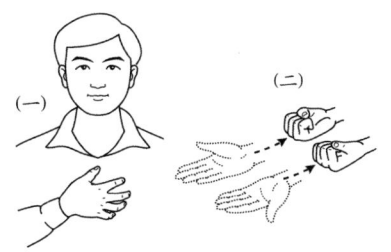

感受 gǎnshòu
（一）一手五指微曲，指尖朝内，按于胸部。
（二）双手平伸，掌心向上，边向内移动边握拳。

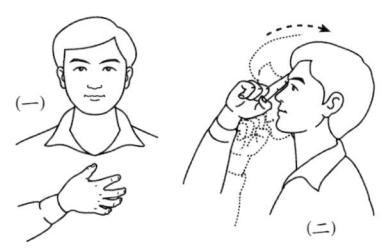

感觉 gǎnjué
（一）一手五指微曲，指尖朝内，按于胸部。
（二）一手食指抵于太阳穴，头同时微抬。

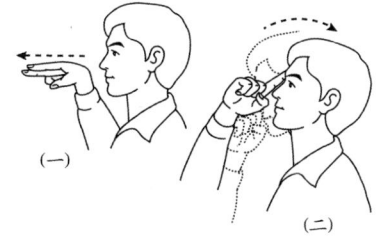

视觉 shìjué
（一）一手食、中指分开，指尖朝前，手背向上，从眼部向前一指。
（二）一手食指抵于太阳穴，头同时微抬。
（可根据具体语境省略动作二）

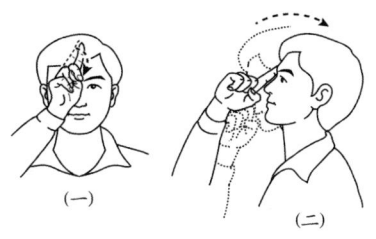

错觉 cuòjué
（一）一手食、中指直立相叠，掌心向外，置于前额，中指向下弯动一下。
（二）一手食指抵于太阳穴，头同时微抬。

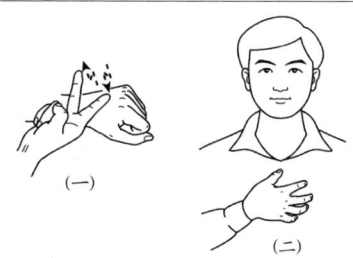

质感 zhìgǎn
（一）左手握拳；右手食、中指横伸，指背交替弹左手背。
（二）一手五指微曲，指尖朝内，按于胸部。

量感 liànggǎn

（一）一手直立，掌心向内，五指张开，交替点动几下。
（二）一手五指微曲，指尖朝内，按于胸部。

灵感 línggǎn

（一）一手拇、食指捏成圆形，其他三指直立分开，虎口朝内，从头一侧边转动边向上移动。
（二）一手五指微曲，指尖朝内，按于胸部。

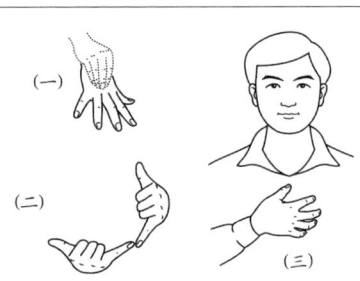

光影感 guāngyǐnggǎn

（一）一手五指撮合，指尖朝下，然后张开。
（二）双手伸拇、小指，小指指尖相抵，左手背向左，右手背向下。
（三）一手五指微曲，指尖朝内，按于胸部。

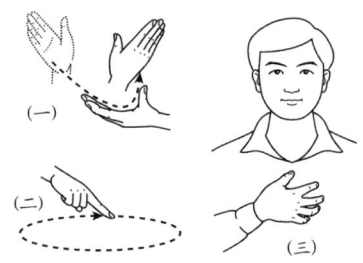

空间感 kōngjiāngǎn

（一）左手斜伸，掌心向斜后方；右手食、中、无名、小指并拢，指尖朝前，小指外侧从右向左在左手虎口处刮一下。
（二）一手伸食指，指尖朝下划一大圈。
（三）一手五指微曲，指尖朝内，按于胸部。

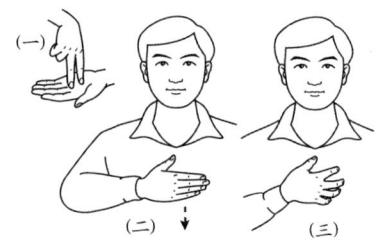

立体感 lìtǐgǎn

（一）左手横伸；右手食、中指分开，指尖朝下，立于左手掌心上。
（二）一手掌心贴于胸部，向下移动一下。
（三）一手五指微曲，指尖朝内，按于胸部。

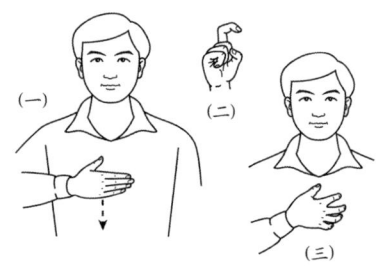

体积感 tǐjīgǎn

（一）一手掌心贴于胸部，向下移动一下。
（二）一手打手指字母"J"的指式。
（三）一手五指微曲，指尖朝内，按于胸部。

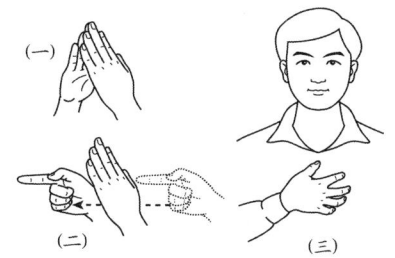

进深感 jìnshēngǎn

（一）双手搭成"∧"形。
（二）左手斜伸，掌心向右下方；右手伸食指，指尖朝前，在左手掌心下向前移动，表示房间的空间进深。
（三）一手五指微曲，指尖朝内，按于胸部。
（可根据实际表示进深的状态）

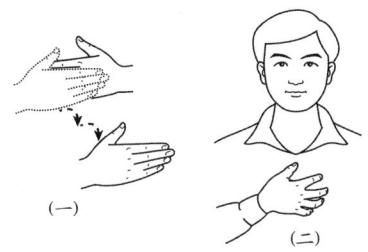

层次感 céngcìgǎn

（一）双手横立，掌心向内，左手在后不动，右手边向前移动边向下切两下。
（二）一手五指微曲，指尖朝内，按于胸部。

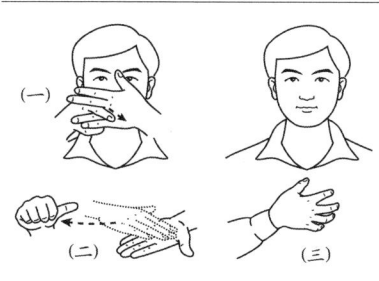

透明感 tòumínggǎn

（一）左手横立，掌心向内；右手伸食指，指尖朝前，从左手中、无名指指缝间穿过。
（二）左手横伸；右手平伸，掌心向下，贴于左手掌心，边向左手指尖方向移动边弯曲食、中、无名、小指，指尖抵于掌心。
（三）一手五指微曲，指尖朝内，按于胸部。

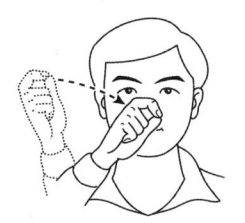

瞬间 shùnjiān

一手拇、食指捏成圆形，在眼前迅速划过，如流星划过天空状。

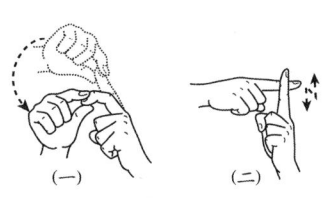

弯度 wāndù

（一）左手食指直立；右手拇、食指捏住左手食指尖，然后向下弯动。
（二）左手食指直立；右手食指横贴在左手食指上，然后上下微动几下。
（可根据实际表示弯的状态）

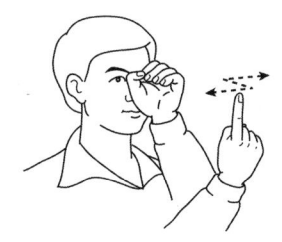

测量 cèliáng

左手虚握，虎口朝内，贴于眼部；右手食指直立，在左手前左右移动，模仿测量的动作。
（可根据实际表示测量的动作）

目测 mùcè
（一）一手伸食指，指一下眼睛。
（二）一手食指直立，手背向外，在面前从上向下一顿一顿移动两下，同时左眼闭拢。

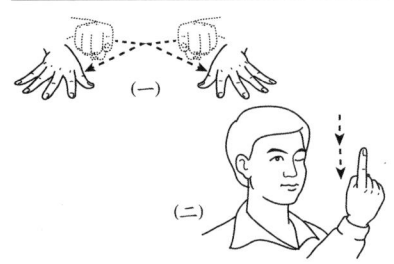

物测 wùcè
（一）双手食指指尖朝前，手背向上，先互碰一下，再分开并张开五指。
（二）一手食指直立，手背向外，在面前从上向下一顿一顿移动两下，同时左眼闭拢。

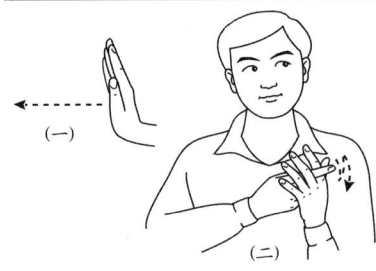

推测 tuīcè
（一）一手直立，掌心向前推一下。
（二）左手直立，手背向外，五指张开；右手食指在左手食、中指指缝间点动两下，面露思考的表情。

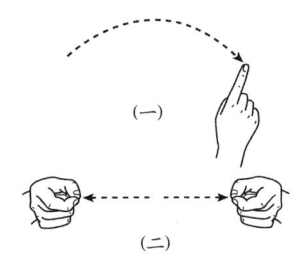

弧线 húxiàn
（一）一手伸食指，指尖朝前，划一条弧线。
（二）双手拇、食指相捏，虎口朝上，从中间向两侧拉开。

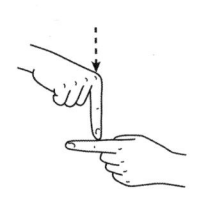

垂直 chuízhí
左手食指横伸，手背向外；右手伸食指，指尖朝下，垂直落于左手食指中端，如垂直状。

起伏 qǐfú
一手平伸，手背向上，向一侧做从低向高，再从高向低的起伏状移动。

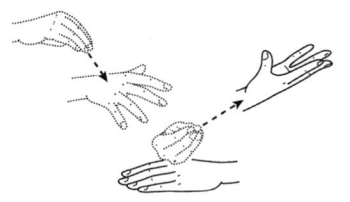
反射（反光） fǎnshè (fǎnguāng)
左手横伸，手背向上；右手五指撮合，边从右上方向左手移动边张开，然后在左手背上五指撮合并转腕，边向左上方移动边张开。
（可根据实际表示反射、反光的状态）

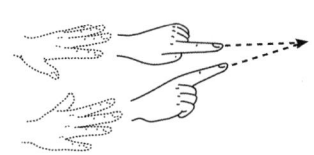
聚焦 jùjiāo
双手五指张开，掌心向下，边从后方两侧向前方中间移动边缩回拇、中、无名、小指，直至双手食指指尖相抵。

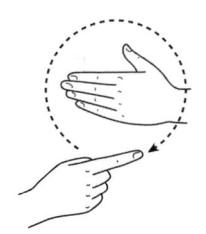
整体 zhěngtǐ
左手横立；右手伸食指，指尖朝内，绕左手转动一圈，表示整体。

局部 júbù
左手横立；右手伸食指，指尖朝内，在左手背上划一小圈，表示整体当中的一部分。

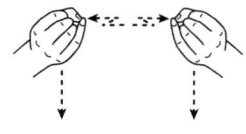
细节 xìjié
双手拇、小指相捏，边从中间向两侧拉开边向下移动。

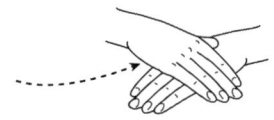
覆盖 fùgài
左手横伸，手背向上；右手平伸，掌心向下，从右向左划过左手。

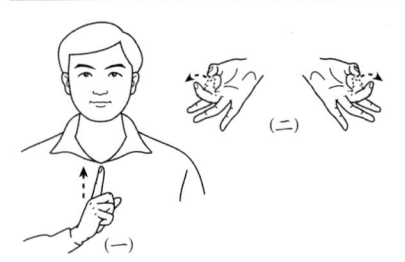

单调 dāndiào

（一）一手食指直立，虎口贴于胸部，向上移动少许。
（二）双手平伸，手背向下，拇、中指先相捏，再弹开。

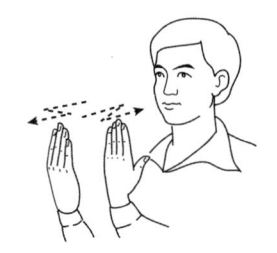

表现 biǎoxiàn

双手直立，掌心向内，前后交替移动两下。

对比 duìbǐ

（一）双手食指直立，指面左右相对，从两侧向中间微移一下。
（二）双手伸拇指，上下交替动两下。
（可根据实际表示对比的动作）

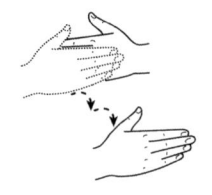

层次 céngcì

双手横立，掌心向内，左手在后不动，右手边向前移动边向下切两下。

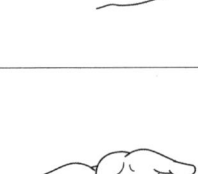

衬托 chèntuō

双手平伸，掌心向上，左手在上不动，右手从下向上动一下，与左手一半相叠。

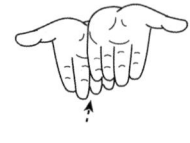

遮挡 zhēdǎng

双手横立，掌心向内，左手在后不动，右手在前，向下移动一下，挡住左手。
（可根据实际表示遮挡的情形）

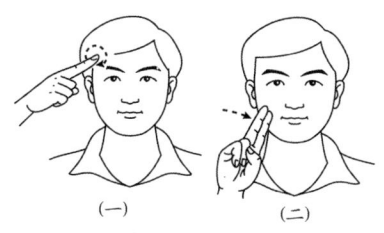

想象 xiǎngxiàng

（一）一手伸食指，在太阳穴前后转动一（或两）圈，面露思考的表情。
（二）一手食、中指直立并拢，掌心向斜前方，朝脸颊碰一下。

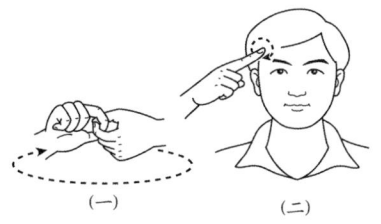

联想 liánxiǎng

（一）双手拇、食指套环，顺时针平行转动一圈。
（二）一手伸食指，在太阳穴前后转动一（或两）圈，面露思考的表情。

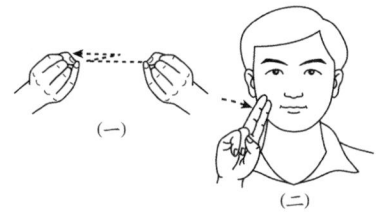

具象 jùxiàng

（一）双手拇、小指相捏，左手不动，右手向右拉动两下，表示非常细致。
（二）一手食、中指直立并拢，掌心向斜前方，朝脸颊碰一下。

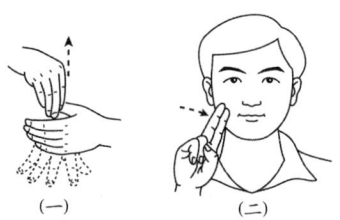

抽象 chōuxiàng

（一）左手五指成半圆形，虎口朝上；右手五指张开，指尖朝下，边从左手虎口内移出边撮合。
（二）一手食、中指直立并拢，掌心向斜前方，朝脸颊碰一下。

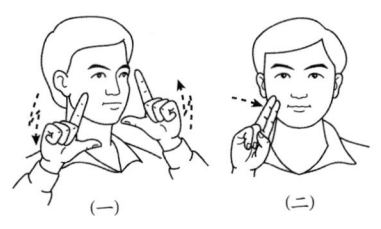

形象 xíngxiàng

（一）双手拇、食指成"凵"形，置于脸颊两侧，上下交替动两下。
（二）一手食、中指直立并拢，掌心向斜前方，朝脸颊碰一下。

象形① xiàngxíng ①

（一）一手食、中指直立并拢，掌心向斜前方，朝脸颊碰一下。
（二）双手拇、食指成"凵"形，置于脸颊两侧，上下交替动两下。

象形② xiàngxíng ②

（一）双手拇、食指搭成"十"字形，同时向一侧移动一下。
（二）双手拇、食指成"⌊⌋"形，置于脸颊两侧，上下交替动两下。

神态 shéntài

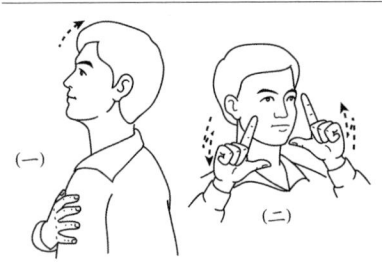

（一）一手五指微曲张开，掌心贴于胸部，挺胸抬头。
（二）双手拇、食指成"⌊⌋"形，置于脸颊两侧，上下交替动两下。

传神 chuánshén

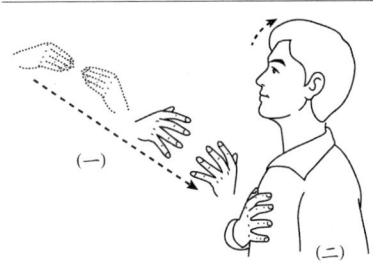

（一）双手五指撮合，指尖斜向相对，边向斜下方移动边张开。
（二）一手五指微曲张开，掌心贴于胸部，挺胸抬头。

陪衬 péichèn

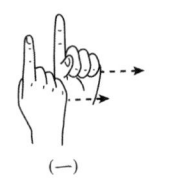 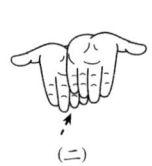

（一）双手食指直立，虎口朝内，一左一右，一前一后，同时向前移动。
（二）双手平伸，掌心向上，左手在上不动，右手从下向上动一下，与左手一半相叠。

题材 tícái

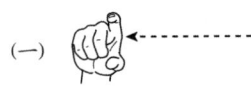

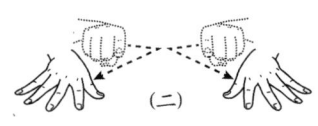

（一）一手拇、食指张开，指尖朝前，向一侧移动一下。
（二）双手食指指尖朝前，手背向上，先互碰一下，再分开并张开五指。

素材 sùcái

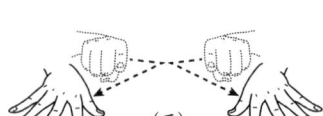

（一）一手打手指字母"S"的指式。
（二）双手食指指尖朝前，手背向上，先互碰一下，再分开并张开五指。

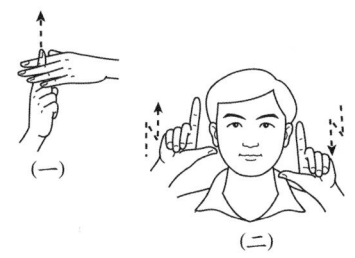

典型 diǎnxíng

（一）左手横伸，掌心向下，五指稍张开；右手食指直立，从左手食、中指指缝间用力伸出。

（二）双手拇、食指成"⌐ ⌐"形，置于脸颊两侧，上下交替动两下。

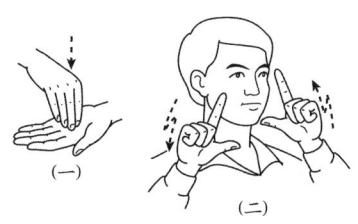

定型（定形） dìngxíng (dìngxíng)

（一）左手横伸；右手五指撮合，指尖朝下，按向左手掌心。

（二）双手拇、食指成"⌐ ⌐"形，置于脸颊两侧，上下交替动两下。

位置❶ wèi·zhì ❶

左手横伸；右手伸拇指，置于左手掌心上，表示人的地位或职位。

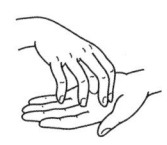

位置❷ wèi·zhì ❷

左手横伸；右手五指弯曲，指尖朝下，置于左手掌心上，表示物体的位置。

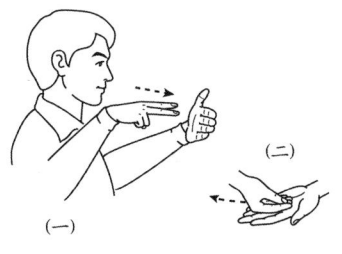

视图 shìtú

（一）左手斜伸，掌心向斜后方；右手食、中指分开，指尖朝前，手背向上，朝左手一指。

（二）左手横伸；右手五指撮合，指背在左手掌心上抹一下。

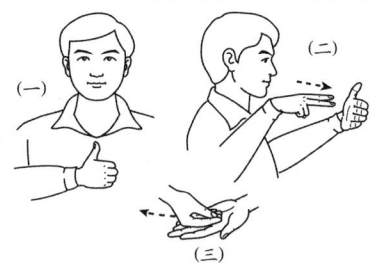

主视图 zhǔshìtú

（一）一手伸拇指，贴于胸部。

（二）左手斜伸，掌心向斜后方；右手食、中指分开，指尖朝前，手背向上，朝左手一指。

（三）左手横伸；右手五指撮合，指背在左手掌心上抹一下。

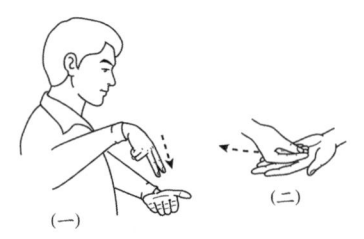

侧视图　cèshìtú
（一）右手侧立；左手食、中指分开，指尖朝右，手背向上，朝右手一指，目光斜向右侧。
（二）左手侧立；右手食、中指分开，指尖朝左，手背向上，朝左手一指，目光斜向左侧。
（三）左手横伸；右手五指撮合，指背在左手掌心上抹一下。

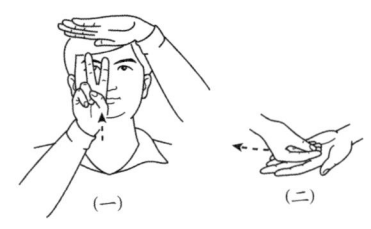

俯视图　fǔshìtú
（一）左手横伸，掌心向上；右手食、中指分开，指尖朝下，手背向外，朝左手一指，目光向下。
（二）左手横伸；右手五指撮合，指背在左手掌心上抹一下。

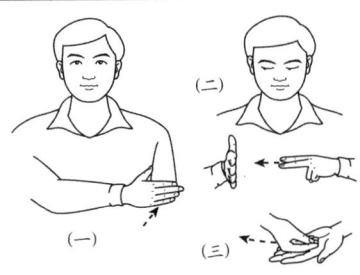

仰视图　yǎngshìtú
（一）左手横伸，掌心向下，置于头前上方；右手食、中指直立分开，手背向内，朝左手一指，目光向上。
（二）左手横伸；右手五指撮合，指背在左手掌心上抹一下。

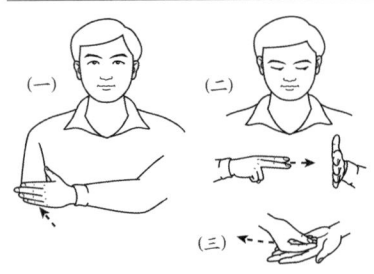

左视图　zuǒshìtú
（一）右手拍一下左臂。
（二）右手侧立；左手食、中指分开，指尖朝右，手背向上，朝右手一指，目光斜向右侧。
（三）左手横伸；右手五指撮合，指背在左手掌心上抹一下。

右视图　yòushìtú
（一）左手拍一下右臂。
（二）左手侧立；右手食、中指分开，指尖朝左，手背向上，朝左手一指，目光斜向左侧。
（三）左手横伸；右手五指撮合，指背在左手掌心上抹一下。

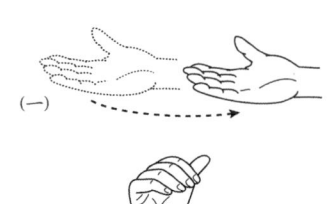

要素　yàosù
（一）一手平伸，掌心向上，向后移动一下。
（二）一手打手指字母"S"的指式。

对称 duìchèn
双手横立,掌心向内,从两侧向中间微移一下。

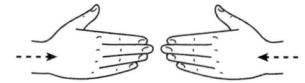

呼应 hūyìng
双手五指微曲,掌心前后相对,手腕同时前后弯动两下,表示有问有答,引申为呼应。
(可根据实际确定手势的位置)

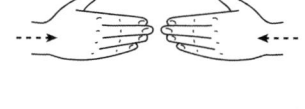

平衡 pínghéng
(一)双手五指并拢,掌心向下,交叉相搭,然后分别向两侧移动。
(二)双手平伸,掌心向下,上下交替微移几下,然后双手保持平衡状态。

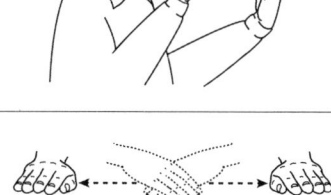

均衡 jūnhéng
(一)一手食指横伸,拇、中指弯曲,仿除号形状,向一侧移动一下。
(二)双手平伸,掌心向下,上下交替微移几下,然后双手保持平衡状态。

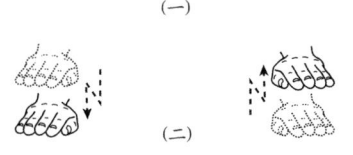

多样统一 duōyàng tǒngyī
(一)一手侧立,五指张开,边抖动边向一侧移动。
(二)双手拇、食指成"∟"形,置于脸颊两侧,上下交替动两下。
(三)右手侧立,五指微曲张开,边向左做弧形移动边握拳。
(四)一手食指横伸,手背向外。

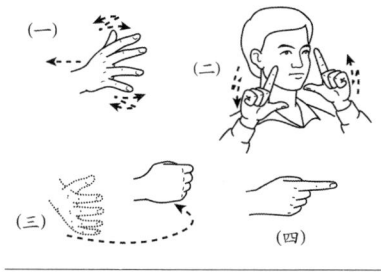

比例关系 bǐlì guān·xì
(一)双手伸拇指,上下交替动两下。
(二)一手打手指字母"L"的指式。
(三)双手拇、食指套环。
(可根据实际选择比例的手势)

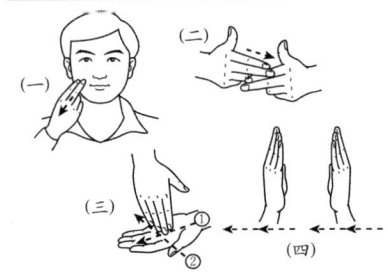

黄金分割律 huángjīn fēngēlǜ
（一）一手打手指字母"H"的指式，摸一下脸颊。
（二）双手伸拇、食、中指，食、中指并拢，交叉相搭，右手中指蹭一下左手食指。
（三）左手横伸；右手食、中、无名、小指并拢，指尖朝下，在左手掌心上横、竖各划一下。
（四）双手直立，掌心左右相对，向一侧一顿一顿移动几下。

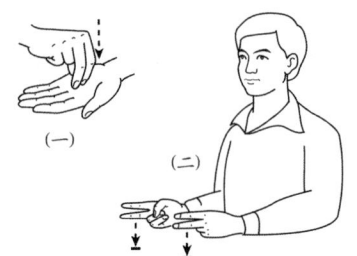

章法 zhāngfǎ
（一）左手横伸；右手拇、食、中指相捏，指尖朝下，按向左手掌心。
（二）双手打手指字母"F"的指式，指尖朝前，向下一顿。

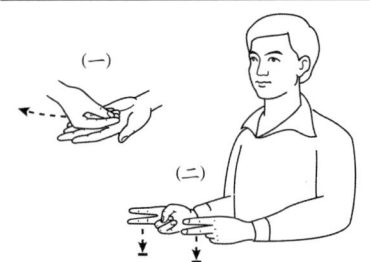

画法 huàfǎ
（一）左手横伸；右手五指撮合，指背在左手掌心上抹一下。
（二）双手打手指字母"F"的指式，指尖朝前，向下一顿。

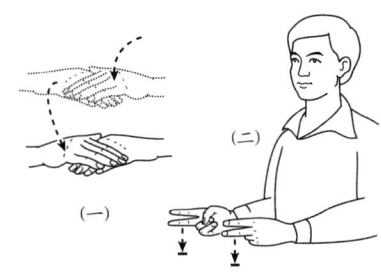

技法 jìfǎ
（一）双手横伸，掌心向下，互拍手背。
（二）双手打手指字母"F"的指式，指尖朝前，向下一顿。

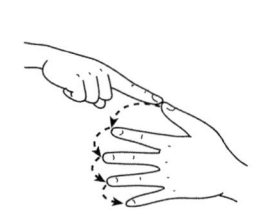

步骤 bùzhòu
左手横立，掌心向内，五指张开；右手伸食指，从左手拇指依次向下点至小指。

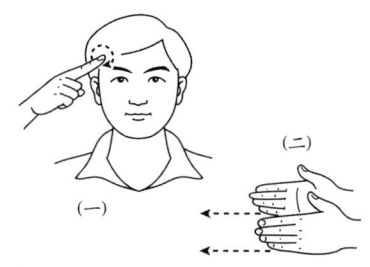

思路 sīlù
（一）一手伸食指，在太阳穴前后转动一（或两）圈，面露思考的表情。
（二）双手侧立，掌心相对，向前移动。

一、一般词汇

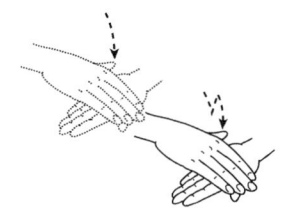

节奏 jiézòu
　　双手按 3/4 拍音节（即咚嗒嗒—咚嗒嗒）连续击掌，第一下重拍，第二、三下轻拍。
　　（可根据实际表示节奏的动作）

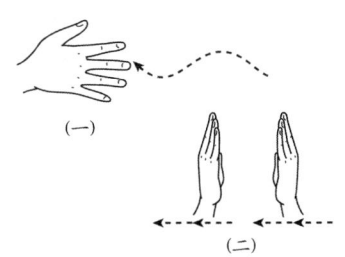

韵律 yùnlǜ
　　（一）一手五指张开，掌心向内，从一侧向另一侧做较大幅度的曲线形移动。
　　（二）双手直立，掌心左右相对，向一侧一顿一顿移动几下。

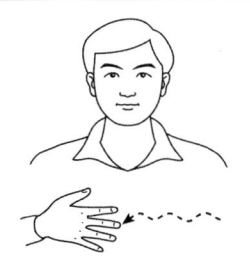

纹理（纹路、条纹、花纹①）
wénlǐ (wénlù、tiáowén、huāwén ①)
　　一手五指张开，掌心贴于胸部，从一侧向另一侧做曲线形移动。

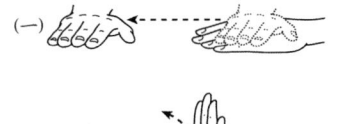

平涂 píngtú
　　（一）左手横伸；右手平伸，掌心向下，从左手背上向右移动一下。
　　（二）左手直立，掌心向右；右手五指并拢，手背向上，指尖对着左手掌心上下移动两下。
　　（可根据实际表示平涂的动作）

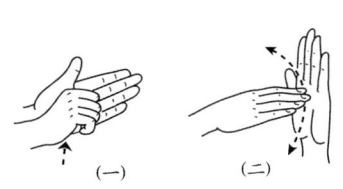

填涂（填漆） tiántú (tiánqī)
　　（一）左手侧立；右手虚握，虎口朝左，贴向左手掌心。
　　（二）左手直立，掌心向右；右手五指并拢，手背向上，指尖对着左手掌心上下移动两下。

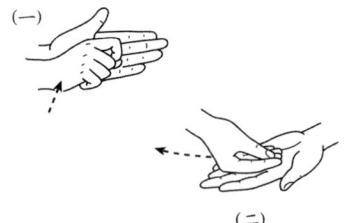

添画 tiānhuà
　　（一）左手侧立；右手拇、食指捏成圆形，虎口朝左，贴向左手掌心。
　　（二）左手横伸；右手五指撮合，指背在左手掌心上抹一下。

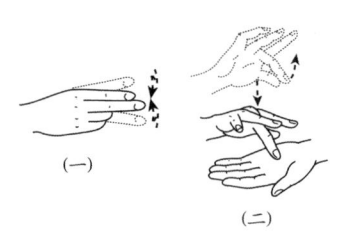

剪贴 jiǎntiē
（一）一手食、中指分开，指尖朝前，夹动两下，如用剪刀剪物状。
（二）左手横伸；右手拇、中指相捏，然后张开，中指贴一下左手掌心。
（可根据实际表示剪贴的动作）

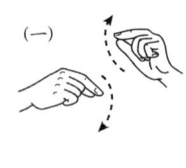 

撕贴 sītiē
（一）双手拇、食指相捏，分别向上下方向移动，如撕东西状。
（二）左手直立，掌心向右；右手直立，掌心向左，贴向左手掌心。

 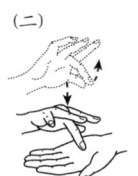

拼贴 pīntiē
（一）双手五指并拢，手背向上，一横一竖，交替碰几下。
（二）左手横伸；右手拇、中指相捏，然后张开，中指贴一下左手掌心。
（可根据实际表示拼贴的动作）

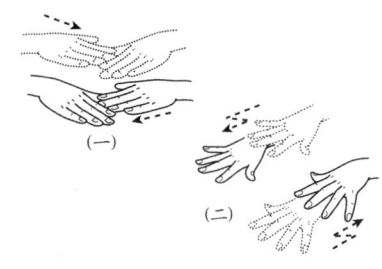

拼摆 pīnbǎi
（一）双手五指并拢，手背向上，一横一竖，交替碰几下。
（二）双手平伸，掌心向下，五指张开，前后交替移动两下。
（可根据实际表示拼摆的动作）

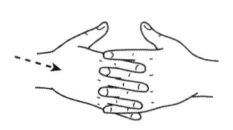

穿插 chuānchā
双手斜立，五指张开，左手不动，右手食、中、无名、小指插入左手各指指缝间。

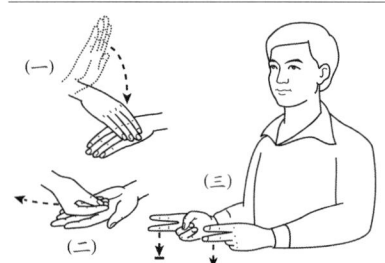

手绘法 shǒuhuìfǎ
（一）左手横伸，掌心向下；右手拍一下左手背。
（二）左手横伸；右手五指撮合，指背在左手掌心上抹一下。
（三）双手打手指字母"F"的指式，指尖朝前，向下一顿。

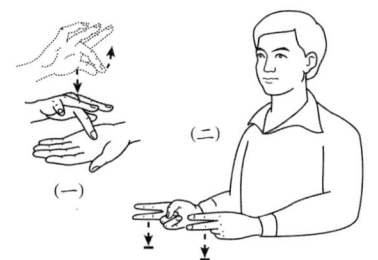

粘贴法 zhāntiēfǎ

（一）左手横伸；右手拇、中指相捏，然后张开，中指贴一下左手掌心。
（二）双手打手指字母"F"的指式，指尖朝前，向下一顿。

浓重 nóngzhòng

一手食指直立，拇指尖按于食指根部，向下一顿。

轻淡 qīngdàn

双手平伸，手背向下，拇、中指先相捏，再弹开。

形似 xíngsì

（一）双手拇、食指成"⌐⌐"形，置于脸颊两侧，上下交替动两下。
（二）一手食、中指分开，指尖朝前，手背向上，交替点动几下。

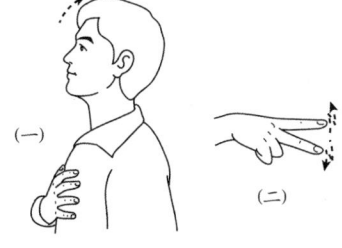

神似 shénsì

（一）一手五指微曲张开，掌心贴于胸部，挺胸抬头。
（二）一手食、中指分开，指尖朝前，手背向上，交替点动几下。

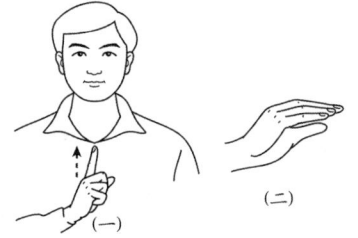

单薄 dānbó

（一）一手食指直立，虎口贴于胸部，向上移动少许。
（二）右手五指成"⊐"形，虎口朝内，指间留有很小的空隙，表示薄。

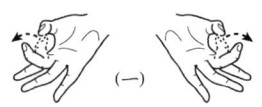
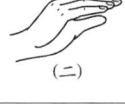

淡薄 dànbó
（一）双手平伸，手背向下，拇、中指先相捏，再弹开。
（二）右手五指成"⊐"形，虎口朝内，指间留有很小的空隙，表示薄。

湿润 shīrùn
一手拇、中指指尖朝前，边向一侧移动边相捏几下。

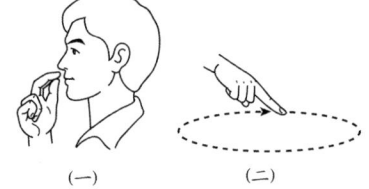

气氛 qì·fēn
（一）一手打手指字母"Q"的指式，指尖朝内，置于鼻孔处。
（二）一手伸食指，指尖朝下划一大圈。

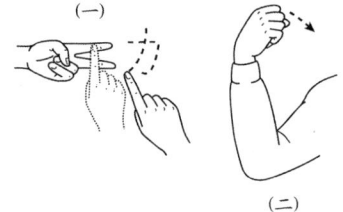

功力① gōnglì①
（一）左手食、中指与右手食指先搭成"工"字形，然后右手食指在左手旁书空"力"字，仿"功"字形。
（二）一手握拳屈肘，用力向内弯动一下。

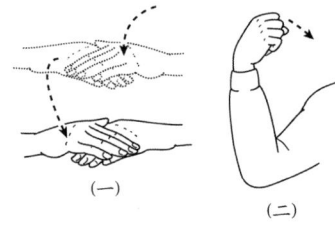

功力② gōnglì②
（一）双手横伸，掌心向下，互拍手背。
（二）一手握拳屈肘，用力向内弯动一下。

功底① gōngdǐ①
（一）左手食、中指与右手食指先搭成"工"字形，然后右手食指在左手旁书空"力"字，仿"功"字形。
（二）左手握拳，手背向上；右手拇、食指张开，指尖朝下，插向左手腕两侧。

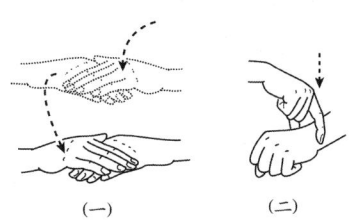
功底② gōngdǐ ②
（一）双手横伸，掌心向下，互拍手背。
（二）左手握拳，手背向上；右手拇、食指张开，指尖朝下，插向左手腕两侧。

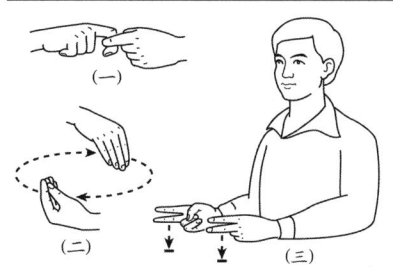
协调法 xiétiáofǎ
（一）双手食指相互勾住。
（二）双手五指撮合，指尖上下相对，交替平行转动两下。
（三）双手打手指字母"F"的指式，指尖朝前，向下一顿。

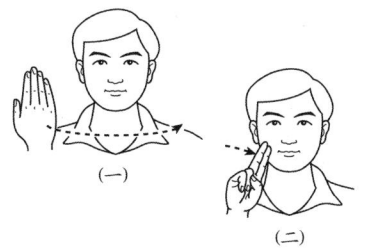
景象 jǐngxiàng
（一）一手直立，掌心向内，从一侧向另一侧做弧形移动。
（二）一手食、中指直立并拢，掌心向斜前方，朝脸颊碰一下。

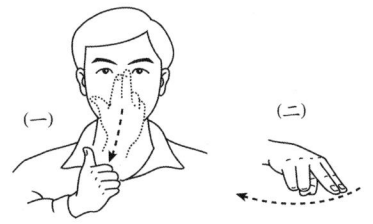
美化 měihuà
（一）一手伸拇、食、中指，食、中指并拢，先置于鼻部，然后边向外移动边缩回食、中指。
（二）一手打手指字母"H"的指式，指尖朝前斜下方，平行划动一下。

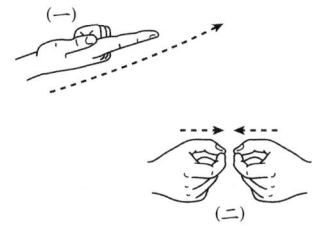
远近 yuǎnjìn
（一）一手拇指尖按于食指根部，食指尖朝前，手背向下，向前上方移动。
（二）双手拇、食指相捏，虎口朝上，相互靠近。

成组 chéngzǔ
一手五指张开，指尖朝上，然后撮合，再移向一侧，重复一次。

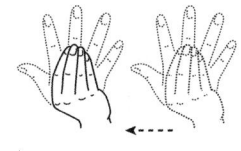

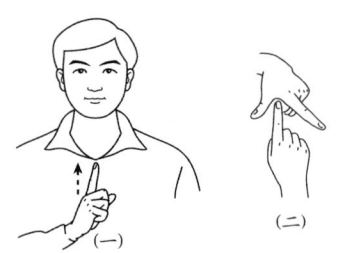

单个　dānge
（一）一手食指直立，虎口贴于胸部，向上移动少许。
（二）左手伸拇、食指，虎口朝外，与右手食指搭成"个"字形。

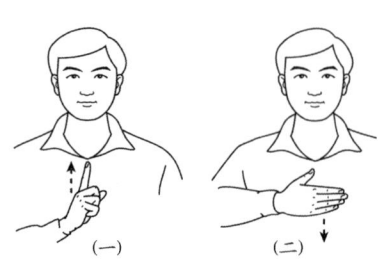

单体　dāntǐ
（一）一手食指直立，虎口贴于胸部，向上移动少许。
（二）一手掌心贴于胸部，向下移动一下。

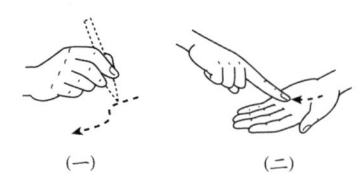

笔触　bǐchù
（一）一手如执笔写字状。
（二）左手横伸；右手伸食指，指尖朝下，在左手掌心上划一下。
（可根据实际表示不同的握笔书写的动作）

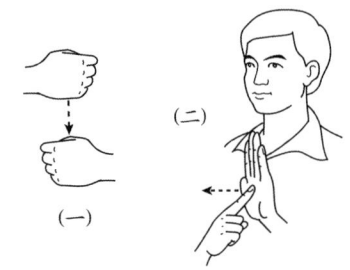

示范①　shìfàn ①
（一）双手握拳，一上一下，右拳向下砸一下左拳。
（二）左手直立，掌心向前；右手伸食指，抵于左手掌心，双手同时向前移动一下。
（可根据实际决定手的位置和移动方向）

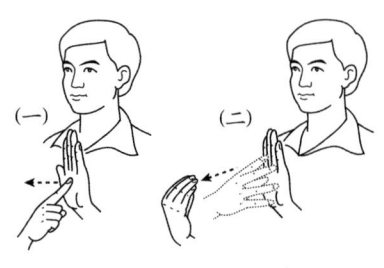

示范②　shìfàn ②
（一）左手直立，掌心向前；右手伸食指，抵于左手掌心，双手同时向前移动一下。
（二）左手直立，掌心向前；右手五指张开，对着左手掌心，然后边向前移动边撮合。
（可根据实际决定手的位置和移动方向）

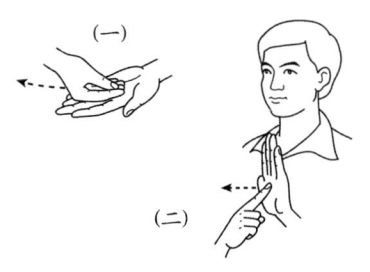

范画①　fànhuà ①
（一）左手横伸；右手五指撮合，指背在左手掌心上抹一下。
（二）左手直立，掌心向前；右手伸食指，抵于左手掌心，双手同时向前移动一下。

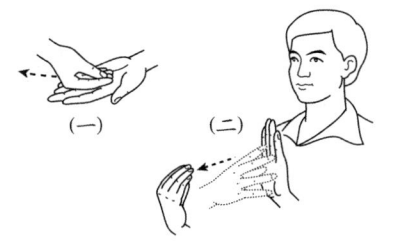

范画② fànhuà ②

（一）左手横伸；右手五指撮合，指背在左手掌心上抹一下。

（二）左手直立，掌心向前；右手五指张开，对着左手掌心，然后边向前移动边撮合。

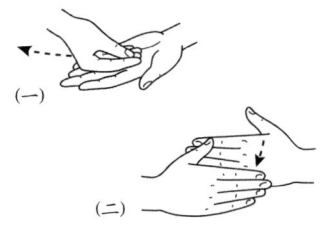

画面 huàmiàn

（一）左手横伸；右手五指撮合，指背在左手掌心上抹一下。

（二）左手横立，手背向外；右手摸一下左手背。

2. 色彩

色彩（颜色） sècǎi（yánsè）

一手直立，掌心向内，五指张开，在嘴唇部交替点动。

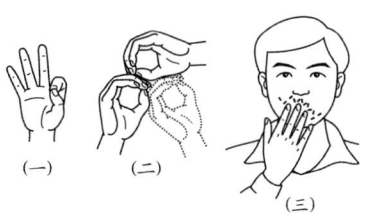

三原色 sānyuánsè

（一）一手中、无名、小指直立分开，掌心向外。

（二）双手五指捏成圆形，虎口朝内，左手在上不动，右手在左手拇指背两侧各贴一下，仿三原色图标形状。

（三）一手直立，掌心向内，五指张开，在嘴唇部交替点动。

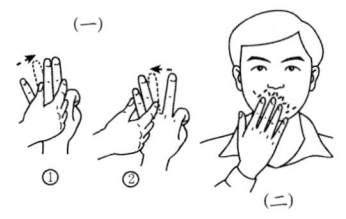

三间色 sānjiānsè

（一）左手中、无名、小指直立分开，手背向外；右手拇、食指先将左手中、无名指捏合，再将无名、小指捏合。

（二）一手直立，掌心向内，五指张开，在嘴唇部交替点动。

正色（正统色） zhèngsè (zhèngtǒngsè)

（一）双手直立，掌心左右相对，向前一顿。

（二）一手直立，掌心向内，五指张开，在嘴唇部交替点动。

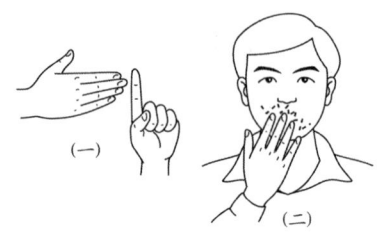

标准色 biāozhǔnsè

（一）左手食指直立；右手侧立，指向左手食指。

（二）一手直立，掌心向内，五指张开，在嘴唇部交替点动。

流行色 liúxíngsè

（一）一手平伸，掌心向下，五指张开，边交替点动边向前移动两下。

（二）一手直立，掌心向内，五指张开，在嘴唇部交替点动。

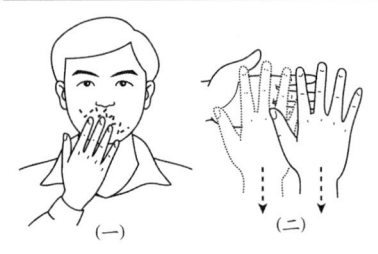

色谱 sèpǔ

（一）一手直立，掌心向内，五指张开，在嘴唇部交替点动。

（二）左手横立，五指张开；右手直立，五指张开，先掌心贴于左手掌心，然后从上向下、从左向右移动两下。

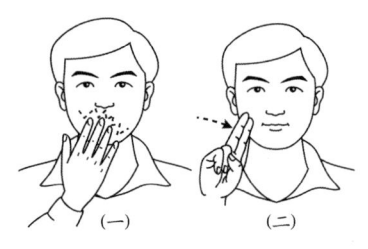

色相 sèxiàng

（一）一手直立，掌心向内，五指张开，在嘴唇部交替点动。

（二）一手食、中指直立并拢，掌心向斜前方，朝脸颊碰一下。

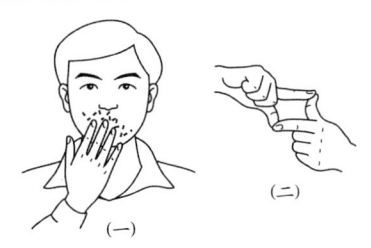

色块 sèkuài

（一）一手直立，掌心向内，五指张开，在嘴唇部交替点动。

（二）双手拇、食指搭成小"囗"形。

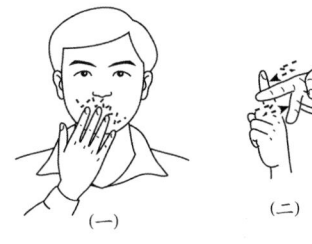

色性 sèxìng

（一）一手直立，掌心向内，五指张开，在嘴唇部交替点动。

（二）左手食指直立；右手食、中指横伸，指背交替弹左手食指背。

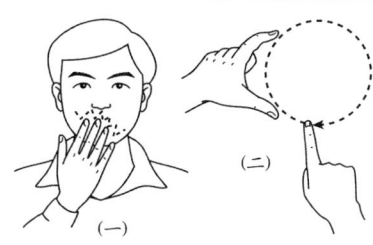

色轮（色环） sèlún (sèhuán)

（一）一手直立，掌心向内，五指张开，在嘴唇部交替点动。

（二）左手拇、食指成半圆形，虎口朝内；右手伸食指，沿左手虎口划一圈。

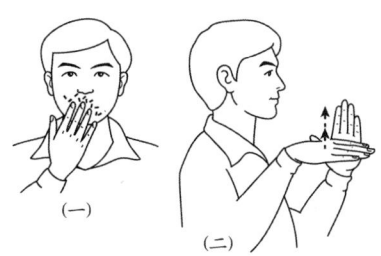

色阶 sèjiē

（一）一手直立，掌心向内，五指张开，在嘴唇部交替点动。

（二）左手直立，掌心向右；右手平伸，掌心向下，在左手掌心上向上一顿一顿移动几下。

（可根据实际表示色阶）

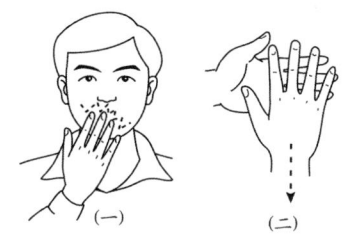

色表 sèbiǎo

（一）一手直立，掌心向内，五指张开，在嘴唇部交替点动。

（二）双手五指张开，一横一竖搭成方格形，然后左手不动，右手向下移动。

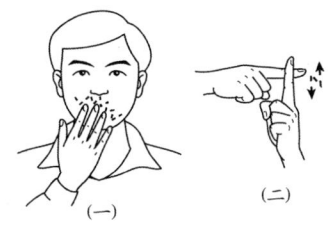

彩度（色度） cǎidù (sèdù)

（一）一手直立，掌心向内，五指张开，在嘴唇部交替点动。

（二）左手食指直立；右手食指横贴在左手食指上，然后上下微动几下。

色泽 sèzé

（一）一手直立，掌心向内，五指张开，在嘴唇部交替点动。

（二）右手直立，掌心向左，置于脸旁，手腕微转几下。

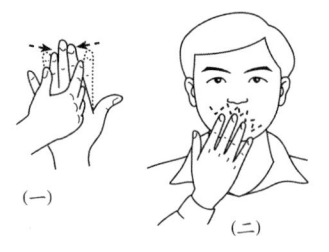

复色 fùsè
（一）左手直立，手背向外，五指张开；右手拇、食指将左手食、中、无名指捏合，表示复色是两个间色或三个原色相混合而产生出来的颜色。
（二）一手直立，掌心向内，五指张开，在嘴唇部交替点动。

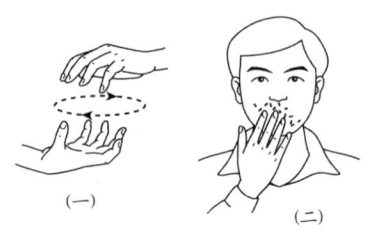

混色 hùnsè
（一）双手五指弯曲，指尖上下相对，交替平行转动两下。
（二）一手直立，掌心向内，五指张开，在嘴唇部交替点动。

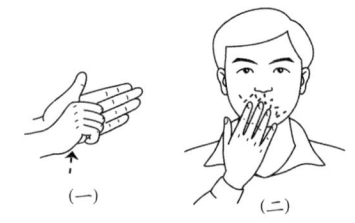

补色 bǔsè
（一）左手侧立；右手虚握，虎口朝左，贴向左手掌心。
（二）一手直立，掌心向内，五指张开，在嘴唇部交替点动。

肤色 fūsè
（一）左手横伸，手背向上；右手拇、食指捏一下左手背皮肤。
（二）一手直立，掌心向内，五指张开，在嘴唇部交替点动。

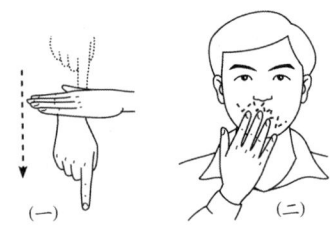

深色 shēnsè
（一）左手横伸，掌心向下；右手伸食指，指尖朝下，从左手内侧向下移动较长距离。
（二）一手直立，掌心向内，五指张开，在嘴唇部交替点动。

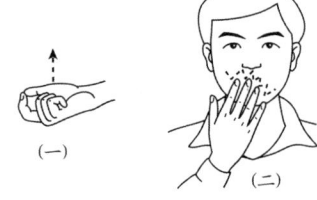

浅色 qiǎnsè
（一）一手拇、食指相捏，指尖朝上，向上微动一下。
（二）一手直立，掌心向内，五指张开，在嘴唇部交替点动。

底色 dǐsè

（一）左手横伸，掌心向下；右手伸食指，指尖朝上，指一下左手掌心。
（二）一手直立，掌心向内，五指张开，在嘴唇部交替点动。

铺色 pūsè

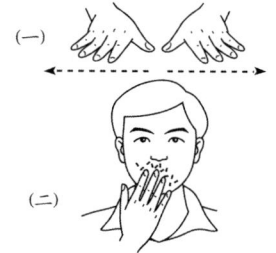

（一）双手平伸，手背向上，五指张开，从中间向两侧捋一下。
（二）一手直立，掌心向内，五指张开，在嘴唇部交替点动。
（可根据实际表示铺色的情况）

浊色 zhuósè

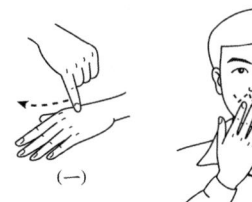

（一）左手横伸，五指张开；右手伸小指，指尖朝下，在左手背上向右划动一下。
（二）一手直立，掌心向内，五指张开，在嘴唇部交替点动。

上色（着色） shàngsè（zhuósè）

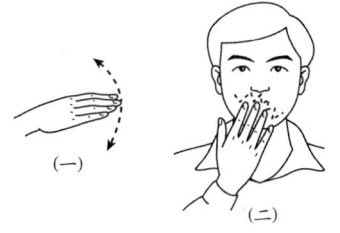

（一）一手五指并拢，手背向上，指尖上下移动两下。
（二）一手直立，掌心向内，五指张开，在嘴唇部交替点动。
（可根据实际表示上色的动作）

配色 pèisè

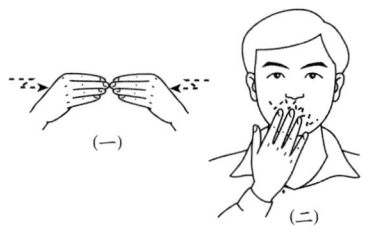

（一）双手五指撮合，手背向外，指尖互碰两下。
（二）一手直立，掌心向内，五指张开，在嘴唇部交替点动。

调配 tiáopèi

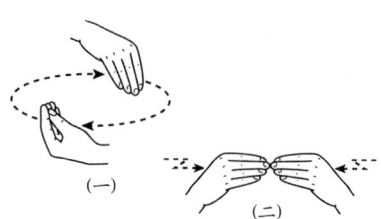

（一）双手五指撮合，指尖上下相对，交替平行转动两下。
（二）双手五指撮合，手背向外，指尖互碰两下。

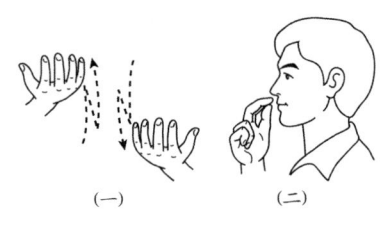

火气　huǒqì
（一）双手五指微曲，指尖朝上，上下交替动几下，如火苗跳动状。
（二）一手打手指字母"Q"的指式，指尖朝内，置于鼻孔处。

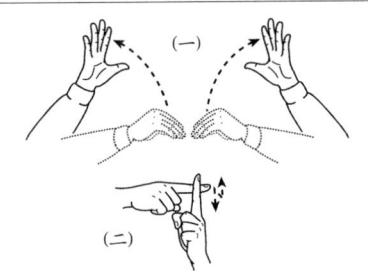

明度　míngdù
（一）双手五指撮合，指尖左右相对，手背向上，然后边向两侧上方移动边张开。
（二）左手食指直立；右手食指横贴在左手食指上，然后上下微动几下。

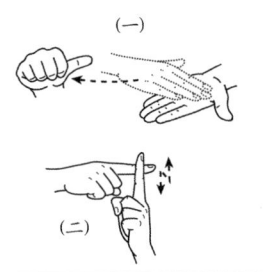

纯度　chúndù
（一）左手横伸；右手平伸，掌心向下，贴于左手掌心，边向左手指尖方向移动边弯曲食、中、无名、小指，指尖抵于掌心。
（二）左手食指直立；右手食指横贴在左手食指上，然后上下微动几下。

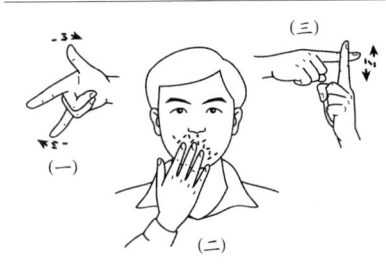

鲜艳度　xiānyàndù
（一）一手伸拇、食、小指，指尖朝斜前方，左右晃动几下。
（二）一手直立，掌心向内，五指张开，在嘴唇部交替点动。
（三）左手食指直立；右手食指横贴在左手食指上，然后上下微动几下。

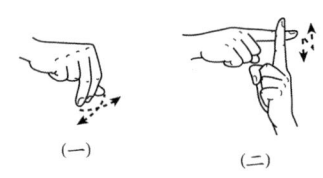

灰度　huīdù
（一）一手拇、食、中指相捏，指尖朝下，互捻几下。
（二）左手食指直立；右手食指横贴在左手食指上，然后上下微动几下。

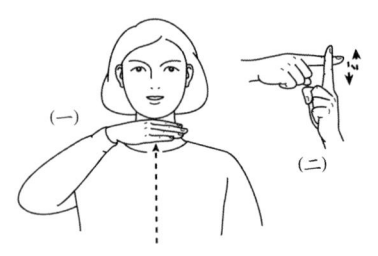

饱和度　bǎohédù
（一）一手横伸，掌心向下，从腹部向颏部移动。
（二）左手食指直立；右手食指横贴在左手食指上，然后上下微动几下。

颜料 yánliào

（一）一手直立，掌心向内，五指张开，在嘴唇部交替点动。

（二）双手食指指尖朝前，手背向上，先互碰一下，再分开并张开五指。

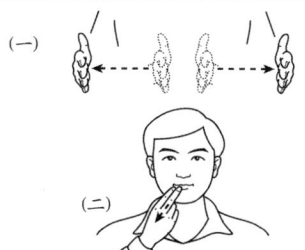

大红 dàhóng

（一）双手侧立，掌心相对，同时向两侧移动，幅度要大些。

（二）一手打手指字母"H"的指式，摸一下嘴唇。

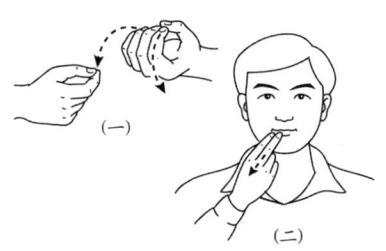

橘红（桔红） júhóng (júhóng)

（一）左手虚握，指尖朝上；右手沿左手指背向下扯，如剥橘子皮状。

（二）一手打手指字母"H"的指式，摸一下嘴唇。

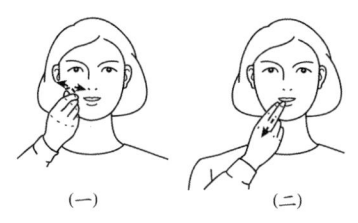

粉红 fěnhóng

（一）一手五指撮合，指尖朝上，置于脸颊处，互捻几下。

（二）一手打手指字母"H"的指式，摸一下嘴唇。

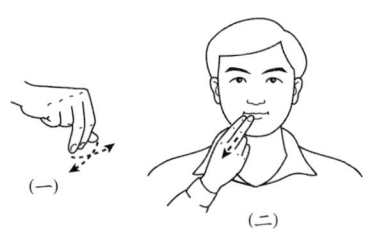

土红 tǔhóng

（一）一手拇、食、中指相捏，指尖朝下，互捻几下。

（二）一手打手指字母"H"的指式，摸一下嘴唇。

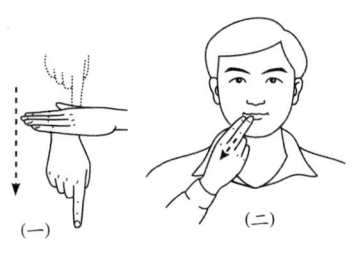

深红 shēnhóng

（一）左手横伸，掌心向下；右手伸食指，指尖朝下，从左手内侧向下移动较长距离。

（二）一手打手指字母"H"的指式，摸一下嘴唇。

曙红 shūhóng
（一）左手横伸，掌心向下；右手五指撮合，置于左手小指外侧，然后食、中、无名、小指边向上微移边张开，表示东方地平线露出曙光。
（二）一手打手指字母"H"的指式，摸一下嘴唇。

朱红 zhūhóng
（一）左手拇、食、中指分开，手背向外；右手伸食指，在左手食、中指上书空"丨""丿""㇏"，仿"朱"字形。
（二）一手打手指字母"H"的指式，摸一下嘴唇。

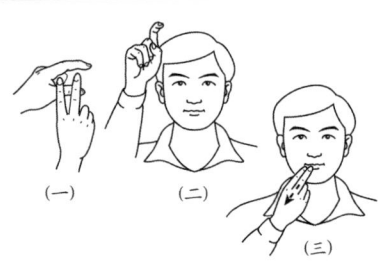

西洋红 xīyánghóng
（一）左手拇、食指成"匚"形，虎口朝内；右手食、中指直立分开，手背向内，贴于左手拇指，仿"西"字部分字形。
（二）一手食指弯曲如钩，虎口贴于太阳穴，仿羊头上弯曲的角。"羊"与"洋"音同形近，借代。
（三）一手打手指字母"H"的指式，摸一下嘴唇。

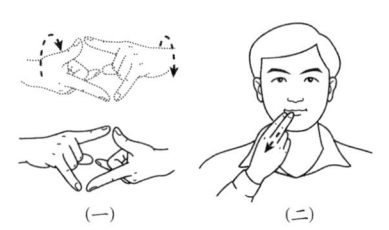

玫瑰红 méi·guīhóng
（一）双手伸拇、食、小指，指尖左右交错相对，然后手腕分别前后转动几下，指尖左右交错相对。
（二）一手打手指字母"H"的指式，摸一下嘴唇。

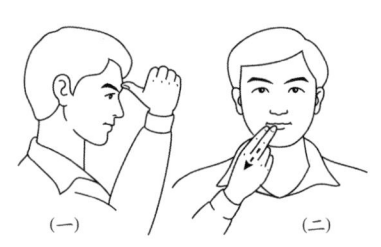

印度红 yìndùhóng
（一）一手伸拇指，指面向上，指尖抵于眉心。
（二）一手打手指字母"H"的指式，摸一下嘴唇。

橙色 chéngsè
（一）左手虚握，指尖朝上；右手沿左手指背向下扯，如剥橘子皮状。
（二）一手直立，掌心向内，五指张开，在嘴唇部交替点动。

橘黄 júhuáng

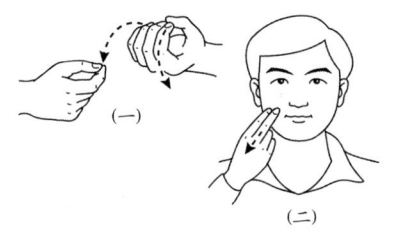

（一）左手虚握，指尖朝上；右手沿左手指背向下扯，如剥橘子皮状。
（二）一手打手指字母"H"的指式，摸一下脸颊。

土黄 tǔhuáng

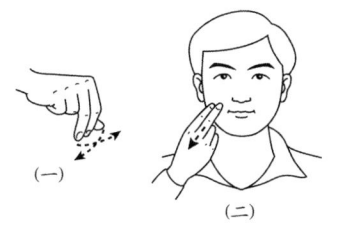

（一）一手拇、食、中指相捏，指尖朝下，互捻几下。
（二）一手打手指字母"H"的指式，摸一下脸颊。

柠檬黄 níngménghuáng

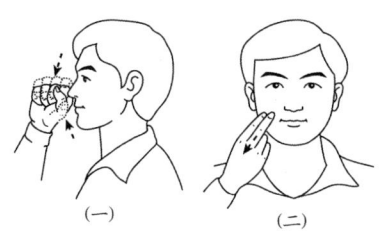

（一）一手虚握，虎口朝内，置于鼻翼一侧，然后握拳，模仿挤柠檬汁的动作。
（二）一手打手指字母"H"的指式，摸一下脸颊。

淡黄 dànhuáng

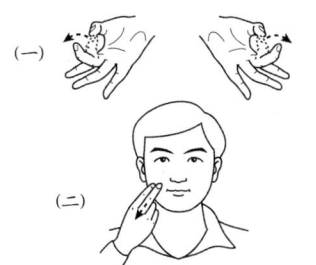

（一）双手平伸，手背向下，拇、中指先相捏，再弹开。
（二）一手打手指字母"H"的指式，摸一下脸颊。

深黄 shēnhuáng

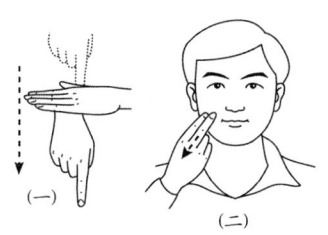

（一）左手横伸，掌心向下；右手伸食指，指尖朝下，从左手内侧向下移动较长距离。
（二）一手打手指字母"H"的指式，摸一下脸颊。

中黄 zhōnghuáng

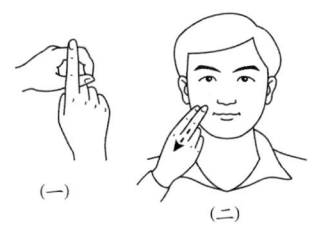

（一）左手拇、食指与右手食指搭成"中"字形。
（二）一手打手指字母"H"的指式，摸一下脸颊。

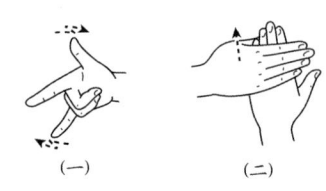

草绿 cǎolǜ
（一）双手食指直立，手背向内，上下交替动几下。
（二）左手食、中、无名、小指并拢，指尖朝右上方，手背向外；右手五指向上捋一下左手四指。

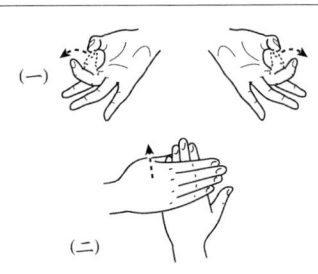

翠绿 cuìlǜ
（一）一手伸拇、食、小指，指尖朝斜前方，左右晃动几下。
（二）左手食、中、无名、小指并拢，指尖朝右上方，手背向外；右手五指向上捋一下左手四指。

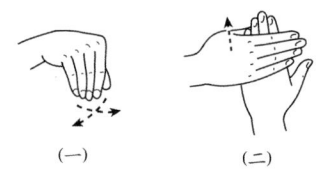

淡绿 dànlǜ
（一）双手平伸，手背向下，拇、中指先相捏，再弹开。
（二）左手食、中、无名、小指并拢，指尖朝右上方，手背向外；右手五指向上捋一下左手四指。

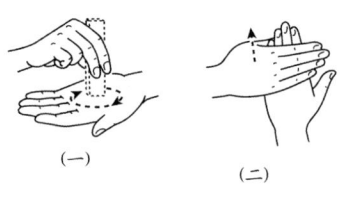

粉绿 fěnlǜ
（一）一手五指撮合，指尖朝下，互捻几下。
（二）左手食、中、无名、小指并拢，指尖朝右上方，手背向外；右手五指向上捋一下左手四指。

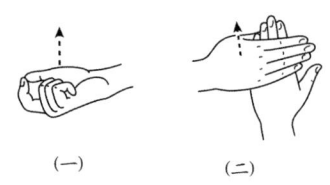

墨绿 mòlǜ
（一）左手横伸；右手拇、食、中指相捏，指尖朝下，在左手掌心上方顺时针转动两下，如研墨状。
（二）左手食、中、无名、小指并拢，指尖朝右上方，手背向外；右手五指向上捋一下左手四指。

浅绿 qiǎnlǜ
（一）一手拇、食指相捏，指尖朝上，向上微动一下。
（二）左手食、中、无名、小指并拢，指尖朝右上方，手背向外；右手五指向上捋一下左手四指。

深绿 shēnlǜ

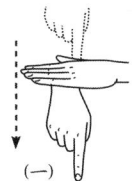 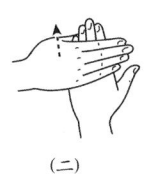

（一）左手横伸，掌心向下；右手伸食指，指尖朝下，从左手内侧向下移动较长距离。
（二）左手食、中、无名、小指并拢，指尖朝右上方，手背向外；右手五指向上捋一下左手四指。

土绿 tǔlǜ

 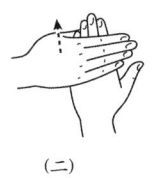

（一）一手拇、食、中指相捏，指尖朝下，互捻几下。
（二）左手食、中、无名、小指并拢，指尖朝右上方，手背向外；右手五指向上捋一下左手四指。

中绿 zhōnglǜ

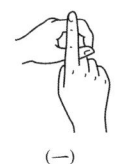 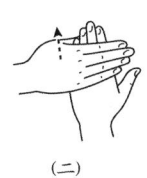

（一）左手拇、食指与右手食指搭成"中"字形。
（二）左手食、中、无名、小指并拢，指尖朝右上方，手背向外；右手五指向上捋一下左手四指。

橄榄绿 gǎnlǎnlǜ

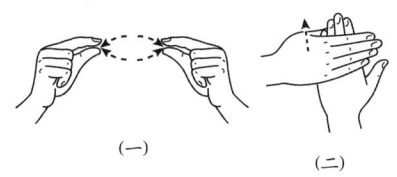

（一）双手拇、食指张开，指尖左右相对，虎口朝内，边从中间向两侧移动边相捏，仿橄榄的形状。
（二）左手食、中、无名、小指并拢，指尖朝右上方，手背向外；右手五指向上捋一下左手四指。

群青 qúnqīng

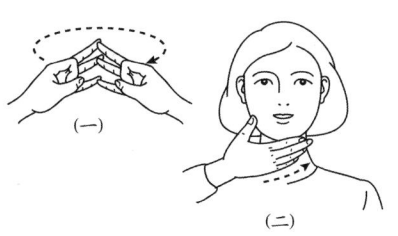

（一）双手中、无名、小指指尖斜向相抵，虎口朝上，顺时针转动一圈。
（二）一手横立，掌心向内，食、中、无名、小指并拢，在颏部从右向左摸一下。

青莲 qīnglián

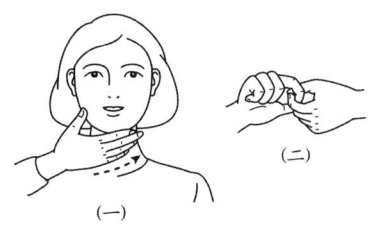

（一）一手横立，掌心向内，食、中、无名、小指并拢，在颏部从右向左摸一下。
（二）双手拇、食指套环。"连"与"莲"音同形近，借代。

蓝① lán ①

一手打手指字母"L"的指式,沿胸的一侧划下。

蓝② lán ②

一手食、中指分开,指尖朝前,手背向上,交替点动几下。

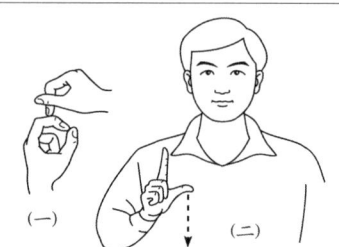

钴蓝 gǔlán

(一)双手拇、食指搭成"古"字形。"古"与"钴"音同形近,借代。
(二)一手打手指字母"L"的指式,沿胸的一侧划下。

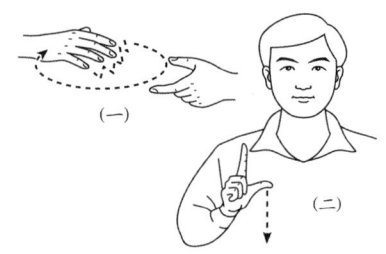

湖蓝 húlán

(一)左手拇、食指成半圆形,虎口朝上;右手横伸,掌心向下,五指张开,边交替点动边在左手旁顺时针转动一圈。
(二)一手打手指字母"L"的指式,沿胸的一侧划下。

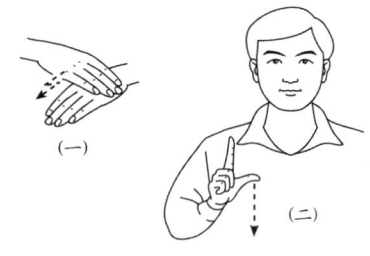

普蓝 pǔlán

(一)左手横伸;右手平伸,掌心向下,在左手背上向右摸两下。
(二)一手打手指字母"L"的指式,沿胸的一侧划下。

紫 zǐ

一手打手指字母"Z"的指式,食指尖置于嘴唇处。

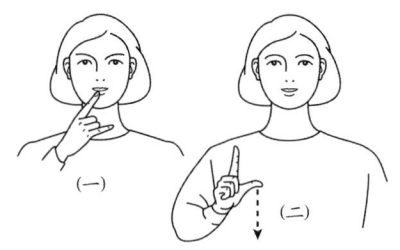

紫罗兰 zǐluólán
（一）一手打手指字母"Z"的指式，食指尖置于嘴唇处。
（二）一手打手指字母"L"的指式，沿胸的一侧划下。"蓝"与"兰"音同，借代。

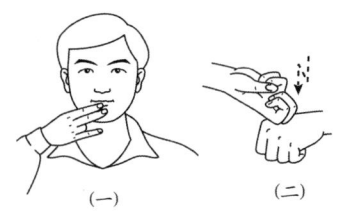

赭石 zhěshí
（一）一手打手指字母"ZH"的指式，食、中指指尖置于嘴唇处。既表示赭石是红色的，也表示赭的声母。
（二）左手握拳；右手食、中指弯曲，以指关节在左手背上敲两下。

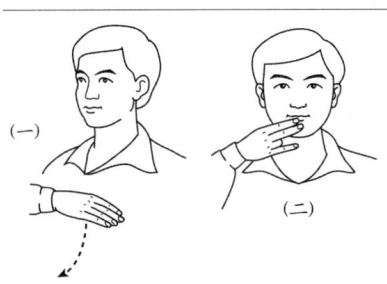

生赭 shēngzhě
（一）一手横伸，掌心向下，从胸前向前下方移动。
（二）一手打手指字母"ZH"的指式，食、中指指尖置于嘴唇处。既表示赭石是红色的，也表示赭的声母。

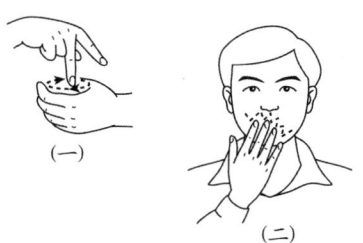

褐色（棕色、咖啡色） hèsè (zōngsè、kāfēisè)
（一）左手五指成半圆形，虎口朝上；右手打手指字母"K"的指式，中指尖朝下，在左手虎口内做搅拌的动作。
（二）一手直立，掌心向内，五指张开，在嘴唇部交替点动。

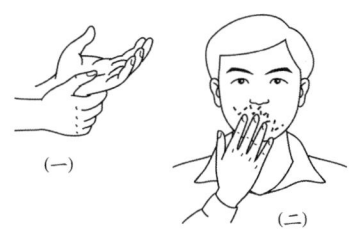

肉色 ròusè
（一）右手拇、食指捏一下左手的小鱼际部位。
（二）一手直立，掌心向内，五指张开，在嘴唇部交替点动。

白 bái
一手五指弯曲，掌心向外，指尖弯动两下，表示上下牙齿。

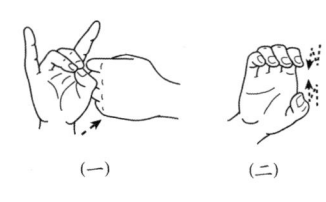

钛白 tàibái

（一）左手握拳，虎口朝上；右手打手指字母"T"的指式，碰一下左拳右侧，表示钛的声母。

（二）一手五指弯曲，掌心向外，指尖弯动两下。

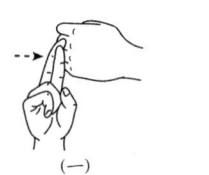

锌白 xīnbái

（一）左手握拳，虎口朝上；右手打手指字母"X"的指式，碰一下左拳右侧，表示锌的声母。

（二）一手五指弯曲，掌心向外，指尖弯动两下。

银白 yínbái

（一）左手握拳，虎口朝上；右手打手指字母"Y"的指式，砸一下左手虎口后向前移动，表示银的声母。

（二）一手五指弯曲，掌心向外，指尖弯动两下。

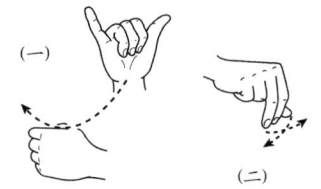

银灰 yínhuī

（一）左手握拳，虎口朝上；右手打手指字母"Y"的指式，砸一下左手虎口后向前移动，表示银的声母。

（二）一手拇、食、中指相捏，指尖朝下，互捻几下。

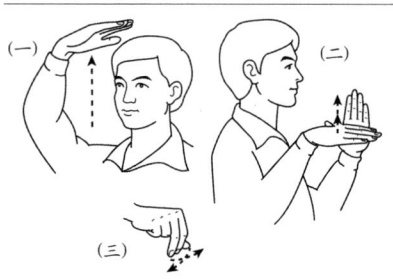

高级灰 gāojíhuī

（一）一手横伸，掌心向下，向上移过头顶。

（二）左手直立，掌心向右；右手平伸，掌心向下，在左手掌心上向上一顿一顿移动几下。

（三）一手拇、食、中指相捏，指尖朝下，互捻几下。

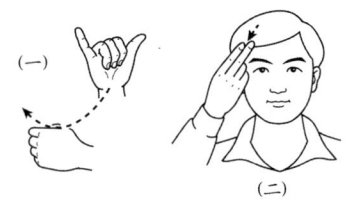

银黑 yínhēi

（一）左手握拳，虎口朝上；右手打手指字母"Y"的指式，砸一下左手虎口后向前移动，表示银的声母。

（二）一手打手指字母"H"的指式，摸一下头发。

炭黑 tànhēi

（一）一手打手指字母"T"的指式，在头上抹一下。既表示炭是黑色的，也表示炭的声母。
（二）一手打手指字母"H"的指式，摸一下头发。

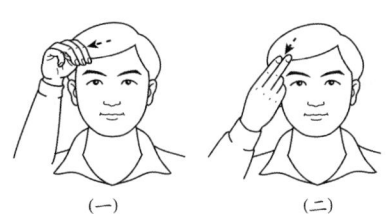

煤黑 méihēi

（一）一手打手指字母"M"的指式，食指外侧蹭一下头发。
（二）一手打手指字母"H"的指式，摸一下头发。

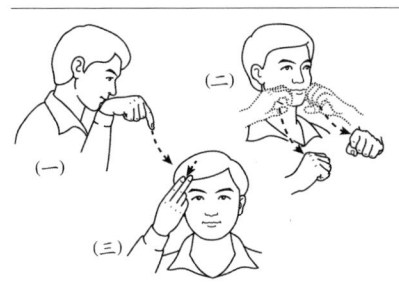

象牙黑 xiàngyáhēi

（一）一手伸食指，指尖朝下，手腕贴于嘴部，然后向下移动，仿大象的鼻子。
（二）双手五指弯曲，虎口朝斜后方，边从嘴部两侧向前下方移动边握拳。
（二）一手打手指字母"H"的指式，摸一下头发。

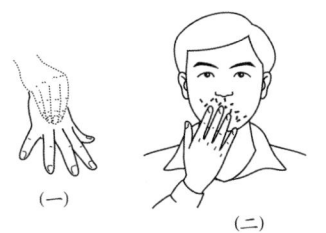

光源色 guāngyuánsè

（一）一手五指撮合，指尖朝下，然后张开。
（二）一手直立，掌心向内，五指张开，在嘴唇部交替点动。

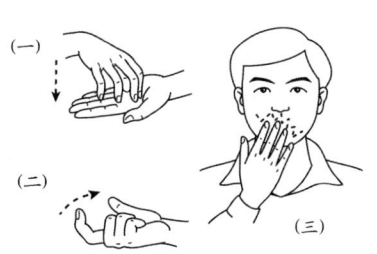

固有色 gùyǒusè

（一）左手横伸；右手五指弯曲，指尖朝下，抵于左手掌心，向下一按。
（二）一手伸拇、食指，手背向下，拇指不动，食指向内弯动一下。
（三）一手直立，掌心向内，五指张开，在嘴唇部交替点动。

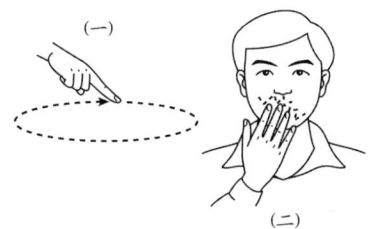

环境色 huánjìngsè

（一）一手伸食指，指尖朝下划一大圈。
（二）一手直立，掌心向内，五指张开，在嘴唇部交替点动。

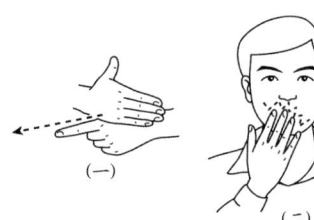

过渡色 guòdùsè

（一）左手伸食指，指尖朝前；右手横立，掌心向内，置于左手食指根部，然后向指尖方向移动。

（二）一手直立，掌心向内，五指张开，在嘴唇部交替点动。

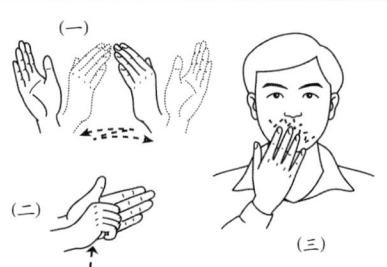

互补色 hùbǔsè

（一）双手直立，掌心左右相对，左右晃动一下。

（二）左手侧立；右手虚握，虎口朝左，贴向左手掌心。

（三）一手直立，掌心向内，五指张开，在嘴唇部交替点动。

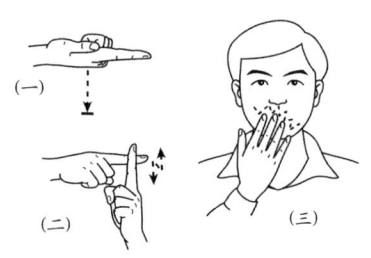

极度色 jídùsè

（一）一手食指横伸，拇指尖按于食指根部，手背向下，向下一顿。

（二）左手食指直立；右手食指横贴在左手食指上，然后上下微动几下。

（三）一手直立，掌心向内，五指张开，在嘴唇部交替点动。

邻近色 línjìnsè

（一）双手拇、食指相捏，虎口朝上，相互靠近。

（二）一手直立，掌心向内，五指张开，在嘴唇部交替点动。

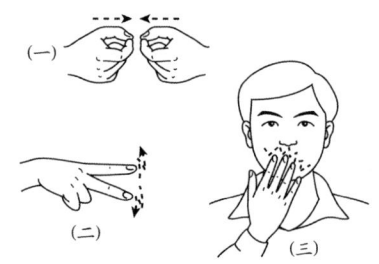

近似色 jìnsìsè

（一）双手拇、食指相捏，虎口朝上，相互靠近。

（二）一手食、中指分开，指尖朝前，手背向上，交替点动几下。

（三）一手直立，掌心向内，五指张开，在嘴唇部交替点动。

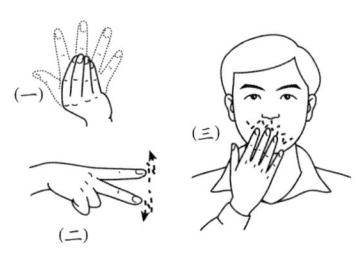

类似色 lèisìsè

（一）一手五指张开，指尖朝上，然后撮合。

（二）一手食、中指分开，指尖朝前，手背向上，交替点动几下。

（三）一手直立，掌心向内，五指张开，在嘴唇部交替点动。

条件色 tiáojiànsè

（一）双手拇、食指微张，指尖相对，虎口朝上，从中间向两侧拉开两下。

（二）一手直立，掌心向内，五指张开，在嘴唇部交替点动。

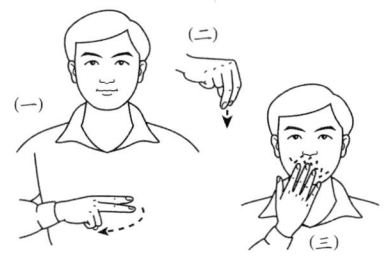

同种色 tóngzhǒngsè

（一）一手食、中指横伸分开，手背向上，向前移动一下。

（二）一手拇、食、中指相捏，指尖朝下，点动一下。

（三）一手直立，掌心向内，五指张开，在嘴唇部交替点动。

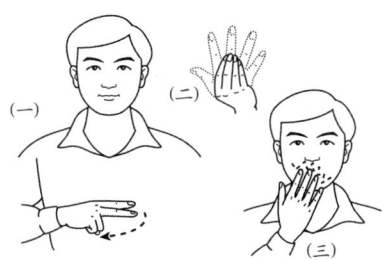

同类色 tónglèisè

（一）一手食、中指横伸分开，手背向上，向前移动一下。

（二）一手五指张开，指尖朝上，然后撮合。

（三）一手直立，掌心向内，五指张开，在嘴唇部交替点动。

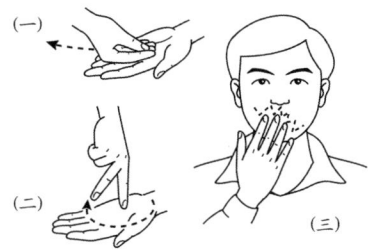

图案色 tú'ànsè

（一）左手横伸；右手五指撮合，指背在左手掌心上抹一下。

（二）左手横伸；右手食、中指分开，指尖朝下，食指尖抵于左手掌心，中指转动半圈，如用圆规画圆状。

（三）一手直立，掌心向内，五指张开，在嘴唇部交替点动。

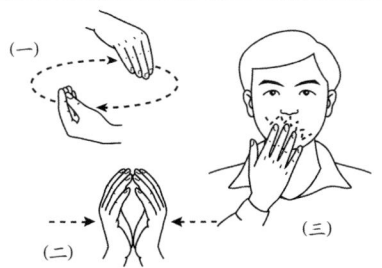

调和色 tiáohésè

（一）双手五指撮合，指尖上下相对，交替平行转动两下。

（二）双手直立，掌心左右相对，五指微曲，从两侧向中间移动。

（三）一手直立，掌心向内，五指张开，在嘴唇部交替点动。

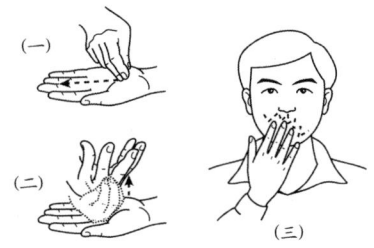

荧光色 yíngguāngsè

（一）左手横伸；右手拇、食、中指相捏，指尖在左手掌心上向右一抹。

（二）左手横伸；右手五指撮合，指尖朝上，置于左手掌心上，边向上微移边张开。

（三）一手直立，掌心向内，五指张开，在嘴唇部交替点动。

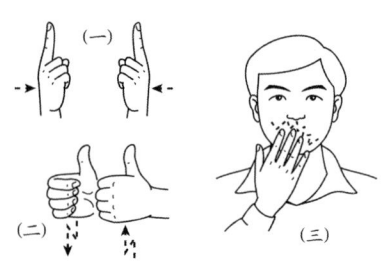
中性色　zhōngxìngsè
（一）左手拇、食指与右手食指搭成"中"字形。
（二）左手食指直立；右手食、中指横伸，指背交替弹左手食指背。
（三）一手直立，掌心向内，五指张开，在嘴唇部交替点动。

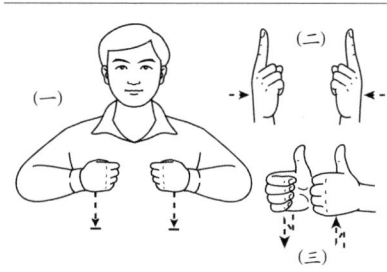
对比色　duìbǐsè
（一）双手食指直立，指面左右相对，从两侧向中间微移一下。
（二）双手伸拇指，上下交替动两下。
（三）一手直立，掌心向内，五指张开，在嘴唇部交替点动。

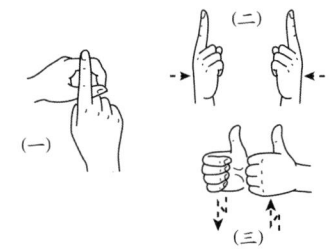
强对比　qiángduìbǐ
（一）双手握拳屈肘，同时用力向下一顿。
（二）双手食指直立，指面左右相对，从两侧向中间微移一下。
（三）双手伸拇指，上下交替动两下。

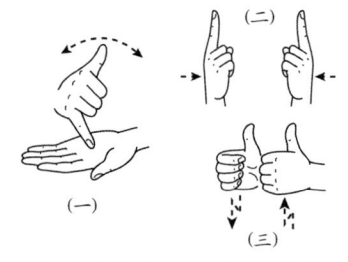
中对比　zhōngduìbǐ
（一）左手拇、食指与右手食指搭成"中"字形。
（二）双手食指直立，指面左右相对，从两侧向中间微移一下。
（三）双手伸拇指，上下交替动两下。

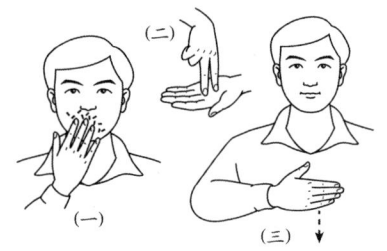
弱对比　ruòduìbǐ
（一）左手横伸；右手伸拇、小指，小指尖抵于左手掌心，左右晃动。
（二）双手食指直立，指面左右相对，从两侧向中间微移一下。
（三）双手伸拇指，上下交替动两下。

色立体　sèlìtǐ
（一）一手直立，掌心向内，五指张开，在嘴唇部交替点动。
（二）左手横伸；右手食、中指分开，指尖朝下，立于左手掌心上。
（三）一手掌心贴于胸部，向下移动一下。

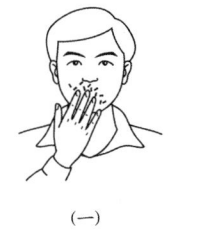

色彩感 sècǎigǎn

（一）一手直立，掌心向内，五指张开，在嘴唇部交替点动。
（二）一手五指微曲，指尖朝内，按于胸部。

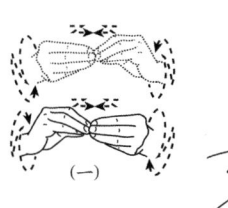

装饰色彩 zhuāngshì sècǎi

（一）双手五指撮合，指尖相抵，边前后反向转动边互碰几下。
（二）一手直立，掌心向内，五指张开，在嘴唇部交替点动。

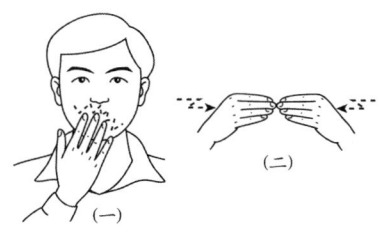

色彩搭配 sècǎi dāpèi

（一）一手直立，掌心向内，五指张开，在嘴唇部交替点动。
（二）双手五指撮合，手背向外，指尖互碰两下。

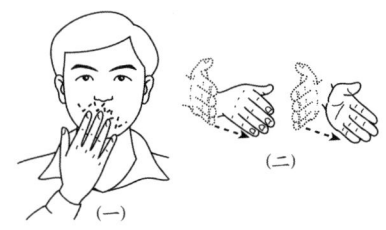

色彩倾向 sècǎi qīngxiàng

（一）一手直立，掌心向内，五指张开，在嘴唇部交替点动。
（二）双手侧立，然后手腕转向一侧。

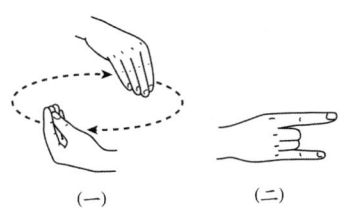

调子 diào·zi

（一）双手五指撮合，指尖上下相对，交替平行转动两下。
（二）一手打手指字母"Z"的指式。

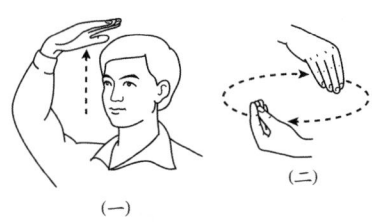

高调 gāodiào

（一）一手横伸，掌心向下，向上移过头顶。
（二）双手五指撮合，指尖上下相对，交替平行转动两下。

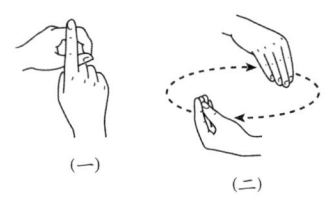

中调 zhōngdiào
（一）左手拇、食指与右手食指搭成"中"字形。
（二）双手五指撮合，指尖上下相对，交替平行转动两下。

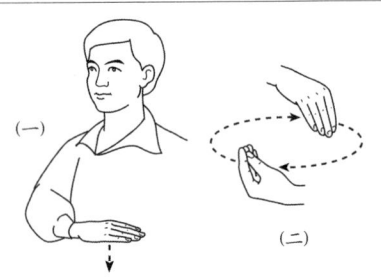

低调 dīdiào
（一）一手横伸，掌心向下，自腹部向下一按。
（二）双手五指撮合，指尖上下相对，交替平行转动两下。

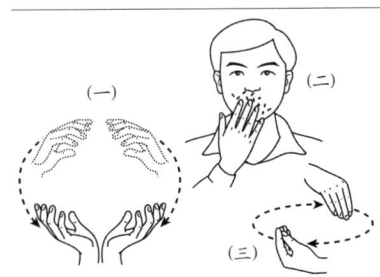

总色调 zǒngsèdiào
（一）双手五指微曲，指尖左右相对，然后向下做弧形移动，手腕靠拢。
（二）一手直立，掌心向内，五指张开，在嘴唇部交替点动。
（三）双手五指撮合，指尖上下相对，交替平行转动两下。

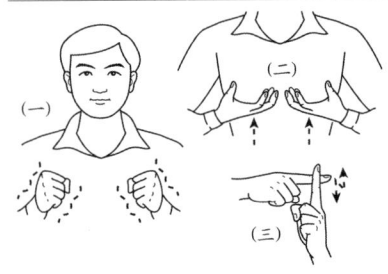

冷暖度 lěngnuǎndù
（一）双手握拳屈肘，小臂颤动几下，如哆嗦状，表示冷。
（二）双手横伸，掌心向上，五指微曲，从腹部缓慢上移。
（三）左手食指直立；右手食指横贴在左手食指上，然后上下微动几下。

冷色系 lěngsèxì
（一）双手握拳屈肘，小臂颤动几下，如哆嗦状，表示冷。
（二）一手直立，掌心向内，五指张开，在嘴唇部交替点动。
（三）左手打手指字母"X"的指式，在上不动；右手五指撮合，指尖朝下，边从左手腕向下移动边张开，表示系统。

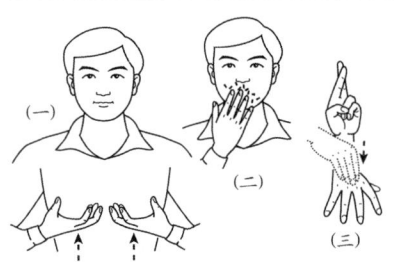

暖色系 nuǎnsèxì
（一）双手横伸，掌心向上，五指微曲，从腹部缓慢上移。
（二）一手直立，掌心向内，五指张开，在嘴唇部交替点动。
（三）左手打手指字母"X"的指式，在上不动；右手五指撮合，指尖朝下，边从左手腕向下移动边张开，表示系统。

3. 美术工具

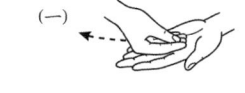

画材 huàcái
（一）左手横伸；右手五指撮合，指背在左手掌心上抹一下。
（二）双手食指指尖朝前，手背向上，先互碰一下，再分开并张开五指。

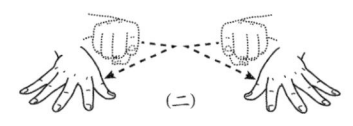

画板 huàbǎn
（一）左手横伸；右手五指撮合，指背在左手掌心上抹一下。
（二）双手伸食指，指尖朝前，在面前划一个"□"形。（可根据实际表示画板的形状）

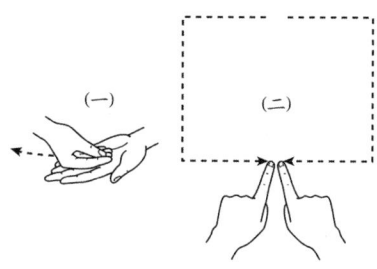

画垫（画毡） huàdiàn（huàzhān）
（一）左手横伸；右手五指撮合，指背在左手掌心上抹一下。
（二）左手横伸；右手拇、食指微张，指尖朝前，在左手掌心下从左向右移动。

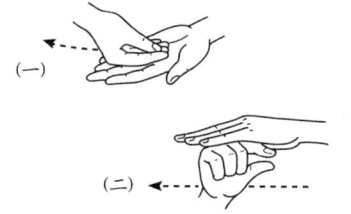

画夹 huàjiá
（一）左手横伸；右手五指撮合，指背在左手掌心上抹一下。
（二）左手横立，掌心向内；右手五指捏住左手食、中指。

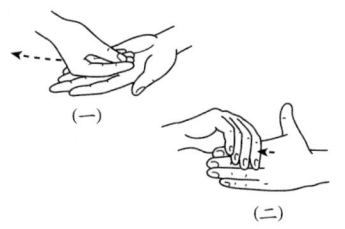

画架 huàjià
（一）左手横伸；右手五指撮合，指背在左手掌心上抹一下。
（二）左手食、中指夹住右手食指，右手腕上下动两下，仿画架的支架。

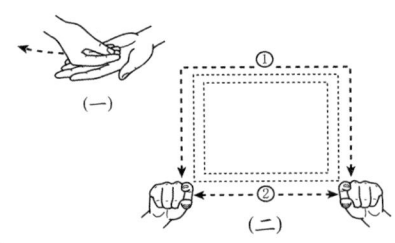

画框 huàkuàng
（一）左手横伸；右手五指撮合，指背在左手掌心上抹一下。
（二）双手拇、食指微张，指尖朝前，从中间向两侧移动，再折而下移，然后从中间向两侧移动。

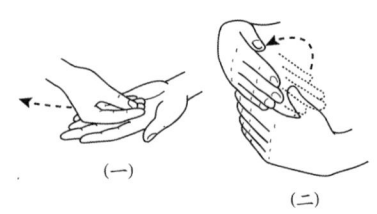

画箱 huàxiāng
（一）左手横伸；右手五指撮合，指背在左手掌心上抹一下。
（二）左手五指成"匚"形，虎口朝上；右手横伸，掌心向下，置于左手虎口上，然后向上翻动，如打开箱盖状。
（可根据实际表示箱子的形状）

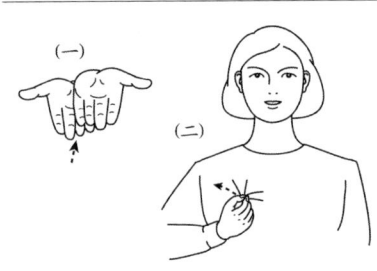

衬布 chènbù
（一）双手平伸，掌心向上，左手在上不动，右手从下向上动一下，与左手一半相叠。
（二）一手拇、食指揪一下胸前衣服。

调色板 tiáosèbǎn
（一）双手五指撮合，指尖上下相对，交替平行转动两下。
（二）一手直立，掌心向内，五指张开，在嘴唇部交替点动。
（三）双手伸食指，指尖朝前，在面前划一个"囗"形。

调色盒 tiáosèhé
（一）双手五指撮合，指尖上下相对，交替平行转动两下。
（二）一手直立，掌心向内，五指张开，在嘴唇部交替点动。
（三）双手横伸，掌心相对，手背拱起，左手在下不动，右手向下移动一下。

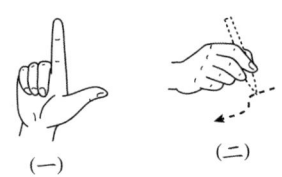

蜡笔 làbǐ
（一）一手打手指字母"L"的指式。
（二）一手如执笔写字状。

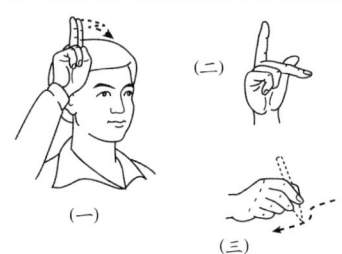

马克笔（记号笔） mǎkèbǐ (jì·haobǐ)
（一）一手食、中指直立并拢，虎口贴于太阳穴，向前微动两下，仿马的耳朵。
（二）一手打手指字母"K"的指式。
（三）一手如执笔写字状。

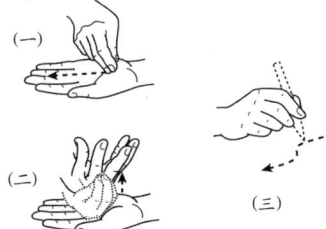

荧光笔 yíngguāngbǐ
（一）左手横伸；右手拇、食、中指相捏，指尖在左手掌心上向右一抹。
（二）左手横伸；右手五指撮合，指尖朝上，置于左手掌心上，边向上微移边张开。
（三）一手如执笔写字状。

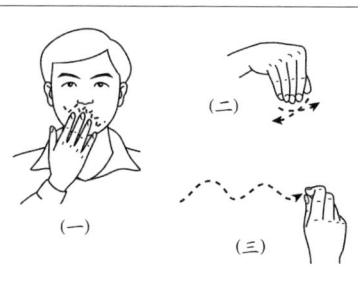

色粉笔 sèfěnbǐ
（一）一手直立，掌心向内，五指张开，在嘴唇部交替点动。
（二）一手五指撮合，指尖朝下，互捻几下。
（三）一手如执色粉笔写字状。

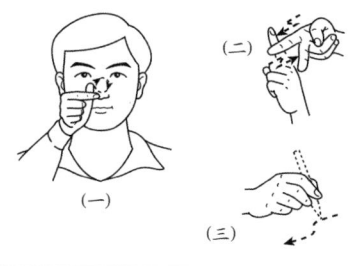

油性笔 yóuxìngbǐ
（一）一手拇、食指搭成"十"字形，置于鼻翼一侧，微转两下。
（二）左手食指直立；右手食、中指横伸，指背交替弹左手食指背。
（三）一手如执笔写字状。

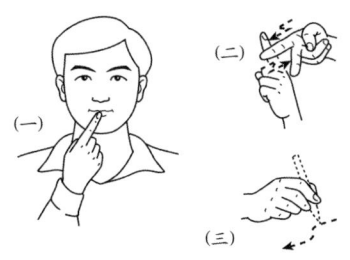

水性笔 shuǐxìngbǐ
（一）一手伸食指，指尖贴于下嘴唇。
（二）左手食指直立；右手食、中指横伸，指背交替弹左手食指背。
（三）一手如执笔写字状。

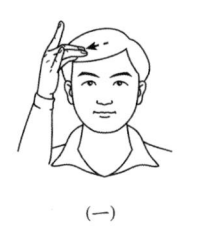 

炭铅笔 tànqiānbǐ
（一）一手打手指字母"T"的指式，在头上抹一下。既表示炭是黑色的，也表示炭的声母。
（二）一手伸拇、食指，拇指尖在颏部划动两下，手背向外。

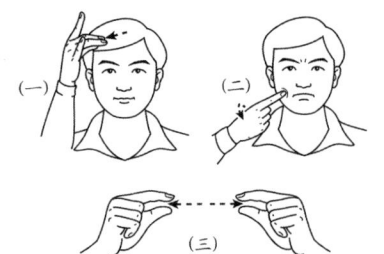

炭精条　tànjīngtiáo

（一）一手打手指字母"T"的指式，在头上抹一下。既表示炭是黑色的，也表示炭的声母。

（二）一手食指抵于脸颊，向前微转一下，同时牙关紧咬。

（三）双手拇、食指微张，指尖相对，虎口朝内，从中间向两侧拉开。

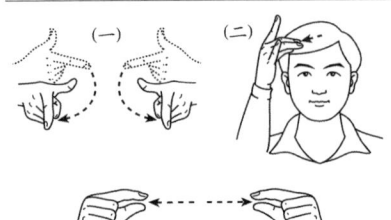

木炭条　mùtàntiáo

（一）双手伸拇、食指，虎口朝上，手腕向前转动一下。

（二）一手打手指字母"T"的指式，在头上抹一下。既表示炭是黑色的，也表示炭的声母。

（三）双手拇、食指微张，指尖相对，虎口朝内，从中间向两侧拉开。

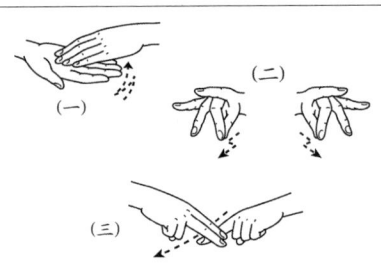

裁纸刀　cáizhǐdāo

（一）左手横伸；右手五指并拢，掌心向上，在左手掌心下向内划动几下，如裁纸状。

（二）双手拇、中指相捏，指尖朝下，微抖几下。

（三）左手伸食指，指尖朝前；右手食、中指并拢，在左手食指上削一下。

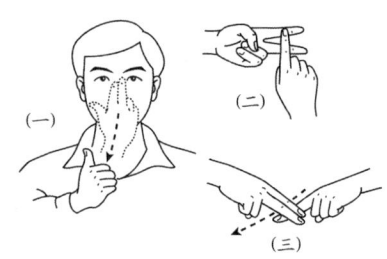

美工刀　měigōngdāo

（一）一手伸拇、食、中指，食、中指并拢，先置于鼻部，然后边向外移动边缩回食、中指。

（二）左手食、中指与右手食指搭成"工"字形。

（三）左手伸食指，指尖朝前；右手食、中指并拢，在左手食指上削一下。

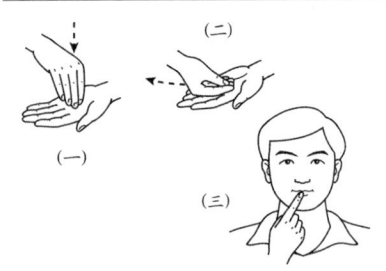

定画液　dìnghuàyè

（一）左手横伸；右手五指撮合，指尖朝下，按向左手掌心。

（二）左手横伸；右手五指撮合，指背在左手掌心上抹一下。

（三）一手伸食指，指尖贴于下嘴唇。

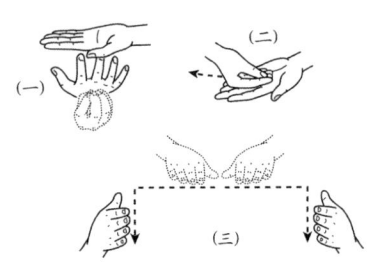

透图台　tòutútái

（一）左手横伸，手背向下；右手五指撮合，指尖朝上，置于左手下，然后张开。

（二）左手横伸；右手五指撮合，指背在左手掌心上抹一下。

（三）双手平伸，掌心向下，先从中间向两侧平移，再折而下移成"冂"形。

4. 美术种类　展馆

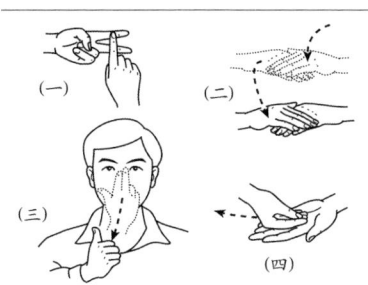

工艺美术　gōngyì měishù
（一）左手食、中指与右手食指搭成"工"字形。
（二）双手横伸，掌心向下，互拍手背。
（三）一手伸拇、食、中指，食、中指并拢，先置于鼻部，然后边向外移动边缩回食、中指。
（四）左手横伸；右手五指撮合，指背在左手掌心上抹一下。

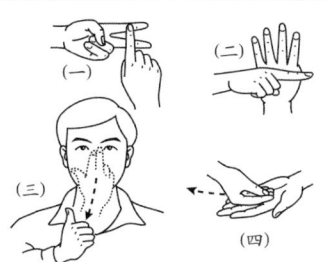

工业美术　gōngyè měishù
（一）左手食、中指与右手食指搭成"工"字形。
（二）左手食、中、无名、小指直立分开，手背向外；右手食指横伸，置于左手四指根部，仿"业"字形。
（三）一手伸拇、食、中指，食、中指并拢，先置于鼻部，然后边向外移动边缩回食、中指。
（四）左手横伸；右手五指撮合，指背在左手掌心上抹一下。

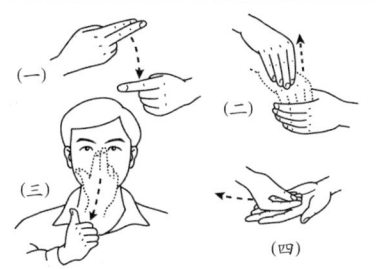

实用美术（应用美术）　shíyòng měishù（yìngyòng měishù）
（一）左手食指横伸；右手食、中指相叠，敲一下左手食指。
（二）左手五指成"匚"形，虎口朝上；右手五指撮合，指尖朝下，从左手虎口内抽出。
（三）一手伸拇、食、中指，食、中指并拢，先置于鼻部，然后边向外移动边缩回食、中指。
（四）左手横伸；右手五指撮合，指背在左手掌心上抹一下。

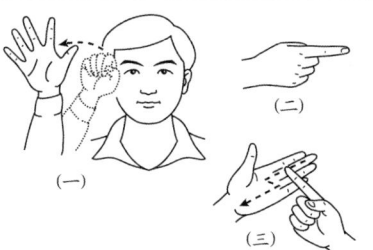

创意素描　chuàngyì sùmiáo
（一）一手握拳，虎口贴于太阳穴，然后边向前移动边张开五指。
（二）一手食指横伸，手背向外。"一"与"意"音近，借代。
（三）左手斜伸；右手伸食指，指背在左手掌心上划动几下，如在画板上素描状。

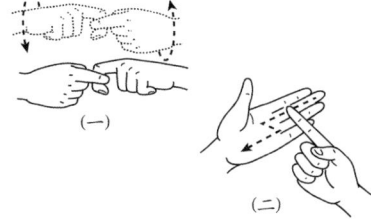

结构素描　jiégòu sùmiáo
（一）双手食指弯曲，互勾两下。
（二）左手斜伸；右手伸食指，指背在左手掌心上划动几下，如在画板上素描状。

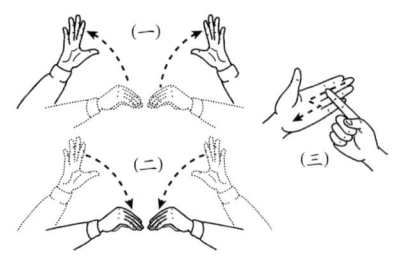

明暗素描　míng'àn sùmiáo

（一）双手五指撮合，指尖左右相对，手背向上，然后边向两侧上方移动边张开。

（二）双手直立，掌心左右相对，五指张开，然后边向中间下方做弧形移动边撮合，指尖左右相对。

（三）左手斜伸；右手伸食指，指背在左手掌心上划动几下，如在画板上素描状。

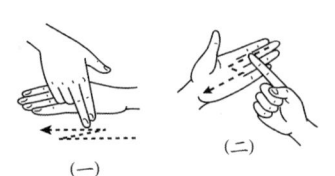

设计素描　shèjì sùmiáo

（一）左手横伸，掌心向下；右手伸拇、食、中指，食、中指并拢，指尖朝下，沿左手小指外侧划动两下。

（二）左手斜伸；右手伸食指，指背在左手掌心上划动几下，如在画板上素描状。

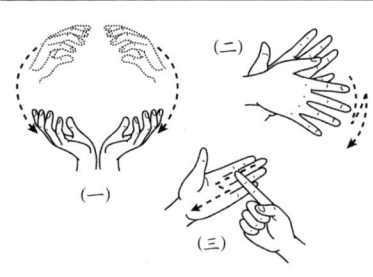

全因素素描　quányīnsù sùmiáo

（一）双手五指微曲，指尖左右相对，然后向下做弧形移动，手腕靠拢。

（二）双手五指张开，掌心左右相贴，左手不动，右手向下转动两下。

（三）左手斜伸；右手伸食指，指背在左手掌心上划动几下，如在画板上素描状。

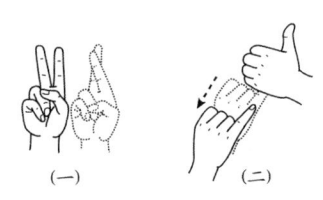

十二生肖　shí'èr shēngxiào

（一）一手食、中指直立相叠，掌心向外，然后分开，表示数字"12"。

（二）左手伸拇指，其他四指攥住右手小指，然后右手小指从左手掌心内向下移出一下。

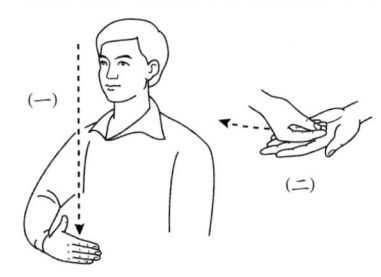

壁画（墙绘）　bìhuà（qiánghuì）

（一）一手横立，掌心向内，从上向下移动。

（二）左手横伸；右手五指撮合，指背在左手掌心上抹一下。

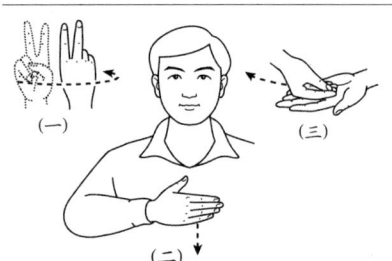

变体画　biàntǐhuà

（一）一手食、中指直立分开，由掌心向外翻转为掌心向内。

（二）一手掌心贴于胸部，向下移动一下。

（三）左手横伸；右手五指撮合，指背在左手掌心上抹一下。

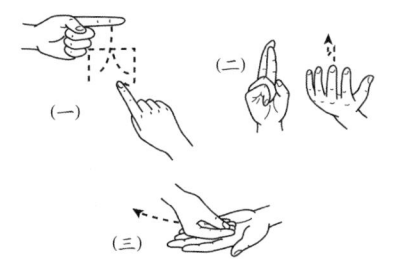

丙烯画　bǐngxīhuà

（一）左手食指横伸，手背向外；右手伸食指，指尖朝前，在左手食指下书空"丙"字的其他笔画。

（二）左手五指微曲，指尖朝上，向上动几下；右手打手指字母"X"的指式，置于左手旁，分别表示烯的部首和声母。

（三）左手横伸；右手五指撮合，指背在左手掌心上抹一下。

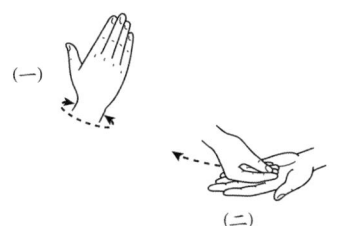

玻璃画　bō·lihuà

（一）右手直立，掌心向左，食、中、无名、小指并拢，手腕微转几下，表示玻璃的闪光。

（二）左手横伸；右手五指撮合，指背在左手掌心上抹一下。

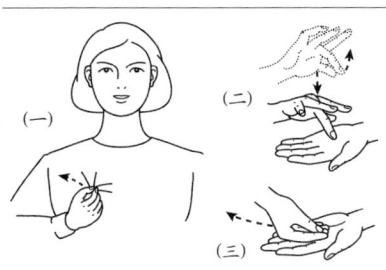

布贴画　bùtiēhuà

（一）一手拇、食指揪一下胸前衣服。

（二）左手横伸；右手拇、中指相捏，然后张开，中指贴一下左手掌心。

（三）左手横伸；右手五指撮合，指背在左手掌心上抹一下。

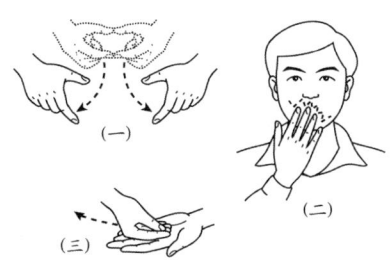

蛋彩画　dàncǎihuà

（一）双手拇、食指搭成椭圆形，虎口朝上，再向下一甩，模仿打蛋的动作。

（二）一手直立，掌心向内，五指张开，在嘴唇部交替点动。

（三）左手横伸；右手五指撮合，指背在左手掌心上抹一下。

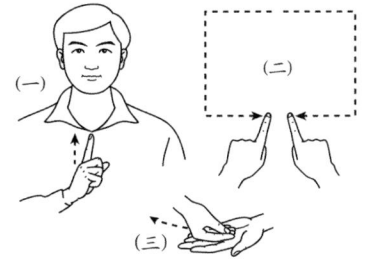

独幅画　dúfúhuà

（一）一手食指直立，虎口贴于胸部，向上移动少许。

（二）双手伸食指，指尖朝前，在面前划一个"□"形。

（三）左手横伸；右手五指撮合，指背在左手掌心上抹一下。

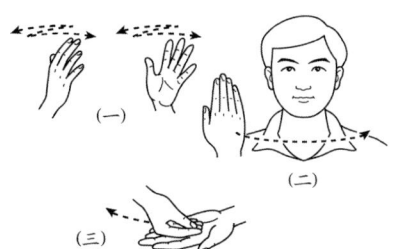

风景画　fēngjǐnghuà

（一）双手直立，掌心左右相对，五指微曲，左右来回扇动。

（二）一手直立，掌心向内，从一侧向另一侧做弧形移动。

（三）左手横伸；右手五指撮合，指背在左手掌心上抹一下。

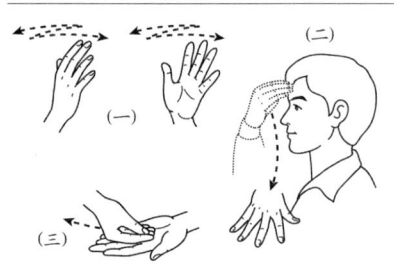

风俗画 fēngsúhuà
（一）双手直立，掌心左右相对，五指微曲，左右来回扇动。
（二）一手五指撮合，指尖朝内，按于前额，然后边向下移动边张开。
（三）左手横伸；右手五指撮合，指背在左手掌心上抹一下。

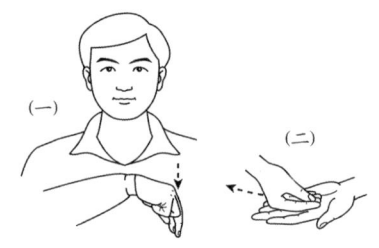

钢笔画 gāngbǐhuà
（一）右手食、中指相叠，指尖朝下，在左胸部向下一插。
（二）左手横伸；右手五指撮合，指背在左手掌心上抹一下。

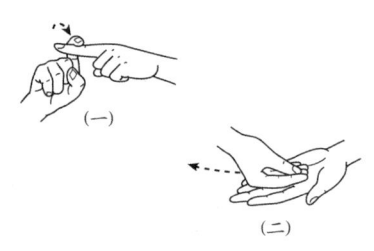

挂画 guàhuà
（一）左手食指横伸；右手食指弯曲，挂在左手食指上。
（二）左手横伸；右手五指撮合，指背在左手掌心上抹一下。

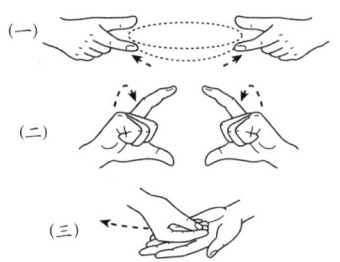

挂盘画 guàpánhuà
（一）双手拇、食指成大圆形，虎口朝上，从下向上做弧形微移，如盘子状。
（二）双手拇、食指成大圆形，虎口朝内，向前上方微移，如挂圆盘状。
（三）左手横伸；右手五指撮合，指背在左手掌心上抹一下。

海景画 hǎijǐnghuà
（一）双手平伸，掌心向下，五指张开，上下交替移动，表示起伏的波浪。
（二）一手直立，掌心向内，从一侧向另一侧做弧形移动。
（三）左手横伸；右手五指撮合，指背在左手掌心上抹一下。

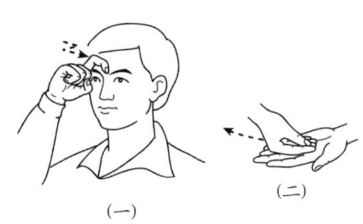

记忆画 jìyìhuà
（一）一手打手指字母"J"的指式，碰两下前额。
（二）左手横伸；右手五指撮合，指背在左手掌心上抹一下。

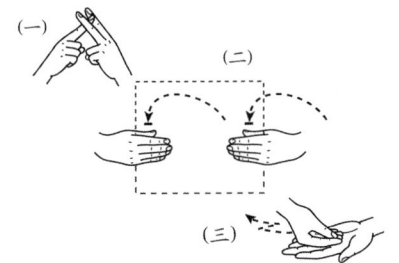

架上绘画 jiàshànghuìhuà
（一）左手食、中指夹住右手食指，仿画架的支架。
（二）双手五指成"⊏⊐"形，虎口朝上，从一侧向中间做弧形移动并一顿，表示将画板放在画架上。
（三）左手横伸；右手五指撮合，指背在左手掌心上抹两下。

简笔画 jiǎnbǐhuà
（一）一手拇、食指相捏，指尖朝上，向下晃动两下。
（二）一手如执笔写字状。
（三）左手横伸；右手五指撮合，指背在左手掌心上抹一下。

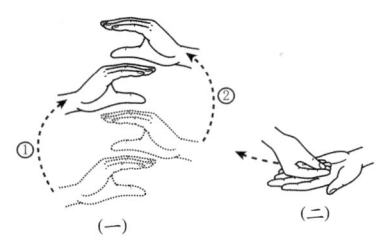

建筑画 jiànzhùhuà
（一）双手五指成"⊏⊐"形，虎口朝内，交替上叠，模仿垒砖的动作。
（二）左手横伸；右手五指撮合，指背在左手掌心上抹一下。

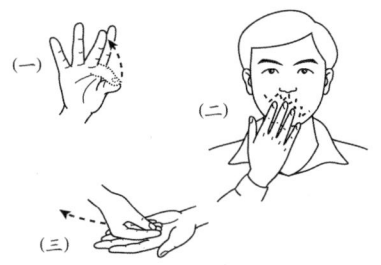

胶彩画 jiāocǎihuà
（一）一手拇、中指相捏，指尖朝前，然后缓慢张开。
（二）一手直立，掌心向内，五指张开，在嘴唇部交替点动。
（三）左手横伸；右手五指撮合，指背在左手掌心上抹一下。

军事画 jūnshìhuà
（一）右手横伸，掌心向下，置于前额，表示军帽帽檐。
（二）一手食、中指相叠，指尖朝前上方。
（三）左手横伸；右手五指撮合，指背在左手掌心上抹一下。

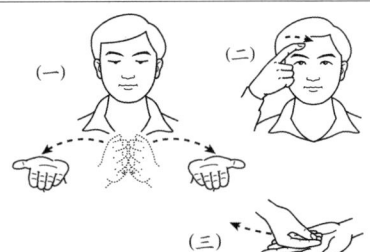

刊头画 kāntóuhuà
（一）双手侧立，掌心相贴，然后向两侧打开，动作幅度稍大些。
（二）一手伸食指，指一下头部。
（三）左手横伸；右手五指撮合，指背在左手掌心上抹一下。

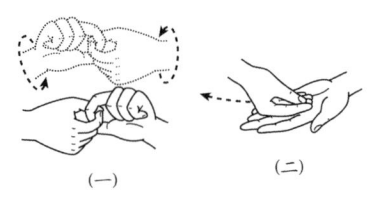

科幻画 kēhuànhuà
（一）双手打手指字母"K"的指式，前后交替转动两下。
（二）双手伸拇、小指，从太阳穴两侧同时向斜上方旋转移动。
（三）左手横伸；右手五指撮合，指背在左手掌心上抹一下。

连环画 liánhuánhuà
（一）双手边转腕边拇、食指连续相互套环。
（二）左手横伸；右手五指撮合，指背在左手掌心上抹一下。

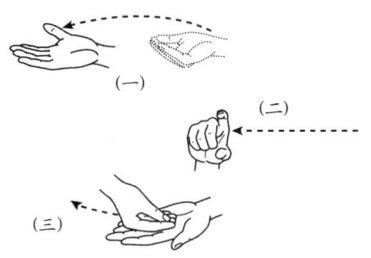

漫画 mànhuà
（一）左手侧立；右手平伸，掌心向下，在左手旁向下扇动两下。
（二）左手横伸；右手五指撮合，指背在左手掌心上抹一下。

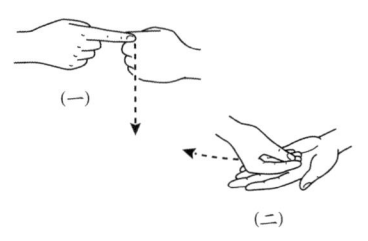

命题画 mìngtíhuà
（一）一手五指撮合，掌心向上，边向外移动边变为手平伸，如给别人东西状。
（二）一手拇、食指张开，指尖朝前，向一侧移动一下。
（三）左手横伸；右手五指撮合，指背在左手掌心上抹一下。

年画 niánhuà
（一）左手握拳，手背向外，虎口朝上；右手食指横伸，手背向外，自左手食指根部关节向下划。
（二）左手横伸；右手五指撮合，指背在左手掌心上抹一下。

农民画 nóngmínhuà
（一）双手五指弯曲，掌心向下，一前一后，向后移动两下，模仿耙地的动作。
（二）左手食指与右手拇、食指搭成"民"字的一部分。
（三）左手横伸；右手五指撮合，指背在左手掌心上抹一下。

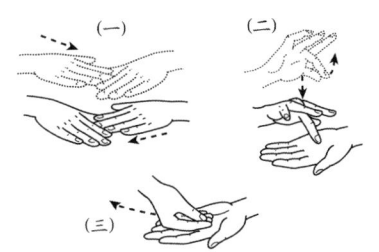

拼贴画 pīntiēhuà
（一）双手五指并拢，手背向上，一横一竖，交替碰几下。
（二）左手横伸；右手拇、中指相捏，然后张开，中指贴一下左手掌心。
（三）左手横伸；右手五指撮合，指背在左手掌心上抹一下。

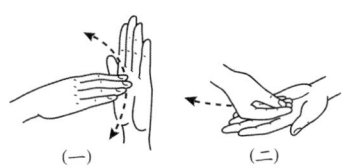

漆画 qīhuà
（一）左手直立，掌心向右；右手五指并拢，手背向上，指尖对着左手掌心上下移动两下。
（二）左手横伸；右手五指撮合，指背在左手掌心上抹一下。

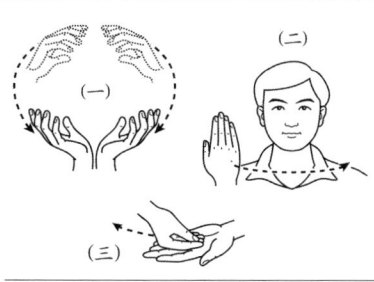

全景画 quánjǐnghuà
（一）双手五指微曲，指尖左右相对，然后向下做弧形移动，手腕靠拢。
（二）一手直立，掌心向内，从一侧向另一侧做弧形移动。
（三）左手横伸；右手五指撮合，指背在左手掌心上抹一下。

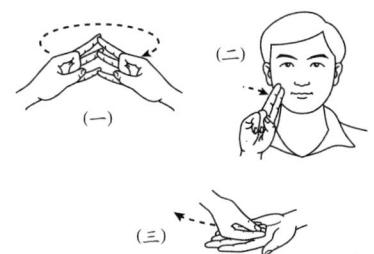

群像画 qúnxiànghuà
（一）双手中、无名、小指指尖斜向相抵，虎口朝上，顺时针转动一圈。
（二）一手食、中指直立并拢，掌心向斜前方，朝脸颊碰一下。
（三）左手横伸；右手五指撮合，指背在左手掌心上抹一下。

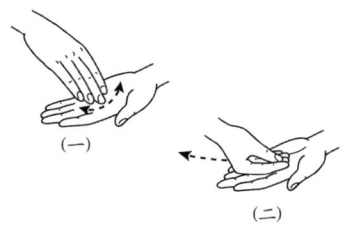

绒画 rónghuà
（一）左手横伸；右手食、中、无名、小指并拢，指尖朝下，在左手掌心上来回抚摸两下，如用手感觉呢绒的质感状。
（二）左手横伸；右手五指撮合，指背在左手掌心上抹一下。

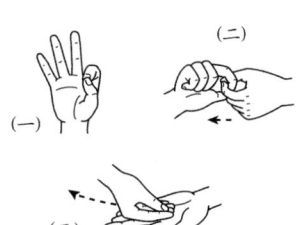

三联画 sānliánhuà
（一）一手中、无名、小指直立分开，掌心向外。
（二）双手拇、食指套环，向一侧微移一下。
（三）左手横伸；右手五指撮合，指背在左手掌心上抹一下。

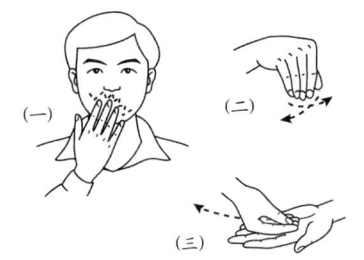

色粉画 sèfěnhuà
（一）一手直立，掌心向内，五指张开，在嘴唇部交替点动。
（二）一手五指撮合，指尖朝下，互捻几下。
（三）左手横伸；右手五指撮合，指背在左手掌心上抹一下。

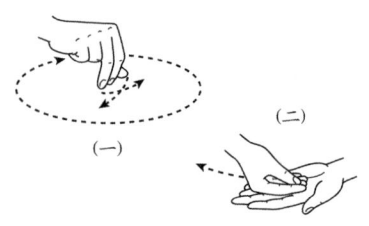

沙画 shāhuà
（一）一手拇、食、中指相捏，指尖朝下，边互捻边转动，模仿撒沙子作画的动作。
（二）左手横伸；右手五指撮合，指背在左手掌心上抹一下。

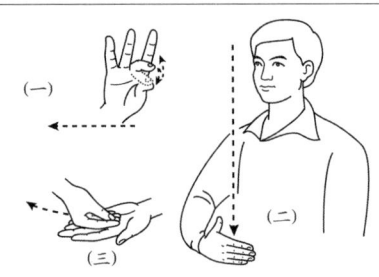

湿壁画 shībìhuà
（一）一手拇、中指指尖朝前，边向一侧移动边相捏几下。
（二）一手横立，掌心向内，从上向下移动。
（三）左手横伸；右手五指撮合，指背在左手掌心上抹一下。

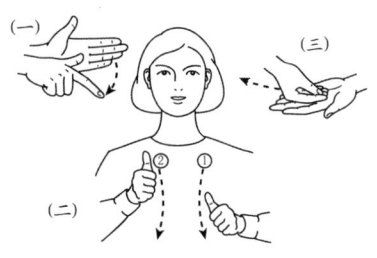

时装画 shízhuānghuà
（一）左手侧立；右手伸拇、食指，拇指尖抵于左手掌心，食指向下转动。
（二）双手伸拇指，在胸前交替向下移动一下，如穿衣服状。
（三）左手横伸；右手五指撮合，指背在左手掌心上抹一下。

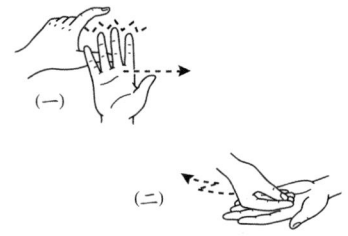

数码绘画 shùmǎ huìhuà
（一）左手拇、食指成"匚"形，虎口朝内；右手直立，手背向外，五指张开，在左手"匚"形内边交替点动边从左向右移动，表示一串数码。
（二）左手横伸；右手五指撮合，指背在左手掌心上抹两下。

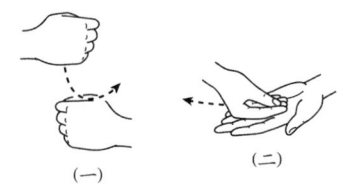

铁画 tiěhuà
（一）双手握拳，虎口朝上，一上一下，右拳向下砸一下左拳，再向内移动。
（二）左手横伸；右手五指撮合，指背在左手掌心上抹一下。

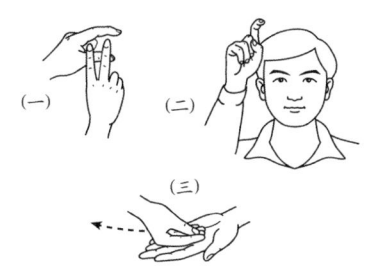

西洋画 xīyánghuà

（一）左手拇、食指成"匚"形，虎口朝内；右手食、中指直立分开，手背向内，贴于左手拇指，仿"西"字部分字形。

（二）一手食指弯曲如钩，虎口贴于太阳穴，仿羊头上弯曲的角。"羊"与"洋"音同形近，借代。

（三）左手横伸；右手五指撮合，指背在左手掌心上抹一下。

细密画 xìmìhuà

（一）双手拇、小指相捏，从中间向两侧微微拉开。

（二）双手直立，掌心向内，五指张开，然后并拢，靠在一起。

（三）左手横伸；右手五指撮合，指背在左手掌心上抹一下。

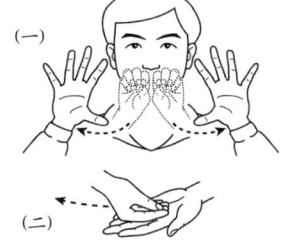

镶嵌画 xiāngqiànhuà

（一）左手横立，掌心向内；右手五指撮合，指尖朝前，在左手掌心上点动两下。

（二）左手横伸；右手五指撮合，指背在左手掌心上抹一下。

（可根据实际表示镶嵌画）

宣传画 xuānchuánhuà

（一）双手虚握，掌心向外，置于嘴部，然后边向前方两侧移动边张开五指。

（二）左手横伸；右手五指撮合，指背在左手掌心上抹一下。

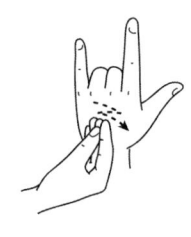

岩画 yánhuà

左手拇、食、小指直立，手背向外，仿"山"字形；右手五指撮合，指背在左手背上随意抹两下。

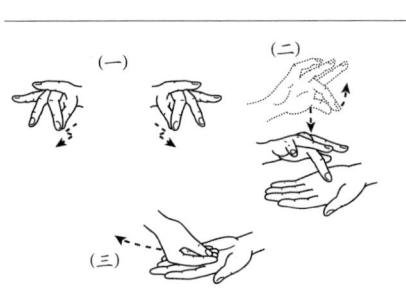

纸贴画 zhǐtiēhuà

（一）双手拇、中指相捏，指尖朝下，微抖几下。

（二）左手横伸；右手拇、中指相捏，然后张开，中指贴一下左手掌心。

（三）左手横伸；右手五指撮合，指背在左手掌心上抹一下。

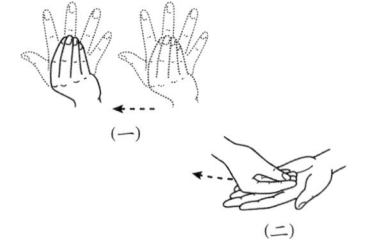

组画 zǔhuà

（一）一手五指张开，指尖朝上，然后撮合，再移向一侧，重复一次。

（二）左手横伸；右手五指撮合，指背在左手掌心上抹一下。

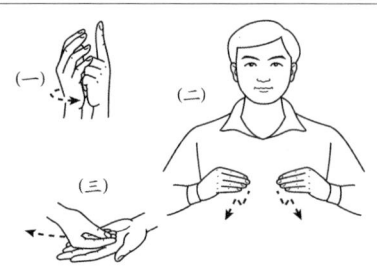

宗教画 zōngjiàohuà

（一）左手食指直立；右手五指微曲，指尖朝上，从内向外绕左手食指转动一下。

（二）双手五指撮合，指尖相对，手背向外，向前晃动两下。

（三）左手横伸；右手五指撮合，指背在左手掌心上抹一下。

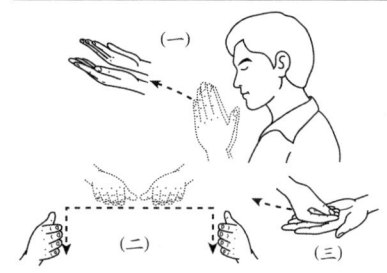

祭坛画 jìtánhuà

（一）双手合十，双眼闭拢，头微低，然后双手平伸，掌心向上，同时向前上方移出。

（二）双手平伸，掌心向下，先从中间向两侧平移，再折而下移成"⊓"形。

（三）左手横伸；右手五指撮合，指背在左手掌心上抹一下。

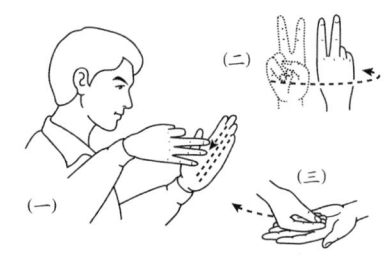

经变画 jīngbiànhuà

（一）左手斜伸，掌心向内；右手伸中、无名、小指，指尖对着左手，从上向下、从右向左移动几下，目光随之移动，表示阅读经书。

（二）一手食、中指直立分开，由掌心向外翻转为掌心向内。

（三）左手横伸；右手五指撮合，指背在左手掌心上抹一下。

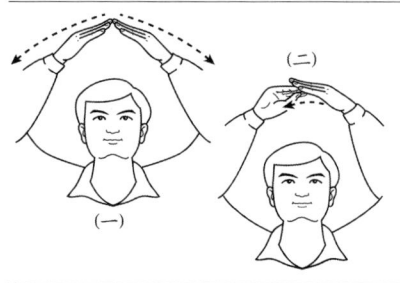

天顶画 tiāndǐnghuà

（一）头抬起，双手搭成"∧"形，置于头顶，然后同时向两侧斜下方移动。

（二）头抬起，左手斜伸，五指并拢，置于头顶；右手五指撮合，指背在左手掌心上抹一下。

佛像画 fóxiànghuà

（一）双手合十，双眼闭拢，头微低。

（二）一手食、中指直立并拢，掌心向斜前方，朝脸颊碰一下。

（三）左手横伸；右手五指撮合，指背在左手掌心上抹一下。

圣像画 shèngxiànghuà

（一）左手横伸；右手伸拇指，置于左手掌心上，然后左手向上抬至前额。

（二）一手食、中指直立并拢，掌心向斜前方，朝脸颊碰一下。

（三）左手横伸；右手五指撮合，指背在左手掌心上抹一下。

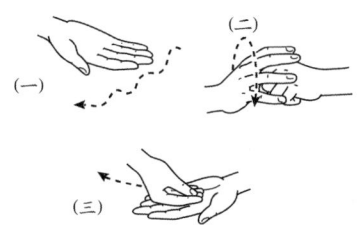

浮世绘 fúshìhuì

（一）一手平伸，掌心向上，边上下微晃边向一侧移动。

（二）左手握拳，手背向上；右手五指微曲张开，从后向前绕左拳转动半圈。

（三）左手横伸；右手五指撮合，指背在左手掌心上抹一下。

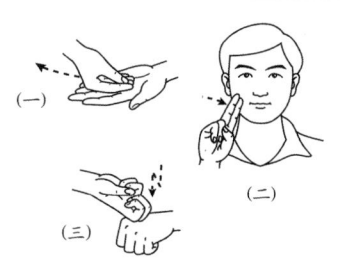

画像石 huàxiàngshí

（一）左手横伸；右手五指撮合，指背在左手掌心上抹一下。

（二）一手食、中指直立并拢，掌心向斜前方，朝脸颊碰一下。

（三）左手握拳；右手食、中指弯曲，以指关节在左手背上敲两下。

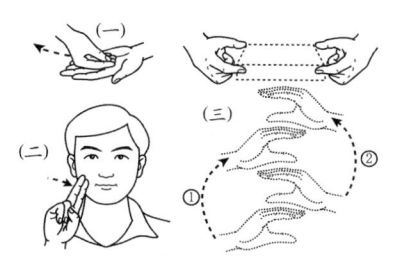

画像砖 huàxiàngzhuān

（一）左手横伸；右手五指撮合，指背在左手掌心上抹一下。

（二）一手食、中指直立并拢，掌心向斜前方，朝脸颊碰一下。

（三）双手五指成"⊏⊐"形，虎口朝内，交替上叠，模仿垒砖的动作，然后双手拇、食指成"⊏⊐"形，虎口朝上。

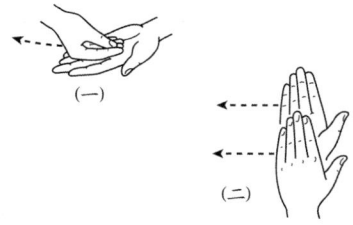

画廊 huàláng

（一）左手横伸；右手五指撮合，指背在左手掌心上抹一下。

（二）双手直立，掌心左右相对，向前移动。

（可根据实际表示画廊的样式）

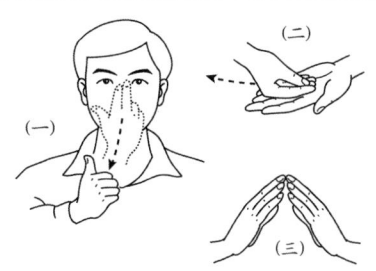

美术馆 měishùguǎn

（一）一手伸拇、食、中指，食、中指并拢，先置于鼻部，然后边向外移动边缩回食、中指。

（二）左手横伸；右手五指撮合，指背在左手掌心上抹一下。

（三）双手搭成"∧"形。

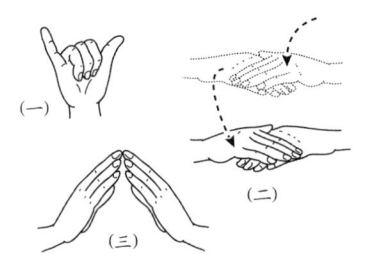

艺术馆　yìshùguǎn
（一）一手打手指字母"Y"的指式。
（二）双手横伸，掌心向下，互拍手背。
（三）双手搭成"∧"形。

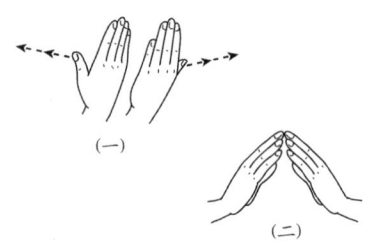

展览馆（博物馆）　zhǎnlǎnguǎn（bówùguǎn）
（一）双手直立，掌心向内，置于面前，从中间向两侧一顿一顿移动几下。
（二）双手搭成"∧"形。
（可根据实际表示展示的情景）

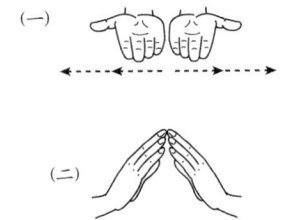

陈列室（陈列馆）　chénlièshì（chénlièguǎn）
（一）双手平伸，掌心向上，从中间向两侧一顿一顿移动几下。
（二）双手搭成"∧"形。
（可根据实际表示陈列的情景）

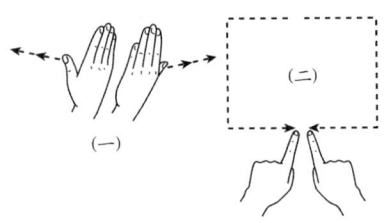

展板　zhǎnbǎn
（一）双手直立，掌心向内，置于面前，从中间向两侧一顿一顿移动几下。
（二）双手伸食指，指尖朝前，在面前划一个"□"形。

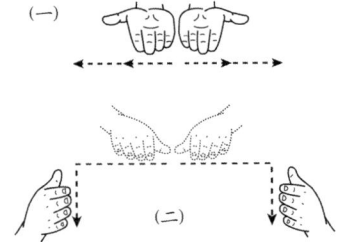

展台　zhǎntái
（一）双手平伸，掌心向上，从中间向两侧一顿一顿移动几下。
（二）双手平伸，掌心向下，先从中间向两侧平移，再折而下移成"⊓"形。

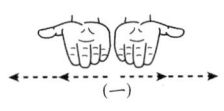
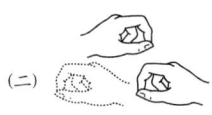

展品（陈列品）　zhǎnpǐn（chénlièpǐn）
（一）双手平伸（或直立），掌心向上（或向内），从中间向两侧一顿一顿移动几下。
（二）双手拇、食指捏成圆形，虎口朝内，左手在上不动，右手在下连打两下，仿"品"字形。

二、国画

1. 种类

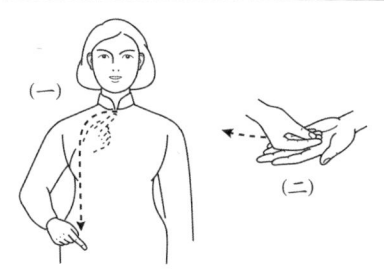

中国画（国画） zhōngguóhuà（guóhuà）
（一）一手伸食指，自咽喉部顺肩胸部划至右腰部，以民族服装"旗袍"的前襟线表示中国。
（二）左手横伸；右手五指撮合，指背在左手掌心上抹一下。

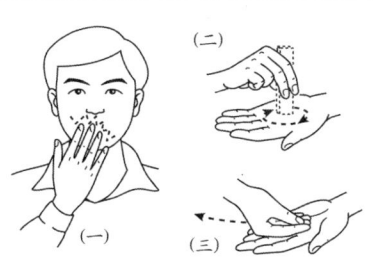

彩墨画 cǎimòhuà
（一）一手直立，掌心向内，五指张开，在嘴唇部交替点动。
（二）左手横伸；右手拇、食、中指相捏，指尖朝下，在左手掌心上方顺时针转动两下，如研墨状。
（三）左手横伸；右手五指撮合，指背在左手掌心上抹一下。

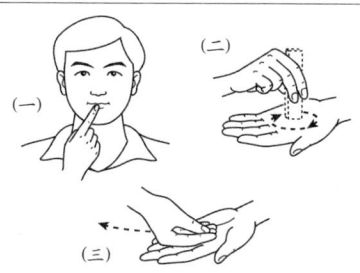

水墨画 shuǐmòhuà
（一）一手伸食指，指尖贴于下嘴唇。
（二）左手横伸；右手拇、食、中指相捏，指尖朝下，在左手掌心上方顺时针转动两下，如研墨状。
（三）左手横伸；右手五指撮合，指背在左手掌心上抹一下。

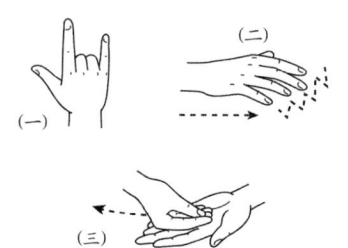

山水画 shānshuǐhuà
（一）一手拇、食、小指直立，手背向外，仿"山"字形。
（二）一手横伸，掌心向下，五指张开，边交替点动边向一侧移动。
（三）左手横伸；右手五指撮合，指背在左手掌心上抹一下。

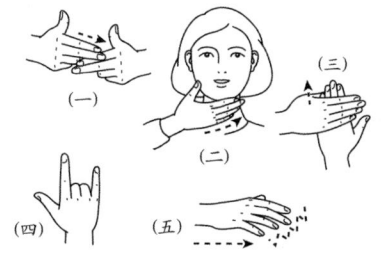

金碧山水 jīnbì shānshuǐ
（一）双手伸拇、食、中指，食、中指并拢，交叉相搭，右手中指蹭一下左手食指。
（二）一手横立，掌心向内，食、中、无名、小指并拢，在颏部从右向左摸一下。
（三）左手食、中、无名、小指并拢，指尖朝右上方，手背向外；右手五指向上捋一下左手四指。
（四）一手拇、食、小指直立，手背向外，仿"山"字形。
（五）一手横伸，掌心向下，五指张开，边交替点动边向一侧移动。

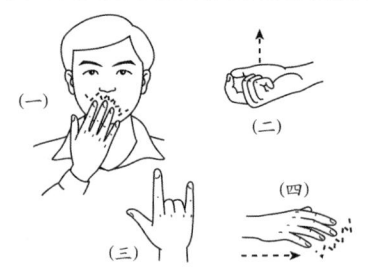

浅绛山水 qiǎnjiàng shānshuǐ
（一）一手直立，掌心向内，五指张开，在嘴唇部交替点动。
（二）一手拇、食指相捏，指尖朝上，向上微动一下。
（三）一手拇、食、小指直立，手背向外，仿"山"字形。
（四）一手横伸，掌心向下，五指张开，边交替点动边向一侧移动。

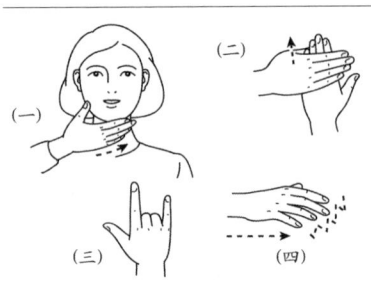

青绿山水 qīnglǜ shānshuǐ
（一）一手横立，掌心向内，食、中、无名、小指并拢，在颈部从右向左摸一下。
（二）左手食、中、无名、小指并拢，指尖朝右上方，手背向外；右手五指向上捋一下左手四指。
（三）一手拇、食、小指直立，手背向外，仿"山"字形。
（四）一手横伸，掌心向下，五指张开，边交替点动边向一侧移动。

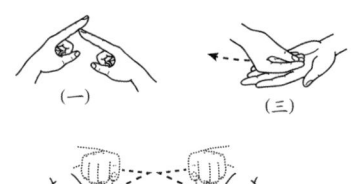

人物画 rénwùhuà
（一）双手食指搭成"人"字形。
（二）双手食指指尖朝前，手背向上，先互碰一下，再分开并张开五指。
（三）左手横伸；右手五指撮合，指背在左手掌心上抹一下。

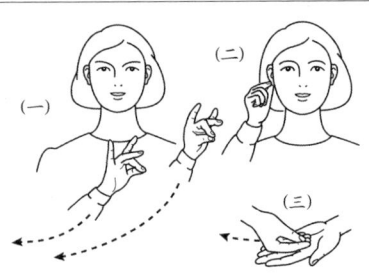

仕女画 shìnǚhuà
（一）双手拇、中指相捏，其余三指伸出，左手在上，右手在下，同时向斜下方做弧形移动，模仿古装仕女舞的动作。
（二）一手拇、食指捏一下耳垂。
（三）左手横伸；右手五指撮合，指背在左手掌心上抹一下。

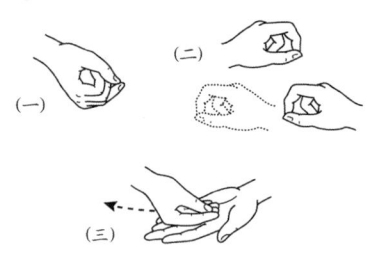

小品画 xiǎopǐnhuà
（一）一手拇、小指相捏，指尖朝上。
（二）双手拇、食指捏成圆形，虎口朝内，左手在上不动，右手在下连打两下，仿"品"字形。
（三）左手横伸；右手五指撮合，指背在左手掌心上抹一下。

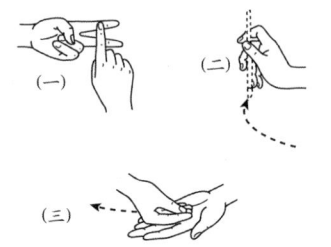

工笔画 gōngbǐhuà
（一）左手食、中指与右手食指搭成"工"字形。
（二）一手如执毛笔状，做细致描绘的动作。
（三）左手横伸；右手五指撮合，指背在左手掌心上抹一下。

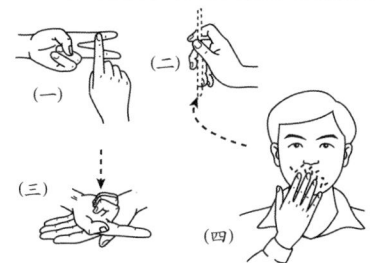

工笔重彩　gōngbǐ zhòngcǎi
（一）左手食、中指与右手食指搭成"工"字形。
（二）一手如执毛笔状，做细致描绘的动作。
（三）左手横伸；右手伸食指，拇指尖按于食指根部，手背向下，用力砸向左手掌心。
（四）一手直立，掌心向内，五指张开，在嘴唇部交替点动。

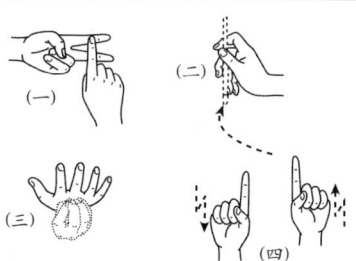

工笔花卉　gōngbǐ huāhuì
（一）左手食、中指与右手食指搭成"工"字形。
（二）一手如执毛笔状，做细致描绘的动作。
（三）一手五指撮合，指尖朝上，然后张开。
（四）双手食指直立，手背向内，上下交替动几下。

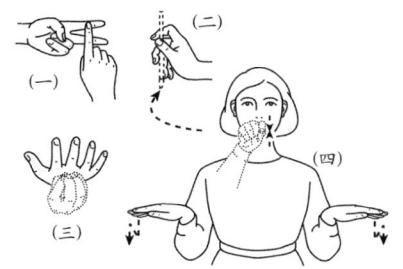

工笔花鸟　gōngbǐ huāniǎo
（一）左手食、中指与右手食指搭成"工"字形。
（二）一手如执毛笔状，做细致描绘的动作。
（三）一手五指撮合，指尖朝上，然后张开。
（四）一手手背贴于嘴部，拇、食指先张开再相捏，然后双手侧伸，掌心向下，扇动几下。

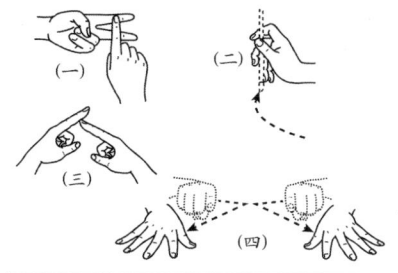

工笔人物　gōngbǐ rénwù
（一）左手食、中指与右手食指搭成"工"字形。
（二）一手如执毛笔状，做细致描绘的动作。
（三）双手食指搭成"人"字形。
（四）双手食指指尖朝前，手背向上，先互碰一下，再分开并张开五指。

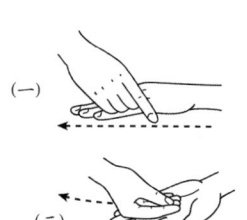

界画　jièhuà
（一）左手横伸，掌心向下；右手伸食指，指尖朝下，沿左小臂向指尖方向划动一下。
（二）左手横伸；右手五指撮合，指背在左手掌心上抹一下。

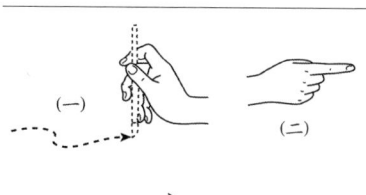
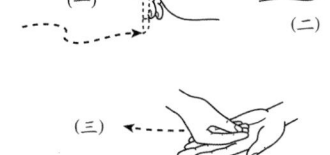

写意画　xiěyìhuà
（一）一手如执毛笔状，随意做运笔的动作。
（二）一手食指横伸，手背向外。"一"与"意"音近，借代。
（三）左手横伸；右手五指撮合，指背在左手掌心上抹一下。

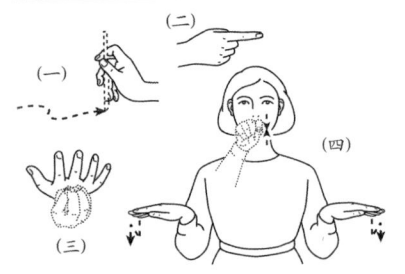

写意花鸟 xiěyì huāniǎo

（一）一手如执毛笔状，随意做运笔的动作。
（二）一手食指横伸，手背向外。"一"与"意"音近，借代。
（三）一手五指撮合，指尖朝上，然后张开。
（四）一手手背贴于嘴部，拇、食指先张开再相捏，然后双手侧伸，掌心向下，扇动几下。

写意人物 xiěyì rénwù

（一）一手如执毛笔状，随意做运笔的动作。
（二）一手食指横伸，手背向外。"一"与"意"音近，借代。
（三）双手食指搭成"人"字形。
（四）双手食指指尖朝前，手背向上，先互碰一下，再分开并张开五指。

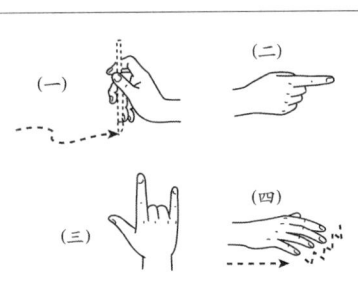

写意山水 xiěyì shānshuǐ

（一）一手如执毛笔状，随意做运笔的动作。
（二）一手食指横伸，手背向外。"一"与"意"音近，借代。
（三）一手拇、食、小指直立，手背向外，仿"山"字形。
（四）一手横伸，掌心向下，五指张开，边交替点动边向一侧移动。

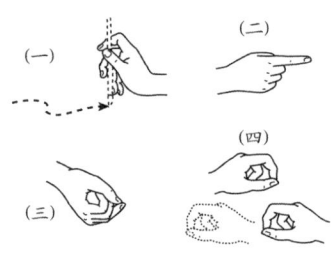

写意小品 xiěyì xiǎopǐn

（一）一手如执毛笔状，随意做运笔的动作。
（二）一手食指横伸，手背向外。"一"与"意"音近，借代。
（三）一手拇、小指相捏，指尖朝上。
（四）双手拇、食指捏成圆形，虎口朝内，左手在上不动，右手在下连打两下，仿"品"字形。

2. 画法

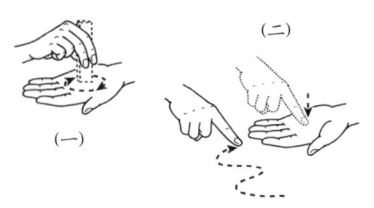

指画 zhǐhuà

（一）左手横伸；右手拇、食、中指相捏，指尖朝下，在左手掌心上方顺时针转动两下，如研墨状。
（二）左手横伸；右手伸食指，指尖朝下，先在左手掌心上点一下，然后在左手旁随意移动，如用手指蘸墨作画状。

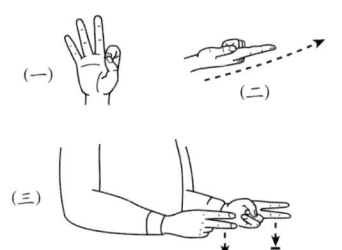

三远法 sānyuǎnfǎ
（一）一手中、无名、小指直立分开，掌心向外。
（二）一手拇指尖按于食指根部，食指尖朝前，手背向下，向前上方移动。
（三）双手打手指字母"F"的指式，指尖朝前，向下一顿。

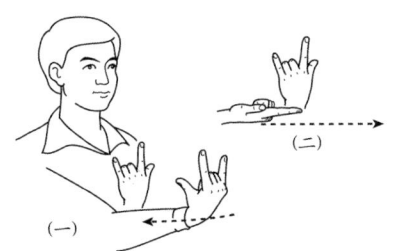

平远 píngyuǎn
（一）双手拇、食、小指直立，手背向外，仿"山"字形，左手在后不动，右手在前，从左向右移动一下。
（二）左手拇、食、小指直立，手背向外，仿"山"字形；右手拇指尖按于食指根部，食指尖朝前，手背向下，从左手后右方向前移动。

深远 shēnyuǎn
（一）双手拇、食、小指直立，手背向外，仿"山"字形，左手在后不动，右手在前，向前移动一下。
（二）左手拇、食、小指直立，手背向外，仿"山"字形；右手拇指尖按于食指根部，食指尖朝前，手背向下，从左手后右方向前移动。

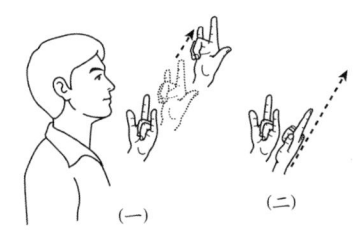

高远 gāoyuǎn
（一）双手拇、食、小指直立，手背向外，仿"山"字形，左手在后不动，右手在前，向前上方移动一下，同时抬头。
（二）左手拇、食、小指直立，手背向外，仿"山"字形；右手拇指尖按于食指根部，食指尖朝前，手背向前下方，从左手旁向前上方移动。

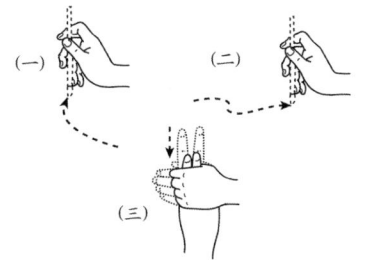

兼工带写 jiāngōngdàixiě
（一）一手如执毛笔状，做细致描绘的动作。
（二）一手如执毛笔状，随意做运笔的动作。
（三）左手五指微曲，虎口朝上；右手食、中指直立分开，手背向外，边从上向下移入左手掌心内边并拢，左手握住右手食、中指。

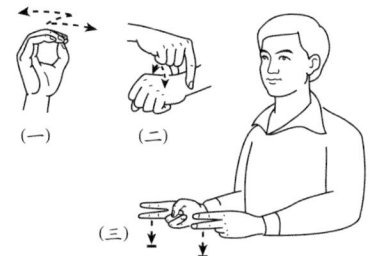

没骨法 mògǔfǎ
（一）一手五指捏成圆形，虎口朝内，左右晃动几下。
（二）左手握拳，手背向上；右手拇、食指张开，卡在左手腕，左手微转两下。
（三）双手打手指字母"F"的指式，指尖朝前，向下一顿。

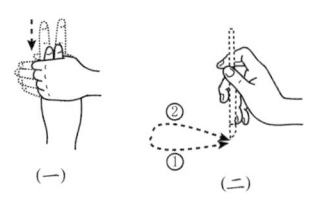

双钩 shuānggōu
（一）左手五指微曲，虎口朝上；右手食、中指直立分开，手背向外，边从上向下移入左手掌心内边并拢，左手握住右手食、中指。
（二）右手如执毛笔状，分别在左右两侧向下做描弧线的动作。
（可根据实际表示双钩的动作）

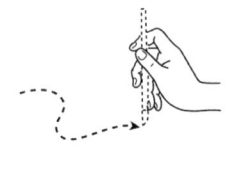

勾勒 gōulè
一手如执毛笔状，做描线的动作。
（可根据实际表示勾勒的动作）

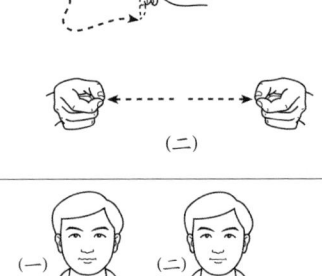

勾线 gōuxiàn
（一）一手如执毛笔状，随意做曲线形移动。
（二）双手拇、食指相捏，虎口朝上，从中间向两侧拉开。

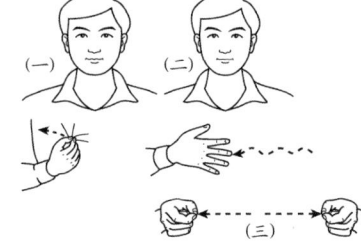

衣纹线 yīwénxiàn
（一）一手拇、食指揪一下胸前衣服。
（二）一手五指张开，掌心贴于胸部，从一侧向另一侧做曲线形移动。
（三）双手拇、食指相捏，虎口朝上，从中间向两侧拉开。

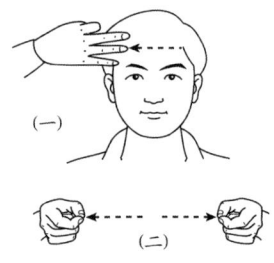

皱纹线 zhòuwénxiàn
（一）一手中、无名、小指横伸分开，手背向外，在前额划一下，表示额上的皱纹。
（二）双手拇、食指相捏，虎口朝上，从中间向两侧拉开。

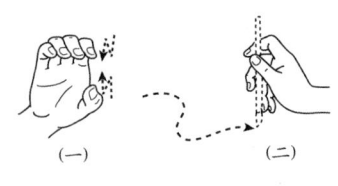

白描 báimiáo
（一）一手五指弯曲，掌心向外，指尖弯动两下。
（二）一手如执毛笔状，随意做曲线形移动。

十八描　shíbāmiáo

（一）一手食、中指直立相叠，掌心向外。
（二）一手伸拇、食指，掌心向外。
（三）一手如执毛笔状，随意做曲线形移动。

混描　hùnmiáo

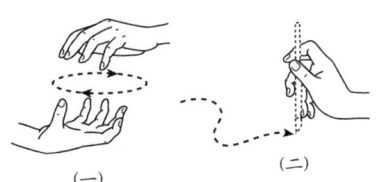

（一）双手五指弯曲，指尖上下相对，交替平行转动两下。
（二）一手如执毛笔状，随意做曲线形移动。
（可根据实际表示混描的动作）

曹衣描　cáoyīmiáo

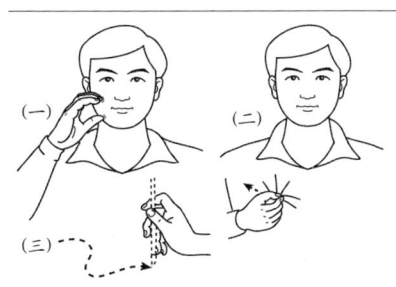

（一）一手打手指字母"C"的指式，指尖抵于脸颊一侧。
（二）一手拇、食指揪一下胸前衣服。
（三）一手如执毛笔状，随意做曲线形移动。
（可根据实际表示曹衣描的动作）

橄榄描　gǎnlǎnmiáo

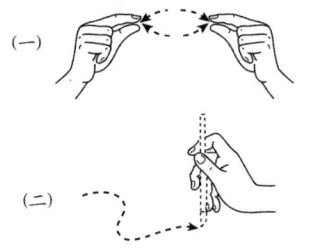

（一）双手拇、食指张开，指尖左右相对，虎口朝内，边从中间向两侧移动边相捏，仿橄榄的形状。
（二）一手如执毛笔状，随意做曲线形移动。
（可根据实际表示橄榄描的动作）

减笔描　jiǎnbǐmiáo

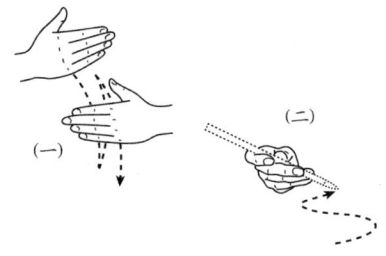

（一）双手横立，右手在左手掌心内向下刮两下。
（二）一手如斜执毛笔状，随意做曲线形移动。
（可根据实际表示减笔描的动作）

枯柴描　kūcháimiáo

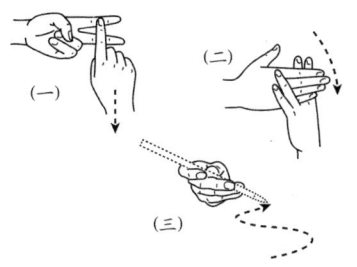

（一）左手食、中指与右手食指搭成"干"字形，右手食指向下移动一下。
（二）左手直立，掌心向内；右手侧立，向左手中、无名指指缝间劈下，如用斧子劈木头状。
（三）一手如斜执毛笔状，随意做曲线形移动。
（可根据实际表示枯柴描的动作）

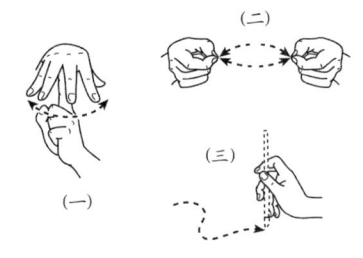

柳叶描 liǔyèmiáo

（一）左手食指直立；右手五指张开，指尖朝下，手腕置于左手食指尖，左右晃动两下。

（二）双手拇、食指张开，指尖相对，虎口朝上，边向两侧移动边相捏，如叶子状。

（三）一手如执毛笔状，随意做曲线形移动。

（可根据实际表示柳叶描的动作）

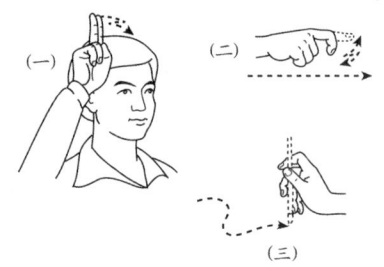

蚂蝗描 mǎhuángmiáo

（一）一手食、中指直立并拢，虎口贴于太阳穴，向前微动两下，仿马的耳朵。

（二）一手食指横伸，手背向上，边弯动边向一侧移动。

（三）一手如执毛笔状，随意做曲线形移动。

（可根据实际表示蚂蝗描的动作）

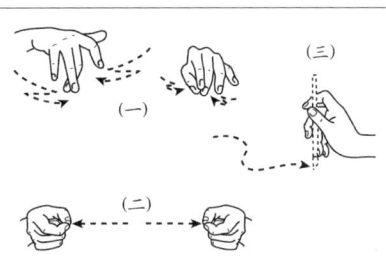

琴弦描 qínxiánmiáo

（一）左手拇、食、中指相捏，指尖朝下；右手五指弯曲，指尖朝下，模仿弹古琴的动作。

（二）双手拇、食指相捏，虎口朝上，从中间向两侧拉开。

（三）一手如执毛笔状，随意做曲线形移动。

（可根据实际表示琴弦描的动作）

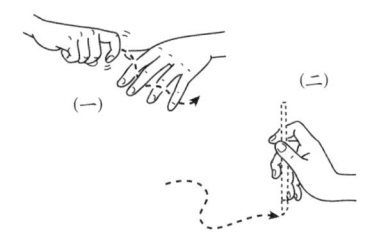

蚯蚓描 qiūyǐnmiáo

（一）左手横伸，掌心向下，五指张开；右手食指在左手各指指缝间上下蠕动钻行，如蚯蚓在土中活动状。

（二）一手如执毛笔状，随意做曲线形移动。

（可根据实际表示蚯蚓描的动作）

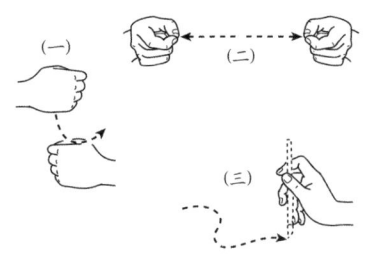

铁线描 tiěxiànmiáo

（一）双手握拳，虎口朝上，一上一下，右拳向下砸一下左拳，再向内移动。

（二）双手拇、食指相捏，虎口朝上，从中间向两侧拉开。

（三）一手如执毛笔状，随意做曲线形移动。

（可根据实际表示铁线描的动作）

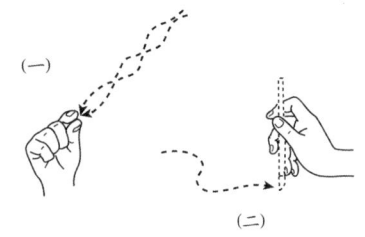

枣核描 zǎohémiáo

（一）一手拇、食指向斜下方连续做两头尖中间鼓的枣核形移动。

（二）一手如执毛笔状，随意做曲线形移动。

（可根据实际表示枣核描的动作）

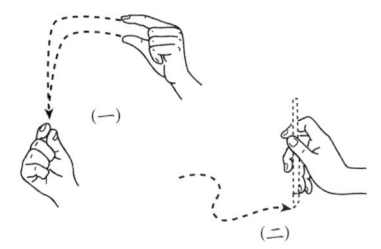

折芦描 zhélúmiáo

（一）双手拇、食指微张，指尖相对，虎口朝内，左手不动，右手先向右移动再折而下移，拇、食指相捏，仿折芦的形状。

（二）一手如执毛笔状，随意做曲线形移动。

（可根据实际表示折芦描的动作）

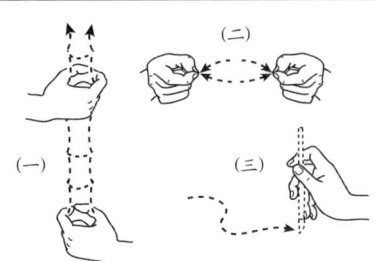

竹叶描 zhúyèmiáo

（一）双手拇、食指捏成圆形，虎口朝上，上下相叠，左手在下不动，右手向上一顿一顿移动，仿竹的外形。

（二）双手拇、食指张开，指尖相对，虎口朝上，边向两侧移动边相捏，如叶子状。

（三）一手如执毛笔状，随意做曲线形移动。

（可根据实际表示竹叶描的动作）

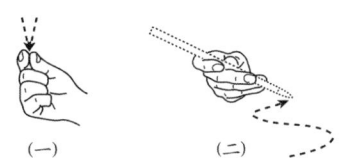

橛头钉描（秃笔线描） juétóudīngmiáo（tūbǐxiànmiáo）

（一）一手拇、食指微张，指尖朝前，边向下微移边相捏，表示橛头钉描上宽下细的特点。

（二）一手如斜执毛笔状，随意做曲线形移动。

（可根据实际表示橛头钉描的动作）

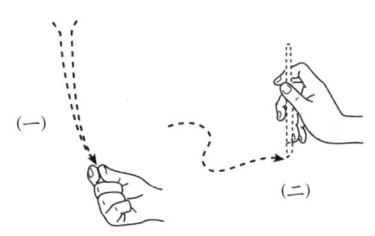

钉头鼠尾描 dīngtóushǔwěimiáo

（一）一手拇、食指微张，指尖朝前，边向下拉动边相捏，如长长的鼠尾状。

（二）一手如执毛笔状，随意做曲线形移动。

（可根据实际表示钉头鼠尾描的动作）

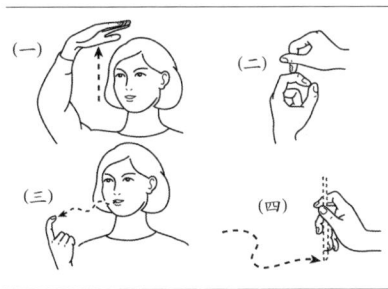

高古游丝描 gāogǔyóusīmiáo

（一）一手横伸，掌心向下，向上移过头顶。

（二）双手拇、食指搭成"古"字形。

（三）一手伸食指，指尖朝内，从嘴部向外做波纹状移动。

（四）一手如执毛笔状，随意做曲线形移动。

（可根据实际表示高古游丝描的动作）

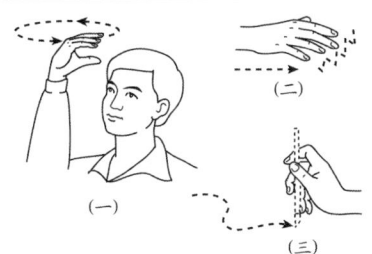

行云流水描 xíngyúnliúshuǐmiáo

（一）一手五指成"コ"形，虎口朝内，在头前上方平行转动两下。

（二）一手横伸，掌心向下，五指张开，边交替点动边向一侧移动。

（三）一手如执毛笔状，随意做曲线形移动。

（可根据实际表示行云流水描的动作）

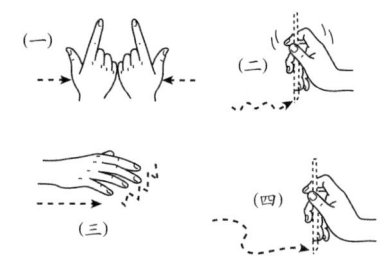

战笔水纹描 zhànbǐshuǐwénmiáo

（一）双手伸拇、食指，食指尖朝上，掌心向内，小指下缘互碰一下。
（二）一手如执毛笔状，边颤动边向内移动。
（三）一手横伸，掌心向下，五指张开，边交替点动边向一侧移动。
（四）一手如执毛笔状，随意做曲线形移动。
（可根据实际表示战笔水纹描的动作）

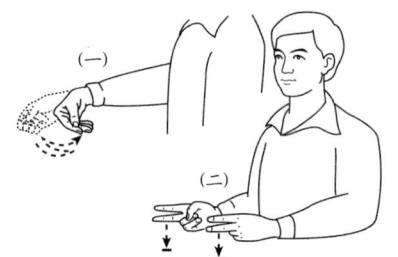

皴法 cūnfǎ

（一）右手如执毛笔状，指尖朝左，指背向下，手腕向内短促弯动两下，模仿运用皴法作画的动作。
（二）双手打手指字母"F"的指式，指尖朝前，向下一顿。

斧劈皴 fǔpīcūn

（一）左手直立，掌心向内；右手侧立，向左手中、无名指指缝间劈下，如用斧子劈木头状。
（二）右手如执毛笔状，指尖朝左，指背向下，手腕向内短促弯动两下，模仿运用皴法作画的动作。

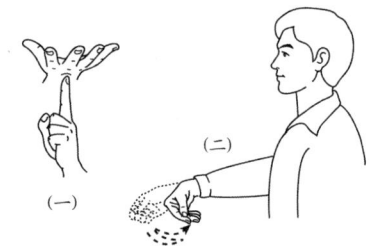

荷叶皴 héyècūn

（一）左手食指直立；右手五指张开，手背向下，置于左手食指尖上，仿荷叶的外形。
（二）右手如执毛笔状，指尖朝左，指背向下，手腕向内短促弯动两下，模仿运用皴法作画的动作。

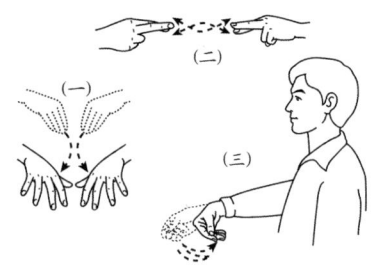

解索皴 jiěsuǒcūn

（一）双手五指撮合，指尖朝下，边向下移动边张开。
（二）双手食、中指相叠，指尖相对，边向相反方向扭动边向两侧移动。
（三）右手如执毛笔状，指尖朝左，指背向下，手腕向内短促弯动两下，模仿运用皴法作画的动作。

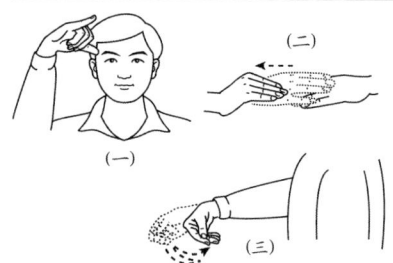

牛毛皴 niúmáocūn

（一）一手伸拇、小指，拇指尖抵于太阳穴，小指尖朝前。
（二）左手横伸；右手五指在左手背上轻捋一下，如摸毛絮状。
（三）右手如执毛笔状，指尖朝左，指背向下，手腕向内短促弯动两下，模仿运用皴法作画的动作。

二、国画

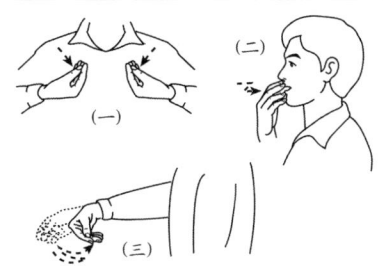

披麻皴 pīmácūn
（一）双手五指撮合，指尖朝上，做披衣服的动作。
（二）一手五指弯曲，指尖朝内，在嘴前点动几下。
（三）右手如执毛笔状，指尖朝左，指背向下，手腕向内短促弯动两下，模仿运用皴法作画的动作。

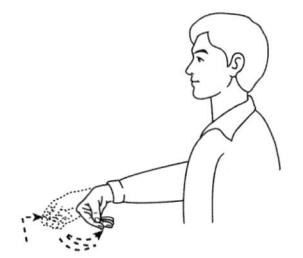

折带皴 zhédàicūn
右手如执毛笔状，指尖朝左，指背向下，先向右移动，再折而向下微移，然后手腕向内短促弯动两下，模仿运用折带皴作画的动作。

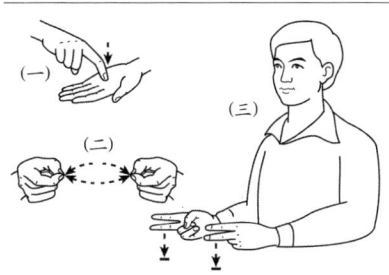

点叶法 diǎnyèfǎ
（一）左手横伸；右手伸食指，指尖朝下，在左手掌心上点一下。
（二）双手拇、食指张开，指尖相对，虎口朝上，边向两侧移动边相捏，如叶子状。
（三）双手打手指字母"F"的指式，指尖朝前，向下一顿。

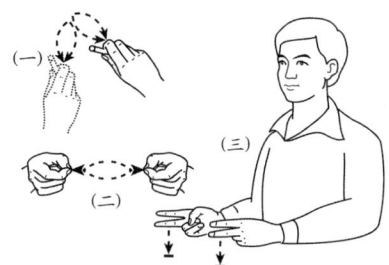

夹叶法 jiáyèfǎ
（一）一手如执毛笔状，连续画两个叶片。
（二）双手拇、食指张开，指尖相对，虎口朝上，边向两侧移动边相捏，如叶子状。
（三）双手打手指字母"F"的指式，指尖朝前，向下一顿。

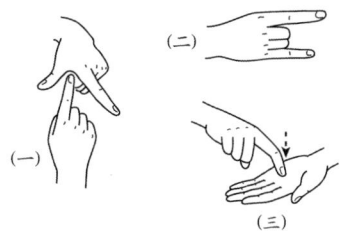

个字点 gèzìdiǎn
（一）左手伸拇、食指，虎口朝外，与右手食指搭成"个"字形。
（二）一手打手指字母"Z"的指式。
（三）左手横伸；右手伸食指，指尖朝下，在左手掌心上点一下。

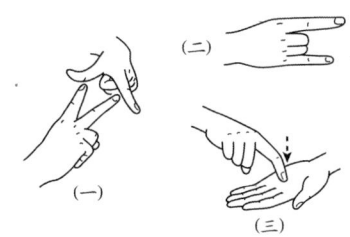

介字点 jièzìdiǎn
（一）左手拇、食指与右手食、中指搭成"介"字形。
（二）一手打手指字母"Z"的指式。
（三）左手横伸；右手伸食指，指尖朝下，在左手掌心上点一下。

  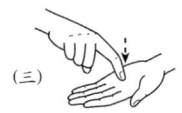

菊花点 júhuādiǎn

（一）双手打手指字母"J"的指式，手腕相贴，然后分别向前后方向转动。
（二）一手五指撮合，指尖朝上，然后张开。
（三）左手横伸；右手伸食指，指尖朝下，在左手掌心上点一下。

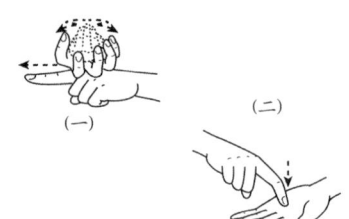

梅花点 méihuādiǎn

（一）左手食指横伸，手背向上；右手五指撮合，指尖朝上，置于左手食指上，边向指尖方向移动边连续做开合的动作。
（二）左手横伸；右手伸食指，指尖朝下，在左手掌心上点一下。

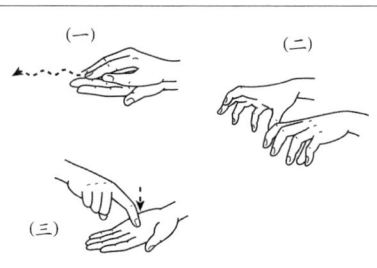

鼠爪点 shǔzhǎodiǎn

（一）左手平伸；右手平伸，手背拱起，置于左手掌心上，快速向前做曲线形移动。
（二）双手五指弯曲，指尖朝下，如鼠爪。
（三）左手横伸；右手伸食指，指尖朝下，在左手掌心上点一下。

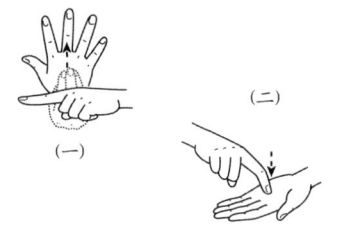

松叶点 sōngyèdiǎn

（一）左手食指横伸，手背向上；右手五指撮合，指背贴于左手食指，边向上移动边张开，表示松树的针叶。
（二）左手横伸；右手伸食指，指尖朝下，在左手掌心上点一下。

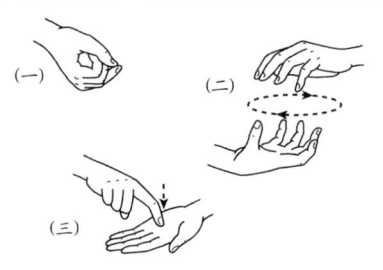

小混点 xiǎohùndiǎn

（一）一手拇、小指相捏，指尖朝上。
（二）双手五指弯曲，指尖上下相对，交替平行转动两下。
（三）左手横伸；右手伸食指，指尖朝下，在左手掌心上点一下。

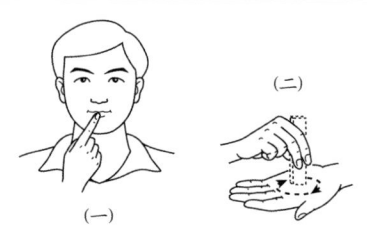

水墨 shuǐmò

（一）一手伸食指，指尖贴于下嘴唇。
（二）左手横伸；右手拇、食、中指相捏，指尖朝下，在左手掌心上方顺时针转动两下，如研墨状。

二、国画

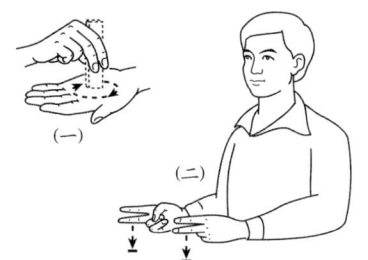

墨法 mòfǎ

（一）左手横伸；右手拇、食、中指相捏，指尖朝下，在左手掌心上方顺时针转动两下，如研墨状。

（二）双手打手指字母"F"的指式，指尖朝前，向下一顿。

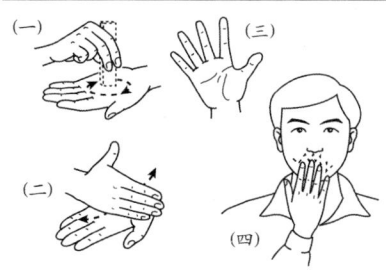

墨分五色 mò fēn wǔsè

（一）左手横伸；右手拇、食、中指相捏，指尖朝下，在左手掌心上方顺时针转动两下，如研墨状。

（二）左手横伸；右手侧立，置于左手掌心上，并左右拨动一下。

（三）一手五指直立张开，掌心向外。

（四）一手直立，掌心向内，五指张开，在嘴唇部交替点动。

淡墨 dànmò

（一）双手平伸，手背向下，拇、中指先相捏，再弹开。

（二）左手横伸；右手拇、食、中指相捏，指尖朝下，在左手掌心上方顺时针转动两下，如研墨状。

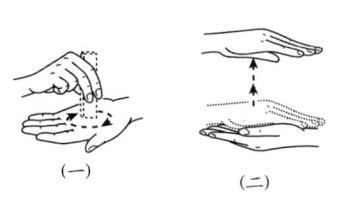

积墨 jīmò

（一）左手横伸；右手拇、食、中指相捏，指尖朝下，在左手掌心上方顺时针转动两下，如研墨状。

（二）双手横伸，掌心相贴，左手在下不动，右手向上一顿一顿移动两下。

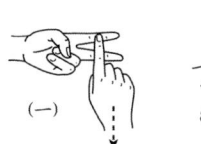 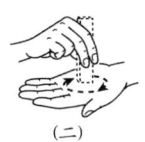

焦墨 jiāomò

（一）左手食、中指与右手食指搭成"干"字形，右手食指向下移动一下。

（二）左手横伸；右手拇、食、中指相捏，指尖朝下，在左手掌心上方顺时针转动两下，如研墨状。

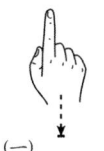 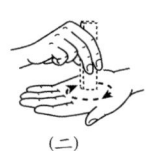

浓墨 nóngmò

（一）一手食指直立，拇指尖按于食指根部，向下一顿。

（二）左手横伸；右手拇、食、中指相捏，指尖朝下，在左手掌心上方顺时针转动两下，如研墨状。

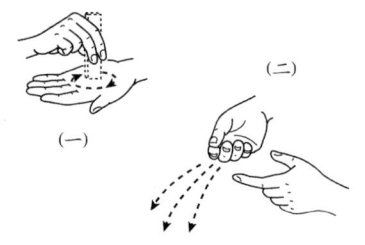

泼墨 pōmò

（一）左手横伸；右手拇、食、中指相捏，指尖朝下，在左手掌心上方顺时针转动两下，如研墨状。

（二）左手拇、食指成半圆形，虎口朝上；右手如执毛笔状，掌心向上，自左手虎口向不同方向做撩动的动作。

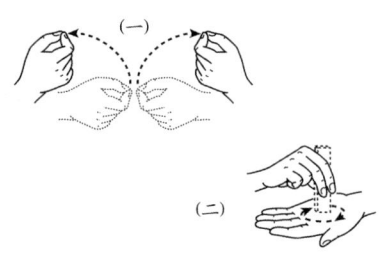

破墨 pòmò

（一）双手拇、食指相捏，虎口朝上，然后向上掰动一下。

（二）左手横伸；右手拇、食、中指相捏，指尖朝下，在左手掌心上方顺时针转动两下，如研墨状。

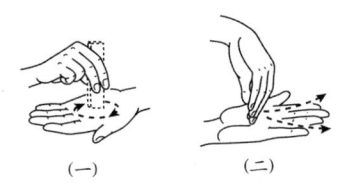

染墨 rǎnmò

（一）左手横伸；右手拇、食、中指相捏，指尖朝下，在左手掌心上方顺时针转动两下，如研墨状。

（二）左手平伸；右手五指撮合，指尖朝下，在左手掌心上向不同方向用力挥动两下。

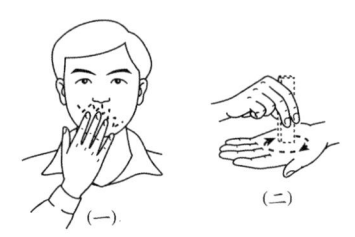

色墨 sèmò

（一）一手直立，掌心向内，五指张开，在嘴唇部交替点动。

（二）左手横伸；右手拇、食、中指相捏，指尖朝下，在左手掌心上方顺时针转动两下，如研墨状。

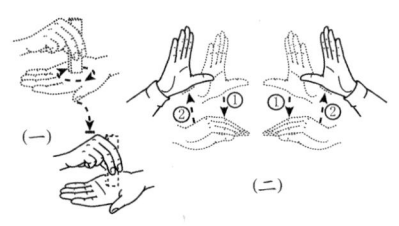

宿墨 sùmò

（一）左手横伸；右手拇、食、中指相捏，指尖朝下，在左手掌心上方顺时针转动两下，如研墨状，然后双手向前一顿，表示将研好的墨搁置起来。

（二）双手直立，掌心左右相对，拇指张开，置于面前，然后其他四指向下弯动与拇指捏合，再向上张开。

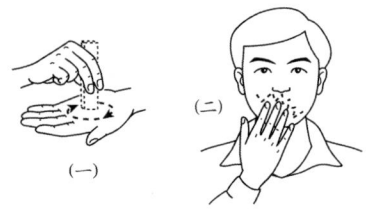

墨彩（墨色） mòcǎi (mòsè)

（一）左手横伸；右手拇、食、中指相捏，指尖朝下，在左手掌心上方顺时针转动两下，如研墨状。

（二）一手直立，掌心向内，五指张开，在嘴唇部交替点动。

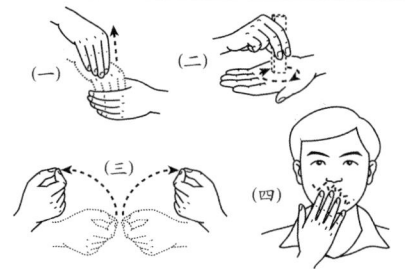

以墨破色　yǐmòpòsè

（一）左手五指成"匚"形，虎口朝上；右手五指撮合，指尖朝下，从左手虎口内抽出。

（二）左手横伸；右手拇、食、中指相捏，指尖朝下，在左手掌心上方顺时针转动两下，如研墨状。

（三）双手拇、食指相捏，虎口朝上，然后向上掰动一下。

（四）一手直立，掌心向内，五指张开，在嘴唇部交替点动。

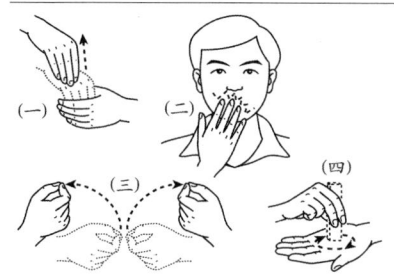

以色破墨　yǐsèpòmò

（一）左手五指成"匚"形，虎口朝上；右手五指撮合，指尖朝下，从左手虎口内抽出。

（二）一手直立，掌心向内，五指张开，在嘴唇部交替点动。

（三）双手拇、食指相捏，虎口朝上，然后向上掰动一下。

（四）左手横伸；右手拇、食、中指相捏，指尖朝下，在左手掌心上方顺时针转动两下，如研墨状。

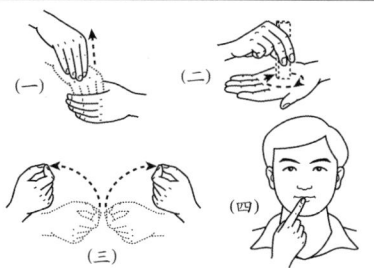

以墨破水　yǐmòpòshuǐ

（一）左手五指成"匚"形，虎口朝上；右手五指撮合，指尖朝下，从左手虎口内抽出。

（二）左手横伸；右手拇、食、中指相捏，指尖朝下，在左手掌心上方顺时针转动两下，如研墨状。

（三）双手拇、食指相捏，虎口朝上，然后向上掰动一下。

（四）一手伸食指，指尖贴于下嘴唇。

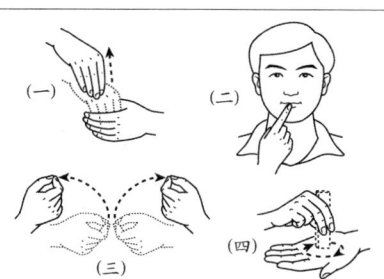

以水破墨　yǐshuǐpòmò

（一）左手五指成"匚"形，虎口朝上；右手五指撮合，指尖朝下，从左手虎口内抽出。

（二）一手伸食指，指尖贴于下嘴唇。

（三）双手拇、食指相捏，虎口朝上，然后向上掰动一下。

（四）左手横伸；右手拇、食、中指相捏，指尖朝下，在左手掌心上方顺时针转动两下，如研墨状。

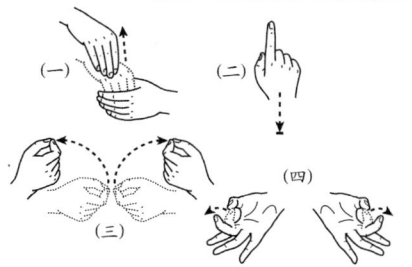

以浓破淡　yǐnóngpòdàn

（一）左手五指成"匚"形，虎口朝上；右手五指撮合，指尖朝下，从左手虎口内抽出。

（二）一手食指直立，拇指尖按于食指根部，向下一顿。

（三）双手拇、食指相捏，虎口朝上，然后向上掰动一下。

（四）双手平伸，手背向下，拇、中指先相捏，再弹开。

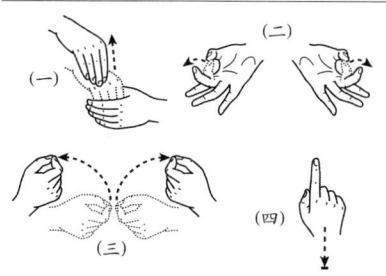

以淡破浓　yǐdànpònóng

（一）左手五指成"匚"形，虎口朝上；右手五指撮合，指尖朝下，从左手虎口内抽出。

（二）双手平伸，手背向下，拇、中指先相捏，再弹开。

（三）双手拇、食指相捏，虎口朝上，然后向上掰动一下。

（四）一手食指直立，拇指尖按于食指根部，向下一顿。

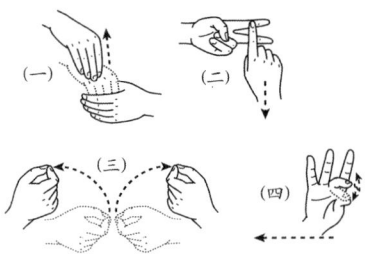

以干破湿 yǐgānpòshī
（一）左手五指成"匚"形，虎口朝上；右手五指撮合，指尖朝下，从左手虎口内抽出。
（二）左手食、中指与右手食指搭成"干"字形，右手食指向下移动一下。
（三）双手拇、食指相捏，虎口朝上，然后向上掰动一下。
（四）一手拇、中指指尖朝前，边向一侧移动边相捏几下。

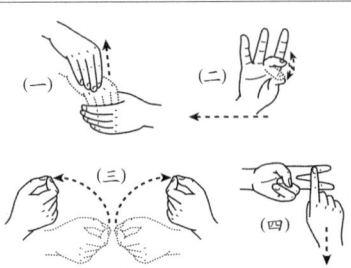

以湿破干 yǐshīpògān
（一）左手五指成"匚"形，虎口朝上；右手五指撮合，指尖朝下，从左手虎口内抽出。
（二）一手拇、中指指尖朝前，边向一侧移动边相捏几下。
（三）双手拇、食指相捏，虎口朝上，然后向上掰动一下。
（四）左手食、中指与右手食指搭成"干"字形，右手食指向下移动一下。

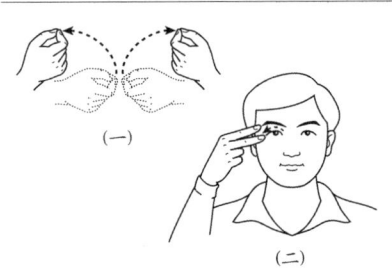

破凤眼 pòfèngyǎn
（一）双手拇、食指相捏，虎口朝上，然后向上掰动一下。
（二）一手食、中指横伸稍分开，手背向外，沿上眼皮向一侧做弧形移动。

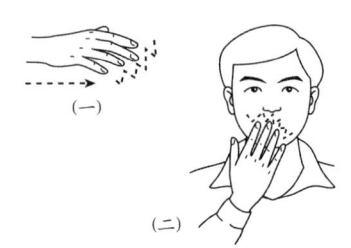

水色 shuǐsè
（一）一手横伸，掌心向下，五指张开，边交替点动边向一侧移动。
（二）一手直立，掌心向内，五指张开，在嘴唇部交替点动。

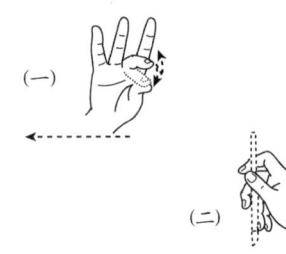

湿笔 shībǐ
（一）一手拇、中指指尖朝前，边向一侧移动边相捏几下。
（二）一手如执毛笔状。

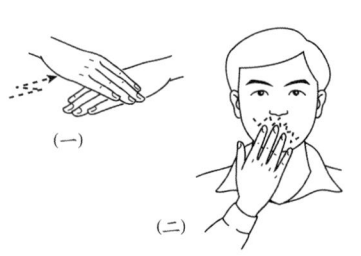

罩色 zhàosè
（一）左手横伸，手背向上；右手平伸，掌心向下，从右向左摸两下左手背。
（二）一手直立，掌心向内，五指张开，在嘴唇部交替点动。

重彩 zhòngcǎi
（一）左手横伸；右手伸食指，拇指尖按于食指根部，手背向下，用力砸向左手掌心。
（二）一手直立，掌心向内，五指张开，在嘴唇部交替点动。

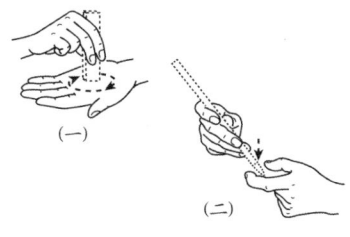

蘸墨 zhànmò
（一）左手横伸；右手拇、食、中指相捏，指尖朝下，在左手掌心上方顺时针转动两下，如研墨状。
（二）左手拇、食指成"匚"形，虎口朝上；右手如执毛笔蘸墨状，在左手虎口处点一下。

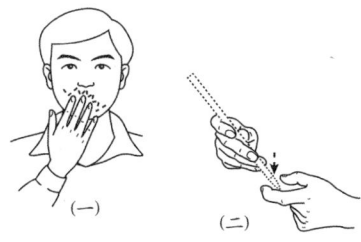

蘸色 zhànsè
（一）一手直立，掌心向内，五指张开，在嘴唇部交替点动。
（二）左手拇、食指成"匚"形，虎口朝上；右手如执毛笔蘸颜料状，在左手虎口处点一下。

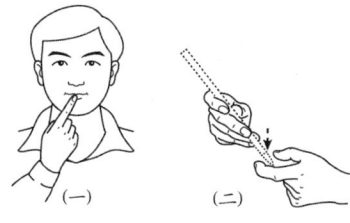

蘸水 zhànshuǐ
（一）一手伸食指，指尖贴于下嘴唇。
（二）左手拇、食指成"匚"形，虎口朝上；右手如执毛笔蘸水状，在左手虎口处点一下。

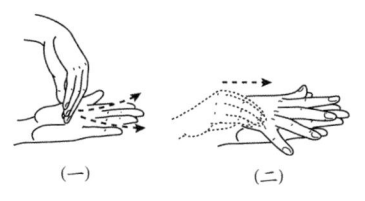

渲染 xuànrǎn
（一）左手平伸；右手五指撮合，指尖朝下，在左手掌心上向不同方向用力挥动两下。
（二）左手平伸，掌心向上；右手五指撮合，指尖朝前，置于左手腕，然后边向前移动边张开。

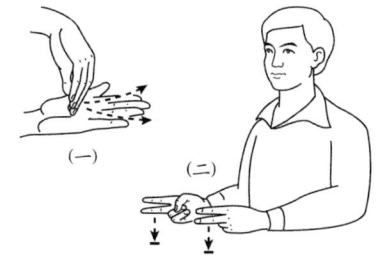

染法 rǎnfǎ
（一）左手平伸；右手五指撮合，指尖朝下，在左手掌心上向不同方向用力挥动两下。
（二）双手打手指字母"F"的指式，指尖朝前，向下一顿。

分染 fēnrǎn

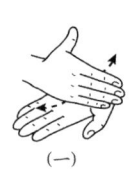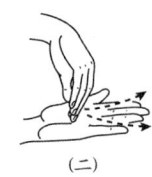

（一）左手横伸；右手侧立，置于左手掌心上，并左右拨动一下。

（二）左手平伸；右手五指撮合，指尖朝下，在左手掌心上向不同方向用力挥动两下。

晕染 yùnrǎn

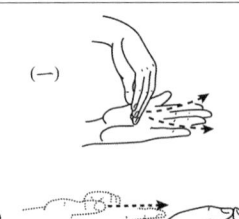

（一）左手平伸；右手五指撮合，指尖朝下，在左手掌心上向不同方向用力挥动两下。

（二）一手食指横伸，手背向下，拇指尖按于食指根部，然后向指尖方向移动至拇、食指相捏。

点苔 diǎntái

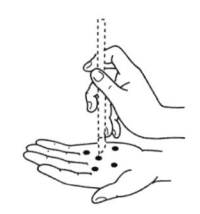

左手平伸；右手如执毛笔状，在左手掌心上随意点儿下。

勾画 gōuhuà

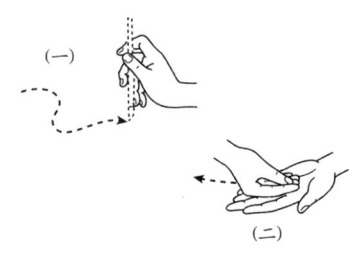

（一）一手如执毛笔状，随意做曲线形移动。

（二）左手横伸；右手五指撮合，指背在左手掌心上抹一下。

勾填 gōutián

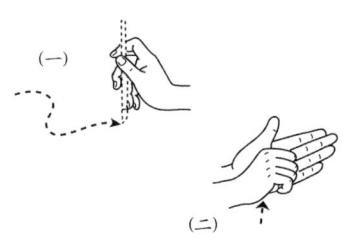

（一）一手如执毛笔状，随意做曲线形移动。

（二）左手侧立；右手虚握，虎口朝左，贴向左手掌心。

画题 huàtí

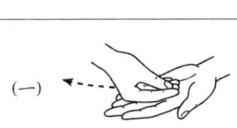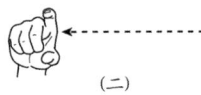

（一）左手横伸；右手五指撮合，指背在左手掌心上抹一下。

（二）一手拇、食指张开，指尖朝前，向一侧移动一下。

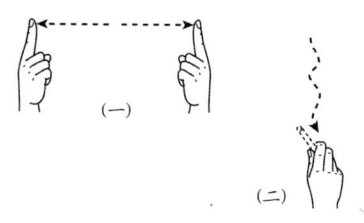

长题　chángtí

（一）双手食指直立，指面左右相对，从中间向两侧拉开。
（二）一手如执毛笔状，指尖朝前，在右上方从上向下做书写的动作，表示画面右上方为题。

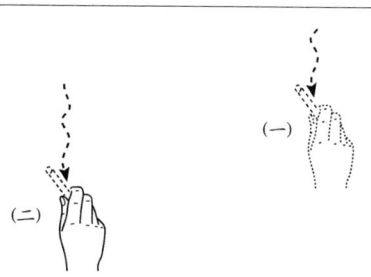

题跋　tíbá

（一）一手如执毛笔状，指尖朝前，在右上方从上向下做书写的动作，表示画面右上方为题。
（二）一手如执毛笔状，指尖朝前，在左下方从上向下做书写的动作，表示画面左下方为跋。

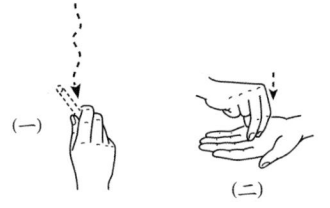

题款　tíkuǎn

（一）一手如执毛笔状，指尖朝前，在右上方从上向下做书写的动作。
（二）左手横伸；右手拇、食、中指相捏，指尖朝下，按向左手掌心。

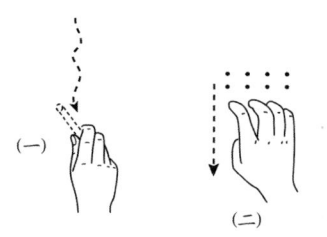

题诗　tíshī

（一）一手如执毛笔状，指尖朝前，在右上方从上向下做书写的动作。
（二）一手食、中、无名、小指弯曲，指尖朝前，从上向下点动几下，表示一行行的诗句。

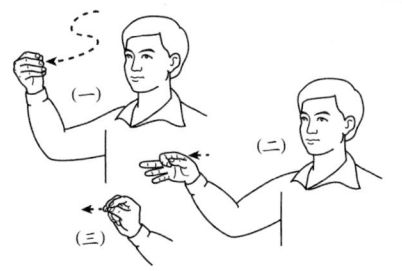

穷款　qióngkuǎn

（一）一手五指撮合，手背向外，在面前随意抹一下，表示作画。
（二）一手伸中、无名、小指，指尖朝前点一下，表示在画作上签名。
（三）一手拇、食、中指相捏，指尖朝前一按，表示在画作上盖章。

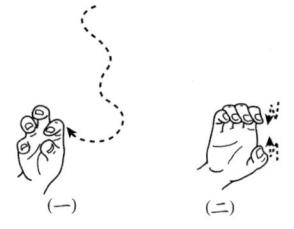

飞白　fēibái

（一）一手五指弯曲，指尖朝前，如持大号斗笔状，做书写的动作。各手指表示有墨迹的笔画，各指指缝间表示无墨迹的丝丝白痕。
（二）一手五指弯曲，掌心向外，指尖弯动两下。

留白　liúbái

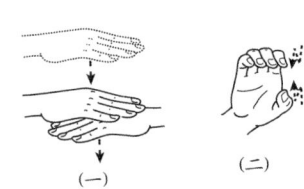

（一）双手横伸，掌心向下，右手边拍一下左手背边向下一按。
（二）一手五指弯曲，掌心向外，指尖弯动两下。

工细　gōngxì

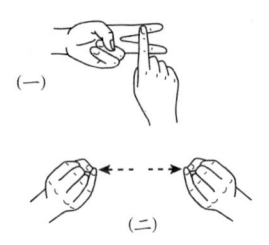

（一）左手食、中指与右手食指搭成"工"字形。
（二）双手拇、小指相捏，从中间向两侧微微拉开。

造化　zàohuà

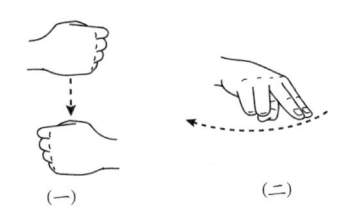

（一）双手握拳，一上一下，右拳向下砸一下左拳。
（二）一手打手指字母"H"的指式，指尖朝前斜下方，平行划动一下。

造境　zàojìng

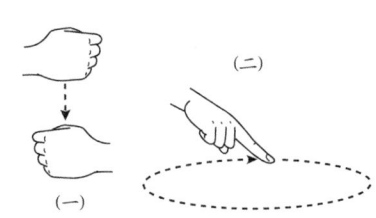

（一）双手握拳，一上一下，右拳向下砸一下左拳。
（二）一手伸食指，指尖朝下划一大圈。

印章（盖章、钤印）　yìnzhāng（gàizhāng、qiányìn）

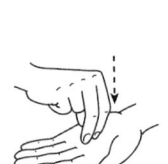

左手横伸；右手拇、食、中指相捏，指尖朝下，按向左手掌心，模仿盖印章的动作。
（可根据实际表示捏印章的动作）

名章　míngzhāng

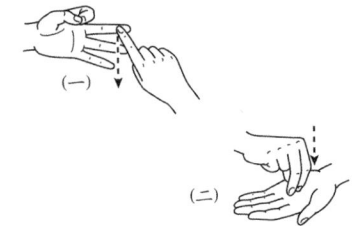

（一）左手中、无名、小指横伸分开，掌心向内；右手伸食指，自左手中指尖向下划动。
（二）左手横伸；右手拇、食、中指相捏，指尖朝下，按向左手掌心。

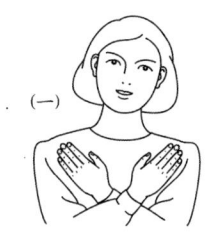 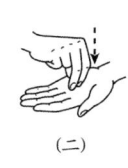

闲章 xiánzhāng

（一）双手交叉，手背向外，贴于胸部，表示休息的意思。

（二）左手横伸；右手拇、食、中指相捏，指尖朝下，按向左手掌心。

3. 式样　装裱

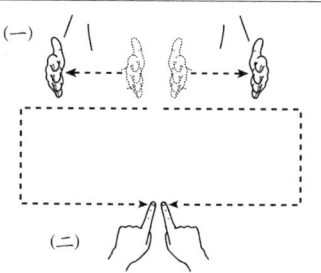

巨幅 jùfú

（一）双手侧立，掌心相对，同时向两侧移动，幅度要大些。

（二）双手伸食指，指尖朝前，在面前划一个大"囗"形。

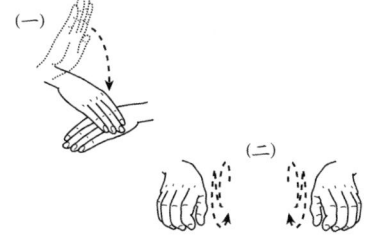

手卷 shǒujuàn

（一）左手横伸，掌心向下；右手拍一下左手背。

（二）双手五指弯曲，虎口左右相对，同时向前做卷动的动作。

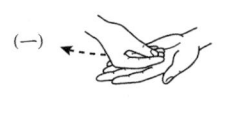

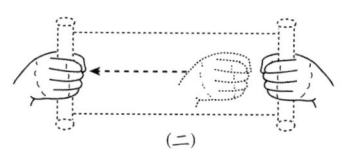

画卷 huàjuàn

（一）左手横伸；右手五指撮合，指背在左手掌心上抹一下。

（二）双手虚握，虎口朝上，左手不动，右手向右拉动。（可根据实际表示画卷的样式）

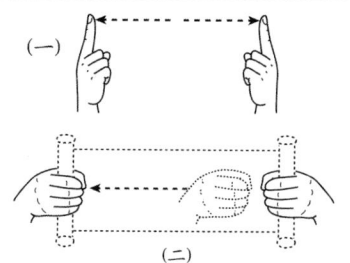

长卷（横卷） chángjuàn（héngjuàn）

（一）双手食指直立，指面左右相对，从中间向两侧拉开。

（二）双手虚握，虎口朝上，左手不动，右手向右拉动。

立轴　lìzhóu
双手虚握，虎口朝右，左手在上不动，右手向下拉动。

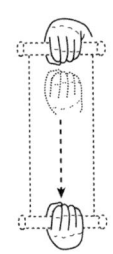

挂轴　guàzhóu
（一）左手食指横伸；右手食指弯曲，挂在左手食指上。
（二）双手虚握，虎口朝右，左手在上不动，右手向下拉动。

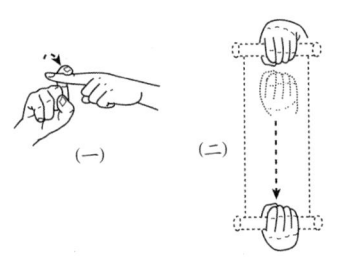

通景屏（海幔）　tōngjǐngpíng (hǎimàn)
（一）左手横伸；右手五指撮合，指背在左手掌心上抹一下。
（二）双手拇、食指成"⊔"形，虎口朝内，同时从上向下移动一下，然后左手不动，右手边从上向下移动边向右移动两下。

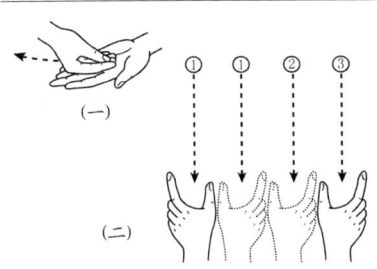

卷轴画　juànzhóuhuà
（一）双手五指弯曲，虎口左右相对，同时向前做卷动的动作。
（二）左手横伸；右手五指撮合，指背在左手掌心上抹一下。

轴头　zhóutóu
（一）双手虚握，虎口左右相对，从中间向两侧移动。
（二）双手五指弯曲，指尖左右相对，在身前两侧同时向中间微移一下。

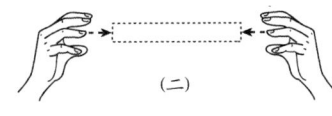

册页　cèyè
双手直立，掌心左右相贴，然后左手不动，右手连续向右做折页状移动，如册页的样式。

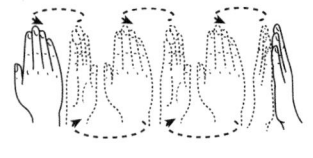

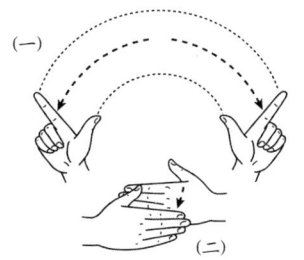

扇面 shànmiàn

（一）双手伸拇、食指，掌心向外，从中间向两侧做弧形移动，如扇面状。

（二）左手横立，手背向外；右手摸一下左手背。

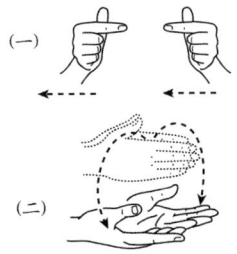

摹本 móběn

（一）双手拇、食指搭成"十"字形，同时向一侧移动一下。

（二）双手侧立，掌心相贴，然后向两侧打开。

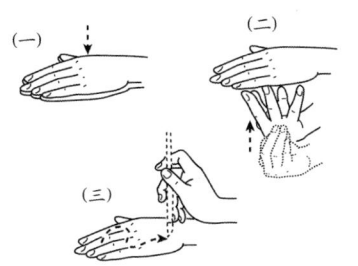

透稿① tòugǎo ①

（一）双手平伸，掌心相对，右手在下不动，左手贴向右手掌心。

（二）左手平伸，手背向上；右手五指撮合，指尖朝上，置于左手下方，边向上移动边张开。

（三）左手平伸；右手如执毛笔状，在左手背上做勾线的动作。

（此手势表示有辅助光源的透稿）

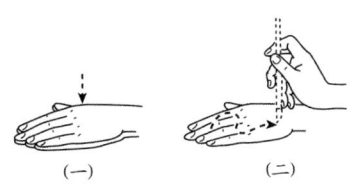

透稿② tòugǎo ②

（一）双手平伸，掌心相对，右手在下不动，左手贴向右手掌心。

（二）左手平伸；右手如执毛笔状，在左手背上做勾线的动作。

（此手势表示无辅助光源的透稿）

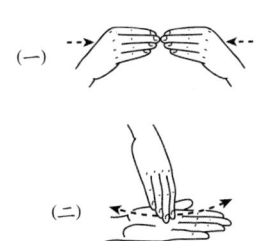

装裱 zhuāngbiǎo

（一）双手五指撮合，手背向外，指尖互碰一下。

（二）左手平伸；右手五指并拢，指尖朝下，在左手掌心上做涂抹的动作。

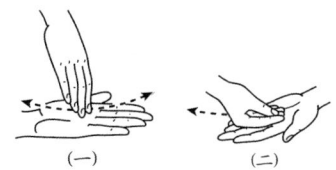

裱画 biǎohuà

（一）左手平伸；右手五指并拢，指尖朝下，在左手掌心上做涂抹的动作。

（二）左手横伸；右手五指撮合，指背在左手掌心上抹一下。

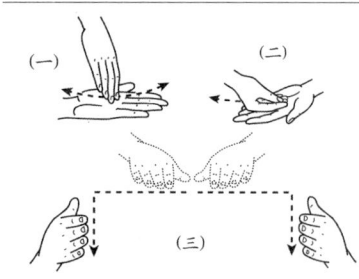

裱画台　biǎohuàtái

（一）左手平伸；右手五指并拢，指尖朝下，在左手掌心上做涂抹的动作。

（二）左手横伸；右手五指撮合，指背在左手掌心上抹一下。

（三）双手平伸，掌心向下，先从中间向两侧平移，再折而下移成"冂"形。

4. 文房四宝

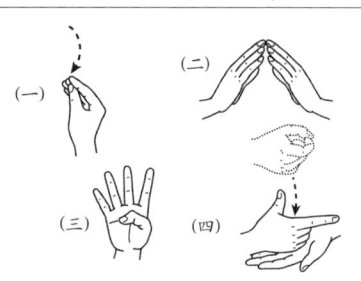

文房四宝　wénfáng sì bǎo

（一）一手五指撮合，指尖朝前，撇动一下，如执毛笔写字状。

（二）双手搭成"∧"形。

（三）一手食、中、无名、小指直立分开，掌心向外。

（四）左手横伸；右手拇、食指相捏，边砸向左手掌心边张开，食指尖朝左前方。

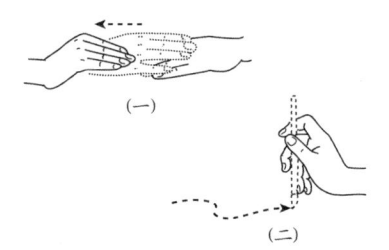

毛笔　máobǐ

（一）左手横伸；右手五指在左手背上轻捋一下，如摸毛絮状。

（二）一手如执毛笔写字状。

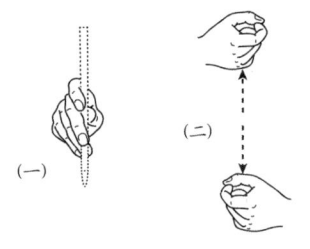

笔杆　bǐgǎn

（一）一手如执毛笔状。

（二）双手拇、食指捏成圆形，虎口朝上，一上一下，然后分别向上下方向移动一下。

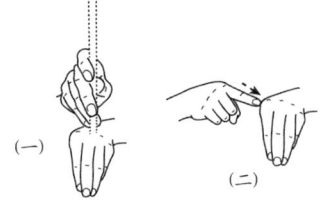

笔根　bǐgēn

（一）左手五指撮合，指尖朝下；右手如执毛笔状，小指尖抵于左手背。

（二）左手五指撮合，指尖朝下；右手伸食指，指一下左手食指根部关节。

二、国画 107

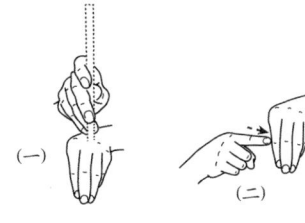

笔腹 bǐfù

（一）左手五指撮合，指尖朝下；右手如执毛笔状，小指尖抵于左手背。

（二）左手五指撮合，指尖朝下；右手伸食指，指一下左手食指近节指关节。

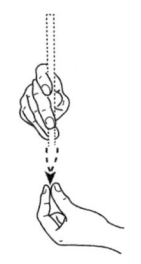

笔头 bǐtóu

右手如执毛笔状；左手拇、食指微张，指尖朝上，边在右手下向下做弧形微移边相捏，表示笔头。

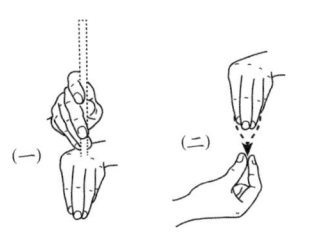

笔锋 bǐfēng

（一）左手五指撮合，指尖朝下；右手如执毛笔状，小指尖抵于左手背。

（二）左手五指撮合，指尖朝下；右手拇、食指张开，指尖朝上，边沿左手食、无名、小指远节指外侧向下移动边相捏。

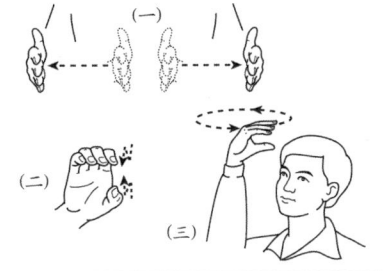

大白云 dàbáiyún

（一）双手侧立，掌心相对，同时向两侧移动，幅度要大些。

（二）一手五指弯曲，掌心向外，指尖弯动两下。

（三）一手五指成"⊐"形，虎口朝内，在头前上方平行转动两下。

中白云 zhōngbáiyún

（一）左手拇、食指与右手食指搭成"中"字形。

（二）一手五指弯曲，掌心向外，指尖弯动两下。

（三）一手五指成"⊐"形，虎口朝内，在头前上方平行转动两下。

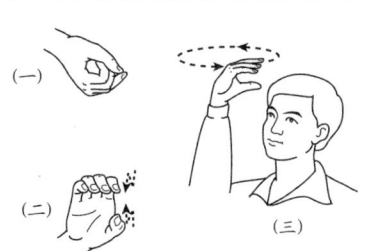

小白云 xiǎobáiyún

（一）一手拇、小指相捏，指尖朝上。

（二）一手五指弯曲，掌心向外，指尖弯动两下。

（三）一手五指成"⊐"形，虎口朝内，在头前上方平行转动两下。

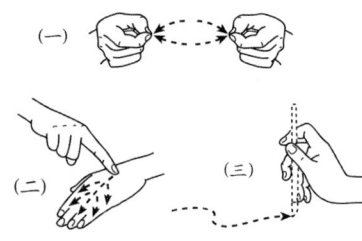

叶筋笔　yèjīnbǐ

（一）双手拇、食指张开，指尖相对，虎口朝上，边向两侧移动边相捏，如叶子状。

（二）左手平伸，手背向上；右手伸食指，指尖朝下，沿左手各指划动，表示植物叶子上的筋。

（三）一手如执毛笔写字状。

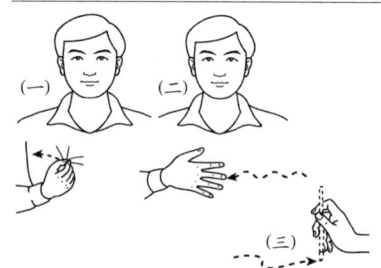

衣纹笔　yīwénbǐ

（一）一手拇、食指揪一下胸前衣服。

（二）一手五指张开，掌心贴于胸部，从一侧向另一侧做曲线形移动。

（三）一手如执毛笔写字状。

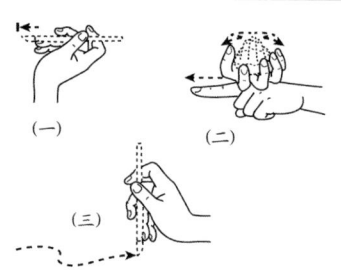

点梅笔　diǎnméibǐ

（一）一手如执毛笔状，向前一顿。

（二）左手食指横伸，手背向上；右手五指撮合，指尖朝上，置于左手食指上，边向指尖方向移动边连续做开合的动作。

（三）一手如执毛笔写字状。

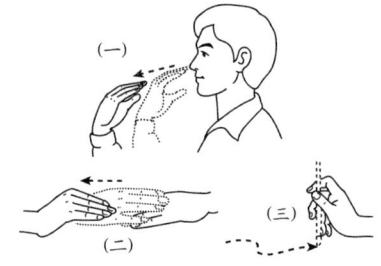

狼毫毛笔　lángháo máobǐ

（一）一手五指弯曲，指尖对着嘴部，然后边向外移动边撮合成尖形，仿尖长的狼嘴。

（二）左手横伸；右手五指在左手背上轻拊一下，如摸毛絮状。

（三）一手如执毛笔写字状。

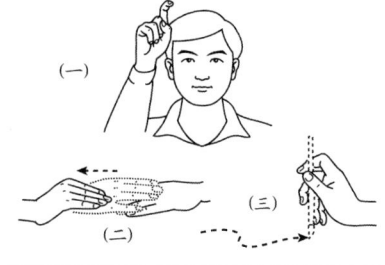

羊毫毛笔　yángháo máobǐ

（一）一手食指弯曲如钩，虎口贴于太阳穴，仿羊头上弯曲的角。

（二）左手横伸；右手五指在左手背上轻拊一下，如摸毛絮状。

（三）一手如执毛笔写字状。

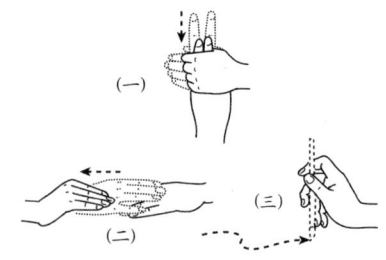

兼毫毛笔　jiānháo máobǐ

（一）左手五指微曲，虎口朝上；右手食、中指直立分开，手背向外，边从上向下移入左手掌心内边并拢，左手握住右手食、中指。

（二）左手横伸；右手五指在左手背上轻拊一下，如摸毛絮状。

（三）一手如执毛笔写字状。

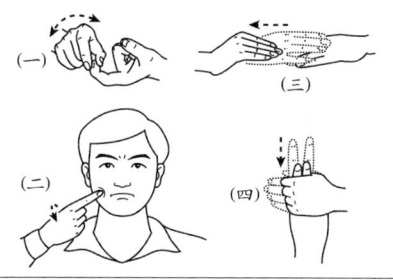

软硬兼毫　ruǎn yìng jiānháo
（一）右手拇、食指捏住左手食指尖，随意晃动几下，左手食指随之弯曲。
（二）一手食指抵于脸颊，向前微转一下，同时牙关紧咬。
（三）左手横伸；右手五指在左手背上轻抚一下，如摸毛絮状。
（四）左手五指微曲，虎口朝上；右手食、中指直立分开，手背向外，边从上向下移入左手掌心内边并拢，左手握住右手食、中指。

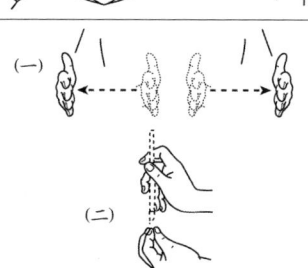

大提斗　dàtídǒu
（一）双手侧立，掌心相对，同时向两侧移动，幅度要大些。
（二）右手如执毛笔状；左手五指撮合，指尖朝上，置于右手下。

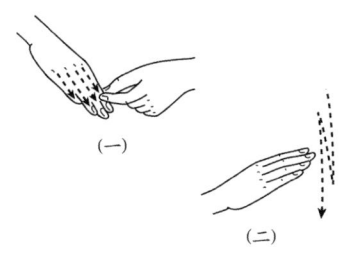

排笔　páibǐ
（一）右手斜伸，手背向左上方；左手拇、食指微张，依次在右手食、中、无名、小指指缝间向下划动。
（二）一手五指并拢，指尖朝前上方，手背向上，向下移动两下。

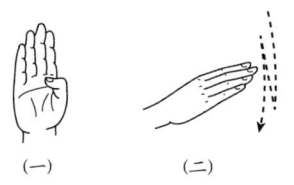

板刷　bǎnshuā
（一）一手打手指字母"B"的指式。
（二）一手五指并拢，指尖朝前上方，手背向上，向下移动两下。
（可根据实际表示板刷的样式）

棕刷　zōngshuā
（一）一手伸拇、小指，指尖朝上，拇指尖抵于颏部。
（二）左手平伸；右手五指成"⊐"形，虎口朝上，置于左手掌心上，前后移动两下。
（可根据实际表示棕刷的样式）

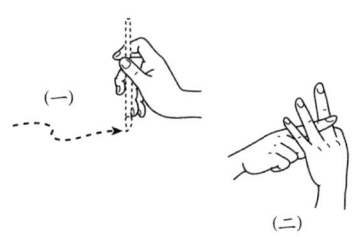

笔架　bǐjià
（一）一手如执毛笔写字状。
（二）左手中、无名、小指直立分开，手背向外；右手伸食指，置于左手中、无名指指缝间。
（可根据实际表示笔架的样式）

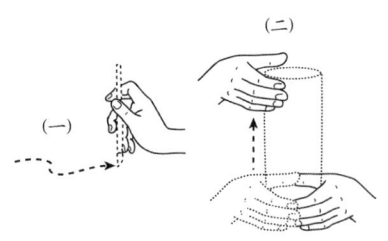

笔筒 bǐtǒng
（一）一手如执毛笔写字状。
（二）双手五指搭成圆形，虎口朝上，左手不动，右手向上移动一下，仿笔筒的外形。

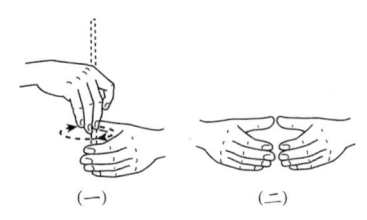

笔洗 bǐxǐ
（一）左手五指成半圆形，虎口朝上；右手如执毛笔状，在左手虎口处转动，如在笔洗中涮笔状。
（二）双手五指搭成圆形，虎口朝上。

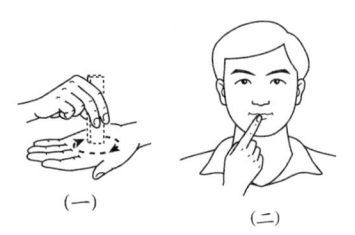

墨汁 mòzhī
（一）左手横伸；右手拇、食、中指相捏，指尖朝下，在左手掌心上方顺时针转动两下，如研墨状。
（二）一手伸食指，指尖贴于下嘴唇。

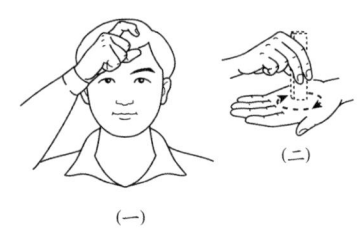

徽墨 huīmò
（一）一手拇、食指成半圆形，虎口朝内，贴于前额。
（二）左手横伸；右手拇、食、中指相捏，指尖朝下，在左手掌心上方顺时针转动两下，如研墨状。

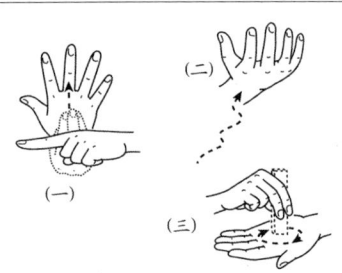

松烟墨 sōngyānmò
（一）左手食指横伸，手背向上；右手五指撮合，指背贴于左手食指，边向上移动边张开，表示松树的针叶。
（二）一手五指微曲，掌心向上，边晃动边向上移动。
（三）左手横伸；右手拇、食、中指相捏，指尖朝下，在左手掌心上方顺时针转动两下，如研墨状。

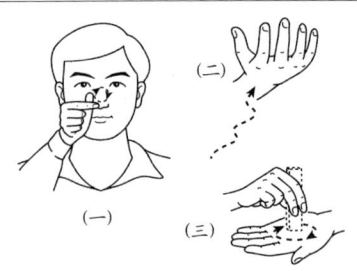

油烟墨 yóuyānmò
（一）一手拇、食指搭成"十"字形，置于鼻翼一侧，微转两下。
（二）一手五指微曲，掌心向上，边晃动边向上移动。
（三）左手横伸；右手拇、食、中指相捏，指尖朝下，在左手掌心上方顺时针转动两下，如研墨状。

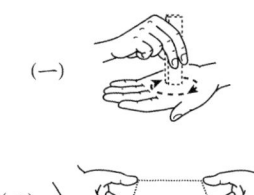

砚台 yàn·tái
（一）左手横伸；右手拇、食、中指相捏，指尖朝下，在左手掌心上方顺时针转动两下，如研墨状。
（二）双手拇、食指张开，指尖相对，虎口朝上，仿方形砚台的形状。
（可根据实际表示砚台的形状）

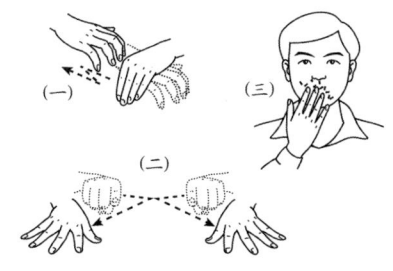

矿物色 kuàngwùsè
（一）左手横伸，手背拱起；右手五指微曲，掌心向下，在左手掌心下向后刨动两下，表示采矿。
（二）双手食指指尖朝前，手背向上，先互碰一下，再分开并张开五指。
（三）一手直立，掌心向内，五指张开，在嘴唇部交替点动。

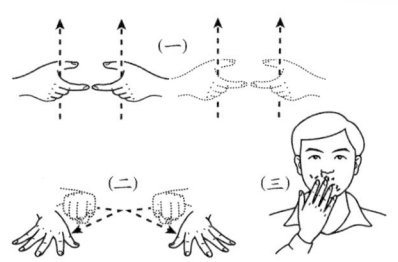

植物色 zhíwùsè
（一）双手拇、食指成大圆形，虎口朝上，在不同位置向上移动两下，表示众多的树木。
（二）双手食指指尖朝前，手背向上，先互碰一下，再分开并张开五指。
（三）一手直立，掌心向内，五指张开，在嘴唇部交替点动。

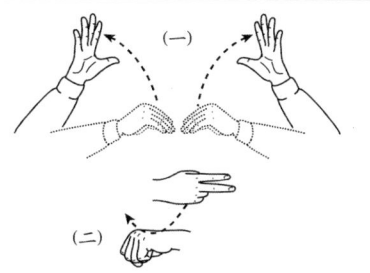

明矾 míngfán
（一）双手五指撮合，指尖左右相对，手背向上，然后边向两侧上方移动边张开。
（二）左手握拳，手背向上；右手打手指字母"F"的指式，碰一下左手背后向前移动，表示矾的声母。

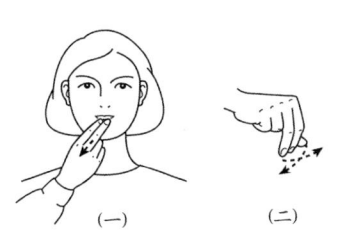

朱砂 zhūshā
（一）一手打手指字母"H"的指式，摸一下嘴唇。
（二）一手拇、食、中指相捏，指尖朝下，互捻几下。

朱镖 zhūbiāo
（一）一手打手指字母"H"的指式，摸一下嘴唇。
（二）一手打手指字母"B"的指式。

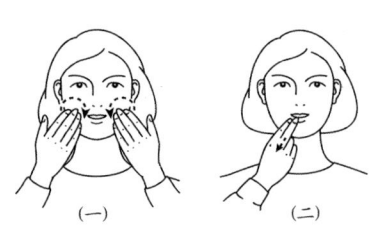

胭脂　yān·zhi

（一）双手食、中、无名、小指并拢，指面在脸颊两侧做擦粉的动作。

（二）一手打手指字母"H"的指式，摸一下嘴唇。

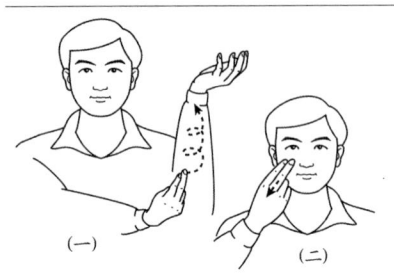

藤黄　ténghuáng

（一）左小臂抬起，左手五指微曲张开，掌心向上；右手食、中指相叠，指尖朝上，手背向外，边转动边沿左小臂向上移动，如藤盘旋生长状。

（二）一手打手指字母"H"的指式，摸一下脸颊。

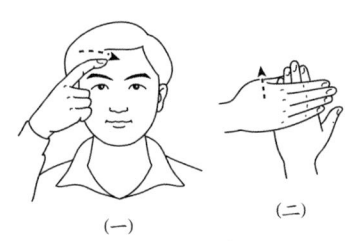

头绿　tóulǜ

（一）一手伸食指，指一下头部。

（二）左手食、中、无名、小指并拢，指尖朝右上方，手背向外；右手五指向上捋一下左手四指。

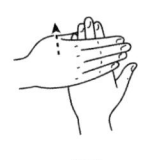

二绿　èrlǜ

（一）一手食、中指直立分开，掌心向外。

（二）左手食、中、无名、小指并拢，指尖朝右上方，手背向外；右手五指向上捋一下左手四指。

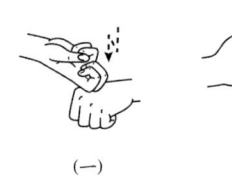

石绿　shílǜ

（一）左手握拳；右手食、中指弯曲，以指关节在左手背上敲两下。

（二）左手食、中、无名、小指并拢，指尖朝右上方，手背向外；右手五指向上捋一下左手四指。

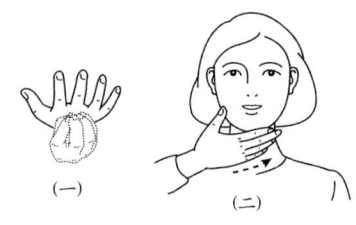

花青　huāqīng

（一）一手五指撮合，指尖朝上，然后张开。

（二）一手横立，掌心向内，食、中、无名、小指并拢，在颏部从右向左摸一下。

二、国画

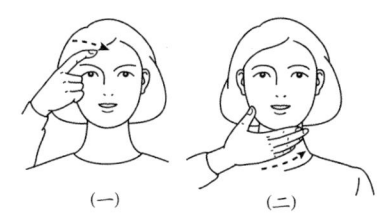

头青 tóuqīng

（一）一手伸食指，指一下头部。
（二）一手横立，掌心向内，食、中、无名、小指并拢，在颊部从右向左摸一下。

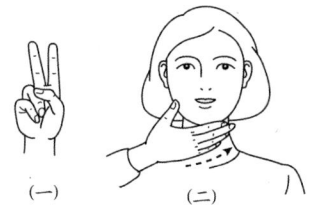

二青 èrqīng

（一）一手食、中指直立分开，掌心向外。
（二）一手横立，掌心向内，食、中、无名、小指并拢，在颊部从右向左摸一下。

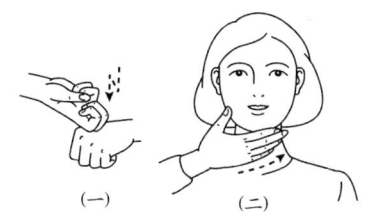

石青 shíqīng

（一）左手握拳；右手食、中指弯曲，以指关节在左手背上敲两下。
（二）一手横立，掌心向内，食、中、无名、小指并拢，在颊部从右向左摸一下。

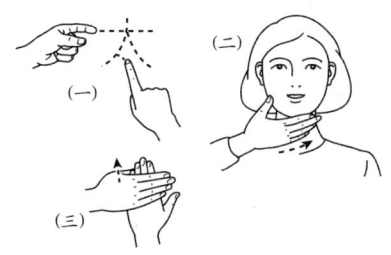

酞青绿 tàiqīnglǜ

（一）左手拇、食指成半圆形，虎口朝上；右手伸食指，指尖朝前，在左手旁书空"太"字。
（二）一手横立，掌心向内，食、中、无名、小指并拢，在颊部从右向左摸一下。
（三）左手食、中、无名、小指并拢，指尖朝右上方，手背向外；右手五指向上捋一下左手四指。

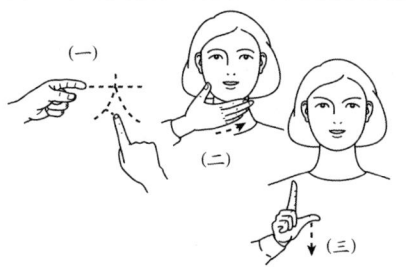

酞青蓝 tàiqīnglán

（一）左手拇、食指成半圆形，虎口朝上；右手伸食指，指尖朝前，在左手旁书空"太"字。
（二）一手横立，掌心向内，食、中、无名、小指并拢，在颊部从右向左摸一下。
（三）一手打手指字母"L"的指式，沿胸的一侧划下。

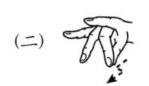

宣纸 xuānzhǐ

（一）双手虚握，掌心向外，置于嘴部，然后边向前方两侧移动边张开五指。
（二）双手拇、中指相捏，指尖朝下，微抖几下。

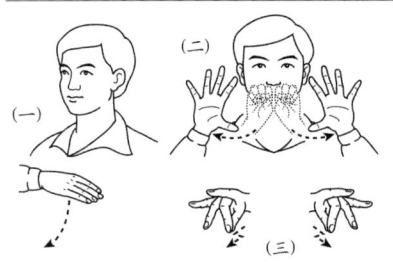

生宣 shēngxuān
（一）一手横伸，掌心向下，从胸前向前下方移动。
（二）双手虚握，掌心向外，置于嘴部，然后边向前方两侧移动边张开五指。
（三）双手拇、中指相捏，指尖朝下，微抖几下。

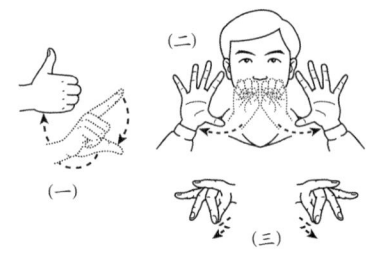

熟宣 shúxuān
（一）一手伸拇、食指，食指尖朝上，然后食指缩回，拇指尖朝上。
（二）双手虚握，掌心向外，置于嘴部，然后边向前方两侧移动边张开五指。
（三）双手拇、中指相捏，指尖朝下，微抖几下。

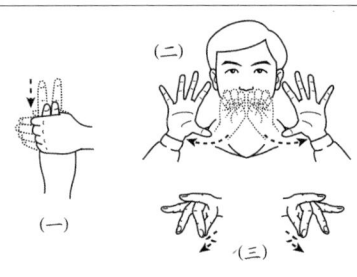

夹宣 jiáxuān
（一）左手五指微曲，虎口朝上；右手食、中指直立分开，手背向外，边从上向下移入左手掌心内边并拢，左手握住右手食、中指。
（二）双手虚握，掌心向外，置于嘴部，然后边向前方两侧移动边张开五指。
（三）双手拇、中指相捏，指尖朝下，微抖几下。

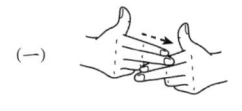

金笺 jīnjiān
（一）双手伸拇、食、中指，食、中指并拢，交叉相搭，右手中指蹭一下左手食指。
（二）双手拇、中指相捏，指尖朝下，微抖几下。

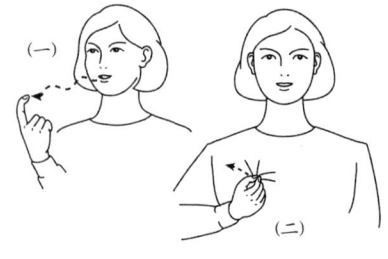

绢帛 juànbó
（一）一手伸食指，指尖朝内，从嘴部向外做波纹状移动。
（二）一手拇、食指揪一下胸前衣服。

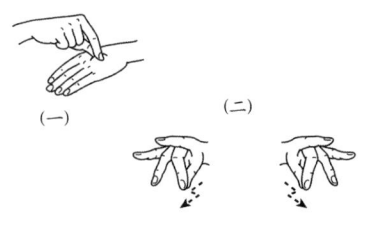

皮纸 pízhǐ
（一）左手横伸，手背向上；右手拇、食指捏一下左手背皮肤。
（二）双手拇、中指相捏，指尖朝下，微抖几下。

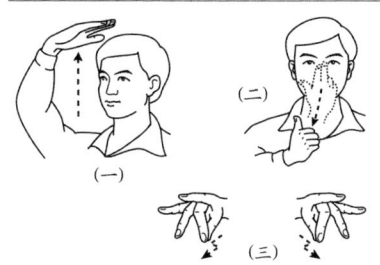

高丽纸 gāolízhǐ

（一）一手横伸，掌心向下，向上移过头顶。
（二）一手伸拇、食、中指，食、中指并拢，先置于鼻部，然后边向外移动边缩回食、中指。
（三）双手拇、中指相捏，指尖朝下，微抖几下。

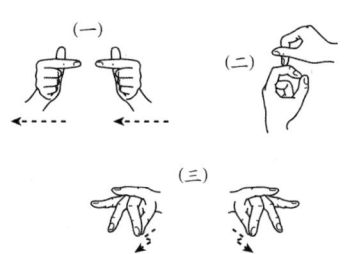

仿古纸 fǎnggǔzhǐ

（一）双手拇、食指搭成"十"字形，同时向一侧移动一下。
（二）双手拇、食指搭成"古"字形。
（三）双手拇、中指相捏，指尖朝下，微抖几下。

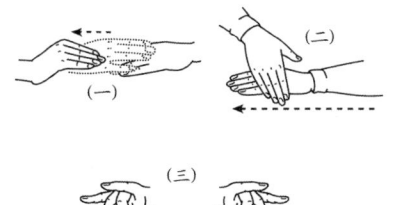

毛边纸 máobiānzhǐ

（一）左手横伸；右手五指在左手背上轻抚一下，如摸毛絮状。
（二）左手横伸，掌心向下；右手食、中、无名、小指并拢，指尖朝下，沿左小臂向指尖方向划动一下。
（三）双手拇、中指相捏，指尖朝下，微抖几下。

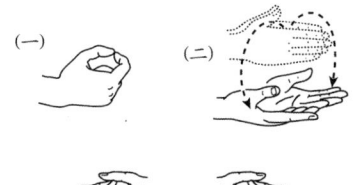

元书纸 yuánshūzhǐ

（一）一手拇、食指捏成圆形，虎口朝上。
（二）双手侧立，掌心相贴，然后向两侧打开。
（三）双手拇、中指相捏，指尖朝下，微抖几下。

棉纸 miánzhǐ

（一）一手五指成"冂"形，虎口朝内，轻捏几下。
（二）双手拇、中指相捏，指尖朝下，微抖几下。

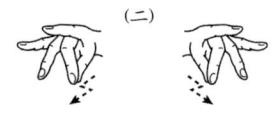

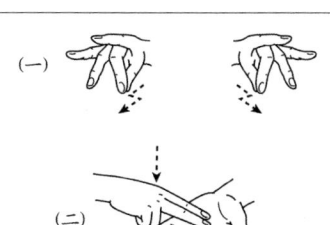

镇纸 zhènzhǐ

（一）双手拇、中指相捏，指尖朝下，微抖几下。
（二）左手横伸；右手食、中指并拢，手背向上，压向左手掌心。

三、油画

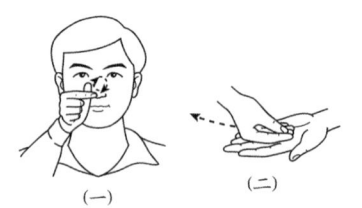

油画　yóuhuà
（一）一手拇、食指搭成"十"字形,置于鼻翼一侧,微转两下。
（二）左手横伸；右手五指撮合,指背在左手掌心上抹一下。

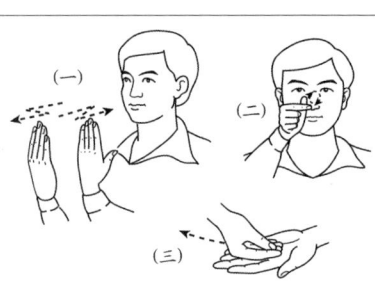

表现油画　biǎoxiàn yóuhuà
（一）双手直立,掌心向内,前后交替移动两下。
（二）一手拇、食指搭成"十"字形,置于鼻翼一侧,微转两下。
（三）左手横伸；右手五指撮合,指背在左手掌心上抹一下。

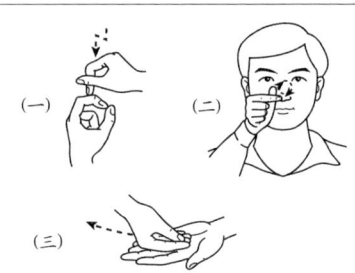

古典油画　gǔdiǎn yóuhuà
（一）左手拇、食指搭成"口"字形,虎口朝内；右手拇、食指搭成"十"字形,食指尖朝下,碰两下左手食指背。
（二）一手拇、食指搭成"十"字形,置于鼻翼一侧,微转两下。
（三）左手横伸；右手五指撮合,指背在左手掌心上抹一下。

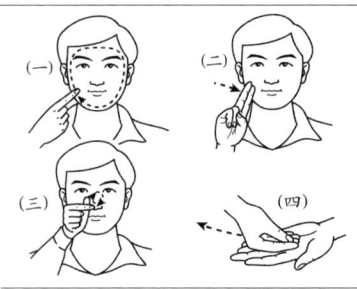

肖像油画　xiàoxiàng yóuhuà
（一）一手伸食指,绕脸部转动一圈。
（二）一手食、中指直立并拢,掌心向斜前方,朝脸颊碰一下。
（三）一手拇、食指搭成"十"字形,置于鼻翼一侧,微转两下。
（四）左手横伸；右手五指撮合,指背在左手掌心上抹一下。

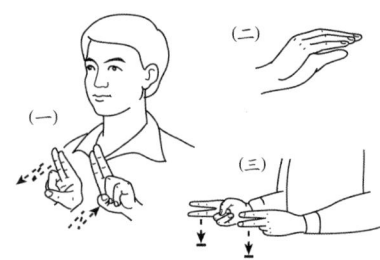

薄涂法（薄画法）　bótúfǎ（bóhuàfǎ）
（一）双手食、中指直立并拢,掌心向外,交替向前点动两下。
（二）右手五指成"⊐"形,虎口朝内,指间留有很小的空隙,表示薄。
（三）双手打手指字母"F"的指式,指尖朝前,向下一顿。

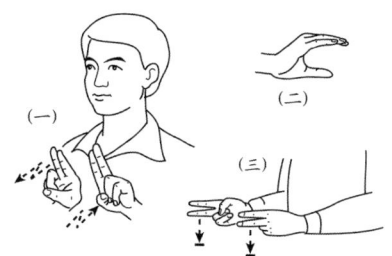

厚涂法（厚画法） hòutúfǎ (hòuhuàfǎ)

（一）双手食、中指直立并拢，掌心向外，交替向前点动两下。

（二）右手五指成"⊐"形，虎口朝内。

（三）双手打手指字母"F"的指式，指尖朝前，向下一顿。

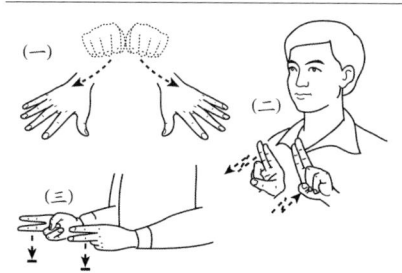

散涂法 sǎntúfǎ

（一）双手虚握，虎口左右相抵，边向两侧斜下方移动边张开五指。

（二）双手食、中指直立并拢，掌心向外，交替向前点动两下。

（三）双手打手指字母"F"的指式，指尖朝前，向下一顿。

肌理 jīlǐ

（一）左手横伸；右手平伸，掌心向下，从左手背上向右移动一下。

（二）左手横伸；右手五指张开，掌心向下，在左手背上做曲线形移动，表示物体表面的纹理。

断裂 duànliè

双手食、中指直立并拢，掌心向外，开合几下。
（可根据实际表示断裂的状态）

龟裂 jūnliè

双手五指并拢，手背向上，交叉相搭，然后猛然同时张开。

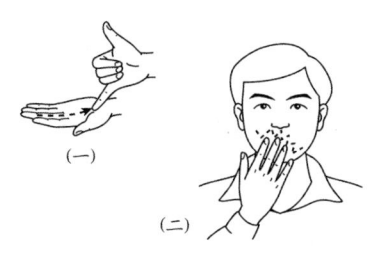

褪色 tuìsè

（一）左手平伸，掌心向上；右手伸拇、小指，小指尖抵于左手指尖，再向后移动。

（二）一手直立，掌心向内，五指张开，在嘴唇部交替点动。

蜂蜡 fēnglà

（一）双手拇指相搭，其他四指微微扇动，如蜜蜂飞行状。
（二）一手打手指字母"L"的指式。

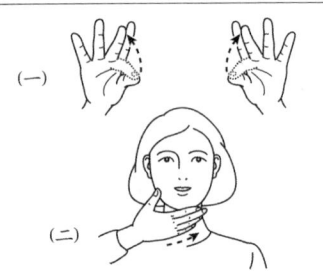

沥青 lìqīng

（一）双手拇、中指相捏，指尖朝前，然后缓慢张开，表示沥青黏性的特点。
（二）一手横立，掌心向内，食、中、无名、小指并拢，在颔部从右向左摸一下。

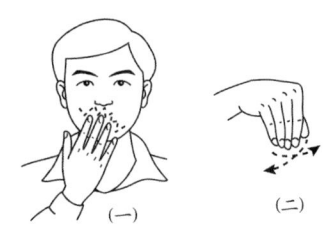

色粉 sèfěn

（一）一手直立，掌心向内，五指张开，在嘴唇部交替点动。
（二）一手五指撮合，指尖朝下，互捻几下。

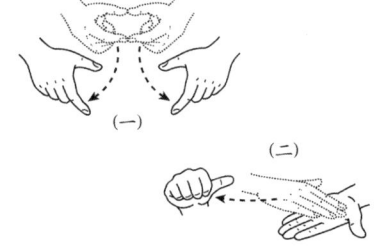

蛋清 dànqīng

（一）双手拇、食指搭成椭圆形，虎口朝上，再向下一甩，模仿打蛋的动作。
（二）左手横伸；右手平伸，掌心向下，贴于左手掌心，边向左手指尖方向移动边弯曲食、中、无名、小指，指尖抵于掌心。

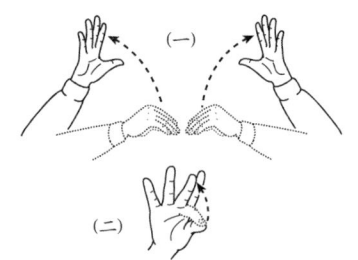

明胶 míngjiāo

（一）双手五指撮合，指尖左右相对，手背向上，然后边向两侧上方移动边张开。
（二）一手拇、中指相捏，指尖朝前，然后缓慢张开。

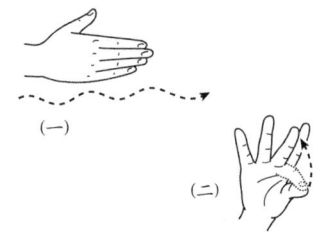

鱼胶 yújiāo

（一）一手横立，手背向外，向一侧做曲线形移动（或一手侧立，向前做曲线形移动），如鱼游动状。
（二）一手拇、中指相捏，指尖朝前，然后缓慢张开。

三、油画

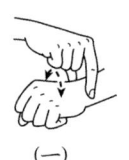 

骨胶 gǔjiāo

（一）左手握拳，手背向上；右手拇、食指张开，卡在左手腕，左手微转两下。

（二）一手拇、中指相捏，指尖朝前，然后缓慢张开。

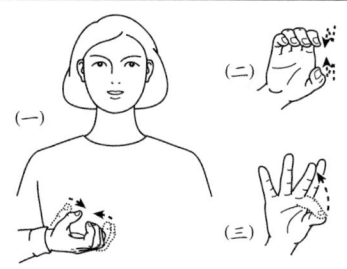

乳白胶 rǔbáijiāo

（一）一手五指微曲，掌心向上，置于胸部一侧，然后捏动一下。

（二）一手五指弯曲，掌心向外，指尖弯动两下。

（三）一手拇、中指相捏，指尖朝前，然后缓慢张开。

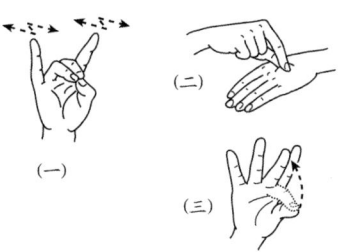

兔皮胶 tùpíjiāo

（一）一手拇、中、无名指相捏，食、小指直立，如兔子的两只长耳朵，掌心向外，微动两下。

（二）左手横伸，手背向上；右手拇、食指捏一下左手背皮肤。

（三）一手拇、中指相捏，指尖朝前，然后缓慢张开。

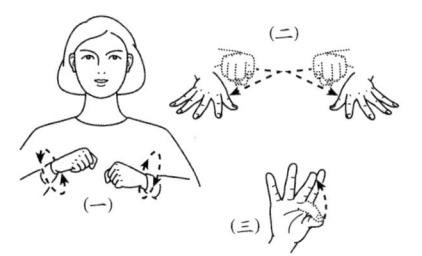

动物胶 dòngwùjiāo

（一）双手握拳屈肘，前后交替转动两下。

（二）双手食指指尖朝前，手背向上，先互碰一下，再分开并张开五指。

（三）一手拇、中指相捏，指尖朝前，然后缓慢张开。

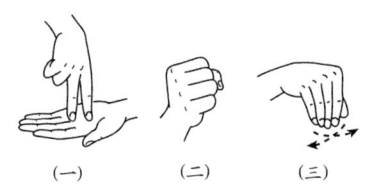

立德粉 lìdéfěn

（一）左手横伸；右手食、中指分开，指尖朝下，立于左手掌心上。

（二）一手打手指字母"D"的指式。

（三）一手五指撮合，指尖朝下，互捻几下。

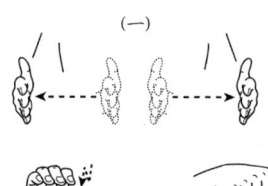

大白粉 dàbáifěn

（一）双手侧立，掌心相对，同时向两侧移动，幅度要大些。

（二）一手五指弯曲，掌心向外，指尖弯动两下。

（三）一手五指撮合，指尖朝下，互捻几下。

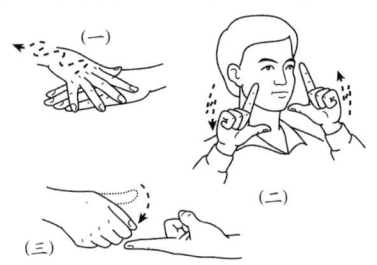

塑形膏　sùxínggāo
（一）左手横伸；右手五指张开，掌心向下，在左手背上做曲线形移动，表示物体表面的纹理。
（二）双手拇、食指成"⌐"形，置于脸颊两侧，上下交替动两下。
（三）左手食指横伸，掌心向上；右手如持牙膏状，向左手食指做挤牙膏的动作。

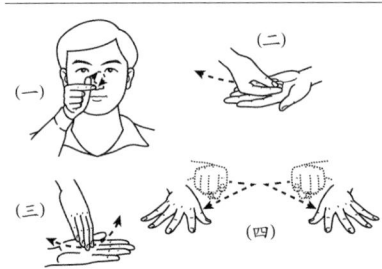

油画底料　yóuhuà dǐliào
（一）一手拇、食指搭成"十"字形，置于鼻翼一侧，微转两下。
（二）左手横伸；右手五指撮合，指背在左手掌心上抹一下。
（三）左手平伸；右手五指并拢，指尖朝下，在左手掌心上做涂抹的动作。
（四）双手食指指尖朝前，手背向上，先互碰一下，再分开并张开五指。

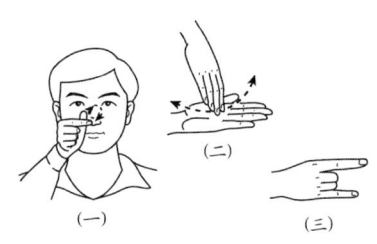

油底子　yóudǐ·zi
（一）一手拇、食指搭成"十"字形，置于鼻翼一侧，微转两下。
（二）左手平伸；右手五指并拢，指尖朝下，在左手掌心上做涂抹的动作。
（三）一手打手指字母"Z"的指式。

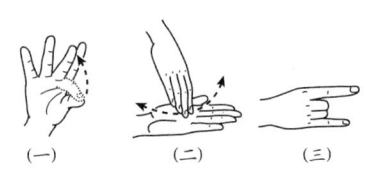

胶底子（胶性底）　jiāodǐ·zi (jiāoxìngdǐ)
（一）一手拇、中指相捏，指尖朝前，然后缓慢张开。
（二）左手平伸；右手五指并拢，指尖朝下，在左手掌心上做涂抹的动作。
（三）一手打手指字母"Z"的指式。

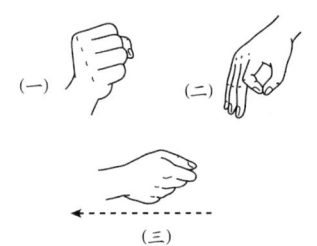

丹培拉　dānpéilā
（一）一手打手指字母"D"的指式。
（二）一手打手指字母"P"的指式。
（三）一手握拳，向内拉动一下。

调色油　tiáosèyóu
（一）双手五指撮合，指尖上下相对，交替平行转动两下。
（二）一手直立，掌心向内，五指张开，在嘴唇部交替点动。
（三）一手拇、食指搭成"十"字形，置于鼻翼一侧，微转两下。

松节油　sōngjiéyóu

（一）左手食指横伸，手背向上；右手五指撮合，指背贴于左手食指，边向上移动边张开，表示松树的针叶。
（二）一手打手指字母"J"的指式。
（三）一手拇、食指搭成"十"字形，置于鼻翼一侧，微转两下。

速干油　sùgānyóu

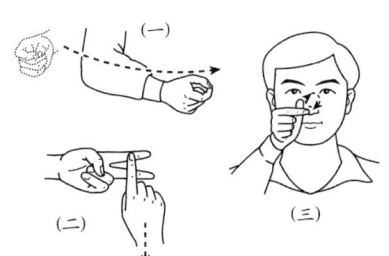

（一）一手拇、食指捏成圆形，向一侧快速划动。
（二）左手食、中指与右手食指搭成"干"字形，右手食指向下移动一下。
（三）一手拇、食指搭成"十"字形，置于鼻翼一侧，微转两下。

上光油　shàngguāngyóu

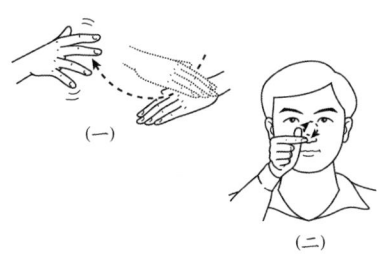

（一）左手横伸，手背向上；右手拍一下左手背后抬起，五指张开，微抖几下。
（二）一手拇、食指搭成"十"字形，置于鼻翼一侧，微转两下。

核桃油　hé·taoyóu

（一）一手手掌根部托住颏部。
（二）一手拇、食指捏成圆形，虎口朝上。
（三）一手拇、食指搭成"十"字形，置于鼻翼一侧，微转两下。

达玛光油　dámǎguāngyóu

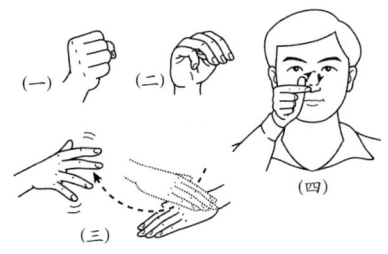

（一）一手打手指字母"D"的指式。
（二）一手打手指字母"M"的指式。
（三）左手横伸，手背向上；右手拍一下左手背后抬起，五指张开，微抖几下。
（四）一手拇、食指搭成"十"字形，置于鼻翼一侧，微转两下。

熟亚麻仁油　shúyàmárényóu

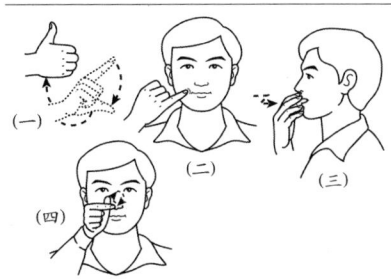

（一）一手伸拇、食指，食指尖朝上，然后食指缩回，拇指尖朝上。
（二）一手伸小指，指尖抵于嘴角一侧。"哑"与"亚"音形相近，借代。
（三）一手五指弯曲，指尖朝内，在嘴前点动几下。
（四）一手拇、食指搭成"十"字形，置于鼻翼一侧，微转两下。

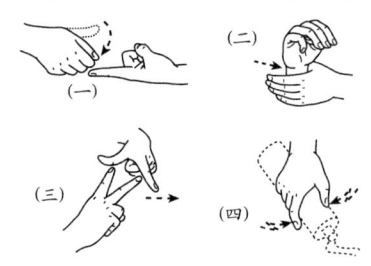

膏状媒介剂　gāozhuàng méijièjì
（一）左手食指横伸，掌心向上；右手如持牙膏状，向左手食指做挤牙膏的动作。
（二）左手五指成半圆形，虎口朝上；右手打手指字母"M"的指式，手腕碰一下左手虎口。
（三）左手拇、食指与右手食、中指搭成"介"字形，向前移动一下。
（四）右手五指弯曲，虎口朝左下方，做从瓶子中挤液体的动作。

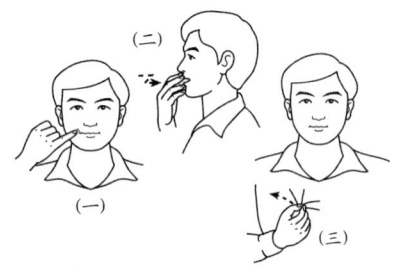

亚麻布　yàmábù
（一）一手伸小指，指尖抵于嘴角一侧。"哑"与"亚"音形相近，借代。
（二）一手五指弯曲，指尖朝内，在嘴前点动几下。
（三）一手拇、食指揪一下胸前衣服。

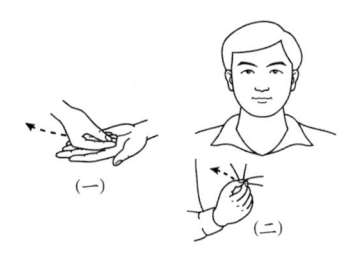

画布　huàbù
（一）左手横伸；右手五指撮合，指背在左手掌心上抹一下。
（二）一手拇、食指揪一下胸前衣服。

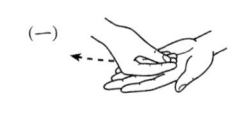

画杖　huàzhàng
（一）左手横伸；右手五指撮合，指背在左手掌心上抹一下。
（二）双手拇、食指捏成小圆形，虎口左右相对，从中间向两侧移动。

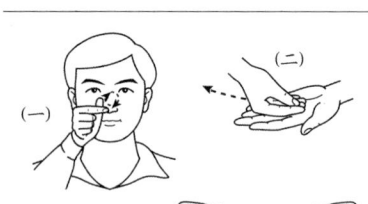
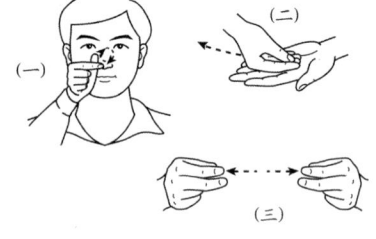

油画棒　yóuhuàbàng
（一）一手拇、食指搭成"十"字形，置于鼻翼一侧，微转两下。
（二）左手横伸；右手五指撮合，指背在左手掌心上抹一下。
（三）双手伸拇、食、中指，指尖左右相对，虎口朝上，从中间向两侧移动。

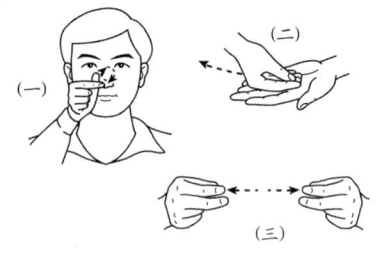
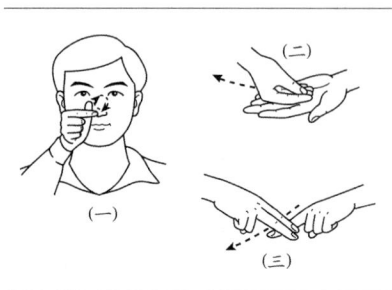

油画刀　yóuhuàdāo
（一）一手拇、食指搭成"十"字形，置于鼻翼一侧，微转两下。
（二）左手横伸；右手五指撮合，指背在左手掌心上抹一下。
（三）左手伸食指，指尖朝前；右手食、中指并拢，在左手食指上削一下。

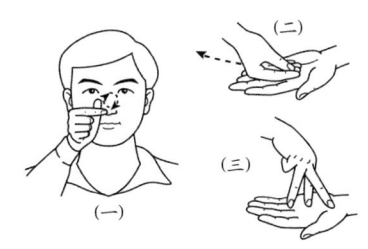

油画三脚架 yóuhuà sānjiǎojià

（一）一手拇、食指搭成"十"字形，置于鼻翼一侧，微转两下。

（二）左手横伸；右手五指撮合，指背在左手掌心上抹一下。

（三）左手横伸；右手食、中、无名指叉开，指尖朝下，中指在前，置于左手掌心上。

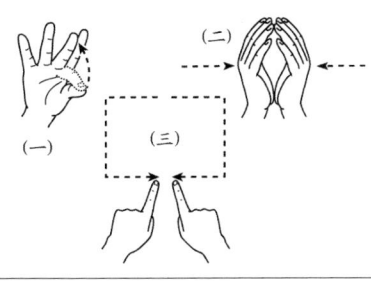

胶合板 jiāohébǎn

（一）一手拇、中指相捏，指尖朝前，然后缓慢张开。

（二）双手直立，掌心左右相对，五指微曲，从两侧向中间移动。

（三）双手伸食指，指尖朝前，在面前划一个"□"形。

四、水粉画　水彩画

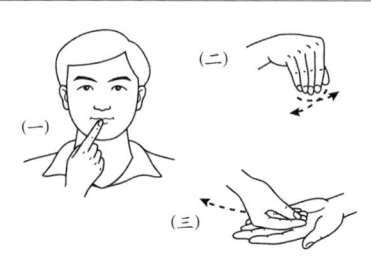

水粉画　shuǐfěnhuà
（一）一手伸食指，指尖贴于下嘴唇。
（二）一手五指撮合，指尖朝下，互捻几下。
（三）左手横伸；右手五指撮合，指背在左手掌心上抹一下。

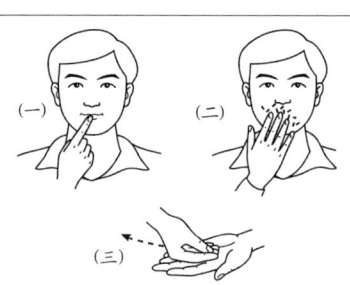

水彩画　shuǐcǎihuà
（一）一手伸食指，指尖贴于下嘴唇。
（二）一手直立，掌心向内，五指张开，在嘴唇部交替点动。
（三）左手横伸；右手五指撮合，指背在左手掌心上抹一下。

铅笔淡彩　qiānbǐ dàncǎi
（一）一手伸拇、食指，拇指尖在颊部划动两下，手背向外。
（二）双手平伸，手背向下，拇、中指先相捏，再弹开。
（三）一手直立，掌心向内，五指张开，在嘴唇部交替点动。

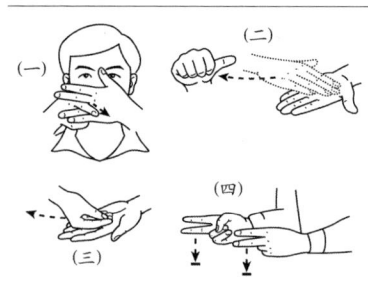

透明画法　tòumíng huàfǎ
（一）左手横立，掌心向内；右手伸食指，指尖朝前，从左手中、无名指指缝间穿过。
（二）左手横伸；右手平伸，掌心向下，贴于左手掌心，边向左手指尖方向移动边弯曲食、中、无名、小指，指尖抵于掌心。
（三）左手横伸；右手五指撮合，指背在左手掌心上抹一下。
（四）双手打手指字母"F"的指式，指尖朝前，向下一顿。

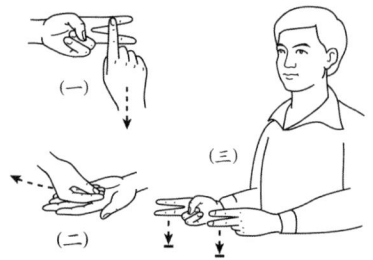

干画法　gānhuàfǎ
（一）左手食、中指与右手食指搭成"干"字形，右手食指向下移动一下。
（二）左手横伸；右手五指撮合，指背在左手掌心上抹一下。
（三）双手打手指字母"F"的指式，指尖朝前，向下一顿。

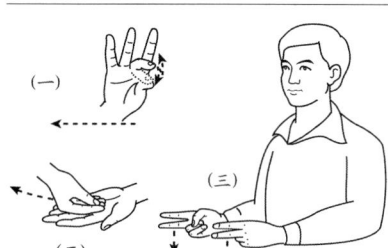

湿画法　shīhuàfǎ
（一）一手拇、中指指尖朝前，边向一侧移动边相捏几下。
（二）左手横伸；右手五指撮合，指背在左手掌心上抹一下。
（三）双手打手指字母"F"的指式，指尖朝前，向下一顿。

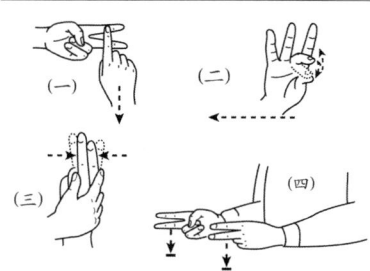

干湿结合法　gānshī jiéhéfǎ
（一）左手食、中指与右手食指搭成"干"字形，右手食指向下移动一下。
（二）一手拇、中指指尖朝前，边向一侧移动边相捏几下。
（三）左手食、中指直立分开，手背向外；右手拇、食指将左手食、中指捏合。
（四）双手打手指字母"F"的指式，指尖朝前，向下一顿。

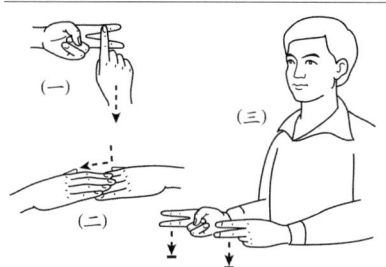

干接法　gānjiēfǎ
（一）左手食、中指与右手食指搭成"干"字形，右手食指向下移动一下。
（二）双手横伸，掌心向下，右手先向下按一下左手指背，再向左手指尖方向移动。
（三）双手打手指字母"F"的指式，指尖朝前，向下一顿。

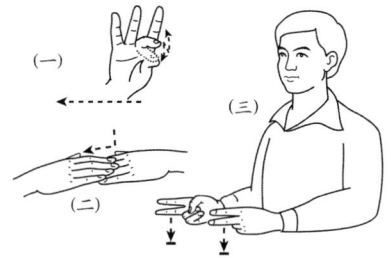

湿接法　shījiēfǎ
（一）一手拇、中指指尖朝前，边向一侧移动边相捏几下。
（二）双手横伸，掌心向下，右手先向下按一下左手指背，再向左手指尖方向移动。
（三）双手打手指字母"F"的指式，指尖朝前，向下一顿。

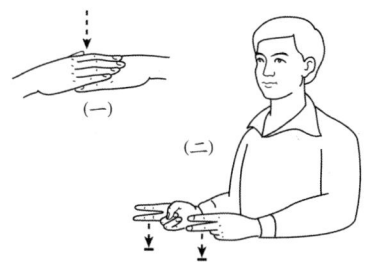

压接法　yājiēfǎ
（一）双手横伸，掌心向下，右手向下压一下左手背。
（二）双手打手指字母"F"的指式，指尖朝前，向下一顿。

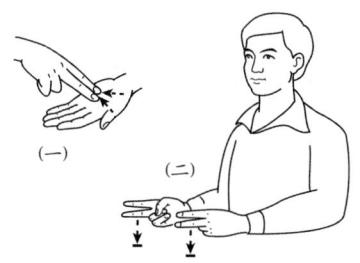

摆笔法　bǎibǐfǎ
（一）左手横伸；右手食、中指并拢，指尖朝下，在左手掌心不同位置抹两下。
（二）双手打手指字母"F"的指式，指尖朝前，向下一顿。

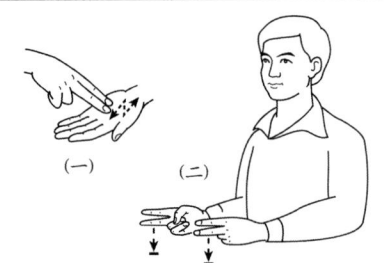

擦笔法 cābǐfǎ
（一）左手横伸；右手食、中指并拢，指尖朝下，在左手掌心上左右擦两下。
（二）双手打手指字母"F"的指式，指尖朝前，向下一顿。

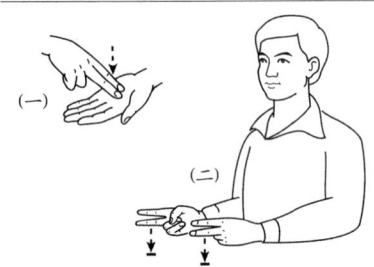

点笔法 diǎnbǐfǎ
（一）左手横伸；右手食、中指并拢，指尖朝下，在左手掌心上点一下。
（二）双手打手指字母"F"的指式，指尖朝前，向下一顿。

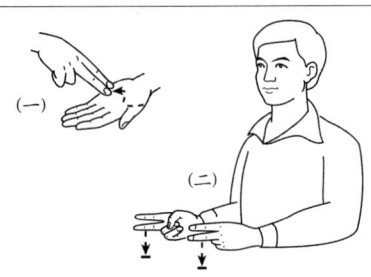

勾笔法 gōubǐfǎ
（一）左手横伸；右手食、中指并拢，指尖朝下，在左手掌心上做曲线形移动。
（二）双手打手指字母"F"的指式，指尖朝前，向下一顿。

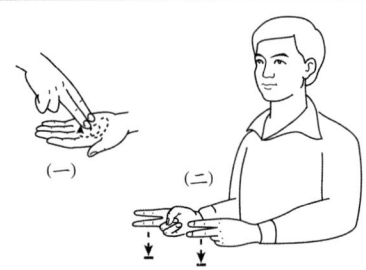

搡笔法 sǎngbǐfǎ
（一）左手横伸；右手食、中指并拢，指尖朝下，在左手掌心上随意转动两下。
（二）双手打手指字母"F"的指式，指尖朝前，向下一顿。

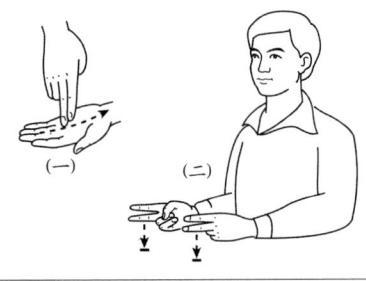

扫笔法 sǎobǐfǎ
（一）左手横伸；右手食、中指并拢，指尖朝下，在左手掌心上划一下。
（二）双手打手指字母"F"的指式，指尖朝前，向下一顿。

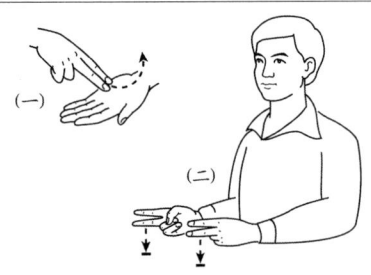

挑笔法 tiǎobǐfǎ
（一）左手横伸；右手食、中指并拢，指尖朝下，在左手掌心上向上一挑。
（二）双手打手指字母"F"的指式，指尖朝前，向下一顿。

刷笔法　shuābǐfǎ

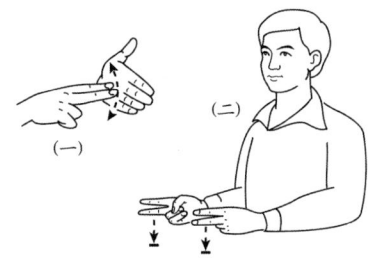

（一）左手横立；右手食、中指并拢，指尖朝前，在左手掌心上上下移动两下。

（二）双手打手指字母"F"的指式，指尖朝前，向下一顿。

浸纸法　jìnzhǐfǎ

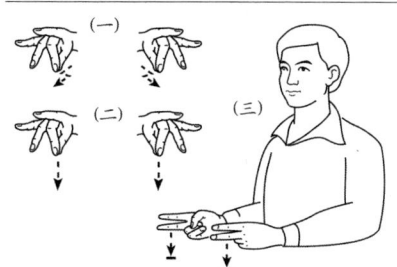

（一）双手拇、中指相捏，指尖朝下，微抖几下。

（二）双手拇、中指相捏，指尖朝下，向下移动一下。

（三）双手打手指字母"F"的指式，指尖朝前，向下一顿。

刀刮法　dāoguāfǎ

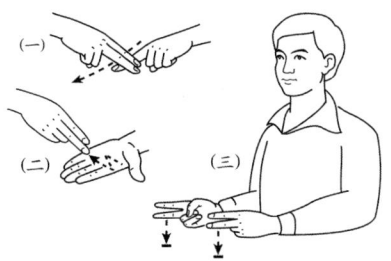

（一）左手伸食指，指尖朝前；右手食、中指并拢，在左手食指上削一下。

（二）左手横伸；右手食、中指并拢，指尖朝下，在左手掌心上刮两下。

（三）双手打手指字母"F"的指式，指尖朝前，向下一顿。

留空法　liúkòngfǎ

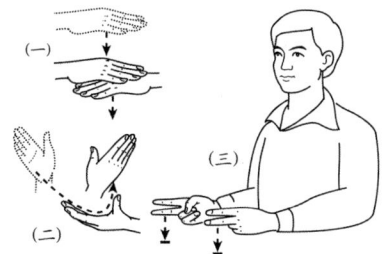

（一）双手横伸，掌心向下，右手边拍一下左手背边向下一按。

（二）左手斜伸，掌心向斜后方；右手食、中、无名、小指并拢，指尖朝前，小指外侧从右向左在左手虎口处刮一下。

（三）双手打手指字母"F"的指式，指尖朝前，向下一顿。

吸洗法　xīxǐfǎ

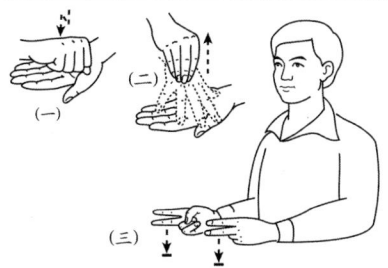

（一）左手横伸；右手握拳，手背向上，在左手掌心上轻贴两下。

（二）左手横伸；右手五指张开，指尖朝下，边从左手掌心上向上移动边撮合。

（三）双手打手指字母"F"的指式，指尖朝前，向下一顿。

五、版画

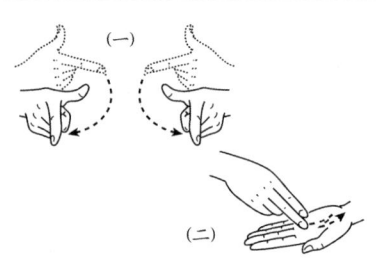

木刻 mùkè
（一）双手伸拇、食指，虎口朝上，手腕向前转动一下。
（二）左手横伸；右手食、中指并拢，指尖朝下，在左手掌心上划动一（或两）下。

水印 shuǐyìn
（一）一手伸食指，指尖贴于下嘴唇。
（二）左手平伸；右手握拳，手背向上，在左手掌心上向前移动一下。

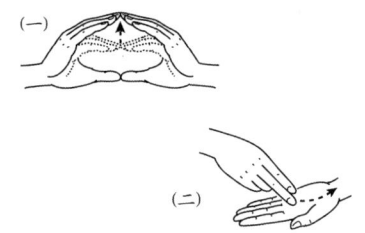

阳刻 yángkè
（一）双手五指成"匚 匚"形，虎口朝内，然后食、中、无名、小指向上凸起。
（二）左手横伸；右手食、中指并拢，指尖朝下，在左手掌心上划动一下。

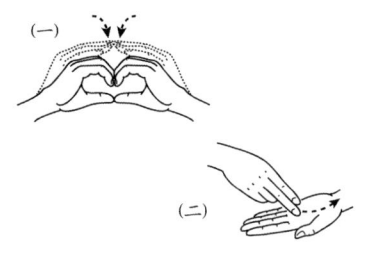

阴刻 yīnkè
（一）双手五指成"匚 匚"形，虎口朝内，然后食、中、无名、小指向下凹进。
（二）左手横伸；右手食、中指并拢，指尖朝下，在左手掌心上划动一下。

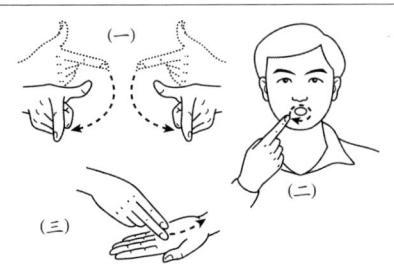

木口木刻 mùkǒu mùkè
（一）双手伸拇、食指，虎口朝上，手腕向前转动一下。
（二）一手伸食指，沿嘴部转动一圈，口张开。
（三）左手横伸；右手食、中指并拢，指尖朝下，在左手掌心上划动一下。

五、版画

木面木刻 mùmiàn mùkè

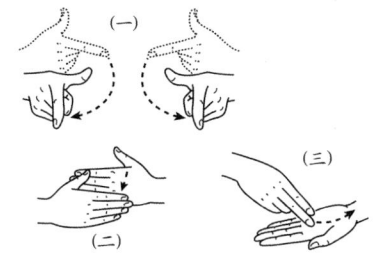

（一）双手伸拇、食指，虎口朝上，手腕向前转动一下。
（二）左手横立，手背向外；右手摸一下左手背。
（三）左手横伸；右手食、中指并拢，指尖朝下，在左手掌心上划动一下。

黑白木刻 hēibái mùkè

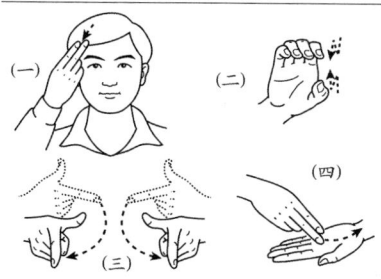

（一）一手打手指字母"H"的指式，摸一下头发。
（二）一手五指弯曲，掌心向外，指尖弯动两下。
（三）双手伸拇、食指，虎口朝上，手腕向前转动一下。
（四）左手横伸；右手食、中指并拢，指尖朝下，在左手掌心上划动一下。

套色木刻 tàoshǎi mùkè

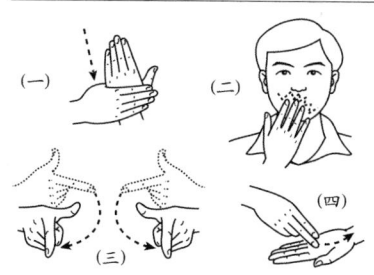

（一）左手直立，掌心向内；右手五指成"⊐"形，套入左手掌。
（二）一手直立，掌心向内，五指张开，在嘴唇部交替点动。
（三）双手伸拇、食指，虎口朝上，手腕向前转动一下。
（四）左手横伸；右手食、中指并拢，指尖朝下，在左手掌心上划动一下。

版画 bǎnhuà

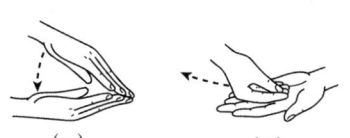

（一）左手平伸，掌心向上；右手斜伸，手背向前上方，指尖抵于左手指尖，然后向下一按。
（二）左手横伸；右手五指撮合，指背在左手掌心上抹一下。

凹版画 āobǎnhuà

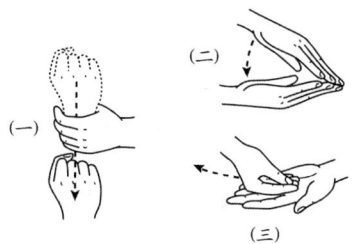

（一）左手五指成半圆形，虎口朝上；右手握拳，手背向外，从左手虎口移入左手下方。
（二）左手平伸，掌心向上；右手斜伸，手背向前上方，指尖抵于左手指尖，然后向下一按。
（三）左手横伸；右手五指撮合，指背在左手掌心上抹一下。

凸版画 tūbǎnhuà

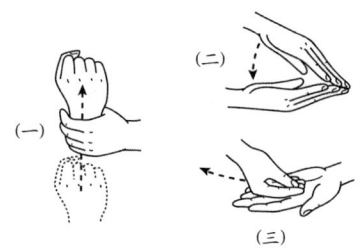

（一）左手五指成半圆形，虎口朝上；右手握拳，手背向外，从左手虎口向上伸出。
（二）左手平伸，掌心向上；右手斜伸，手背向前上方，指尖抵于左手指尖，然后向下一按。
（三）左手横伸；右手五指撮合，指背在左手掌心上抹一下。

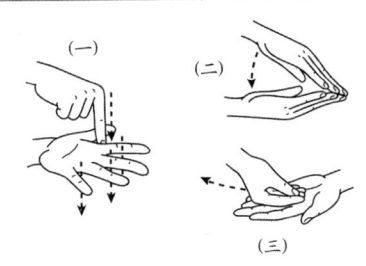

孔版画 kǒngbǎnhuà

（一）左手平伸，掌心向上，五指张开；右手伸食指，指尖朝下，在左手各指指缝间插一下。

（二）左手平伸，掌心向上；右手斜伸，手背向前上方，指尖抵于左手指尖，然后向下一按。

（三）左手横伸；右手五指撮合，指背在左手掌心上抹一下。

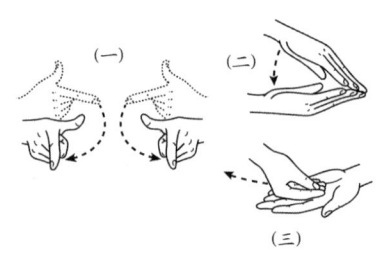

木版画 mùbǎnhuà

（一）双手伸拇、食指，虎口朝上，手腕向前转动一下。

（二）左手平伸，掌心向上；右手斜伸，手背向前上方，指尖抵于左手指尖，然后向下一按。

（三）左手横伸；右手五指撮合，指背在左手掌心上抹一下。

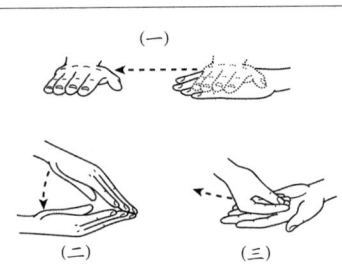

平版画 píngbǎnhuà

（一）左手横伸；右手平伸，掌心向下，从左手背上向右移动一下。

（二）左手平伸，掌心向上；右手斜伸，手背向前上方，指尖抵于左手指尖，然后向下一按。

（三）左手横伸；右手五指撮合，指背在左手掌心上抹一下。

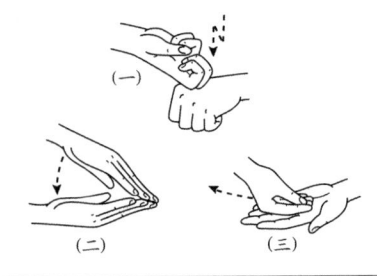

石版画 shíbǎnhuà

（一）左手握拳；右手食、中指弯曲，以指关节在左手背上敲两下。

（二）左手平伸，掌心向上；右手斜伸，手背向前上方，指尖抵于左手指尖，然后向下一按。

（三）左手横伸；右手五指撮合，指背在左手掌心上抹一下。

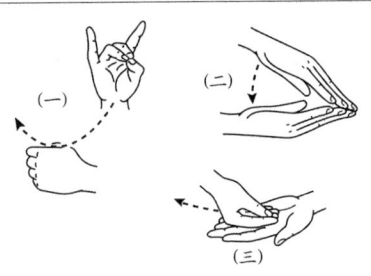

铜版画 tóngbǎnhuà

（一）左手握拳，虎口朝上；右手打手指字母"T"的指式，砸一下左手虎口后向前移动，表示铜的声母。

（二）左手平伸，掌心向上；右手斜伸，手背向前上方，指尖抵于左手指尖，然后向下一按。

（三）左手横伸；右手五指撮合，指背在左手掌心上抹一下。

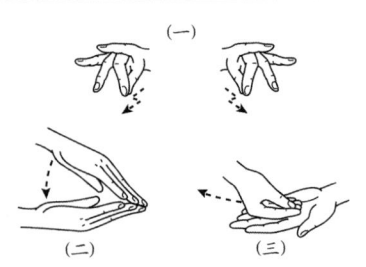

纸版画 zhǐbǎnhuà

（一）双手拇、中指相捏，指尖朝下，微抖几下。

（二）左手平伸，掌心向上；右手斜伸，手背向前上方，指尖抵于左手指尖，然后向下一按。

（三）左手横伸；右手五指撮合，指背在左手掌心上抹一下。

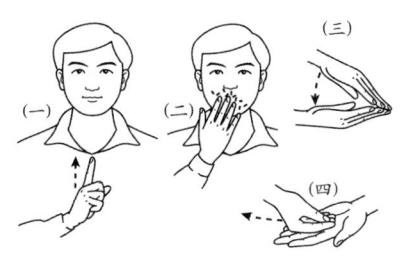

单色版画 dānsè bǎnhuà

（一）一手食指直立，虎口贴于胸部，向上移动少许。

（二）一手直立，掌心向内，五指张开，在嘴唇部交替点动。

（三）左手平伸，掌心向上；右手斜伸，手背向前上方，指尖抵于左手指尖，然后向下一按。

（四）左手横伸；右手五指撮合，指背在左手掌心上抹一下。

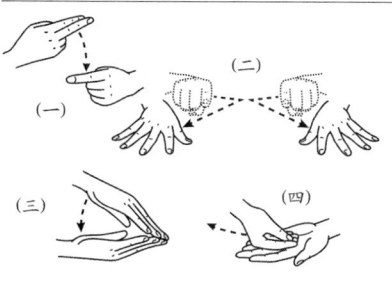

实物版画 shíwù bǎnhuà

（一）左手食指横伸；右手食、中指相叠，敲一下左手食指。

（二）双手食指指尖朝前，手背向上，先互碰一下，再分开并张开五指。

（三）左手平伸，掌心向上；右手斜伸，手背向前上方，指尖抵于左手指尖，然后向下一按。

（四）左手横伸；右手五指撮合，指背在左手掌心上抹一下。

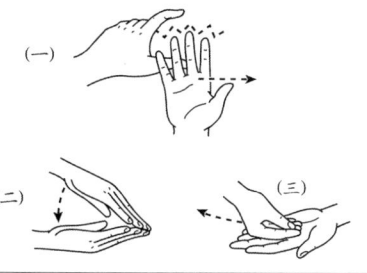

数码版画 shùmǎ bǎnhuà

（一）左手拇、食指成"⊏"形，虎口朝内；右手直立，手背向外，五指张开，在左手"⊏"形内边交替点动边从左向右移动，表示一串数码。

（二）左手平伸，掌心向上；右手斜伸，手背向前上方，指尖抵于左手指尖，然后向下一按。

（三）左手横伸；右手五指撮合，指背在左手掌心上抹一下。

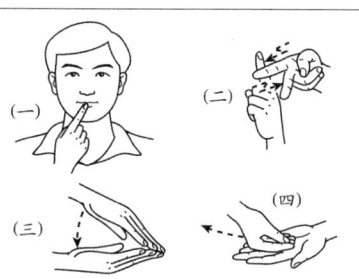

水性版画 shuǐxìng bǎnhuà

（一）一手伸食指，指尖贴于下嘴唇。

（二）左手食指直立；右手食、中指横伸，指背交替弹左手食指背。

（三）左手平伸，掌心向上；右手斜伸，手背向前上方，指尖抵于左手指尖，然后向下一按。

（四）左手横伸；右手五指撮合，指背在左手掌心上抹一下。

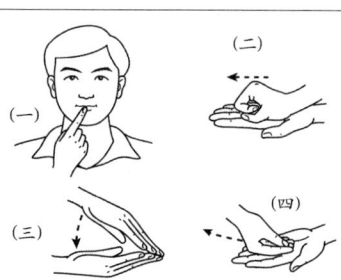

水印版画 shuǐyìn bǎnhuà

（一）一手伸食指，指尖贴于下嘴唇。

（二）左手平伸；右手握拳，手背向上，在左手掌心上向前移动一下。

（三）左手平伸，掌心向上；右手斜伸，手背向前上方，指尖抵于左手指尖，然后向下一按。

（四）左手横伸；右手五指撮合，指背在左手掌心上抹一下。

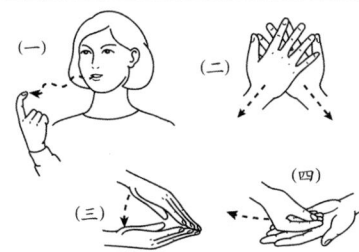

丝网版画 sīwǎng bǎnhuà

（一）一手伸食指，指尖朝内，从嘴部向外做波纹状移动。

（二）双手五指张开，手背向外，交叉相搭，向两侧斜下方移动。

（三）左手平伸，掌心向上；右手斜伸，手背向前上方，指尖抵于左手指尖，然后向下一按。

（四）左手横伸；右手五指撮合，指背在左手掌心上抹一下。

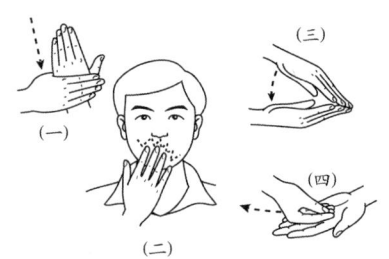

套色版画 tàoshǎi bǎnhuà
（一）左手直立，掌心向内；右手五指成"冂"形，套入左手掌。
（二）一手直立，掌心向内，五指张开，在嘴唇部交替点动。
（三）左手平伸，掌心向上；右手斜伸，手背向前上方，指尖抵于左手指尖，然后向下一按。
（四）左手横伸；右手五指撮合，指背在左手掌心上抹一下。

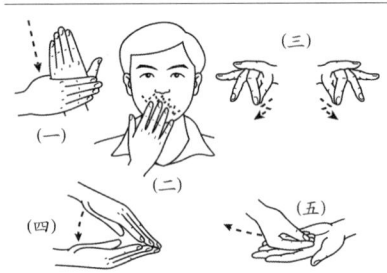

套色纸版画 tàoshǎi zhǐbǎnhuà
（一）左手直立，掌心向内；右手五指成"冂"形，套入左手掌。
（二）一手直立，掌心向内，五指张开，在嘴唇部交替点动。
（三）双手拇、中指相捏，指尖朝下，微抖几下。
（四）左手平伸，掌心向上；右手斜伸，手背向前上方，指尖抵于左手指尖，然后向下一按。
（五）左手横伸；右手五指撮合，指背在左手掌心上抹一下。

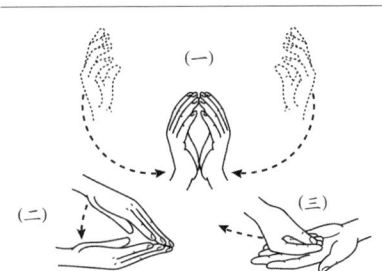

综合版画 zōnghé bǎnhuà
（一）双手五指微曲，掌心左右相对，从上向下做弧形移动并合拢。
（二）左手平伸，掌心向上；右手斜伸，手背向前上方，指尖抵于左手指尖，然后向下一按。
（三）左手横伸；右手五指撮合，指背在左手掌心上抹一下。

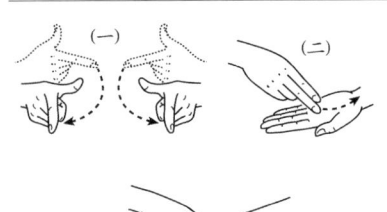

木刻刀 mùkèdāo
（一）双手伸拇、食指，虎口朝上，手腕向前转动一下。
（二）左手横伸；右手食、中指并拢，指尖朝下，在左手掌心上划动一下。
（三）左手伸食指，指尖朝前；右手食、中指并拢，在左手食指上削一下。

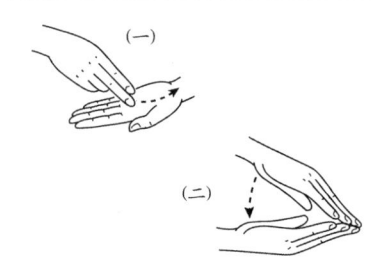

刻版 kèbǎn
（一）左手横伸；右手食、中指并拢，指尖朝下，在左手掌心上划动一下。
（二）左手平伸，掌心向上；右手斜伸，手背向前上方，指尖抵于左手指尖，然后向下一按。

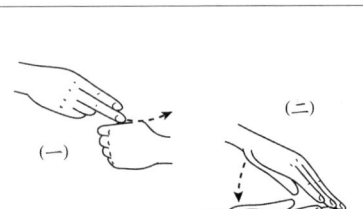

雕版 diāobǎn
（一）左手握拳，虎口朝上；右手食、中指并拢，在左手虎口上划动一下，如雕刻状。
（二）左手平伸，掌心向上；右手斜伸，手背向前上方，指尖抵于左手指尖，然后向下一按。

五、版画

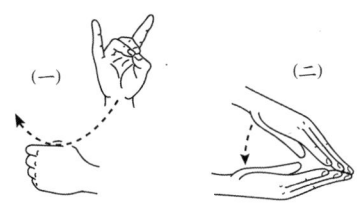

铜版　tóngbǎn

（一）左手握拳，虎口朝上；右手打手指字母"T"的指式，砸一下左手虎口后向前移动，表示铜的声母。

（二）左手平伸，掌心向上；右手斜伸，手背向前上方，指尖抵于左手指尖，然后向下一按。

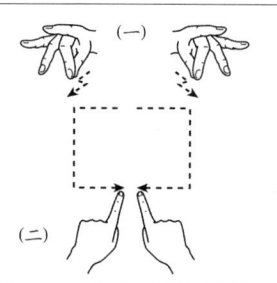

纸板　zhǐbǎn

（一）双手拇、中指相捏，指尖朝下，微抖几下。

（二）双手伸食指，指尖朝前，在面前划一个"□"形。

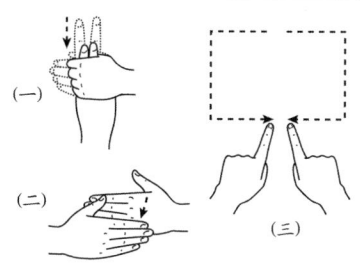

双面板　shuāngmiànbǎn

（一）左手五指微曲，虎口朝上；右手食、中指直立分开，手背向外，边从上向下移入左手掌心内边并拢，左手握住右手食、中指。

（二）左手横立，手背向外；右手摸一下左手背。

（三）双手伸食指，指尖朝前，在面前划一个"□"形。

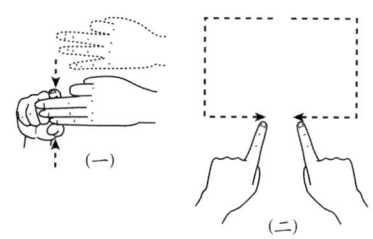

三合板　sānhébǎn

（一）左手中、无名、小指横伸分开，手背向外；右手拇、食指张开，指尖朝前，卡在左手中、小指外侧，然后将左手中、无名、小指捏合。

（二）双手伸食指，指尖朝前，在面前划一个"□"形。

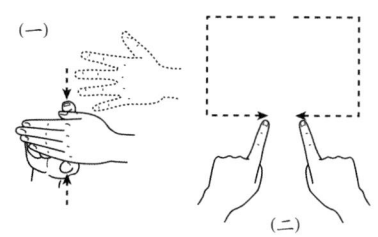

五合板　wǔhébǎn

（一）左手五指横伸张开，手背向外；右手拇、食指张开，指尖朝前，卡在左手拇、小指外侧，然后将左手五指捏合。

（二）双手伸食指，指尖朝前，在面前划一个"□"形。

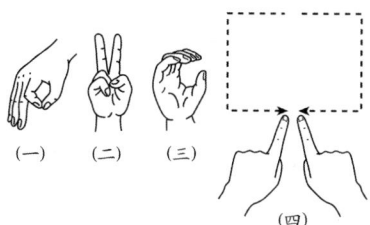

PVC板　PVC bǎn

（一）一手打手指字母"P"的指式。

（二）一手打手指字母"V"的指式。

（三）一手打手指字母"C"的指式。

（四）双手伸食指，指尖朝前，在面前划一个"□"形。

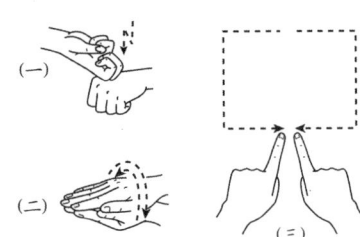

石膏板 shígāobǎn
（一）左手握拳；右手食、中指弯曲，以指关节在左手背上敲两下。
（二）双手平伸，掌心相合，手背拱起，左右翻转两下。
（三）双手伸食指，指尖朝前，在面前划一个"□"形。

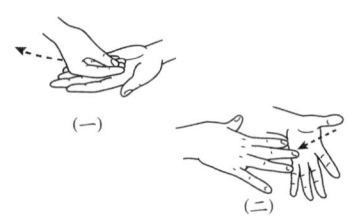

绘稿（画稿、图稿） huìgǎo（huàgǎo、túgǎo）
（一）左手横伸；右手五指撮合，指背在左手掌心上抹一下。
（二）左手斜伸，掌心向后上方，五指张开；右手平伸，掌心向下，五指张开，在左手掌心上从上向下移动。

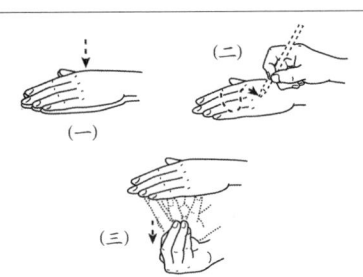

过稿 guògǎo
（一）双手平伸，掌心相对，右手在下不动，左手贴向右手掌心。
（二）左手平伸；右手如执笔状，在左手背上做描线的动作。
（三）左手平伸；右手五指张开，指尖朝上，在左手掌心下边向下移动边撮合。
（可根据实际表示过稿的动作）

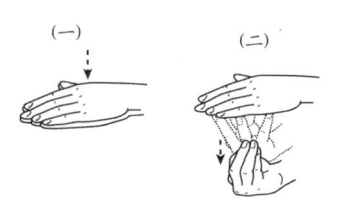

转稿（反稿） zhuǎngǎo（fǎngǎo）
（一）双手平伸，掌心相对，右手在下不动，左手贴向右手掌心。
（二）左手平伸；右手五指张开，指尖朝上，在左手掌心下边向下移动边撮合。

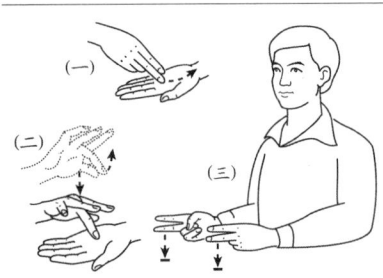

刻贴法 kètiēfǎ
（一）左手横伸；右手食、中指并拢，指尖朝下，在左手掌心上划动一下。
（二）左手横伸；右手拇、中指相捏，然后张开，中指贴一下左手掌心。
（三）双手打手指字母"F"的指式，指尖朝前，向下一顿。

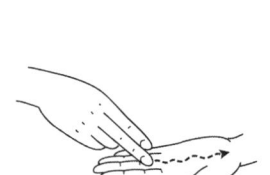

走刀 zǒudāo
左手横伸；右手食、中指并拢，指尖朝下，在左手掌心上边剔动边向一侧移动。

五、版画

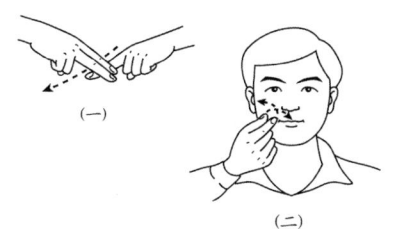

刀味　dāowèi
（一）左手伸食指，指尖朝前；右手食、中指并拢，在左手食指上削一下。
（二）一手拇、食指在嘴边捻动，指尖朝上，表示有滋味。

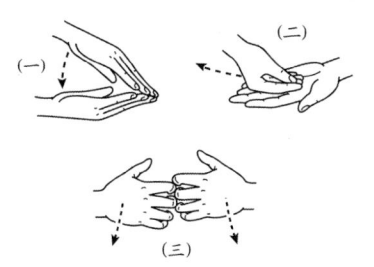

版画机　bǎnhuàjī
（一）左手平伸，掌心向上；右手斜伸，手背向前上方，指尖抵于左手指尖，然后向下一按。
（二）左手横伸；右手五指撮合，指背在左手掌心上抹一下。
（三）双手五指弯曲，食、中、无名、小指关节交错相触，向下转动一下。

套色印刷　tàoshǎi yìnshuā
（一）左手直立，掌心向内；右手五指成"⊐"形，套入左手掌。
（二）一手直立，掌心向内，五指张开，在嘴唇部交替点动。
（三）左手平伸；右手握拳，手背向上，在左手掌心上向前移动两下。

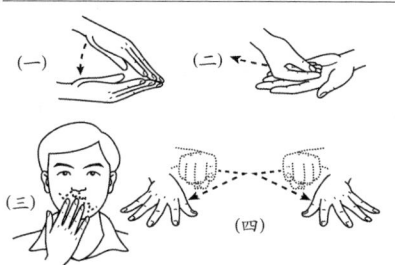

版画颜料　bǎnhuà yánliào
（一）左手平伸，掌心向上；右手斜伸，手背向前上方，指尖抵于左手指尖，然后向下一按。
（二）左手横伸；右手五指撮合，指背在左手掌心上抹一下。
（三）一手直立，掌心向内，五指张开，在嘴唇部交替点动。
（四）双手食指指尖朝前，手背向上，先互碰一下，再分开并张开五指。

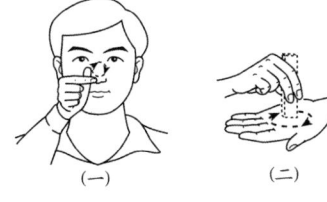

油墨　yóumò
（一）一手拇、食指搭成"十"字形，置于鼻翼一侧，微转两下。
（二）左手横伸；右手拇、食、中指相捏，指尖朝下，在左手掌心上方顺时针转动两下，如研墨状。

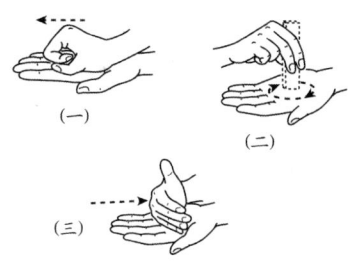

回收印墨　huíshōu yìnmò
（一）左手平伸；右手握拳，手背向上，在左手掌心上向前移动一下。
（二）左手横伸；右手拇、食、中指相捏，指尖朝下，在左手掌心上方顺时针转动两下，如研墨状。
（三）左手平伸；右手横立，掌心向内，五指微曲，在左手掌心上从外向内收进。

涂色（刷色） túsè (shuāsè)

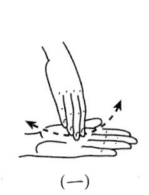 

（一）左手平伸；右手五指并拢，指尖朝下，在左手掌心上做涂抹的动作。
（二）一手直立，掌心向内，五指张开，在嘴唇部交替点动。

分色 fēnsè

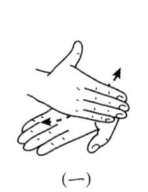 

（一）左手横伸；右手侧立，置于左手掌心上，并左右拨动一下。
（二）一手直立，掌心向内，五指张开，在嘴唇部交替点动。

卡纸 kǎzhǐ

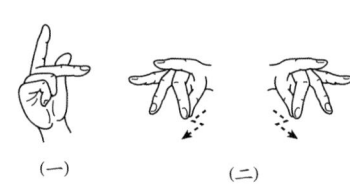

（一）一手打手指字母"K"的指式。
（二）双手拇、中指相捏，指尖朝下，微抖几下。

吹塑纸 chuīsùzhǐ

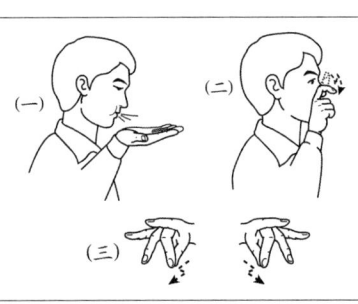

（一）一手平伸，掌心向上，置于嘴前，嘴做吹气的动作。
（二）右手食指直立，置于鼻翼一侧，然后向左弯动两下。
（三）双手拇、中指相捏，指尖朝下，微抖几下。

定位① dìngwèi①

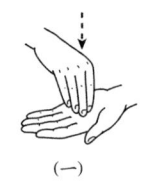 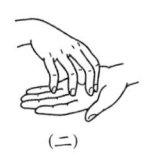

（一）左手横伸；右手五指撮合，指尖朝下，按向左掌心。
（二）左手横伸；右手五指弯曲，指尖朝下，置于左手掌心上。

定位② dìngwèi②

双手拇、食指搭成"十"字形，右手从右向左移至左后，与左手"十"字形重合。

五、版画

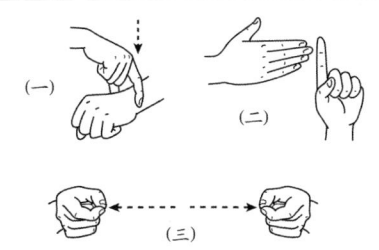

基准线 jīzhǔnxiàn
（一）左手握拳，手背向上；右手拇、食指张开，指尖朝下，插向左手腕两侧。
（二）左手食指直立；右手侧立，指向左手食指。
（三）双手拇、食指相捏，虎口朝上，从中间向两侧拉开。

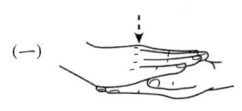

压印 yāyìn
（一）双手横伸，掌心相对，右手向下压一下左手。
（二）左手平伸；右手握拳，手背向上，在左手掌心上向前移动一下。

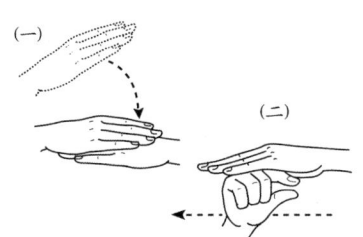

盖毡 gàizhān
（一）双手横伸，掌心向下，右手从上向下盖向左手背。
（二）左手横伸；右手拇、食指微张，指尖朝前，在左手掌心下从左向右移动。

油磙子 yóugǔn·zi
（一）一手拇、食指搭成"十"字形，置于鼻翼一侧，微转两下。
（二）左手平伸；右手虚握，虎口朝前，在左手掌心上方向前移动两下。

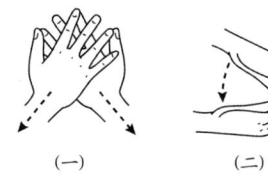

网版 wǎngbǎn
（一）双手五指张开，手背向外，交叉相搭，向两侧斜下方移动。
（二）左手平伸，掌心向上；右手斜伸，手背向前上方，指尖抵于左手指尖，然后向下一按。

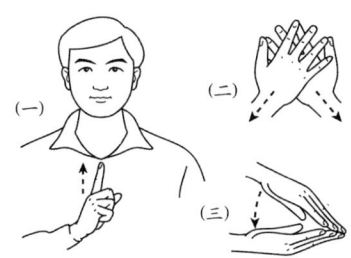

单独网版 dāndú wǎngbǎn
（一）一手食指直立，虎口贴于胸部，向上移动少许。
（二）双手五指张开，手背向外，交叉相搭，向两侧斜下方移动。
（三）左手平伸，掌心向上；右手斜伸，手背向前上方，指尖抵于左手指尖，然后向下一按。

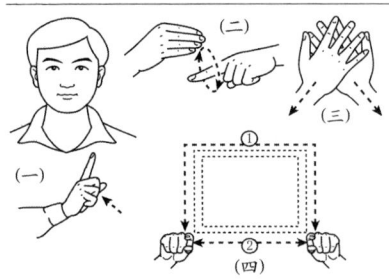

自绷网框　zìbēng wǎngkuàng
（一）右手食指直立，虎口朝内，贴向左胸部。
（二）左手食指横伸；右手五指撮合，绕左手食指转动两圈，如缠绷带状。
（三）双手五指张开，手背向外，交叉相搭，向两侧斜下方移动。
（四）双手拇、食指微张，指尖朝前，从中间向两侧移动，再折而下移，然后从中间向两侧移动。

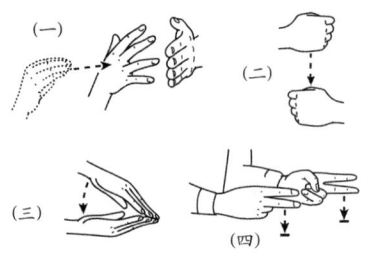

感光制版法　gǎnguāng zhìbǎnfǎ
（一）左手横立，掌心向内；右手五指撮合，指尖朝前，边移向左手掌心边张开。
（二）双手握拳，一上一下，右拳向下砸一下左拳。
（三）左手平伸，掌心向上；右手斜伸，手背向前上方，指尖抵于左手指尖，然后向下一按。
（四）双手打手指字母"F"的指式，指尖朝前，向下一顿。

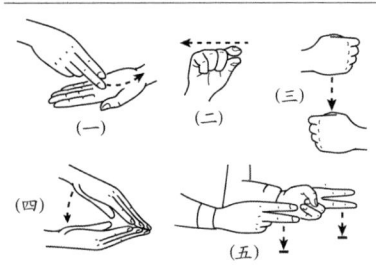

刻膜制版法　kèmó zhìbǎnfǎ
（一）左手横伸；右手食、中指并拢，指尖朝下，在左手掌心上划动一下。
（二）一手拇、食指微张，指尖朝前，向一侧移动。
（三）双手握拳，一上一下，右拳向下砸一下左拳。
（四）左手平伸，掌心向上；右手斜伸，手背向前上方，指尖抵于左手指尖，然后向下一按。
（五）双手打手指字母"F"的指式，指尖朝前，向下一顿。

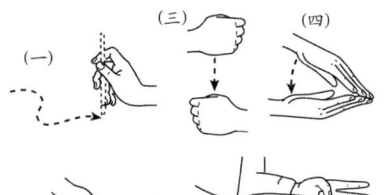

描画制版法　miáohuà zhìbǎnfǎ
（一）一手如执毛笔状，随意做曲线形移动。
（二）左手横伸；右手五指撮合，指背在左手掌心上抹一下。
（三）双手握拳，一上一下，右拳向下砸一下左拳。
（四）左手平伸，掌心向上；右手斜伸，手背向前上方，指尖抵于左手指尖，然后向下一按。
（五）双手打手指字母"F"的指式，指尖朝前，向下一顿。

六、雕塑

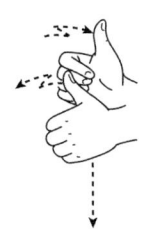

雕塑① diāosù ①
　　双手伸拇指,边交替向前按动边向下移动,模仿雕塑的手法。
　　(可根据实际表示雕塑的动作)

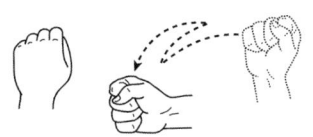

雕塑② diāosù ②
　　双手握拳,虎口朝内,左手在前不动,右手朝左手挥动两下,如用锤子、钎子等工具进行石雕、碑刻状。
　　(可根据实际表示雕塑的动作)

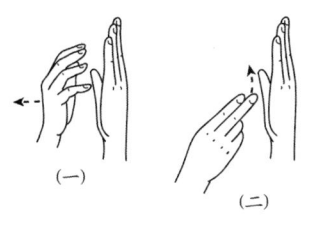

浮雕 fúdiāo
　　(一)左手直立,掌心向右;右手五指微曲,掌心对着左手掌心,然后向右微移一下,表示凸起的浮雕。
　　(二)左手直立,掌心向右;右手食、中指并拢,指尖朝上,在左手旁向上划动一下,如雕刻浮雕状。
　　(可根据实际表示浮雕的手法)

透雕 tòudiāo
　　左手虚握,虎口朝上,食、中指分开;右手食、中指并拢,在左手食、中指指缝间向外抠动两下,表示透雕的镂空手法。
　　(可根据实际表示透雕的手法)

悬雕 xuándiāo
　　左小臂抬起,左手五指弯曲,掌心向下;右手食、中指并拢,指尖朝上,在左手掌心下抠动两下。
　　(可根据实际表示悬雕的手法)

圆雕 yuándiāo

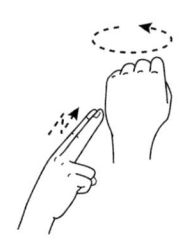

左小臂抬起,左手握拳并转动;右手食、中指并拢,指尖朝上,在左拳上做雕刻的动作。

(可根据实际表示圆雕的手法)

雕花 diāohuā

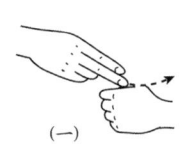 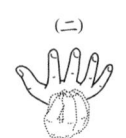

(一)左手握拳,虎口朝上;右手食、中指并拢,在左手虎口上划动一下,如雕刻状。

(二)一手五指撮合,指尖朝上,然后张开。

彩雕 cǎidiāo

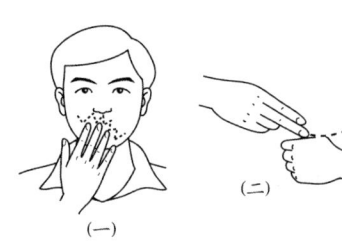

(一)一手直立,掌心向内,五指张开,在嘴唇部交替点动。

(二)左手握拳,虎口朝上;右手食、中指并拢,在左手虎口上划动一下,如雕刻状。

根雕 gēndiāo

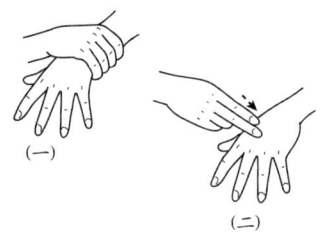

(一)左手五指张开,手背向上;右手握住左手腕。

(二)左手五指张开,手背向上;右手食、中指并拢,向左手背上划动一下。

(可根据实际表示根雕的手法)

骨雕 gǔdiāo

(一)左手握拳,手背向上;右手拇、食指张开,卡在左手腕,左手微转两下。

(二)左手握拳,虎口朝上;右手食、中指并拢,在左手虎口上划动一下,如雕刻状。

(可根据实际表示骨雕的手法)

木雕① mùdiāo ①

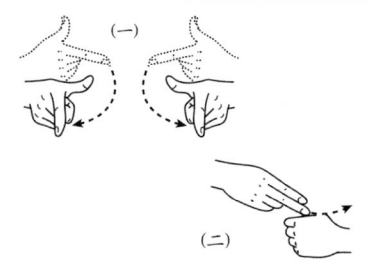

(一)双手伸拇、食指,虎口朝上,手腕向前转动一下。

(二)左手握拳,虎口朝上;右手食、中指并拢,在左手虎口上划动一下,如雕刻状。

(可根据实际表示木雕的手法)

六、雕塑

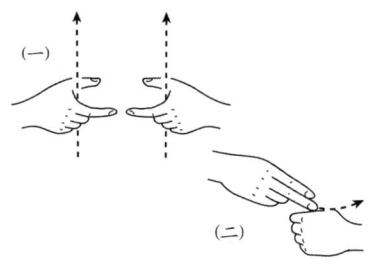

木雕②（树雕）　mùdiāo ②（shùdiāo）
　　（一）双手拇、食指成大圆形，虎口朝上，同时向上移动。
　　（二）左手握拳，虎口朝上；右手食、中指并拢，在左手虎口上划动一下，如雕刻状。
　　（可根据实际表示木雕、树雕的手法）

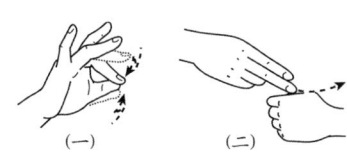

泥雕　nídiāo
　　（一）一手拇、中指相捏两下，指尖朝前。
　　（二）左手握拳，虎口朝上；右手食、中指并拢，在左手虎口上划动一下，如雕刻状。
　　（可根据实际表示泥雕的手法）

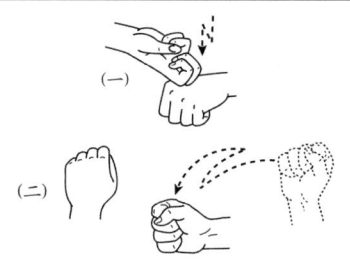

石雕（石刻）　shídiāo（shíkè）
　　（一）左手握拳；右手食、中指弯曲，以指关节在左手背上敲两下。
　　（二）双手握拳，虎口朝内，左手在前不动，右手朝左手挥动两下。
　　（可根据实际表示石雕的手法）

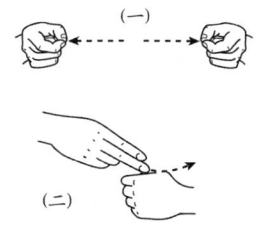

线雕　xiàndiāo
　　（一）双手拇、食指相捏，虎口朝上，从中间向两侧拉开。
　　（二）左手握拳，虎口朝上；右手食、中指并拢，在左手虎口上划动一下，如雕刻状。
　　（可根据实际表示线雕的手法）

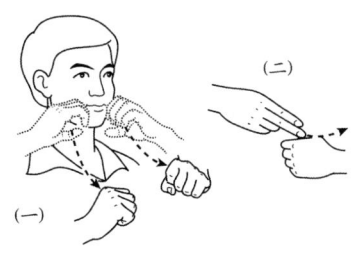

牙雕　yádiāo
　　（一）双手五指弯曲，虎口朝斜后方，边从嘴部两侧向前下方移动边握拳。
　　（二）左手握拳，虎口朝上；右手食、中指并拢，在左手虎口上划动一下，如雕刻状。
　　（可根据实际表示牙雕的手法）

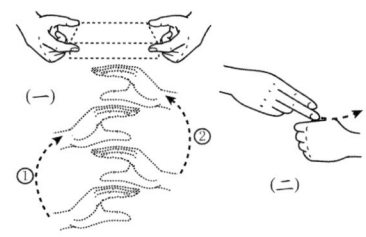

砖雕　zhuāndiāo
　　（一）双手五指成"⊏⊐"形，虎口朝内，交替上叠，模仿垒砖的动作，然后双手拇、食指成"⊏⊐"形，虎口朝上。
　　（二）左手握拳，虎口朝上；右手食、中指并拢，在左手虎口上划动一下，如雕刻状。
　　（可根据实际表示砖雕的手法）

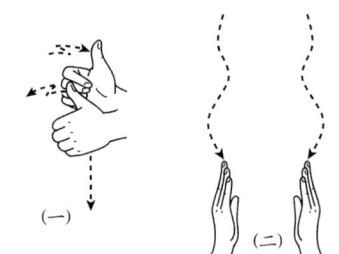

塑像 sùxiàng
（一）双手伸拇指，边交替向前按动边向下移动。
（二）双手直立，掌心左右相对，从上向下做曲线形移动，如人的身体形状。

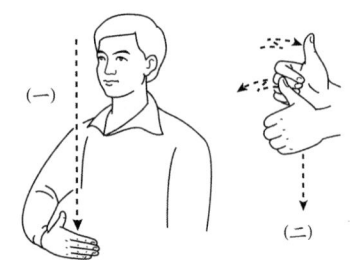

壁塑 bìsù
（一）一手横立，掌心向内，从上向下移动。
（二）双手伸拇指，边交替向前按动边向下移动。

彩塑 cǎisù
（一）一手直立，掌心向内，五指张开，在嘴唇部交替点动。
（二）双手伸拇指，边交替向前按动边向下移动。

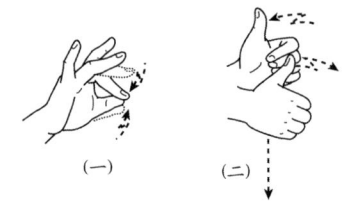

泥塑 nísù
（一）一手拇、中指相捏两下，指尖朝前。
（二）双手伸拇指，边交替向前按动边向下移动。

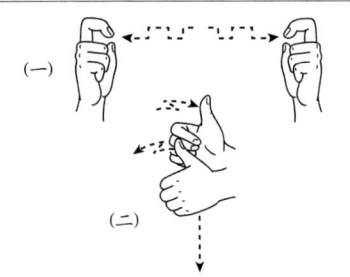

城市雕塑 chéngshì diāosù
（一）双手食指直立，指面相对，从中间向两侧弯动（或弯动一下），仿城墙"⊓⊓⊓"形。
（二）双手伸拇指，边交替向前按动边向下移动。

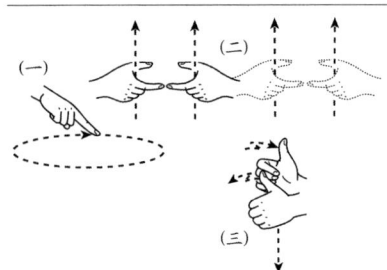

园林雕塑 yuánlín diāosù
（一）一手伸食指，指尖朝下划一大圈。
（二）双手拇、食指成大圆形，虎口朝上，在不同位置向上移动两下。
（三）双手伸拇指，边交替向前按动边向下移动。

建筑雕塑　jiànzhù diāosù

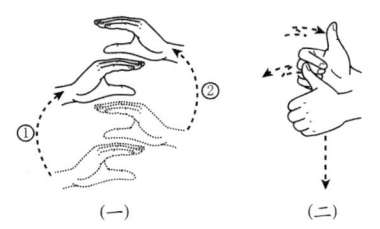

（一）双手五指成"⊏⊐"形，虎口朝内，交替上叠，模仿垒砖的动作。
（二）双手伸拇指，边交替向前按动边向下移动。

青铜雕塑　qīngtóng diāosù

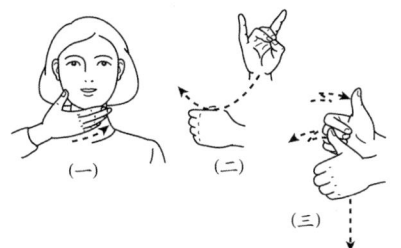

（一）一手横立，掌心向内，食、中、无名、小指并拢，在颏部从右向左摸一下。
（二）左手握拳，虎口朝上；右手打手指字母"T"的指式，砸一下左手虎口后向前移动，表示铜的声母。
（三）双手伸拇指，边交替向前按动边向下移动。

唐三彩雕塑　tángsāncǎi diāosù

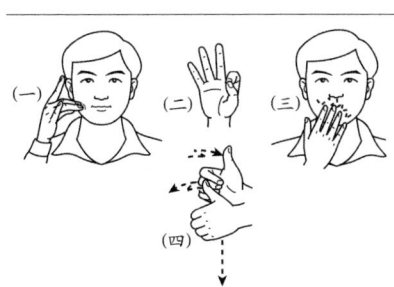

（一）一手打手指字母"T"的指式，拇、中、无名指指尖抵于脸颊。
（二）一手中、无名、小指直立分开，掌心向外。
（三）一手直立，掌心向内，五指张开，在嘴唇部交替点动。
（四）双手伸拇指，边交替向前按动边向下移动。

玻璃钢雕塑　bō·ligāng diāosù

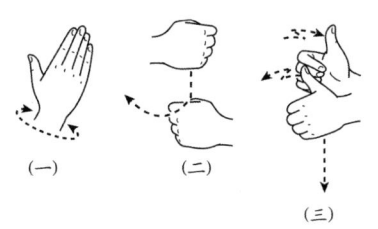

（一）右手直立，掌心向左，食、中、无名、小指并拢，手腕微转几下，表示玻璃的闪光。
（二）双手握拳，虎口朝上，一上一下，右拳向下砸一下左拳，再向外移动。
（三）双手伸拇指，边交替向前按动边向下移动。

石膏雕塑　shígāo diāosù

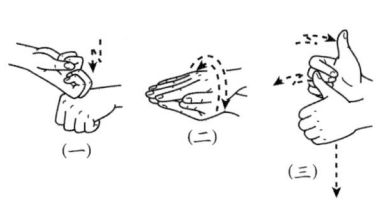

（一）左手握拳；右手食、中指弯曲，以指关节在左手背上敲两下。
（二）双手平伸，掌心相合，手背拱起，左右翻转两下。
（三）双手伸拇指，边交替向前按动边向下移动。

装饰雕塑　zhuāngshì diāosù

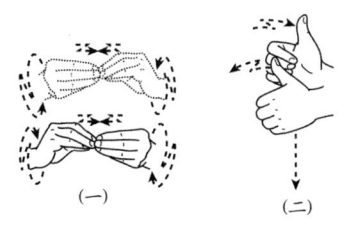

（一）双手五指撮合，指尖相抵，边前后反向转动边互碰几下。
（二）双手伸拇指，边交替向前按动边向下移动。

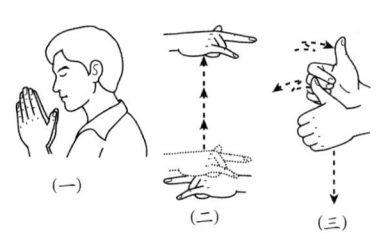

佛塔雕塑 fótǎ diāosù
（一）双手合十，双眼闭拢，头微低。
（二）双手伸拇、食、小指，手背向上，上下相叠，左手在下不动，右手向上一顿一顿移动几下。
（三）双手伸拇指，边交替向前按动边向下移动。

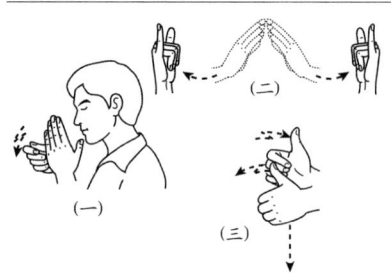

寺庙雕塑 sìmiào diāosù
（一）左手直立，掌心向右；右手虚握，做敲木鱼的动作，双眼闭拢。
（二）双手搭成"∧"形，然后左右分开并伸出拇、小指，指尖朝上，仿宫殿翘起的飞檐。
（三）双手伸拇指，边交替向前按动边向下移动。

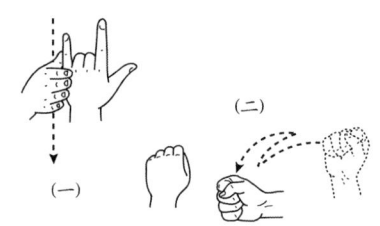

摩崖雕塑 móyá diāosù
（一）左手拇、食、小指直立，手背向外，仿"山"字形；右手侧立，沿左手小指外侧向下一划。
（二）双手握拳，虎口朝内，左手在前不动，右手朝左手挥动两下。

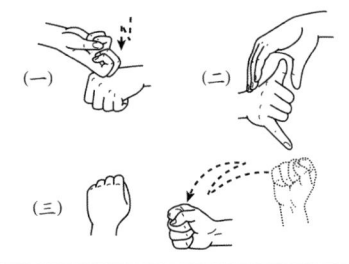

石窟雕塑 shíkū diāosù
（一）左手握拳；右手食、中指弯曲，以指关节在左手背上敲两下。
（二）左手五指成"∩"形，虎口朝内；右手伸拇、小指，手背向右，置于左手下。
（三）双手握拳，虎口朝内，左手在前不动，右手朝左手挥动两下。

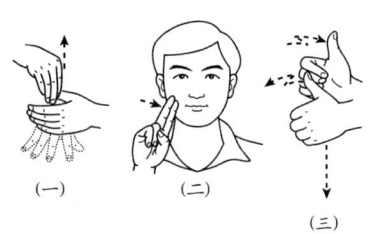

抽象雕塑 chōuxiàng diāosù
（一）左手五指成半圆形，虎口朝上；右手五指张开，指尖朝下，边从左手虎口内移出边撮合。
（二）一手食、中指直立并拢，掌心向斜前方，朝脸颊碰一下。
（三）双手伸拇指，边交替向前按动边向下移动。

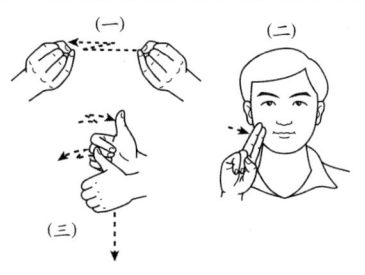

具象雕塑 jùxiàng diāosù
（一）双手拇、小指相捏，左手不动，右手向右拉动两下，表示非常细致。
（二）一手食、中指直立并拢，掌心向斜前方，朝脸颊碰一下。
（三）双手伸拇指，边交替向前按动边向下移动。

六、雕塑　145

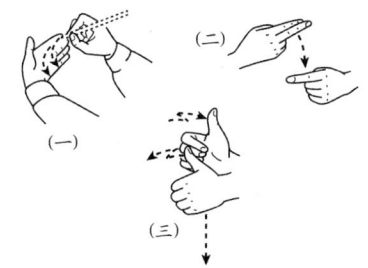

写实雕塑　xiěshí diāosù
（一）左手斜伸；右手如执铅笔状，在左手掌心上向左划动两下，眼睛注视手的动作。
（二）左手食指横伸；右手食、中指相叠，敲一下左手食指。
（三）双手伸拇指，边交替向前按动边向下移动。

打磨　dǎmó
左手横伸；右手握拳，虎口朝上，在左手掌心上缓慢转动两下。
（可根据实际表示打磨的动作）

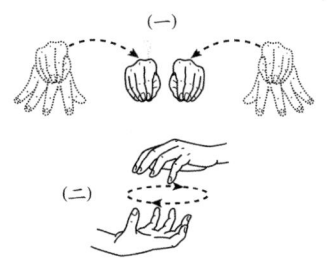

糅合（相混）　róuhé（xiānghùn）
（一）双手五指张开，指尖朝下，先撮合，然后从两侧向中间移动。
（二）双手五指弯曲，指尖上下相对，交替平行转动两下。

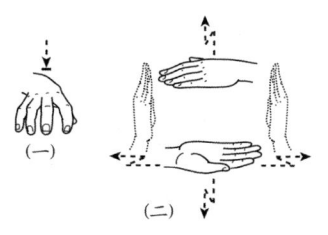

体量　tǐliàng
（一）一手五指弯曲，指尖朝下，向下一顿，表示物体。
（二）双手直立，掌心左右相对，分别向两侧来回移动两下，然后双手横伸，掌心上下相对，分别向上下方向来回移动两下。

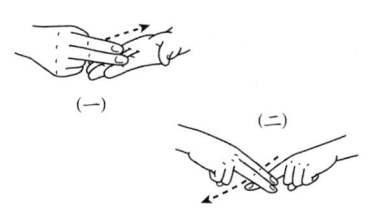

刮刀　guādāo
（一）左手平伸；右手食、中指并拢，指尖朝左，在左手掌心上用力向后刮动一下。
（二）左手伸食指，指尖朝前；右手食、中指并拢，在左手食指上削一下。
（可根据实际表示刮刀的外形）

压刀　yādāo
左手食、中指并拢，指尖朝前，掌心向下；右手横伸，掌心向下，按于左手背上，然后双手同时一顿一顿向前移动。

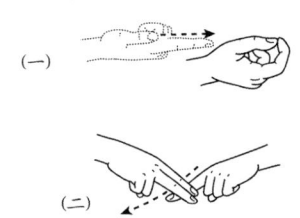

晕刀 yùndāo

（一）一手食指横伸，手背向下，拇指尖按于食指根部，然后向指尖方向移动至拇、食指相捏。

（二）左手伸食指，指尖朝前；右手食、中指并拢，在左手食指上削一下。

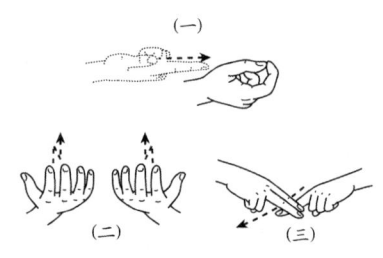

晕烘刀 yùnhōngdāo

（一）一手食指横伸，手背向下，拇指尖按于食指根部，然后向指尖方向移动至拇、食指相捏。

（二）双手五指微曲，指尖朝上，向上动几下。

（三）左手伸食指，指尖朝前；右手食、中指并拢，在左手食指上削一下。

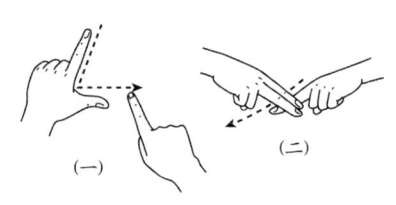

角刀 jiǎodāo

（一）左手拇、食指成"∠"形，手背向内；右手食指沿左手虎口划一下。

（二）左手伸食指，指尖朝前；右手食、中指并拢，在左手食指上削一下。

平刀 píngdāo

（一）左手横伸；右手平伸，掌心向下，从左手背上向右移动一下。

（二）左手伸食指，指尖朝前；右手食、中指并拢，在左手食指上削一下。

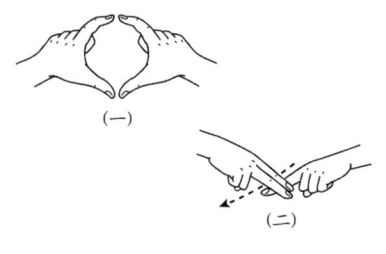

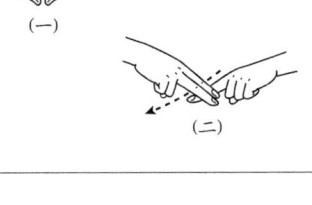

圆刀 yuándāo

（一）双手拇、食指搭成圆形，虎口朝内。

（二）左手伸食指，指尖朝前；右手食、中指并拢，在左手食指上削一下。

锉（锉刀） cuò (cuòdāo)

左手食指横伸，手背向外；右手食、中指并拢，指尖朝前，搭在左手食指上，向前磨动两下。

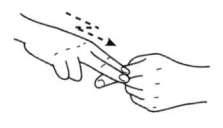

六、雕塑　147

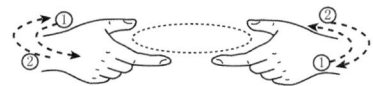
转盘 zhuànpán
双手拇、食指成大圆形，虎口朝上，来回转动两下。

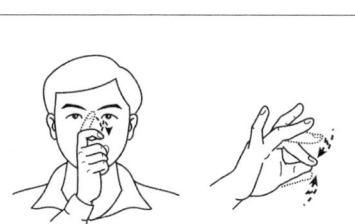
橡皮泥 xiàngpíní
（一）右手食指直立，置于鼻翼一侧，然后向左弯动两下。
（二）一手拇、中指相捏两下，指尖朝前。

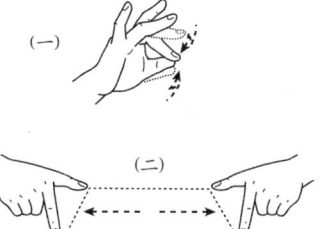
泥板 níbǎn
（一）一手拇、中指相捏两下，指尖朝前。
（二）双手拇、食指张开，指尖朝下，虎口相对，从中间向两侧移动。

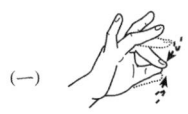

泥条 nítiáo
（一）一手拇、中指相捏两下，指尖朝前。
（二）双手拇、食指微张，指尖相对，虎口朝上，从中间向两侧拉开。

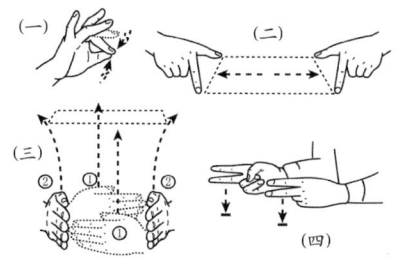
泥板成型法 níbǎn chéngxíngfǎ
（一）一手拇、中指相捏两下，指尖朝前。
（二）双手拇、食指张开，指尖朝下，虎口相对，从中间向两侧移动。
（三）双手横立，掌心向内，向上移动一下，然后双手侧立，掌心相对，向上移动一下，模仿围泥板的动作。
（四）双手打手指字母"F"的指式，指尖朝前，向下一顿。
（可根据实际表示制作泥板的不同动作）

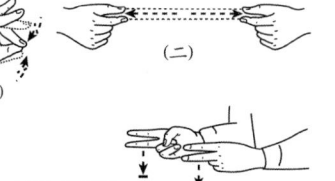
泥条成型法 nítiáo chéngxíngfǎ
（一）一手拇、中指相捏两下，指尖朝前。
（二）双手拇、食指微张，指尖相对，虎口朝上，从中间向两侧拉开。
（三）左手五指成半圆形，虎口朝上；右手拇、食指微张，指尖朝下，在左手虎口处转动两圈，模仿盘泥条的动作。
（四）双手打手指字母"F"的指式，指尖朝前，向下一顿。
（可根据实际表示泥条成型的动作）

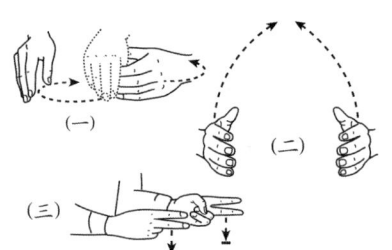

拉坯成型法 lāpī chéngxíngfǎ

（一）左手五指成半圆形，虎口朝上；右手五指成"∩"形，卡在左手食、中、无名、小指处，然后双手同时反向转动，模仿拉泥坯的动作。

（二）双手五指弯曲，掌心左右相对，然后缓慢从下向上做弧形移动，表示泥坯成型。

（三）双手打手指字母"F"的指式，指尖朝前，向下一顿。（可根据实际表示拉坯的动作）

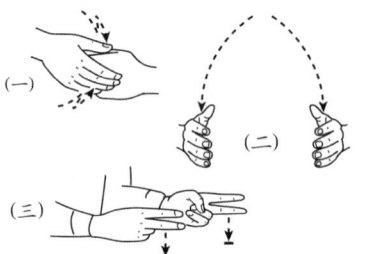

捏塑成型法 niēsù chéngxíngfǎ

（一）左手握拳，虎口朝上；右手在左拳上捏动两下。

（二）双手五指弯曲，掌心左右相对，从上向下做上小下大的弧形移动，如雪人形状，表示塑成的物体。

（三）双手打手指字母"F"的指式，指尖朝前，向下一顿。（可根据实际表示捏塑的动作）

七、动漫

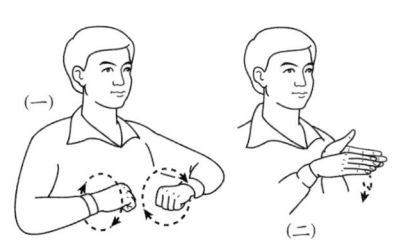

动漫 dòngmàn
（一）双手握拳屈肘，前后交替转动两下。
（二）左手侧立；右手平伸，掌心向下，在左手旁向下扇动两下。

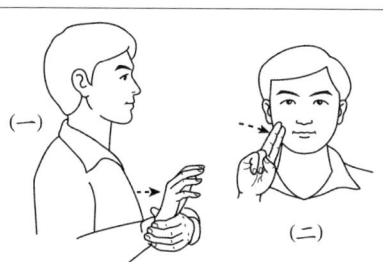

影像 yǐngxiàng
（一）左手五指成半圆形，虎口朝上；右手五指弯曲，指尖朝前，手腕碰一下左手虎口。
（二）一手食、中指直立并拢，掌心向斜前方，朝脸颊碰一下。

动画片 dònghuàpiàn
（一）双手握拳屈肘，前后交替转动两下。
（二）左手横伸；右手五指撮合，指背在左手掌心上抹一下。
（三）一手横立，掌心向内，五指张开，在面前上下晃动几下。

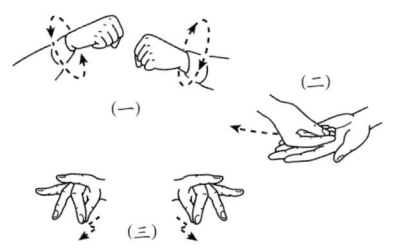

动画纸 dònghuàzhǐ
（一）双手握拳屈肘，前后交替转动两下。
（二）左手横伸；右手五指撮合，指背在左手掌心上抹一下。
（三）双手拇、中指相捏，指尖朝下，微抖几下。

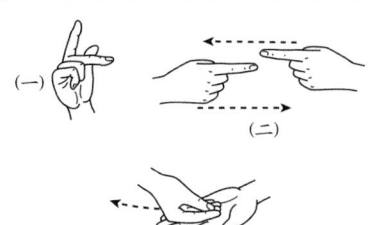

卡通画 kǎtōnghuà
（一）一手打手指字母"K"的指式。
（二）双手食指横伸，指尖相对，手背向外，从两侧向中间交错移动。
（三）左手横伸；右手五指撮合，指背在左手掌心上抹一下。

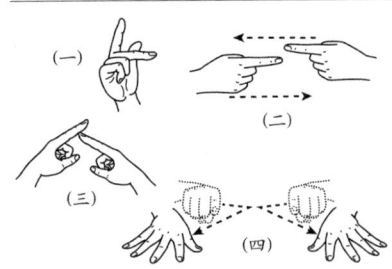

卡通人物　kǎtōng rénwù
（一）一手打手指字母"K"的指式。
（二）双手食指横伸，指尖相对，手背向外，从两侧向中间交错移动。
（三）双手食指搭成"人"字形。
（四）双手食指指尖朝前，手背向上，先互碰一下，再分开并张开五指。

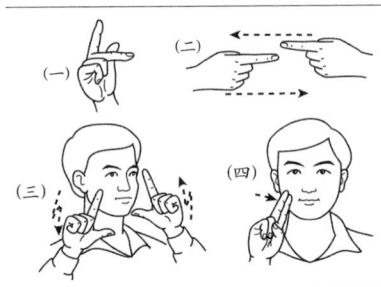

卡通形象　kǎtōng xíngxiàng
（一）一手打手指字母"K"的指式。
（二）双手食指横伸，指尖相对，手背向外，从两侧向中间交错移动。
（三）双手拇、食指成"└"形，置于脸颊两侧，上下交替动两下。
（四）一手食、中指直立并拢，掌心向斜前方，朝脸颊碰一下。

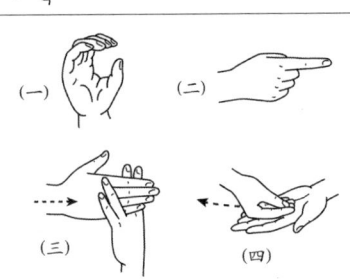

CG 插图　CG chātú
（一）一手打手指字母"C"的指式。
（二）一手打手指字母"G"的指式。
（三）左手直立，掌心向右；右手横立，掌心向内，插入左手中、无名指指缝间。
（四）左手横伸；右手五指撮合，指背在左手掌心上抹一下。

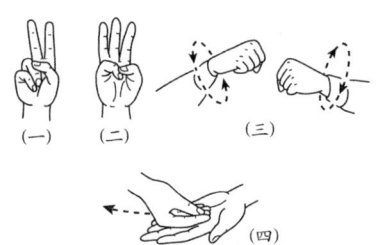

二维动画　èrwéi dònghuà
（一）一手食、中指直立分开，掌心向外。
（二）一手打手指字母"W"的指式。
（三）双手握拳屈肘，前后交替转动两下。
（四）左手横伸；右手五指撮合，指背在左手掌心上抹一下。

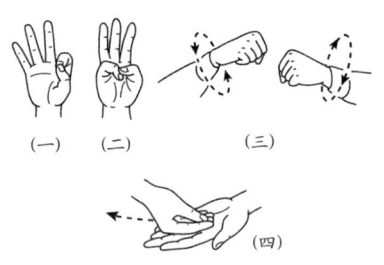

三维动画　sānwéi dònghuà
（一）一手中、无名、小指直立分开，掌心向外。
（二）一手打手指字母"W"的指式。
（三）双手握拳屈肘，前后交替转动两下。
（四）左手横伸；右手五指撮合，指背在左手掌心上抹一下。

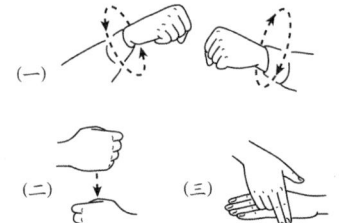

动作设计　dòngzuò shèjì
（一）双手握拳屈肘，前后交替转动两下。
（二）双手握拳，一上一下，右拳向下砸一下左拳。
（三）左手横伸，掌心向下；右手伸拇、食、中指，食、中指并拢，指尖朝下，沿左手小指外侧划动两下。

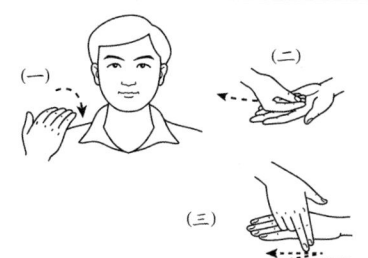

原画设计 yuánhuà shèjì

（一）一手直立，掌心向内，向肩后挥动一下。
（二）左手横伸；右手五指撮合，指背在左手掌心上抹一下。
（三）左手横伸，掌心向下；右手伸拇、食、中指，食、中指并拢，指尖朝下，沿左手小指外侧划动两下。

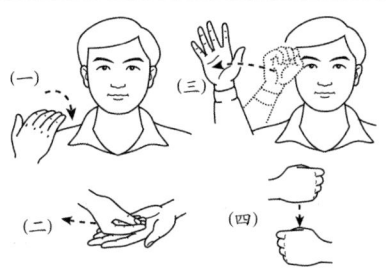

原画创作 yuánhuà chuàngzuò

（一）一手直立，掌心向内，向肩后挥动一下。
（二）左手横伸；右手五指撮合，指背在左手掌心上抹一下。
（三）一手握拳，虎口贴于太阳穴，然后边向前移动边张开五指。
（四）双手握拳，一上一下，右拳向下砸一下左拳。

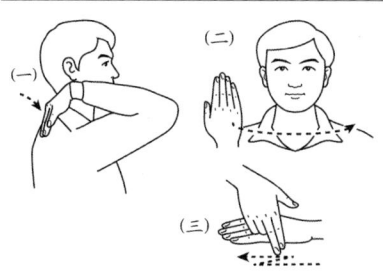

背景设计 bèijǐng shèjì

（一）一手拍一下同侧背部。
（二）一手直立，掌心向内，从一侧向另一侧做弧形移动。
（三）左手横伸，掌心向下；右手伸拇、食、中指，食、中指并拢，指尖朝下，沿左手小指外侧划动两下。

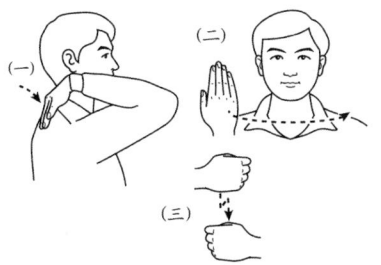

背景制作 bèijǐng zhìzuò

（一）一手拍一下同侧背部。
（二）一手直立，掌心向内，从一侧向另一侧做弧形移动。
（三）双手握拳，一上一下，右拳向下砸两下左拳。

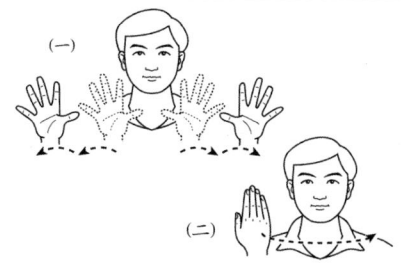

布景 bùjǐng

（一）双手直立，掌心向外，五指张开，从中间向两侧按动两下。
（二）一手直立，掌心向内，从一侧向另一侧做弧形移动。
（可根据实际表示布景的动作）

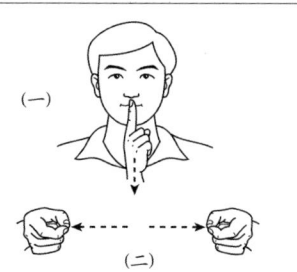

中间线 zhōngjiānxiàn

（一）一手食指直立，在嘴前中部向下划动一下。
（二）双手拇、食指相捏，虎口朝上，从中间向两侧拉开。

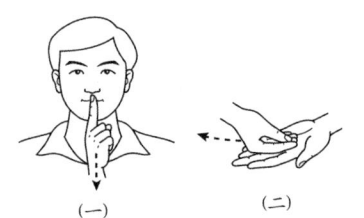

中间画 zhōngjiānhuà

（一）一手食指直立，在嘴前中部向下划动一下。
（二）左手横伸；右手五指撮合，指背在左手掌心上抹一下。

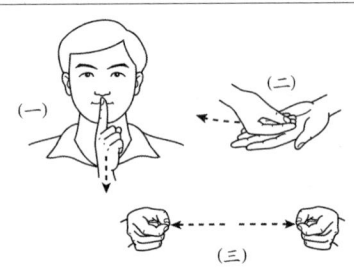

中间画线条 zhōngjiānhuà xiàntiáo

（一）一手食指直立，在嘴前中部向下划动一下。
（二）左手横伸；右手五指撮合，指背在左手掌心上抹一下。
（三）双手拇、食指相捏，虎口朝上，从中间向两侧拉开。

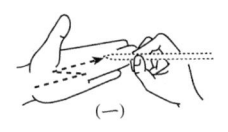

徒手画线 túshǒu huàxiàn

（一）左手斜伸；右手如执铅笔状，在左手掌心上划动两下。
（二）双手拇、食指相捏，虎口朝上，从中间向两侧拉开。

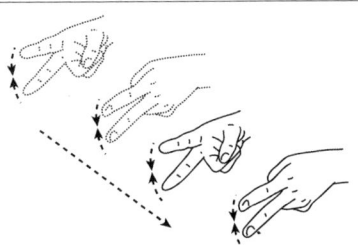

剪辑 jiǎnjí

双手食、中指分开，指尖朝前，边夹动边向一侧移动。

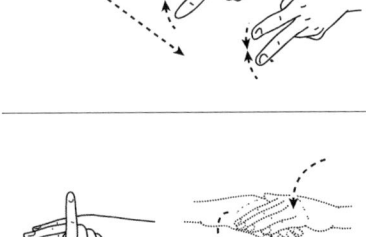

特技 tèjì

（一）左手横伸，手背向上；右手伸食指，从左手小指外侧向上伸出。
（二）双手横伸，掌心向下，互拍手背。

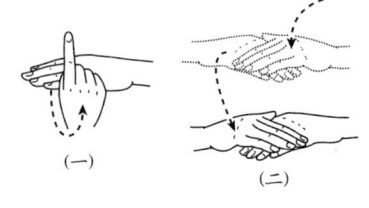

字幕 zìmù

左手横立，掌心向内，五指张开；右手打手指字母"Z"的指式，在左手下从左向右移动一下。

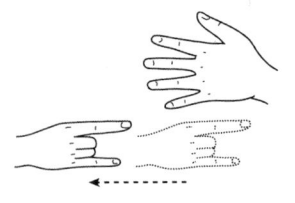

八、工艺美术

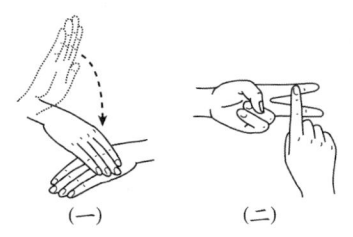

手工 shǒugōng
（一）左手横伸，掌心向下；右手拍一下左手背。
（二）左手食、中指与右手食指搭成"工"字形。

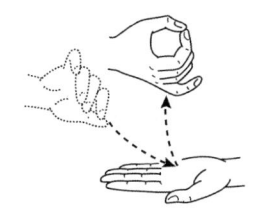

刺绣 cìxiù
左手横伸；右手拇、食指如捏针状，在左手掌心上做刺绣的动作，眼睛注视手的动作。

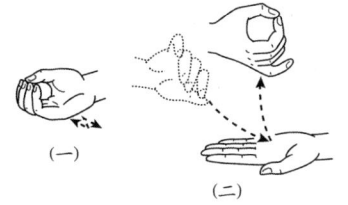

苏绣 sūxiù
（一）一手五指捏成球形，手背向下，左右微晃几下。
（二）左手横伸；右手拇、食指如捏针状，在左手掌心上做刺绣的动作，眼睛注视手的动作。

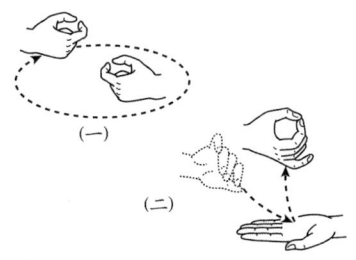

湘绣 xiāngxiù
（一）双手拇、食指成圆形，指尖稍分开，虎口朝上，右手绕左手转动一圈。
（二）左手横伸；右手拇、食指如捏针状，在左手掌心上做刺绣的动作，眼睛注视手的动作。

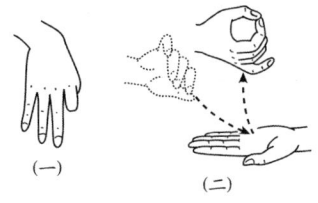

川绣（蜀绣） chuānxiù（shǔxiù）
（一）一手中、无名、小指分开，指尖朝下，手背向外，仿"川"字形。
（二）左手横伸；右手拇、食指如捏针状，在左手掌心上做刺绣的动作，眼睛注视手的动作。

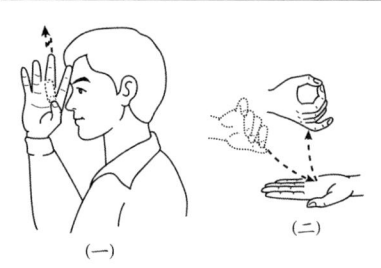

广绣（粤绣） guǎngxiù (yuèxiù)

（一）一手伸食、无名、小指，食指尖抵于前额，拇、中指相捏，然后弹动两下。

（二）左手横伸；右手拇、食指如捏针状，在左手掌心上做刺绣的动作，眼睛注视手的动作。

彩线 cǎixiàn

（一）一手直立，掌心向内，五指张开，在嘴唇部交替点动。

（二）双手拇、食指相捏，虎口朝上，从中间向两侧拉开。

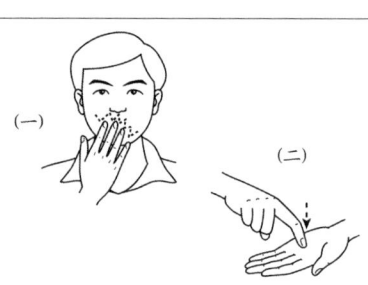

彩点 cǎidiǎn

（一）一手直立，掌心向内，五指张开，在嘴唇部交替点动。

（二）左手横伸；右手伸食指，指尖朝下，在左手掌心上点一下（或几下）。

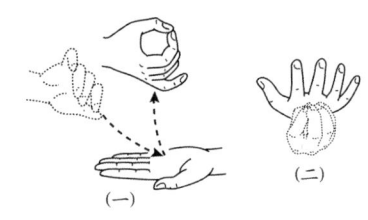

挑花 tiǎohuā

（一）左手横伸；右手拇、食指如捏针状，在左手掌心上做刺绣的动作，眼睛注视手的动作。

（二）一手五指撮合，指尖朝上，然后张开。

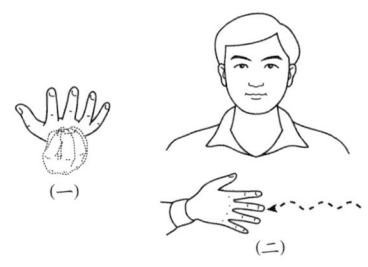

花纹② huāwén ②

（一）一手五指撮合，指尖朝上，然后张开。

（二）一手五指张开，掌心贴于胸部，从一侧向另一侧做曲线形移动。

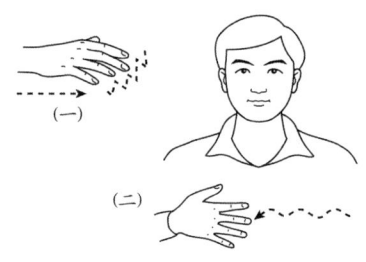

水纹 shuǐwén

（一）一手横伸，掌心向下，五指张开，边交替点动边向一侧移动。

（二）一手五指张开，掌心贴于胸部，从一侧向另一侧做曲线形移动。

（可根据实际表示水纹）

八、工艺美术

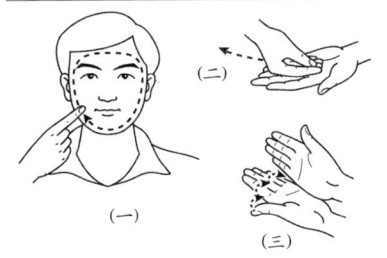

脸谱　liǎnpǔ
（一）一手伸食指，绕脸部转动一圈。
（二）左手横伸；右手五指撮合，指背在左手掌心上抹一下。
（三）左手平伸；右手斜立于左手掌心上，然后向右一顿一顿做弧形移动。

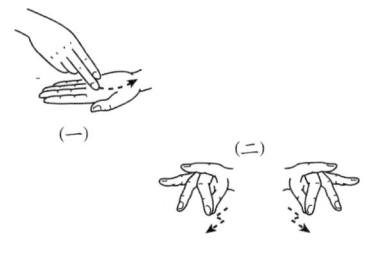

刻纸　kèzhǐ
（一）左手横伸；右手食、中指并拢，指尖朝下，在左手掌心上划动一下。
（二）双手拇、中指相捏，指尖朝下，微抖几下。

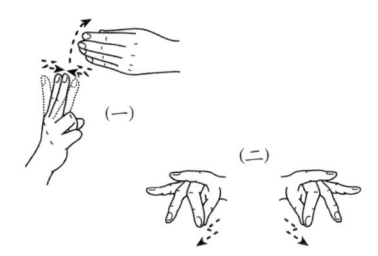

剪纸　jiǎnzhǐ
（一）左手五指撮合，指尖朝右，手背向外；右手食、中指分开，指尖朝上，边沿左手外侧移动边夹动，如剪纸状。
（二）双手拇、中指相捏，指尖朝下，微抖几下。

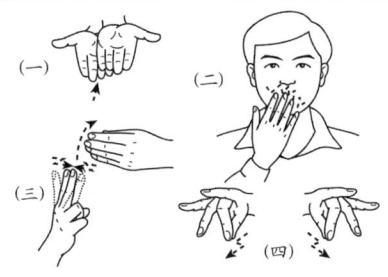

衬色剪纸　chènsè jiǎnzhǐ
（一）双手平伸，掌心向上，左手在上不动，右手从下向上动一下，与左手一半相叠。
（二）一手直立，掌心向内，五指张开，在嘴唇部交替点动。
（三）左手五指撮合，指尖朝右，手背向外；右手食、中指分开，指尖朝上，边沿左手外侧移动边夹动，如剪纸状。
（四）双手拇、中指相捏，指尖朝下，微抖几下。

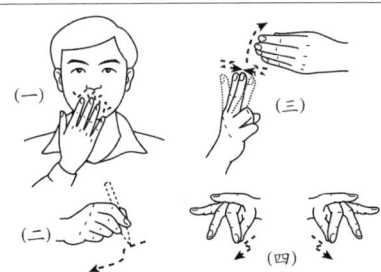

彩笔剪纸　cǎibǐ jiǎnzhǐ
（一）一手直立，掌心向内，五指张开，在嘴唇部交替点动。
（二）一手如执笔写字状。
（三）左手五指撮合，指尖朝右，手背向外；右手食、中指分开，指尖朝上，边沿左手外侧移动边夹动，如剪纸状。
（四）双手拇、中指相捏，指尖朝下，微抖几下。

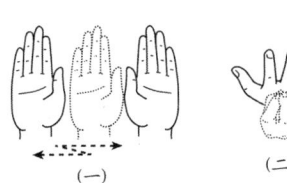 

窗花　chuānghuā
（一）双手并排直立，掌心向外，左手不动，右手左右移动两下，如开关推拉窗状。
（二）一手五指撮合，指尖朝上，然后张开。

锯齿形　jùchǐxíng

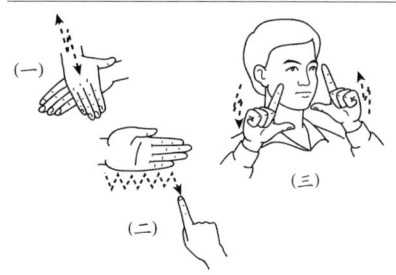

（一）左手横伸；右手食、中、无名、小指并拢，指尖朝斜下方，在左手小指外侧上下移动两下，头低下，如锯物状。

（二）左手横立，掌心向内，五指并拢；右手伸食指，指尖朝前，在左手下做锯齿形移动。

（三）双手拇、食指成"∟」"形，置于脸颊两侧，上下交替动两下。

柳叶形　liǔyèxíng

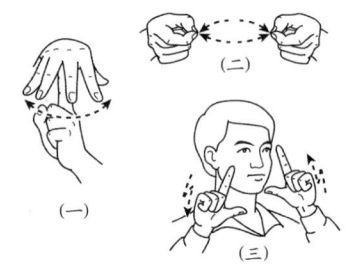

（一）左手食指直立；右手五指张开，指尖朝下，手腕置于左手食指尖，左右晃动两下。

（二）双手拇、食指张开，指尖相对，虎口朝上，边向两侧移动边相捏，如叶子状。

（三）双手拇、食指成"∟」"形，置于脸颊两侧，上下交替动两下。

单月牙形　dānyuèyáxíng

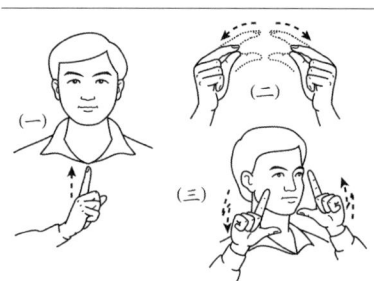

（一）一手食指直立，虎口贴于胸部，向上移动少许。

（二）双手拇、食指张开，指尖相对，虎口朝内，边从中间向两侧做弧形移动边相捏，如弯月状。

（三）双手拇、食指成"∟」"形，置于脸颊两侧，上下交替动两下。

双月牙形　shuāngyuèyáxíng

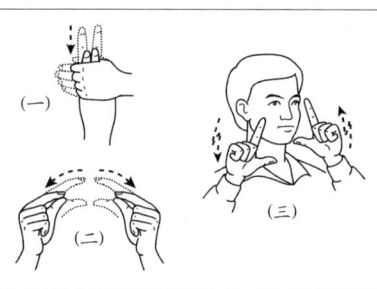

（一）左手五指微曲，虎口朝上；右手食、中指直立分开，手背向外，边从上向下移入左手掌心内边并拢，左手握住右手食、中指。

（二）双手拇、食指张开，指尖相对，虎口朝内，边从中间向两侧做弧形移动边相捏，如弯月状。

（三）双手拇、食指成"∟」"形，置于脸颊两侧，上下交替动两下。

陶（陶瓷①）　táo (táocí①)

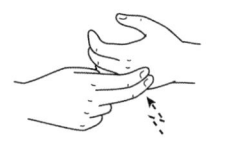

左手五指成半圆形，虎口朝上；右手伸食、中指，指尖朝内，敲两下左手背，如用手敲陶器状。

陶瓷②　táocí②

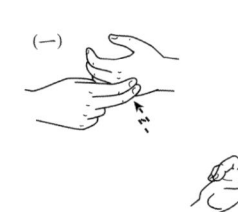

（一）左手五指成半圆形，虎口朝上；右手伸食、中指，指尖朝内，敲两下左手背，如用手敲陶器状。

（二）左手五指成半圆形，虎口朝上；右手伸拇、食、中指，食、中指交替弹左手拇指。

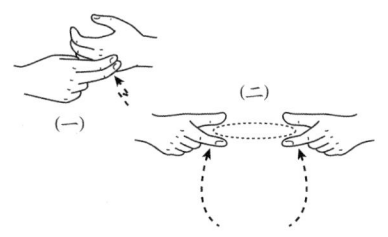

陶器 táoqì

（一）左手五指成半圆形，虎口朝上；右手伸食、中指，指尖朝内，敲两下左手背，如用手敲陶器状。

（二）双手拇、食指成大圆形，虎口朝上，从下向上做弧形移动，仿罐子的外形。

（可根据实际表示陶器的外形）

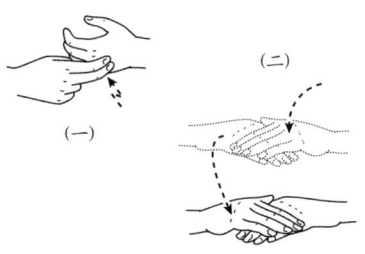

陶艺 táoyì

（一）左手五指成半圆形，虎口朝上；右手伸食、中指，指尖朝内，敲两下左手背，如用手敲陶器状。

（二）双手横伸，掌心向下，互拍手背。

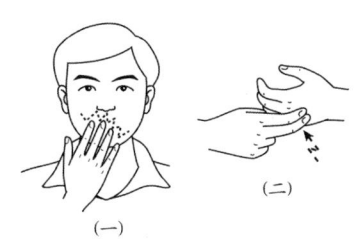

彩陶 cǎitáo

（一）一手直立，掌心向内，五指张开，在嘴唇部交替点动。

（二）左手五指成半圆形，虎口朝上；右手伸食、中指，指尖朝内，敲两下左手背，如用手敲陶器状。

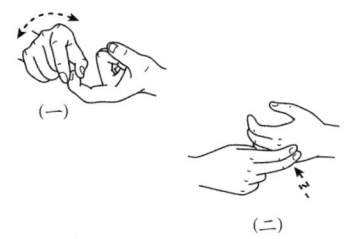

软陶 ruǎntáo

（一）右手拇、食指捏住左手食指尖，随意晃动几下，左手食指随之弯曲。

（二）左手五指成半圆形，虎口朝上；右手伸食、中指，指尖朝内，敲两下左手背，如用手敲陶器状。

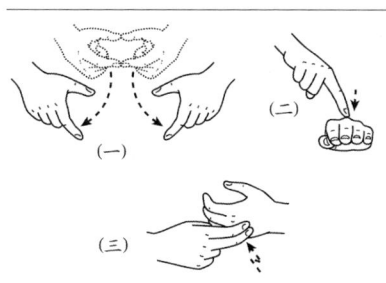

蛋壳陶 dànkétáo

（一）双手拇、食指搭成椭圆形，虎口朝上，再向下一甩，模仿打蛋的动作。

（二）左手平伸，手背拱起；右手伸食指，指尖朝下，点一下左手背。

（三）左手五指成半圆形，虎口朝上；右手伸食、中指，指尖朝内，敲两下左手背，如用手敲陶器状。

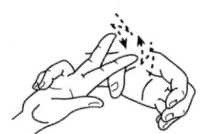

瓷 cí

左手五指成半圆形，虎口朝上；右手伸拇、食、中指，食、中指交替弹左手拇指。

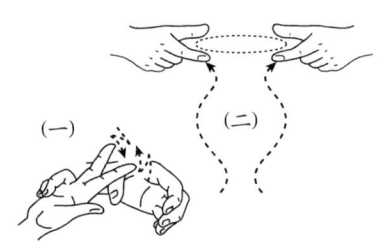

瓷器 cíqì
（一）左手五指成半圆形，虎口朝上；右手伸拇、食、中指，食、中指交替弹左手拇指。
（二）双手拇、食指成大圆形，虎口朝上，从下向上做曲线形移动。
（可根据实际表示瓷器的外形）

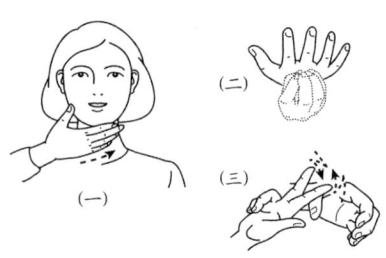

青花瓷 qīnghuācí
（一）一手横立，掌心向内，食、中、无名、小指并拢，在颈部从右向左摸一下。
（二）一手五指撮合，指尖朝上，然后张开。
（三）左手五指成半圆形，虎口朝上；右手伸拇、食、中指，食、中指交替弹左手拇指。

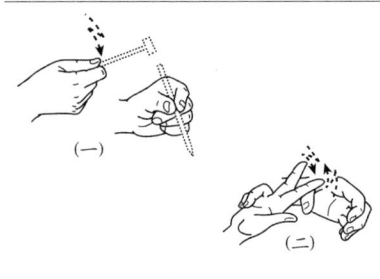

刻瓷 kècí
（一）双手拇、食指相捏，左手在下，右手在上，朝左手挥动两下，模仿用小锤敲击细刻刀的动作。
（二）左手五指成半圆形，虎口朝上；右手伸拇、食、中指，食、中指交替弹左手拇指。

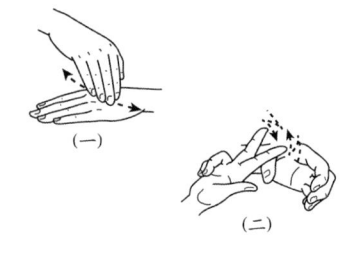

搪瓷 tángcí
（一）左手横伸；右手五指并拢，指尖朝下，在左手背上做涂抹状。
（二）左手五指成半圆形，虎口朝上；右手伸拇、食、中指，食、中指交替弹左手拇指。

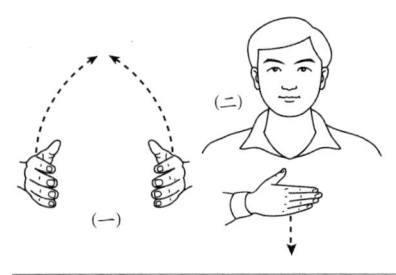

坯体 pītǐ
（一）双手五指弯曲，掌心左右相对，然后缓慢从下向上做弧形移动。
（二）一手掌心贴于胸部，向下移动一下。

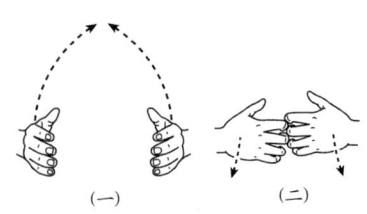

拉坯机 lāpījī
（一）双手五指弯曲，掌心左右相对，然后缓慢从下向上做弧形移动。
（二）双手五指弯曲，食、中、无名、小指关节交错相触，向下转动一下。

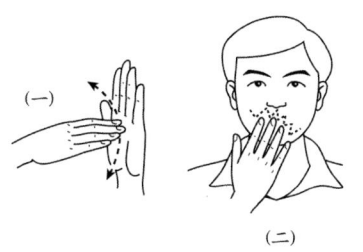

釉色（色釉） yòusè (sèyòu)
（一）左手直立，掌心向右；右手五指并拢，手背向上，指尖对着左手掌心上下移动两下。
（二）一手直立，掌心向内，五指张开，在嘴唇部交替点动。

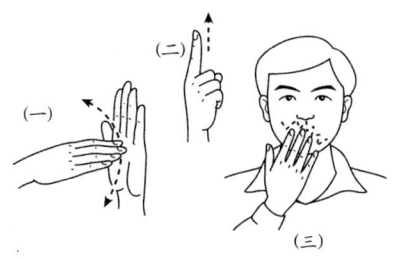

釉上彩 yòushàngcǎi
（一）左手直立，掌心向右；右手五指并拢，手背向上，指尖对着左手掌心上下移动两下。
（二）一手食指直立，向上一指。
（三）一手直立，掌心向内，五指张开，在嘴唇部交替点动。

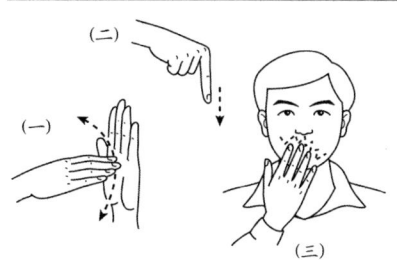

釉下彩 yòuxiàcǎi
（一）左手直立，掌心向右；右手五指并拢，手背向上，指尖对着左手掌心上下移动两下。
（二）一手伸食指，指尖朝下一指。
（三）一手直立，掌心向内，五指张开，在嘴唇部交替点动。

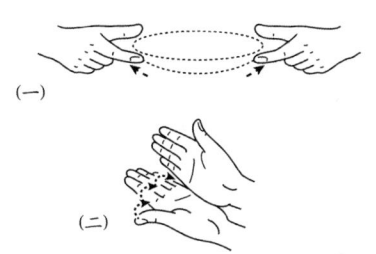

器皿 qìmǐn
（一）双手拇、食指成大圆形，虎口朝上，从下向上做弧形微移，如盘子状。
（二）左手平伸；右手斜立于左手掌心上，然后向右一顿一顿做弧形移动。

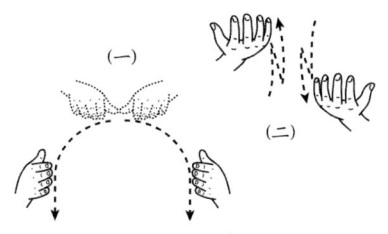

窑炉 yáolú
（一）双手平伸，掌心向下，拇指相挨，从中间向下做弧形移动，掌心左右相对。
（二）双手五指微曲，指尖朝上，上下交替动几下，如火苗跳动状。

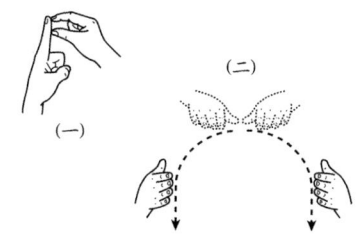

民窑 mínyáo
（一）左手食指与右手拇、食指搭成"民"字的一部分。
（二）双手平伸，掌心向下，拇指相挨，从中间向下做弧形移动，掌心左右相对。

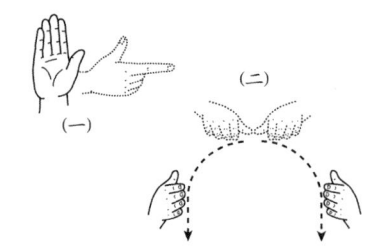

汝窑 rǔyáo

（一）一手连续打手指字母"R""U"的指式。
（二）双手平伸，掌心向下，拇指相挨，从中间向下做弧形移动，掌心左右相对。

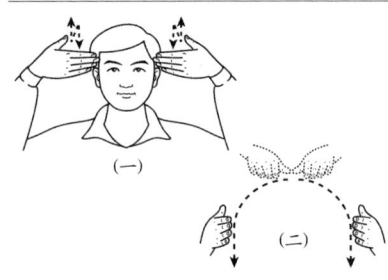

官窑 guānyáo

（一）双手横立，掌心向内，指尖抵于太阳穴两侧，并上下晃动两下。
（二）双手平伸，掌心向下，拇指相挨，从中间向下做弧形移动，掌心左右相对。

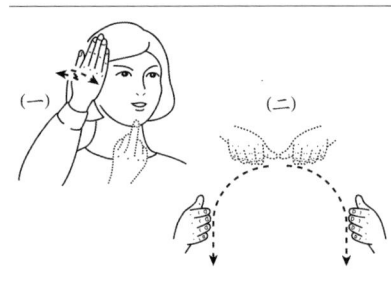

哥窑 gēyáo

（一）一手伸中指，指尖朝上，指面贴于颊部，然后手直立，掌心贴于头一侧，前后移动两下。
（二）双手平伸，掌心向下，拇指相挨，从中间向下做弧形移动，掌心左右相对。

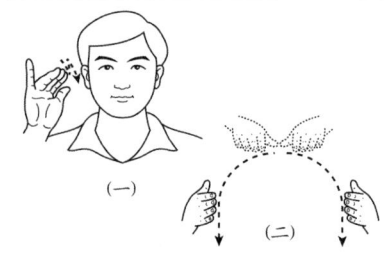

钧窑 jūnyáo

（一）右手直立，置于头一侧，食、中、无名指并拢，弯动两下。此为当地聋人表示古代钧窑所在地禹州地名的手势。
（二）双手平伸，掌心向下，拇指相挨，从中间向下做弧形移动，掌心左右相对。

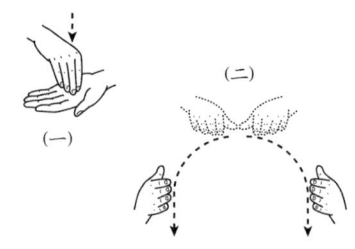

定窑 dìngyáo

（一）左手横伸；右手五指撮合，指尖朝下，按向左手掌心。
（二）双手平伸，掌心向下，拇指相挨，从中间向下做弧形移动，掌心左右相对。

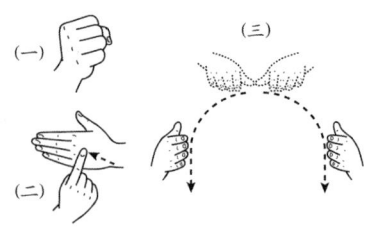

德化窑 déhuàyáo

（一）一手打手指字母"D"的指式。
（二）左手横立；右手伸食指，指尖朝内，点一下左手背，表示瓷。此为当地聋人表示德化地名的手势。
（三）双手平伸，掌心向下，拇指相挨，从中间向下做弧形移动，掌心左右相对。

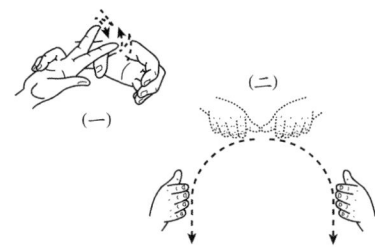

景德镇窑 jǐngdézhènyáo
（一）左手五指成半圆形，虎口朝上；右手伸拇、食、中指，食、中指交替弹左手拇指。
（二）双手平伸，掌心向下，拇指相挨，从中间向下做弧形移动，掌心左右相对。

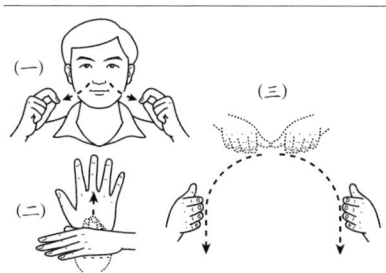

龙泉窑 lóngquányáo
（一）双手拇、食指相捏，从鼻下向两侧斜前方拉出，表示龙的两条长须。
（二）左手横伸，掌心向下；右手五指撮合，指尖朝上，手背向外，边从左手内侧伸出边张开。
（三）双手平伸，掌心向下，拇指相挨，从中间向下做弧形移动，掌心左右相对。

珐琅彩 fàlángcǎi
（一）左手五指成半圆形，虎口朝上；右手伸拇、食、中指，食、中指交替弹左手拇指。
（二）一手直立，掌心向内，五指张开，在嘴唇部交替点动。

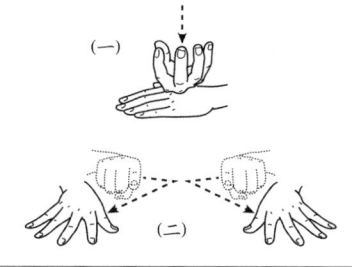

摆件 bǎijiàn
（一）左手横伸；右手五指微曲，指尖朝上，向下移至左手背上。
（二）双手食指指尖朝前，手背向上，先互碰一下，再分开并张开五指。
（可根据实际表示摆件）

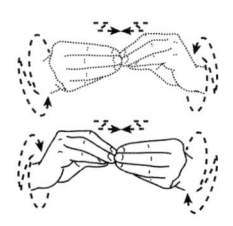

装饰 zhuāngshì
双手五指撮合，指尖相抵，边前后反向转动边互碰几下。

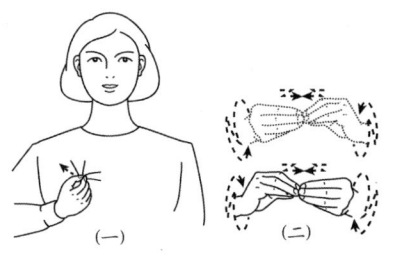

服饰 fúshì
（一）一手拇、食指揪一下胸前衣服。
（二）双手五指撮合，指尖相抵，边前后反向转动边互碰几下。

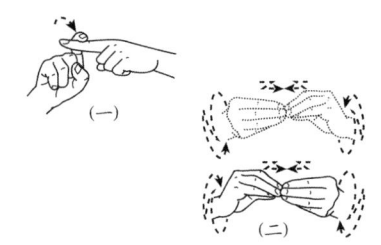

挂饰　guàshì
（一）左手食指横伸；右手食指弯曲，挂在左手食指上。
（二）双手五指撮合，指尖相抵，边前后反向转动边互碰几下。

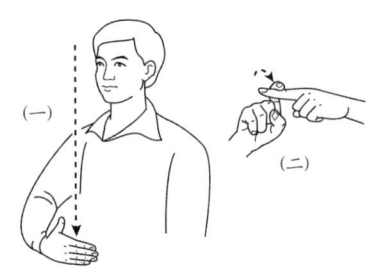

壁挂　bìguà
（一）一手横立，掌心向内，从上向下移动。
（二）左手食指横伸；右手食指弯曲，挂在左手食指上。

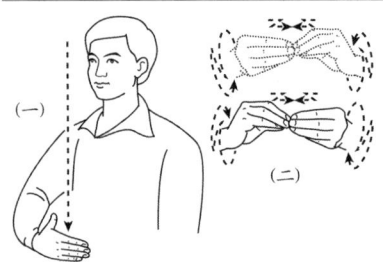

壁饰　bìshì
（一）一手横立，掌心向内，从上向下移动。
（二）双手五指撮合，指尖相抵，边前后反向转动边互碰几下。

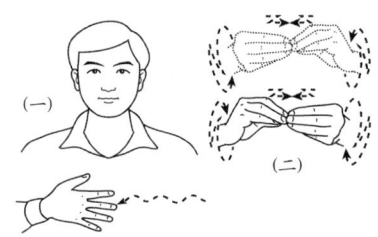

纹饰　wénshì
（一）一手五指张开，掌心贴于胸部，从一侧向另一侧做曲线形移动。
（二）双手五指撮合，指尖相抵，边前后反向转动边互碰几下。

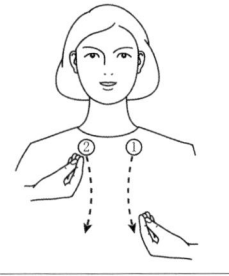

装扮　zhuāngbàn
双手五指撮合，指尖朝上，在胸前交替向下移动一下，表示换了装束。

皮影　píyǐng
（一）双手拇、食指相捏，虎口朝上，上下交替移动两下，模仿操作皮影时的动作。
（二）一手横立，掌心向内，五指张开，在面前上下晃动几下。

扎染 zārǎn

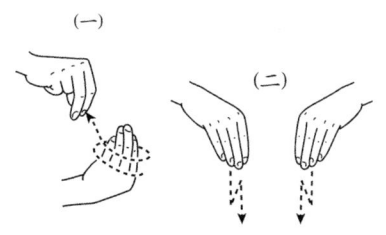

（一）左手五指撮合，指尖朝上；右手拇、食、中指相捏，在左手上绕两圈，模仿捆扎的动作。
（二）双手五指撮合，指尖朝下，同时向下动两下。

印染 yìnrǎn

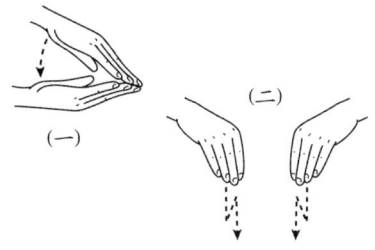

（一）左手平伸，掌心向上；右手斜伸，手背向前上方，指尖抵于左手指尖，然后向下一按。
（二）双手五指撮合，指尖朝下，同时向下动两下。

蜡染 làrǎn

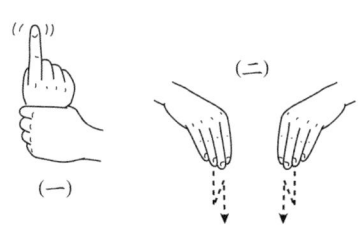

（一）左手握拳，虎口朝上；右手食指直立，置于左手虎口上，晃动几下，表示蜡烛的火苗。
（二）双手五指撮合，指尖朝下，同时向下动两下。

面塑① miànsù①

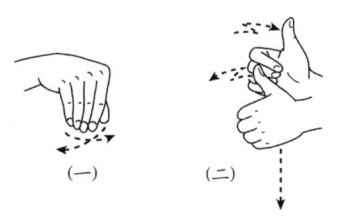

（一）一手五指撮合，指尖朝下，互捻几下。
（二）双手伸拇指，边交替向前按动边向下移动。

面塑② miànsù②

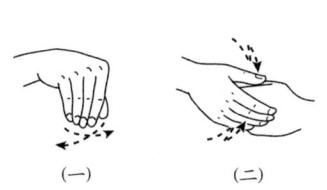

（一）一手五指撮合，指尖朝下，互捻几下。
（二）左手握拳，虎口朝上；右手在左拳上捏动两下。

漆艺 qīyì

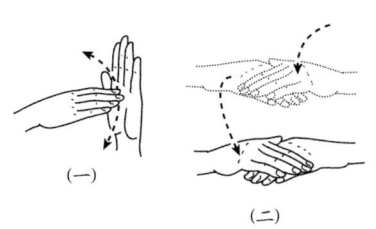

（一）左手直立，掌心向右；右手五指并拢，手背向上，指尖对着左手掌心上下移动两下。
（二）双手横伸，掌心向下，互拍手背。

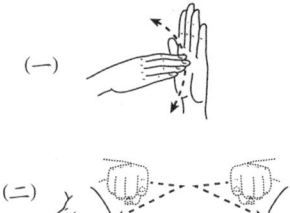

漆器（涂料） qīqì（túliào）

（一）左手直立，掌心向右；右手五指并拢，手背向上，指尖对着左手掌心上下移动两下。

（二）双手食指指尖朝前，手背向上，先互碰一下，再分开并张开五指。

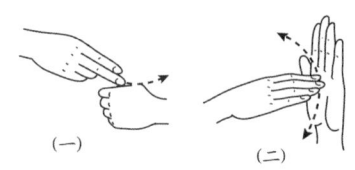

雕漆 diāoqī

（一）左手握拳，虎口朝上；右手食、中指并拢，在左手虎口上划动一下，如雕刻状。

（二）左手直立，掌心向右；右手五指并拢，手背向上，指尖对着左手掌心上下移动两下。

编织 biānzhī

双手拇、食指相捏，指尖相对，前后反向拧动两下，如编物状。

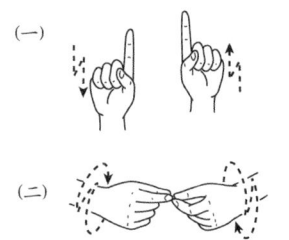

草编 cǎobiān

（一）双手食指直立，手背向内，上下交替动几下。

（二）双手拇、食指相捏，指尖相对，前后反向拧动两下，如编物状。

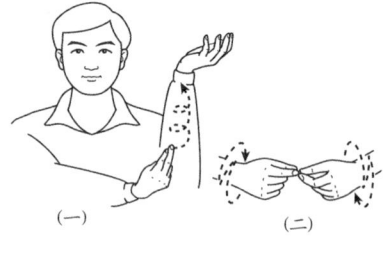

藤编 téngbiān

（一）左小臂抬起，左手五指微曲张开，掌心向上；右手食、中指相叠，指尖朝上，手背向外，边转动边沿左小臂向上移动，如藤盘旋生长状。

（二）双手拇、食指相捏，指尖相对，前后反向拧动两下，如编物状。

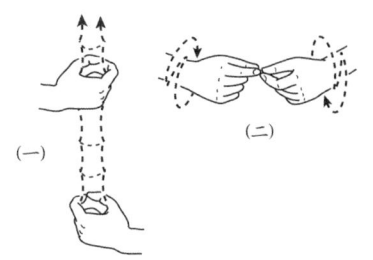

竹编 zhúbiān

（一）双手拇、食指捏成圆形，虎口朝上，上下相叠，左手在下不动，右手向上一顿一顿移动，仿竹的外形。

（二）双手拇、食指相捏，指尖相对，前后反向拧动两下，如编物状。

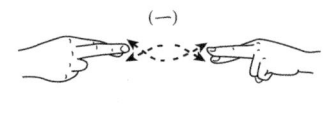

棕编（绳织） zōngbiān (shéngzhī)

（一）双手食、中指相叠，指尖相对，边向相反方向扭动边向两侧移动。

（二）双手拇、食指相捏，指尖相对，前后反向拧动两下，如编物状。

柳条编 liǔtiáobiān

（一）左手食指直立；右手五指张开，指尖朝下，手腕置于左手食指尖，左右晃动两下。

（二）双手拇、食指微张，指尖相对，虎口朝上，从中间向两侧拉开。

（三）双手拇、食指相捏，指尖相对，前后反向拧动两下，如编物状。

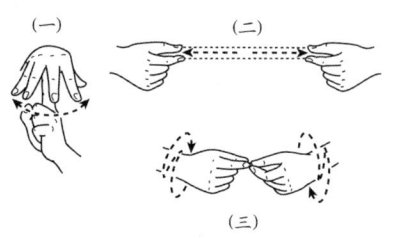

福字结 fúzìjié

（一）一手五指张开，掌心贴胸部逆时针转动一圈。

（二）一手打手指字母"Z"的指式。

（三）双手拇、食指相捏，指尖相对，前后反向拧动两下，如编物状。

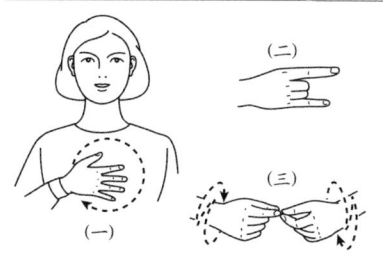

吉祥结 jíxiángjié

（一）一手拍一下前额，然后边向前下方移动边伸出拇指。

（二）一手伸拇指，在胸前从上向下顺时针转动一圈。

（三）双手拇、食指相捏，指尖相对，前后反向拧动两下，如编物状。

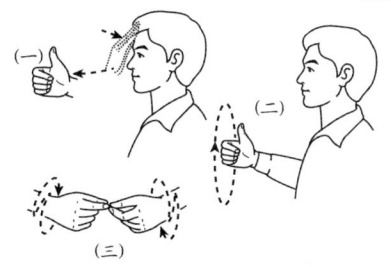

盘长结 pánchángjié

（一）左手横立，掌心向内，五指张开；右手伸食指，指尖朝前，在左手上做曲线形移动。

（二）双手拇、食指相捏，指尖相对，前后反向拧动两下，如编物状。

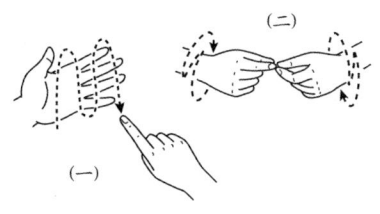

如意结 rúyìjié

（一）双手拇、食指张开仿"♡"形，手背向外，置于胸部。

（二）双手横立，掌心向内，指尖相对，从两侧向中间交错移动至双手相叠。

（三）双手拇、食指相捏，指尖相对，前后反向拧动两下，如编物状。

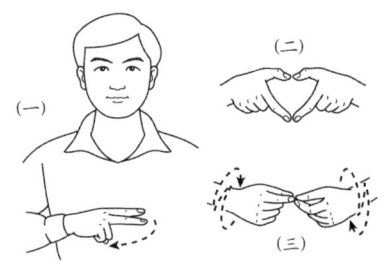

同心结 tóngxīnjié
（一）一手食、中指横伸分开，手背向上，向前移动一下。
（二）双手拇、食指张开仿"♡"形，手背向外，置于胸部。
（三）双手拇、食指相捏，指尖相对，前后反向拧动两下，如编物状。

线材 xiàncái
（一）双手拇、食指相捏，虎口朝上，从中间向两侧拉开。
（二）双手食指指尖朝前，手背向上，先互碰一下，再分开并张开五指。

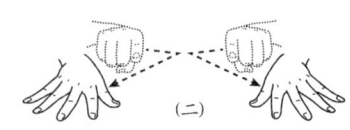

图案 tú'àn
（一）左手横伸；右手五指撮合，指背在左手掌心上抹一下。
（二）左手横伸；右手食、中指分开，指尖朝下，食指尖抵于左手掌心，中指转动半圈，如用圆规画圆状。

地砖图案 dìzhuān tú'àn
（一）一手伸食指，指尖朝下一指。
（二）双手伸拇、食指，一反一正成方形，向前移动两下。
（三）左手横伸；右手五指撮合，指背在左手掌心上抹一下。
（四）左手横伸；右手食、中指分开，指尖朝下，食指尖抵于左手掌心，中指转动半圈，如用圆规画圆状。

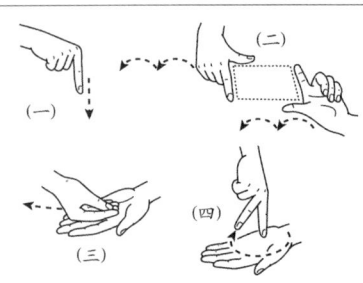

基础图案 jīchǔ tú'àn
（一）左手握拳，手背向上；右手拇、食指张开，指尖朝下，朝左手腕两侧插两下。
（二）左手横伸；右手五指撮合，指背在左手掌心上抹一下。
（三）左手横伸；右手食、中指分开，指尖朝下，食指尖抵于左手掌心，中指转动半圈，如用圆规画圆状。

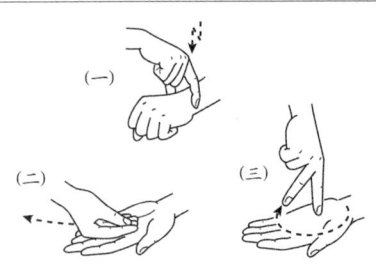

几何图案 jǐhé tú'àn
（一）一手直立，掌心向内，五指张开，交替点动几下。
（二）左手横伸；右手食、中指分开，指尖朝下，食指尖抵于左手掌心，中指转动半圈，如用圆规画圆状。
（三）左手横伸；右手五指撮合，指背在左手掌心上抹一下。
（四）左手横伸；右手食、中指分开，指尖朝下，食指尖抵于左手掌心，中指转动半圈，如用圆规画圆状。

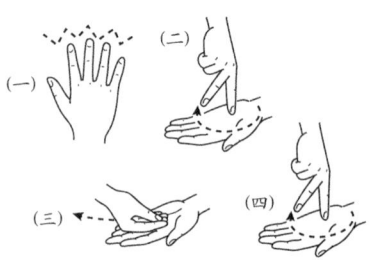

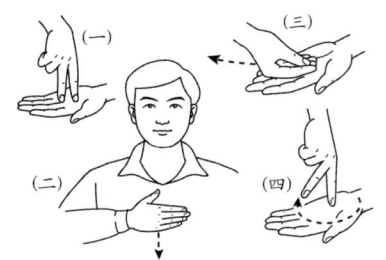

立体图案 lìtǐ tú'àn
（一）左手横伸；右手食、中指分开，指尖朝下，立于左手掌心上。
（二）一手掌心贴于胸部，向下移动一下。
（三）左手横伸；右手五指撮合，指背在左手掌心上抹一下。
（四）左手横伸；右手食、中指分开，指尖朝下，食指尖抵于左手掌心，中指转动半圈，如用圆规画圆状。

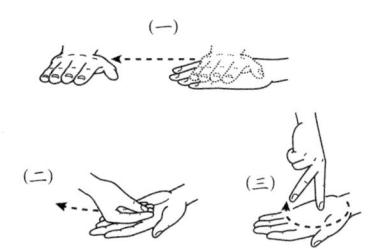

平面图案 píngmiàn tú'àn
（一）左手横伸；右手平伸，掌心向下，从左手背上向右移动一下。
（二）左手横伸；右手五指撮合，指背在左手掌心上抹一下。
（三）左手横伸；右手食、中指分开，指尖朝下，食指尖抵于左手掌心，中指转动半圈，如用圆规画圆状。

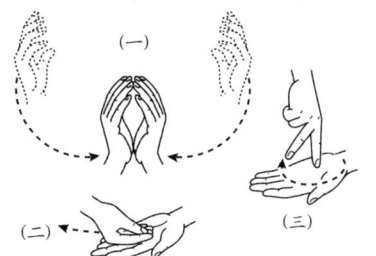

综合图案 zōnghé tú'àn
（一）双手五指微曲，掌心左右相对，从上向下做弧形移动并合拢。
（二）左手横伸；右手五指撮合，指背在左手掌心上抹一下。
（三）左手横伸；右手食、中指分开，指尖朝下，食指尖抵于左手掌心，中指转动半圈，如用圆规画圆状。

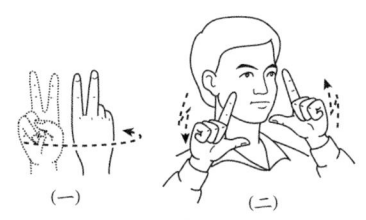

变形 biànxíng
（一）一手食、中指直立分开，由掌心向外翻转为掌心向内。
（二）双手拇、食指成"⌐⌐"形，置于脸颊两侧，上下交替动两下。

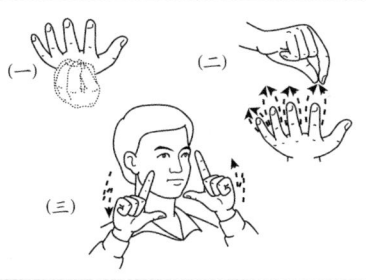

花瓣形 huābànxíng
（一）左手五指撮合，指尖朝上，然后张开。
（二）左手五指张开，指尖朝上；右手拇、食指张开，指尖朝下，边分别沿左手各指指缝两侧向上移动边相捏，仿花瓣的形状。
（三）双手拇、食指成"⌐⌐"形，置于脸颊两侧，上下交替动两下。

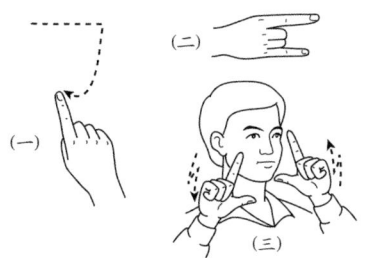

万字形 wànzìxíng
（一）一手伸食指，指尖朝前，书空"丁"形，表示"万"字的横折钩部分。
（二）一手打手指字母"Z"的指式。
（三）双手拇、食指成"⌐⌐"形，置于脸颊两侧，上下交替动两下。

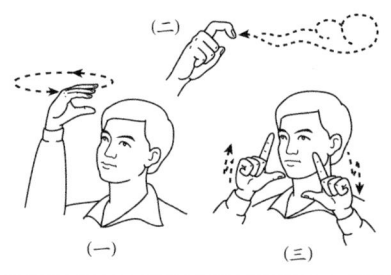

云勾形 yúngōuxíng
（一）一手五指成"⊐"形，虎口朝内，在头前上方平行转动两下。
（二）一手食指弯曲如钩，划"∽"形，如祥云状。
（三）双手拇、食指成"∟⌐"形，置于脸颊两侧，上下交替动两下。

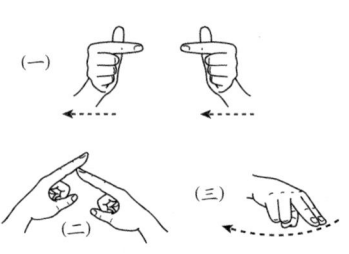

拟人化 nǐrénhuà
（一）双手拇、食指搭成"十"字形，同时向一侧移动一下。
（二）双手食指搭成"人"字形。
（三）一手打手指字母"H"的指式，指尖朝前斜下方，平行划动一下。

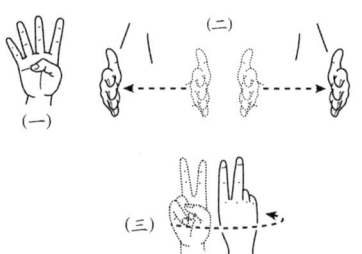

四大变化 sì dà biànhuà
（一）一手食、中、无名、小指直立分开，掌心向外。
（二）双手侧立，掌心相对，同时向两侧移动，幅度要大些。
（三）一手食、中指直立分开，由掌心向外翻转为掌心向内。

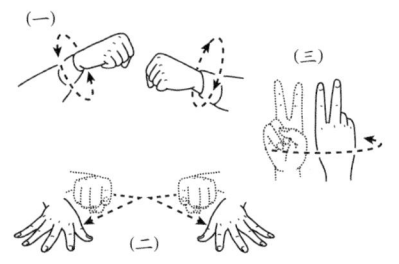

动物变化 dòngwù biànhuà
（一）双手握拳屈肘，前后交替转动两下。
（二）双手食指指尖朝前，手背向上，先互碰一下，再分开并张开五指。
（三）一手食、中指直立分开，由掌心向外翻转为掌心向内。

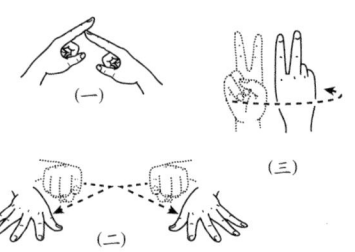

人物变化 rénwù biànhuà
（一）双手食指搭成"人"字形。
（二）双手食指指尖朝前，手背向上，先互碰一下，再分开并张开五指。
（三）一手食、中指直立分开，由掌心向外翻转为掌心向内。

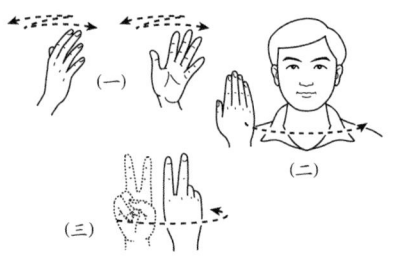

风景变化 fēngjǐng biànhuà
（一）双手直立，掌心左右相对，五指微曲，左右来回扇动。
（二）一手直立，掌心向内，从一侧向另一侧做弧形移动。
（三）一手食、中指直立分开，由掌心向外翻转为掌心向内。

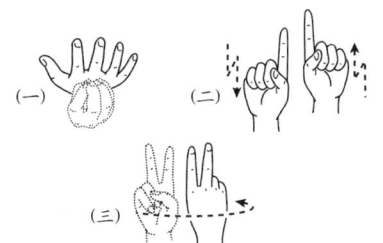

花卉变化 huāhuì biànhuà
（一）一手五指撮合，指尖朝上，然后张开。
（二）双手食指直立，手背向内，上下交替动几下。
（三）一手食、中指直立分开，由掌心向外翻转为掌心向内。

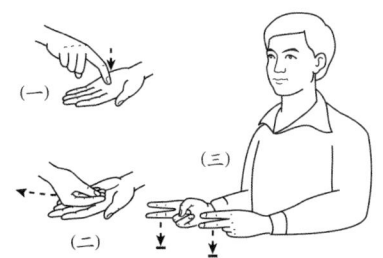

点绘法 diǎnhuìfǎ
（一）左手横伸；右手伸食指，指尖朝下，在左手掌心上点一下。
（二）左手横伸；右手五指撮合，指背在左手掌心上抹一下。
（三）双手打手指字母"F"的指式，指尖朝前，向下一顿。

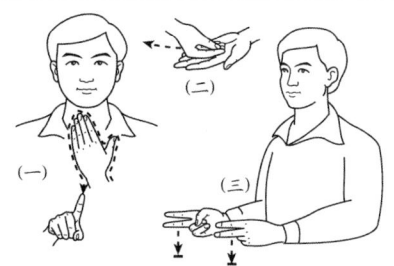

影绘法 yǐnghuìfǎ
（一）左手直立，掌心向内；右手伸食指，沿左手边缘移动。
（二）左手横伸；右手五指撮合，指背在左手掌心上抹一下。
（三）双手打手指字母"F"的指式，指尖朝前，向下一顿。

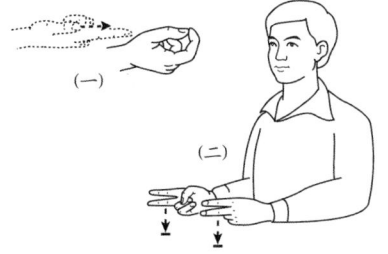

退晕法 tuìyùnfǎ
（一）一手食指横伸，手背向下，拇指尖按于食指根部，然后向指尖方向移动至拇、食指相捏。
（二）双手打手指字母"F"的指式，指尖朝前，向下一顿。

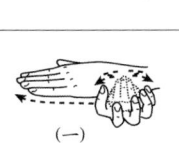
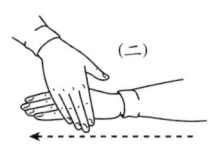

花边 huābiān
（一）左手横伸，掌心向下；右手五指撮合，指尖朝上，边沿左手外侧移动边连续做开合的动作。
（二）左手横伸，掌心向下；右手食、中、无名、小指并拢，指尖朝下，沿左小臂向指尖方向划动一下。

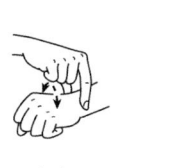
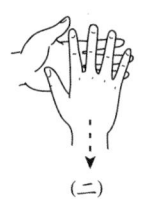

骨格 gǔgé
（一）左手握拳，手背向上；右手拇、食指张开，卡在左手腕，左手微转两下。
（二）双手五指张开，一横一竖搭成方格形，然后左手不动，右手向下移动。

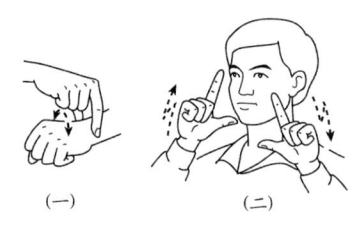

骨式 gǔshì

（一）左手握拳，手背向上；右手拇、食指张开，卡在左手腕，左手微转两下。

（二）双手拇、食指成"∟⏋"形，置于脸颊两侧，上下交替动两下。

波浪式 bōlàngshì

（一）双手平伸，掌心向下，五指张开，一前一后，一高一低，同时向前做大的起伏状移动。

（二）双手拇、食指成"∟⏋"形，置于脸颊两侧，上下交替动两下。

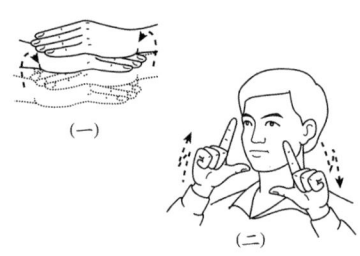

重叠式 chóngdiéshì

（一）双手横伸，掌心向下，交替向上移动，一手掌心与另一手手背相贴。

（二）双手拇、食指成"∟⏋"形，置于脸颊两侧，上下交替动两下。

对称式（均齐式） duìchènshì (jūnqíshì)

（一）双手横立，掌心向内，从两侧向中间微移一下。

（二）双手拇、食指成"∟⏋"形，置于脸颊两侧，上下交替动两下。

几何式 jǐhéshì

（一）一手直立，掌心向内，五指张开，交替点动几下。

（二）左手横伸；右手食、中指分开，指尖朝下，食指尖抵于左手掌心，中指转动半圈，如用圆规画圆状。

（三）双手拇、食指成"∟⏋"形，置于脸颊两侧，上下交替动两下。

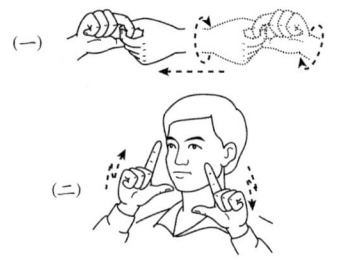

连缀式 liánzhuìshì

（一）双手边转腕边拇、食指连续相互套环，并向一侧移动。

（二）双手拇、食指成"∟⏋"形，置于脸颊两侧，上下交替动两下。

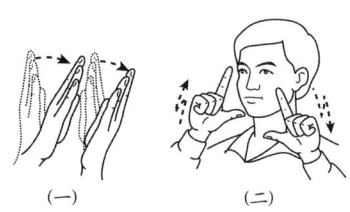

倾斜式　qīngxiéshì
（一）双手直立，掌心左右相对，然后同时歪向一侧。
（二）双手拇、食指成"⌐⌐"形，置于脸颊两侧，上下交替动两下。

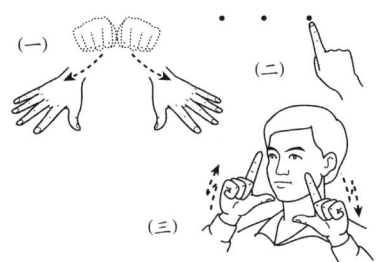

散点式　sǎndiǎnshì
（一）双手虚握，虎口左右相抵，边向两侧斜下方移动边张开五指。
（二）一手伸食指，指尖朝前，平行点动几下。
（三）双手拇、食指成"⌐⌐"形，置于脸颊两侧，上下交替动两下。

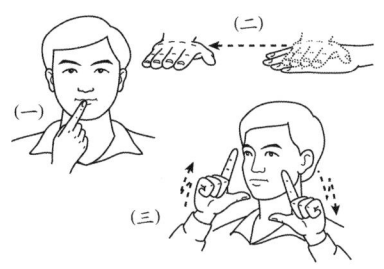

水平式　shuǐpíngshì
（一）一手伸食指，指尖贴于下嘴唇。
（二）左手横伸；右手平伸，掌心向下，从左手背上向右移动一下。
（三）双手拇、食指成"⌐⌐"形，置于脸颊两侧，上下交替动两下。

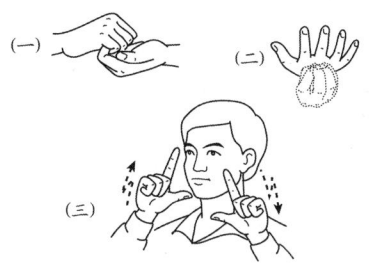

团花式　tuánhuāshì
（一）双手五指弯曲，相互握住。
（二）一手五指撮合，指尖朝上，然后张开。
（三）双手拇、食指成"⌐⌐"形，置于脸颊两侧，上下交替动两下。

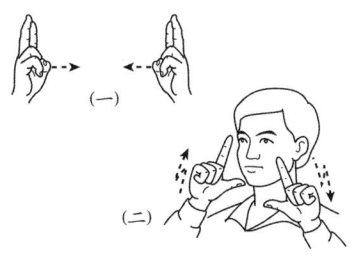

相对式　xiāngduìshì
（一）双手打手指字母"X"的指式，掌心左右相对，从两侧向中间移动少许。
（二）双手拇、食指成"⌐⌐"形，置于脸颊两侧，上下交替动两下。

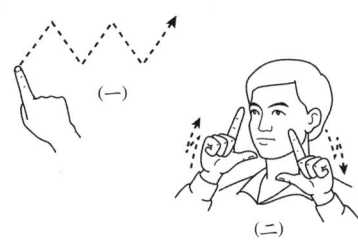

折线式　zhéxiànshì
（一）一手伸食指，指尖朝前，向一侧做折线形移动。
（二）双手拇、食指成"⌐⌐"形，置于脸颊两侧，上下交替动两下。

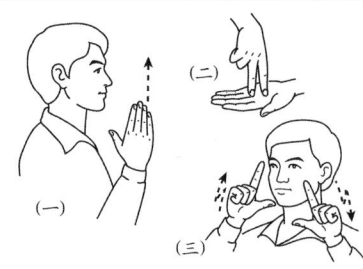

直立式 zhílìshì
（一）右手直立，掌心向左，向上移动一下。
（二）左手横伸；右手食、中指分开，指尖朝下，立于左手掌心上。
（三）双手拇、食指成"⌊⌋"形，置于脸颊两侧，上下交替动两下。

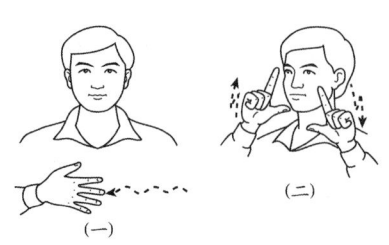

纹样 wényàng
（一）一手五指张开，掌心贴于胸部，从一侧向另一侧做曲线形移动。
（二）双手拇、食指成"⌊⌋"形，置于脸颊两侧，上下交替动两下。

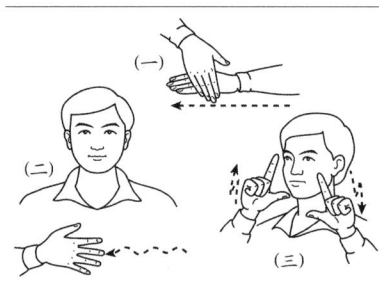

边缘纹样 biānyuán wényàng
（一）左手横伸，掌心向下；右手食、中、无名、小指并拢，指尖朝下，沿左小臂向指尖方向划动一下。
（二）一手五指张开，掌心贴于胸部，从一侧向另一侧做曲线形移动。
（三）双手拇、食指成"⌊⌋"形，置于脸颊两侧，上下交替动两下。

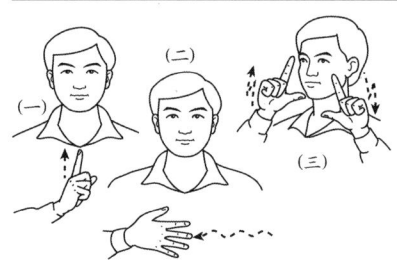

单独纹样 dāndú wényàng
（一）一手食指直立，虎口贴于胸部，向上移动少许。
（二）一手五指张开，掌心贴于胸部，从一侧向另一侧做曲线形移动。
（三）双手拇、食指成"⌊⌋"形，置于脸颊两侧，上下交替动两下。

角隅纹样 jiǎoyú wényàng
（一）左手拇、食指成"∠"形，手背向内；右手食指沿左手虎口划一下。
（二）一手五指张开，掌心贴于胸部，从一侧向另一侧做曲线形移动。
（三）双手拇、食指成"⌊⌋"形，置于脸颊两侧，上下交替动两下。

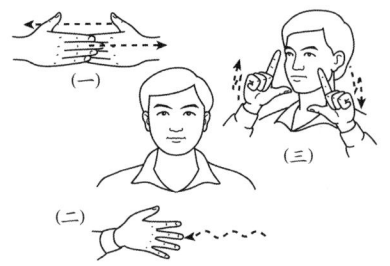

适合纹样 shìhé wényàng
（一）双手横立，掌心向内，指尖相对，从两侧向中间交错移动至双手相叠。
（二）一手五指张开，掌心贴于胸部，从一侧向另一侧做曲线形移动。
（三）双手拇、食指成"⌊⌋"形，置于脸颊两侧，上下交替动两下。

二方连续　èrfāng liánxù

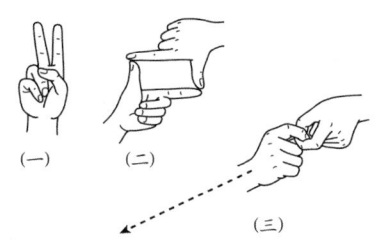

（一）一手食、中指直立分开，掌心向外。
（二）双手拇、食指搭成"□"形。
（三）双手拇、食指套环，向斜下方移动。

四方连续　sìfāng liánxù

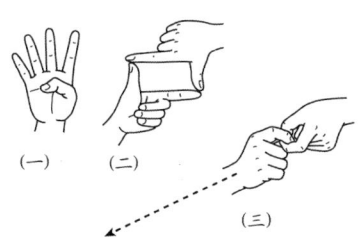

（一）一手食、中、无名、小指直立分开，掌心向外。
（二）双手拇、食指搭成"□"形。
（三）双手拇、食指套环，向斜下方移动。

面具　miànjù

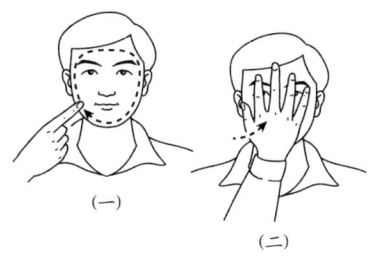

（一）一手伸食指，绕脸部转动一圈。
（二）一手直立，掌心向内，五指微曲张开，罩向脸部。

头饰　tóushì

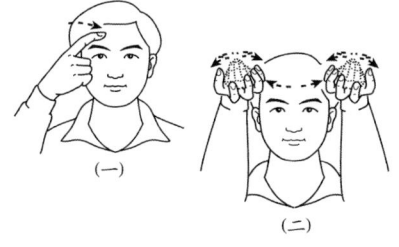

（一）一手伸食指，指一下头部。
（二）双手五指撮合，指尖朝上，置于头两侧，边沿头部向后移动边连续做开合的动作，表示头上戴的花朵。
（可根据实际表示头饰的样式）

九、艺术设计

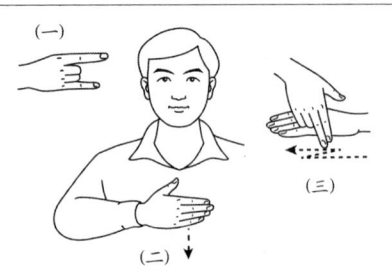

字体设计　zìtǐ shèjì
（一）一手打手指字母"Z"的指式。
（二）一手掌心贴于胸部，向下移动一下。
（三）左手横伸，掌心向下；右手伸拇、食、中指，食、中指并拢，指尖朝下，沿左手小指外侧划动两下。

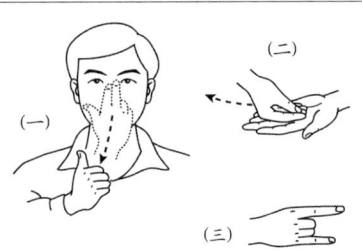

美术字　měishùzì
（一）一手伸拇、食、中指，食、中指并拢，先置于鼻部，然后边向外移动边缩回食、中指。
（二）左手横伸；右手五指撮合，指背在左手掌心上抹一下。
（三）一手打手指字母"Z"的指式。

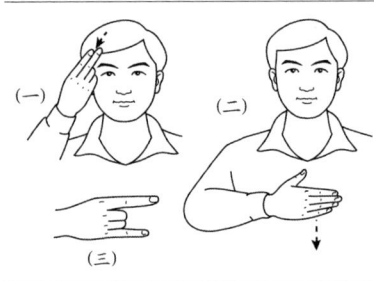

黑体字　hēitǐzì
（一）一手打手指字母"H"的指式，摸一下头发。
（二）一手掌心贴于胸部，向下移动一下。
（三）一手打手指字母"Z"的指式。

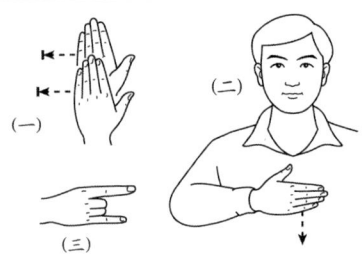

楷体字（正体字）　kǎitǐzì (zhèngtǐzì)
（一）双手直立，掌心左右相对，向前一顿。
（二）一手掌心贴于胸部，向下移动一下。
（三）一手打手指字母"Z"的指式。

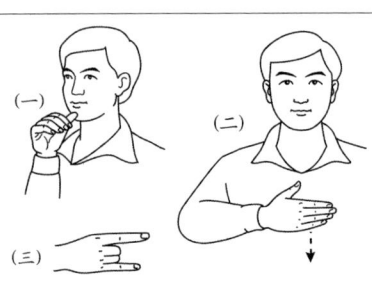

宋体字　sòngtǐzì
（一）一手打手指字母"S"的指式，拇指尖抵于颏部。
（二）一手掌心贴于胸部，向下移动一下。
（三）一手打手指字母"Z"的指式。

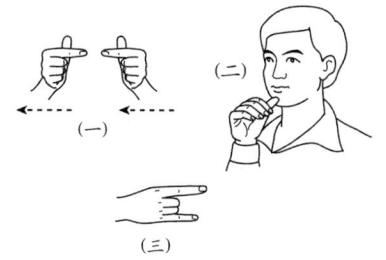

仿宋字 fǎngsòngzì

（一）双手拇、食指搭成"十"字形，同时向一侧移动一下。
（二）一手打手指字母"S"的指式，拇指尖抵于颏部。
（三）一手打手指字母"Z"的指式。

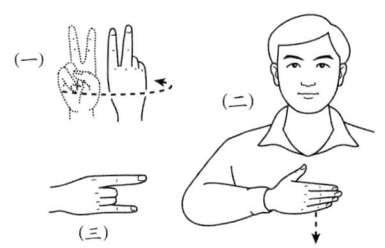

变体字 biàntǐzì

（一）一手食、中指直立分开，由掌心向外翻转为掌心向内。
（二）一手掌心贴于胸部，向下移动一下。
（三）一手打手指字母"Z"的指式。

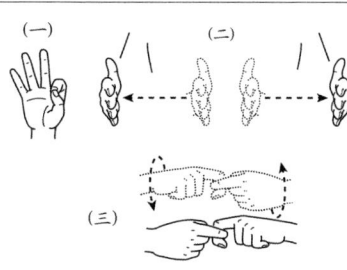

三大构成 sān dà gòuchéng

（一）一手中、无名、小指直立分开，掌心向外。
（二）双手侧立，掌心相对，同时向两侧移动，幅度要大些。
（三）双手食指弯曲，互勾两下。

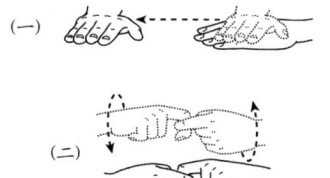

平面构成 píngmiàn gòuchéng

（一）左手横伸；右手平伸，掌心向下，从左手背上向右移动一下。
（二）双手食指弯曲，互勾两下。

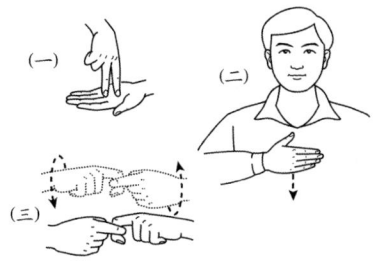

立体构成 lìtǐ gòuchéng

（一）左手横伸；右手食、中指分开，指尖朝下，立于左手掌心上。
（二）一手掌心贴于胸部，向下移动一下。
（三）双手食指弯曲，互勾两下。

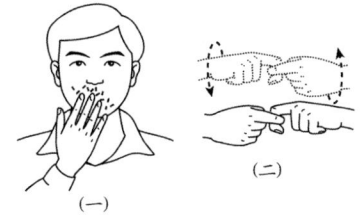

色彩构成 sècǎi gòuchéng

（一）一手直立，掌心向内，五指张开，在嘴唇部交替点动。
（二）双手食指弯曲，互勾两下。

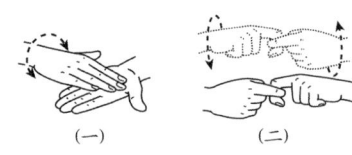

重复构成 chóngfù gòuchéng

（一）左手横伸；右手平伸，掌心向下，贴于左手掌心，然后翻转几下。
（二）双手食指弯曲，互勾两下。

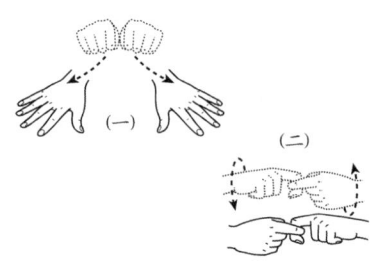

打散构成 dǎsàn gòuchéng

（一）双手虚握，虎口左右相抵，边向两侧斜下方移动边张开五指。
（二）双手食指弯曲，互勾两下。

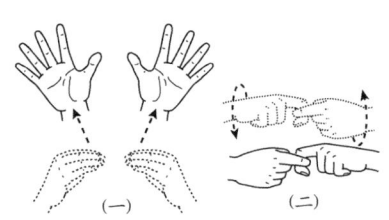

发射构成 fāshè gòuchéng

（一）双手五指撮合，指尖左右相对，然后迅速向上弹起并张开，掌心向外。
（二）双手食指弯曲，互勾两下。

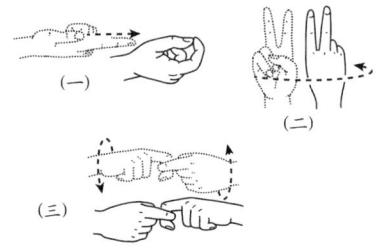

渐变构成 jiànbiàn gòuchéng

（一）一手食指横伸，手背向下，拇指尖按于食指根部，然后向指尖方向移动至拇、食指相捏。
（二）一手食、中指直立分开，由掌心向外翻转为掌心向内。
（三）双手食指弯曲，互勾两下。

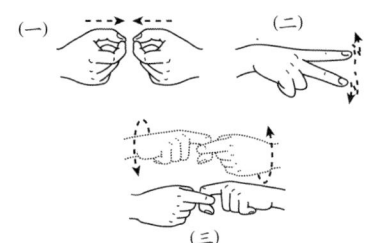

近似构成 jìnsì gòuchéng

（一）双手拇、食指相捏，虎口朝上，相互靠近。
（二）一手食、中指分开，指尖朝前，手背向上，交替点动几下。
（三）双手食指弯曲，互勾两下。

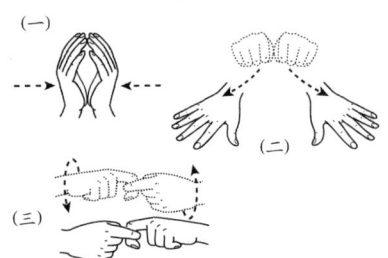

聚散构成 jùsàn gòuchéng

（一）双手直立，掌心左右相对，五指微曲，从两侧向中间移动。
（二）双手虚握，虎口左右相抵，边向两侧斜下方移动边张开五指。
（三）双手食指弯曲，互勾两下。

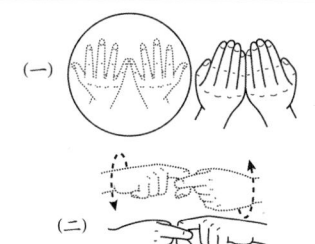

密集构成 mìjí gòuchéng
（一）双手直立，掌心向内，五指张开，然后并拢，靠在一起。
（二）双手食指弯曲，互勾两下。

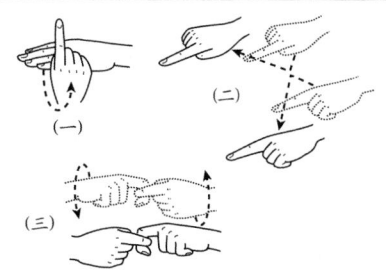

特异构成 tèyì gòuchéng
（一）左手横伸，手背向上；右手伸食指，从左手小指外侧向上伸出。
（二）双手伸食指，指尖朝前，手背向上，先互碰一下，再分别向两侧移动。
（三）双手食指弯曲，互勾两下。

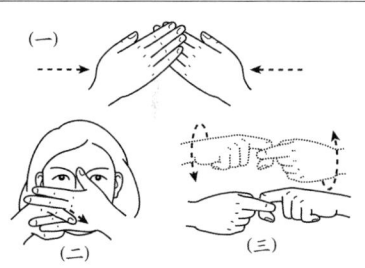

透叠构成 tòudié gòuchéng
（一）双手斜伸，手背向外，五指并拢，从两侧向中间移动至指尖相叠。
（二）左手横立，掌心向内；右手伸食指，指尖朝前，从左手中、无名指指缝间穿过。
（三）双手食指弯曲，互勾两下。

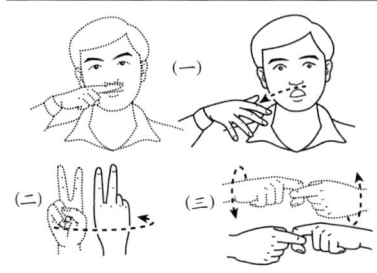

突变构成 tūbiàn gòuchéng
（一）一手食指横伸，置于鼻下，然后突然向一侧移动并张开五指，面露惊讶的表情。
（二）一手食、中指直立分开，由掌心向外翻转为掌心向内。
（三）双手食指弯曲，互勾两下。

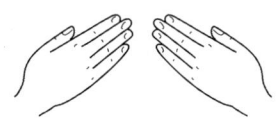

分离 fēnlí
双手斜伸，手背向外，五指并拢，置于两侧，表示一种基本形的组合关系。

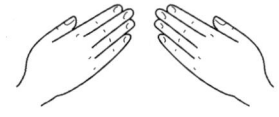

接触 jiēchù
双手斜伸，手背向外，五指并拢，指尖相抵，表示一种基本形的组合关系。

重叠 chóngdié

双手斜伸,手背向外,五指并拢,左手不动,右手移至左手前,挡住左手一部分,表示一种基本形的组合关系。

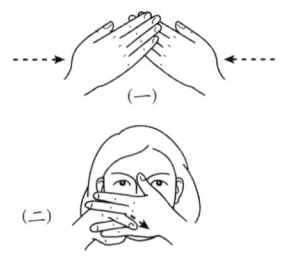

透叠 tòudié

(一)双手斜伸,手背向外,五指并拢,从两侧向中间移动至指尖相叠。
(二)左手横立,掌心向内;右手伸食指,指尖朝前,从左手中、无名指指缝间穿过。
(此手势表示一种基本形的组合关系)

联合 liánhé

双手斜伸,手背向外,五指并拢,指尖部分相叠,表示一种基本形的组合关系。

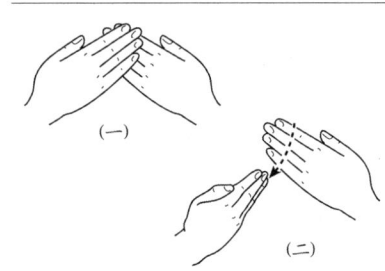

减缺 jiǎnquē

(一)双手斜伸,手背向外,五指并拢,指尖相叠。
(二)左手斜伸,手背向外,五指并拢;右手五指并拢,小指外侧在左手指背上从上向下做弧形划动。
(此手势表示一种基本形的组合关系)

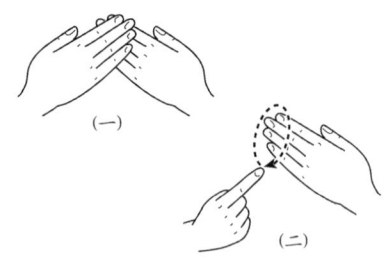

差叠 chādié

(一)双手斜伸,手背向外,五指并拢,指尖相叠。
(二)左手斜伸,手背向外,五指并拢;右手伸食指,在左手指背上从上向下做椭圆形平面移动。
(此手势表示一种基本形的组合关系)

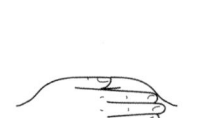

重合 chónghé

双手横立,手背向外,五指并拢,右手掌心贴于左手背,表示一种基本形的组合关系。

组合 zǔhé

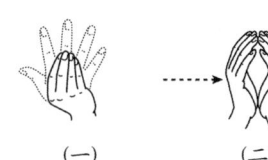

（一）一手五指张开，指尖朝上，然后撮合。
（二）双手直立，掌心左右相对，五指微曲，从两侧向中间移动。

群化 qúnhuà

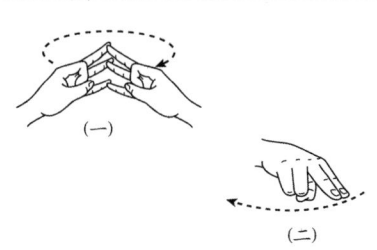

（一）双手中、无名、小指指尖斜向相抵，虎口朝上，顺时针转动一圈。
（二）一手打手指字母"H"的指式，指尖朝前斜下方，平行划动一下。

效果图 xiàoguǒtú

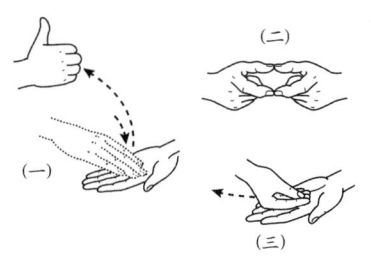

（一）左手横伸，掌心向上；右手先拍一下左手掌，再伸出拇指。
（二）双手拇、食指搭成圆形，虎口朝上。
（三）左手横伸；右手五指撮合，指背在左手掌心上抹一下。

明度推移 míngdù tuīyí

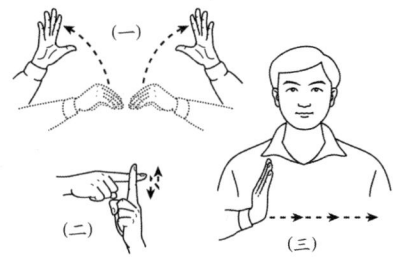

（一）双手五指撮合，指尖左右相对，手背向上，然后边向两侧上方移动边张开。
（二）左手食指直立；右手食指横贴在左手食指上，然后上下微动几下。
（三）右手直立，掌心向左，向左一顿一顿移动几下。

空间混合 kōngjiān hùnhé

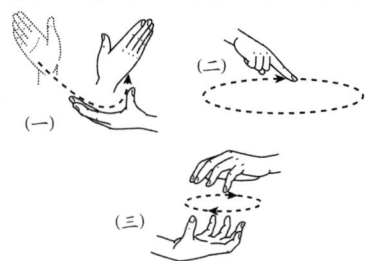

（一）左手斜伸，掌心向斜后方；右手食、中、无名、小指并拢，指尖朝前，小指外侧从右向左在左手虎口处刮一下。
（二）一手伸食指，指尖朝下划一大圈。
（三）双手五指弯曲，指尖上下相对，交替平行转动两下。

装帧 zhuāngzhēn

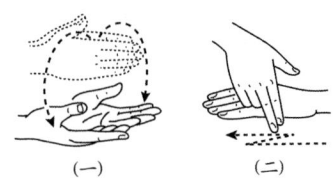

（一）双手侧立，掌心相贴，然后向两侧打开。
（二）左手横伸，掌心向下；右手伸拇、食、中指，食、中指并拢，指尖朝下，沿左手小指外侧划动两下。

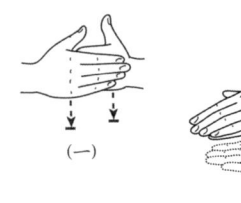

护封 hùfēng

（一）左手伸拇指；右手横立，掌心向内，五指微曲，置于左手前，然后双手同时向下一顿。
（二）双手平伸相挨，掌心向上，右手不动，左手向右翻转与右手掌心相合。

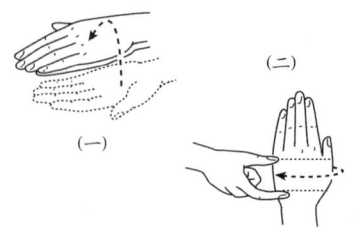

腰封 yāofēng

（一）双手平伸相挨，掌心向上，右手不动，左手向右翻转与右手掌心相合。
（二）左手直立；右手拇、食指张开，指尖朝内，在左手背上从左向右划动一下。

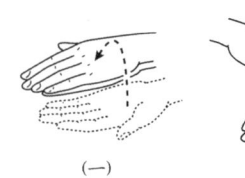

封面 fēngmiàn

（一）双手平伸相挨，掌心向上，右手不动，左手向右翻转与右手掌心相合。
（二）左手平伸，手背向上；右手摸一下左手背。

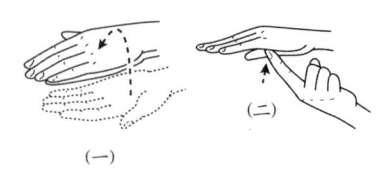

封里（封二） fēnglǐ（fēng'èr）

（一）双手平伸相挨，掌心向上，右手不动，左手向右翻转与右手掌心相合。
（二）左手平伸，掌心向下；右手伸食指，指尖朝上，指一下左手掌心。

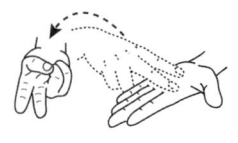

扉页 fēiyè

左手平伸；右手食、中指分开，手背向上，置于左手掌心上，然后向右转动，如翻页状。

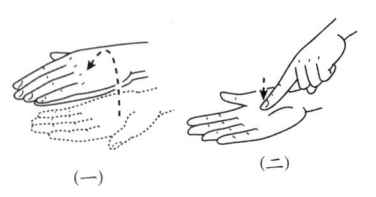

封三 fēngsān

（一）双手平伸相挨，掌心向上，右手不动，左手向右翻转与右手掌心相合。
（二）右手平伸，掌心向上；左手伸食指，指尖朝下，指一下右手掌心。

九、艺术设计

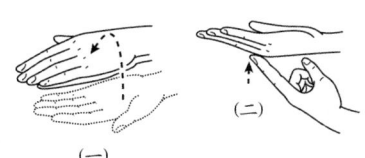

封底 fēngdǐ
（一）双手平伸相挨，掌心向上，右手不动，左手向右翻转与右手掌心相合。
（二）右手平伸，手背向下；左手伸食指，指尖朝上，指一下右手背。

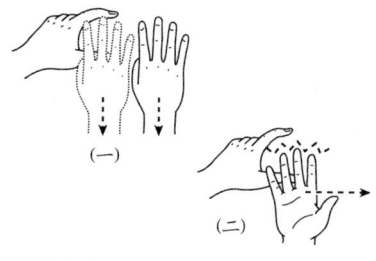

条形码 tiáoxíngmǎ
（一）左手拇、食指成"⊏"形，虎口朝内；右手食、中、无名、小指直立分开，拇指弯回，掌心向外，在左手"⊏"形内从上向下、从左向右移动两下。
（二）左手拇、食指成"⊏"形，虎口朝内；右手直立，手背向外，五指张开，在左手"⊏"形内边交替点动边从左向右移动，表示一串数码。

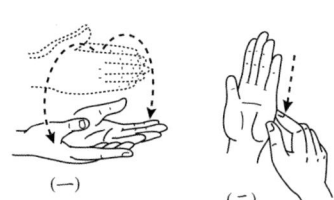

书脊（封脊） shūjǐ (fēngjǐ)
（一）双手侧立，掌心相贴，然后向两侧打开。
（二）左手直立，掌心向内；右手拇、食指张开，指尖相距约1厘米，沿左手小指向下移动。

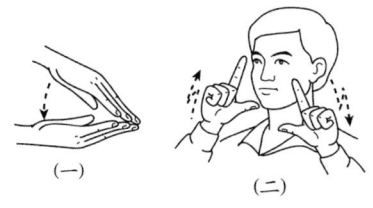

版式 bǎnshì
（一）左手平伸，掌心向上；右手斜伸，手背向前上方，指尖抵于左手指尖，然后向下一按。
（二）双手拇、食指成"⌊ ⌋"形，置于脸颊两侧，上下交替动两下。

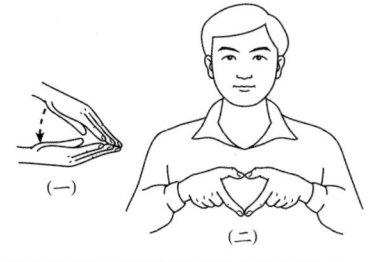

版心 bǎnxīn
（一）左手平伸，掌心向上；右手斜伸，手背向前上方，指尖抵于左手指尖，然后向下一按。
（二）双手拇、食指张开仿"♡"形，手背向外，置于胸部。

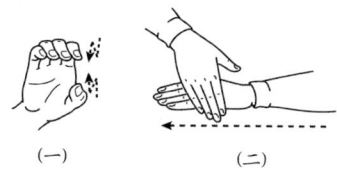

白边 báibiān
（一）一手五指弯曲，掌心向外，指尖弯动两下。
（二）左手横伸，掌心向下；右手食、中、无名、小指并拢，指尖朝下，沿左小臂向指尖方向划动一下。

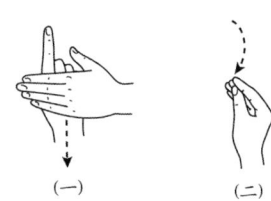

内文 nèiwén

（一）左手横立；右手食指直立，在左手掌心内从上向下移动。

（二）一手五指撮合，指尖朝前，撇动一下，如执毛笔写字状。

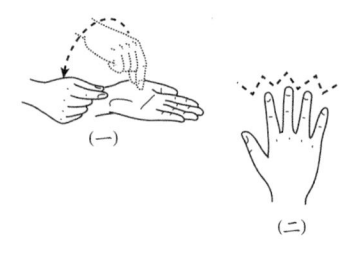

页码 yèmǎ

（一）左手平伸；右手拇、食指相捏，在左手掌心上做向右翻页的动作。

（二）一手直立，掌心向内，五指张开，交替点动几下。

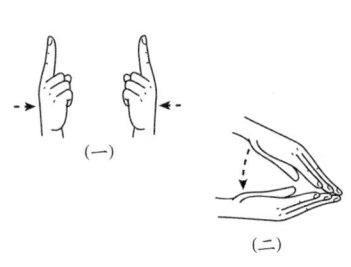

对印 duìyìn

（一）双手食指直立，指面左右相对，从两侧向中间微移一下。

（二）左手平伸，掌心向上；右手斜伸，手背向前上方，指尖抵于左手指尖，然后向下一按。

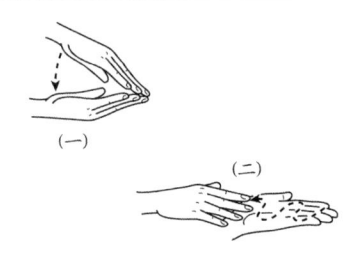

印纹 yìnwén

（一）左手平伸，掌心向上；右手斜伸，手背向前上方，指尖抵于左手指尖，然后向下一按。

（二）左手平伸，掌心向上；右手五指张开，掌心贴于左手掌心，从前向后做曲线形移动。

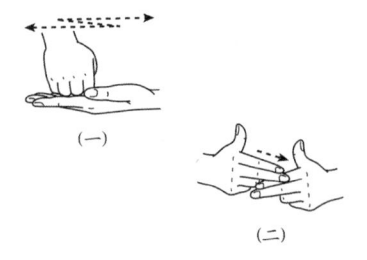

烫金 tàngjīn

（一）左手横伸；右手虚握，手背向外，在左手掌心上左右来回移动两下，如熨衣服状。

（二）双手伸拇、食、中指，食、中指并拢，交叉相搭，右手中指蹭一下左手食指。

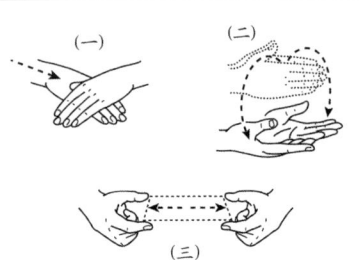

藏书票 cángshūpiào

（一）左手横伸；右手平伸，手背向上，从后向前移入左手掌心下。

（二）双手侧立，掌心相贴，然后向两侧打开。

（三）双手拇、食指张开，指尖相对，虎口朝上，从中间向两侧移动。

漏版藏书票　lòubǎn cángshūpiào

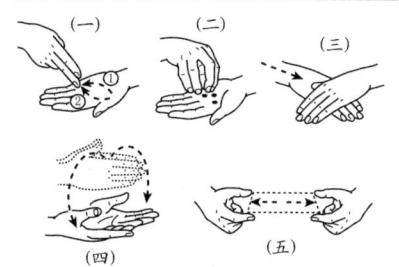

（一）左手横伸；右手食、中指并拢，指尖朝下，在左手掌心上左右各划动一下。
（二）左手横伸；右手五指聚拢，指尖朝下，在左手掌心上随意按动几下。
（三）左手横伸；右手平伸，手背向上，从后向前移入左手掌心下。
（四）双手侧立，掌心相贴，然后向两侧打开。
（五）双手拇、食指张开，指尖相对，虎口朝上，从中间向两侧移动。

藏书印（藏书章）　cángshūyìn（cángshūzhāng）

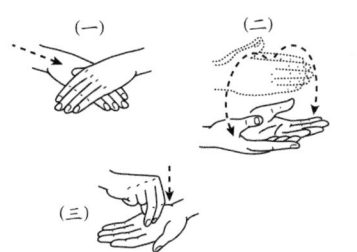

（一）左手横伸；右手平伸，手背向上，从后向前移入左手掌心下。
（二）双手侧立，掌心相贴，然后向两侧打开。
（三）左手横伸；右手拇、食、中指相捏，指尖朝下，按向左手掌心。

版面设计　bǎnmiàn shèjì

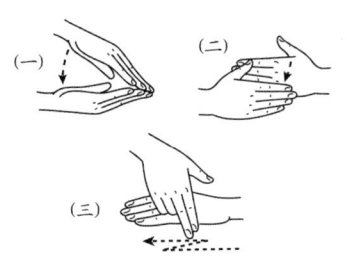

（一）左手平伸，掌心向上；右手斜伸，手背向前上方，指尖抵于左手指尖，然后向下一按。
（二）左手横立，手背向外；右手摸一下左手背。
（三）左手横伸，掌心向下；右手伸拇、食、中指，食、中指并拢，指尖朝下，沿左手小指外侧划动两下。

标题设计　biāotí shèjì

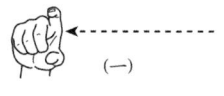
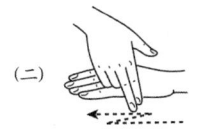

（一）一手拇、食指张开，指尖朝前，向一侧移动一下。
（二）左手横伸，掌心向下；右手伸拇、食、中指，食、中指并拢，指尖朝下，沿左手小指外侧划动两下。

标志设计　biāozhì shèjì

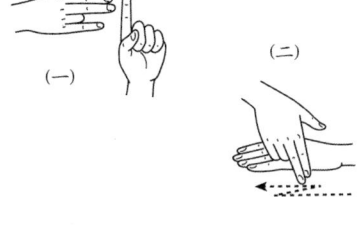

（一）左手食指直立；右手打手指字母"ZH"的指式，指尖指向左手食指。
（二）左手横伸，掌心向下；右手伸拇、食、中指，食、中指并拢，指尖朝下，沿左手小指外侧划动两下。

画册设计　huàcè shèjì

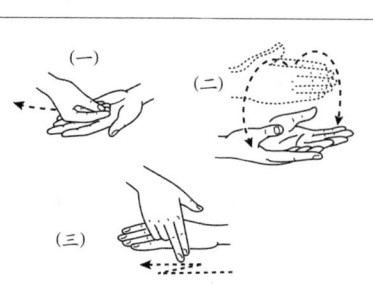

（一）左手横伸；右手五指撮合，指背在左手掌心上抹一下。
（二）双手侧立，掌心相贴，然后向两侧打开。
（三）左手横伸，掌心向下；右手伸拇、食、中指，食、中指并拢，指尖朝下，沿左手小指外侧划动两下。

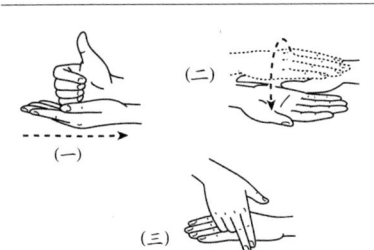

请柬设计 qǐngjiǎn shèjì

（一）左手平伸；右手伸拇指，置于左手掌心上，双手同时向内移动。

（二）双手横伸，掌心相贴，然后右手做向上打开的动作。

（三）左手横伸，掌心向下；右手伸拇、食、中指，食、中指并拢，指尖朝下，沿左手小指外侧划动两下。

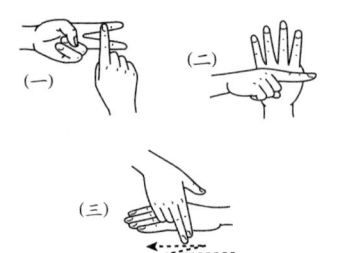

工业设计 gōngyè shèjì

（一）左手食、中指与右手食指搭成"工"字形。

（二）左手食、中、无名、小指直立分开，手背向外；右手食指横伸，置于左手四指根部，仿"业"字形。

（三）左手横伸，掌心向下；右手伸拇、食、中指，食、中指并拢，指尖朝下，沿左手小指外侧划动两下。

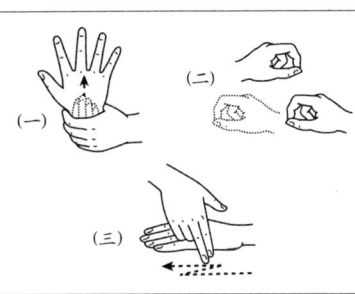

产品设计 chǎnpǐn shèjì

（一）左手五指成半圆形，虎口朝上；右手五指撮合，指尖朝上，手背向外，边从左手虎口内伸出边张开。

（二）双手拇、食指捏成圆形，虎口朝内，左手在上不动，右手在下连打两下，仿"品"字形。

（三）左手横伸，掌心向下；右手伸拇、食、中指，食、中指并拢，指尖朝下，沿左手小指外侧划动两下。

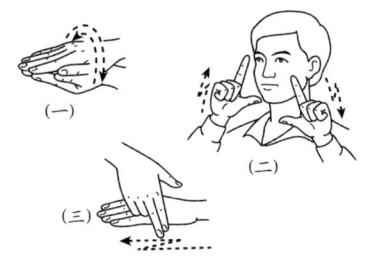

模型设计 móxíng shèjì

（一）双手平伸，掌心相合，手背拱起，左右翻转两下。

（二）双手拇、食指成"∟⊐"形，置于脸颊两侧，上下交替动两下。

（三）左手横伸，掌心向下；右手伸拇、食、中指，食、中指并拢，指尖朝下，沿左手小指外侧划动两下。

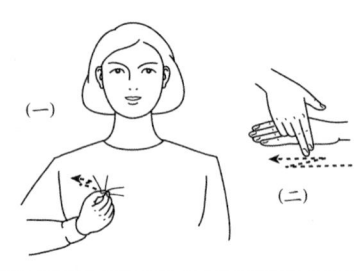

服装设计 fúzhuāng shèjì

（一）一手拇、食指揪两下胸前衣服。

（二）左手横伸，掌心向下；右手伸拇、食、中指，食、中指并拢，指尖朝下，沿左手小指外侧划动两下。

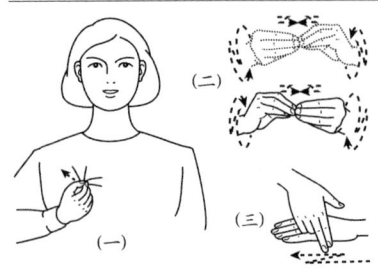

服饰设计 fúshì shèjì

（一）一手拇、食指揪一下胸前衣服。

（二）双手五指撮合，指尖相抵，边前后反向转动边互碰几下。

（三）左手横伸，掌心向下；右手伸拇、食、中指，食、中指并拢，指尖朝下，沿左手小指外侧划动两下。

九、艺术设计

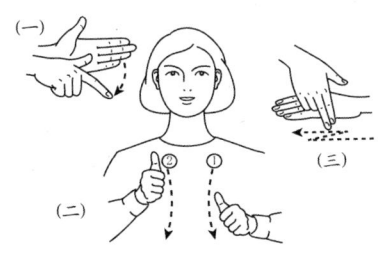

时装设计 shízhuāng shèjì
（一）左手侧立；右手伸拇、食指，拇指尖抵于左手掌心，食指向下转动。
（二）双手伸拇指，在胸前交替向下移动一下，如穿衣服状。
（三）左手横伸，掌心向下；右手伸拇、食、中指，食、中指并拢，指尖朝下，沿左手小指外侧划动两下。

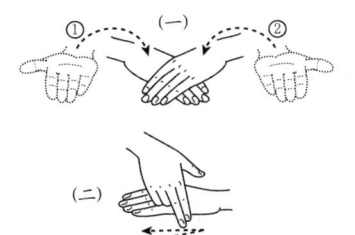

包装设计 bāozhuāng shèjì
（一）双手平伸，掌心向上，然后交替翻动，手背相叠，如包物品状。
（二）左手横伸，掌心向下；右手伸拇、食、中指，食、中指并拢，指尖朝下，沿左手小指外侧划动两下。

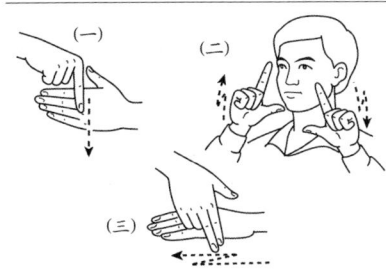

外观设计 wàiguān shèjì
（一）左手横立；右手伸食指，指尖朝下，在左手背外向下指。
（二）双手拇、食指成"凵"形，置于脸颊两侧，上下交替动两下。
（三）左手横伸，掌心向下；右手伸拇、食、中指，食、中指并拢，指尖朝下，沿左手小指外侧划动两下。

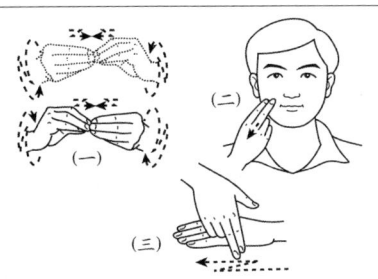

装潢设计 zhuānghuáng shèjì
（一）双手五指撮合，指尖相抵，边前后反向转动边互碰几下。
（二）一手打手指字母"H"的指式，摸一下脸颊。"黄"与"潢"音同形近，借代。
（三）左手横伸，掌心向下；右手伸拇、食、中指，食、中指并拢，指尖朝下，沿左手小指外侧划动两下。

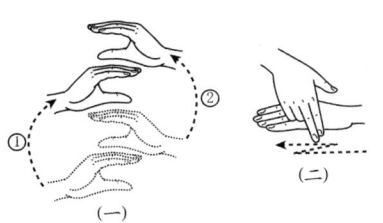

建筑设计 jiànzhù shèjì
（一）双手五指成"匚コ"形，虎口朝内，交替上叠，模仿垒砖的动作。
（二）左手横伸，掌心向下；右手伸拇、食、中指，食、中指并拢，指尖朝下，沿左手小指外侧划动两下。

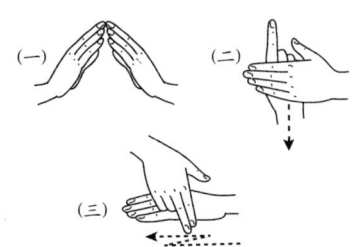

室内设计 shìnèi shèjì
（一）双手搭成"∧"形。
（二）左手横立；右手食指直立，在左手掌心内从上向下移动。
（三）左手横伸，掌心向下；右手伸拇、食、中指，食、中指并拢，指尖朝下，沿左手小指外侧划动两下。

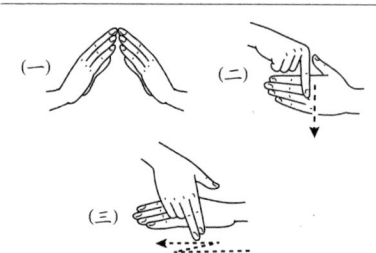

室外设计 shìwài shèjì

（一）双手搭成"∧"形。
（二）左手横立；右手伸食指，指尖朝下，在左手背外向下指。
（三）左手横伸，掌心向下；右手伸拇、食、中指，食、中指并拢，指尖朝下，沿左手小指外侧划动两下。

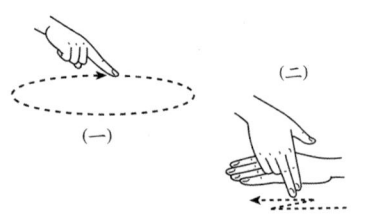

环境设计 huánjìng shèjì

（一）一手伸食指，指尖朝下划一大圈。
（二）左手横伸，掌心向下；右手伸拇、食、中指，食、中指并拢，指尖朝下，沿左手小指外侧划动两下。

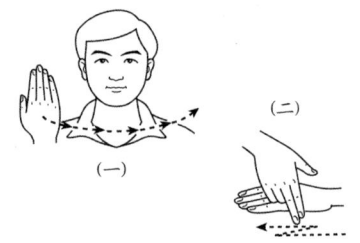

景观设计 jǐngguān shèjì

（一）一手直立，掌心向内，从一侧向另一侧一顿一顿做弧形移动。
（二）左手横伸，掌心向下；右手伸拇、食、中指，食、中指并拢，指尖朝下，沿左手小指外侧划动两下。

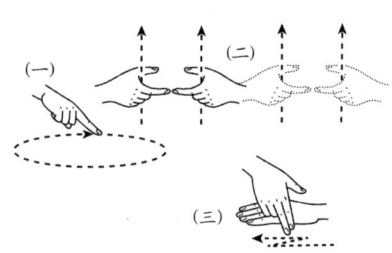

园林设计 yuánlín shèjì

（一）一手伸食指，指尖朝下划一大圈。
（二）双手拇、食指成大圆形，虎口朝上，在不同位置向上移动两下。
（三）左手横伸，掌心向下；右手伸拇、食、中指，食、中指并拢，指尖朝下，沿左手小指外侧划动两下。

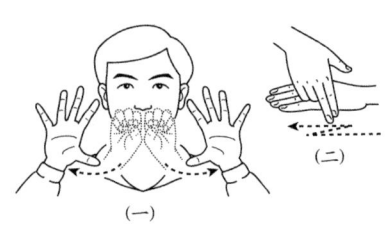

宣传设计 xuānchuán shèjì

（一）双手虚握，掌心向外，置于嘴部，然后边向前方两侧移动边张开五指。
（二）左手横伸，掌心向下；右手伸拇、食、中指，食、中指并拢，指尖朝下，沿左手小指外侧划动两下。

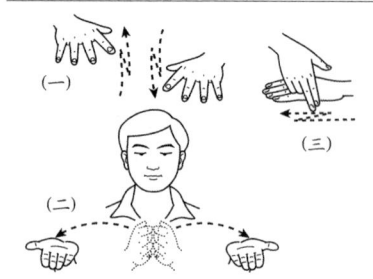

海报设计 hǎibào shèjì

（一）双手平伸，掌心向下，五指张开，上下交替移动，表示起伏的波浪。
（二）双手侧立，掌心相贴，然后向两侧打开，动作幅度大些，如打开报纸状。
（三）左手横伸，掌心向下；右手伸拇、食、中指，食、中指并拢，指尖朝下，沿左手小指外侧划动两下。

招贴设计　zhāotiē shèjì

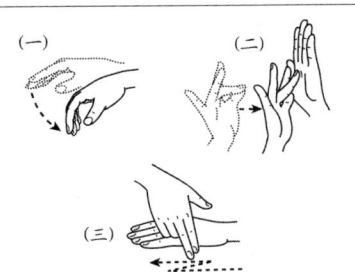

（一）一手平伸，掌心向下，五指微曲，向内挥动一下。
（二）左手直立，掌心向右；右手拇、中指相捏，指尖朝左，然后张开，中指贴一下左手掌心。
（三）左手横伸，掌心向下；右手伸拇、食、中指，食、中指并拢，指尖朝下，沿左手小指外侧划动两下。

展示设计　zhǎnshì shèjì

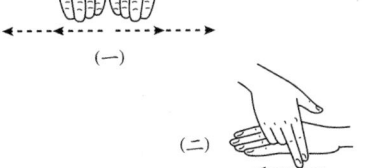

（一）双手平伸，掌心向上，从中间向两侧一顿一顿移动几下。
（二）左手横伸，掌心向下；右手伸拇、食、中指，食、中指并拢，指尖朝下，沿左手小指外侧划动两下。

平面设计　píngmiàn shèjì

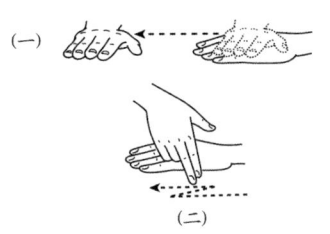

（一）左手横伸；右手平伸，掌心向下，从左手背上向右移动一下。
（二）左手横伸，掌心向下；右手伸拇、食、中指，食、中指并拢，指尖朝下，沿左手小指外侧划动两下。

立体设计　lìtǐ shèjì

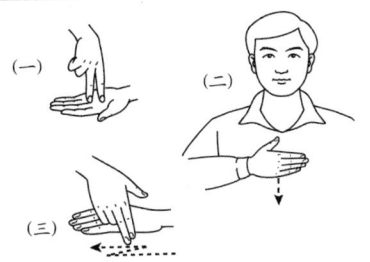

（一）左手横伸；右手食、中指分开，指尖朝下，立于左手掌心上。
（二）一手掌心贴于胸部，向下移动一下。
（三）左手横伸，掌心向下；右手伸拇、食、中指，食、中指并拢，指尖朝下，沿左手小指外侧划动两下。

空间设计　kōngjiān shèjì

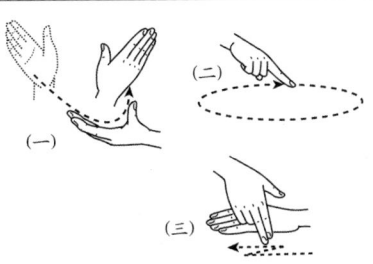

（一）左手斜伸，掌心向斜后方；右手食、中、无名、小指并拢，指尖朝前，小指外侧从右向左在左手虎口处刮一下。
（二）一手伸食指，指尖朝下划一大圈。
（三）左手横伸，掌心向下；右手伸拇、食、中指，食、中指并拢，指尖朝下，沿左手小指外侧划动两下。

视觉传达设计　shìjué chuándá shèjì

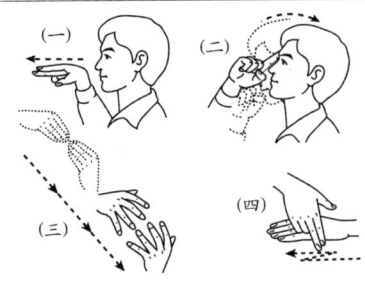

（一）一手食、中指分开，指尖朝前，手背向上，从眼部向前一指。
（二）一手食指抵于太阳穴，头同时微抬。
（三）双手五指撮合，指尖斜向相对，边向斜下方移动边连续做开合的动作。
（四）左手横伸，掌心向下；右手伸拇、食、中指，食、中指并拢，指尖朝下，沿左手小指外侧划动两下。

CIS 设计　CIS shèjì

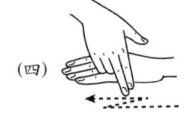

（一）一手打手指字母"C"的指式。
（二）一手打手指字母"I"的指式。
（三）一手打手指字母"S"的指式。
（四）左手横伸，掌心向下；右手伸拇、食、中指，食、中指并拢，指尖朝下，沿左手小指外侧划动两下。

POP 设计　POP shèjì

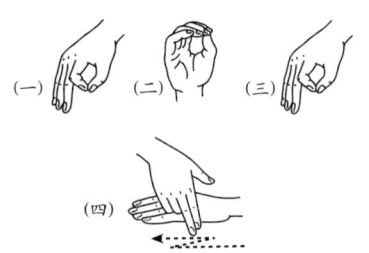

（一）一手打手指字母"P"的指式。
（二）一手打手指字母"O"的指式。
（三）一手打手指字母"P"的指式。
（四）左手横伸，掌心向下；右手伸拇、食、中指，食、中指并拢，指尖朝下，沿左手小指外侧划动两下。

VI 设计　VI shèjì

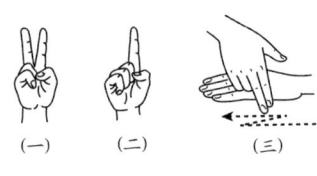

（一）一手打手指字母"V"的指式。
（二）一手打手指字母"I"的指式。
（三）左手横伸，掌心向下；右手伸拇、食、中指，食、中指并拢，指尖朝下，沿左手小指外侧划动两下。

平置图　píngzhìtú

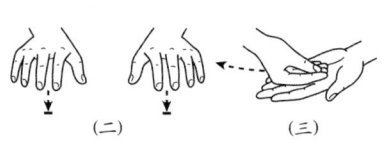

（一）左手横伸；右手平伸，掌心向下，从左手背上向右移动一下。
（二）双手五指微曲张开，指尖朝下一顿。
（三）左手横伸；右手五指撮合，指背在左手掌心上抹一下。

直立图　zhílìtú

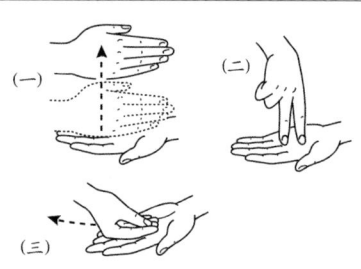

（一）左手横伸；右手横立，掌心向内，置于左手掌心上，然后向上移动。
（二）左手横伸；右手食、中指分开，指尖朝下，立于左手掌心上。
（三）左手横伸；右手五指撮合，指背在左手掌心上抹一下。

图文编排　túwén biānpái

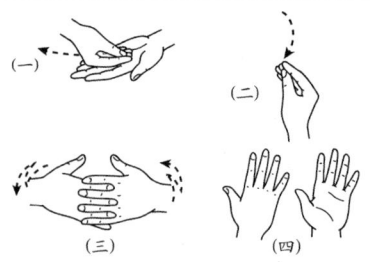

（一）左手横伸；右手五指撮合，指背在左手掌心上抹一下。
（二）一手五指撮合，指尖朝前，撇动一下，如执毛笔写字状。
（三）双手斜立，五指交叉相搭，交替扭动两下。
（四）双手直立，五指张开，一前一后排成一列。

图形创意 túxíng chuàngyì

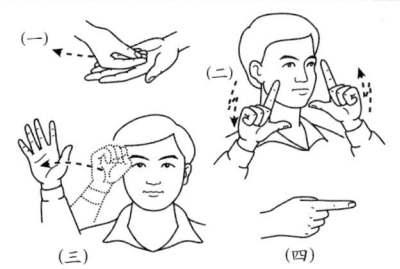

（一）左手横伸；右手五指撮合，指背在左手掌心上抹一下。
（二）双手拇、食指成"⌐"形，置于脸颊两侧，上下交替动两下。
（三）一手握拳，虎口贴于太阳穴，然后边向前移动边张开五指。
（四）一手食指横伸，手背向外。"一"与"意"音近，借代。

标志（标识） biāozhì（biāoshí）

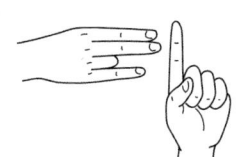

左手食指直立；右手打手指字母"ZH"的指式，指尖指向左手食指。

提示（意见、主张） tíshì（yì·jiàn、zhǔzhāng）

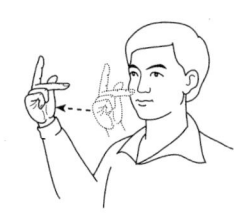

右手打手指字母"K"的指式，中指尖朝左，从嘴部向前移出。

牌子（招牌） pái·zi（zhāopái）

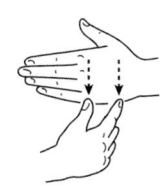

左手横立；右手拇、食指张开，指尖朝内，在左手背上向下划动一下。
（可根据实际表示牌子）

提示牌 tíshìpái

（一）右手打手指字母"K"的指式，中指尖朝左，从嘴部向前移出。
（二）左手横立；右手拇、食指张开，指尖朝内，在左手背上从左向右划动一下。
（可根据实际表示提示牌）

警示语 jǐngshìyǔ

（一）左手食指直立；右手五指微曲，指尖朝下，置于左手上，双手同时用力向前一顿，面露严肃的表情。
（二）一手食指横伸，在嘴前前后转动两下。

十、书法 篆刻

1. 书法

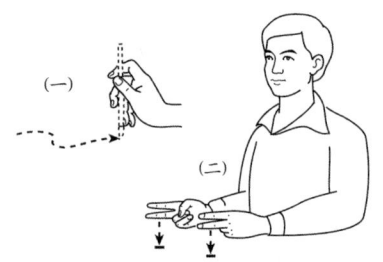

书法 shūfǎ
（一）一手如执毛笔写字状。
（二）双手打手指字母"F"的指式,指尖朝前,向下一顿。

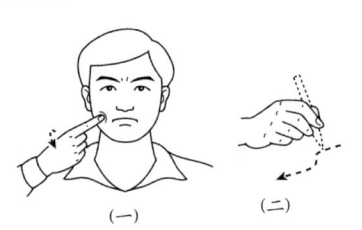

硬笔 yìngbǐ
（一）一手食指抵于脸颊,向前微转一下,同时牙关紧咬。
（二）一手如执钢笔写字状。

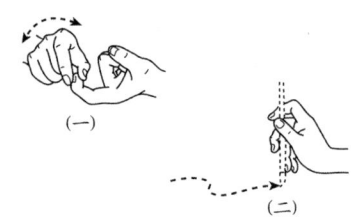

软笔 ruǎnbǐ
（一）右手拇、食指捏住左手食指尖,随意晃动几下,左手食指随之弯曲。
（二）一手如执毛笔写字状。

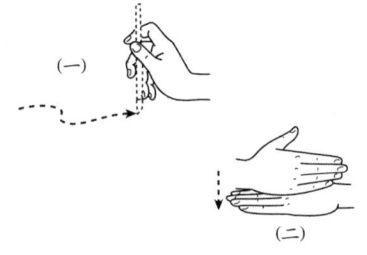

墨迹 mòjì
（一）一手如执毛笔写字状。
（二）左手横伸；右手横立,掌心向内,置于左手背上,然后向下一按,表示留下的字画墨迹。
（可根据实际表示墨迹的不同意思）

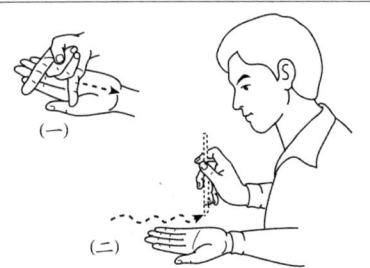

字帖 zìtiè
（一）左手平伸；右手打手指字母"Z"的指式,在左手掌心上从上向下移动一下。
（二）左手平伸,掌心向上；右手在旁如执毛笔写字状,目光左右移动,如看字帖写字状。

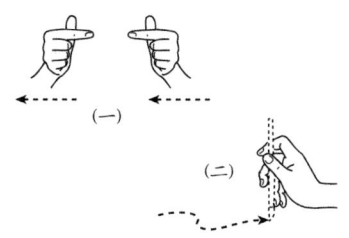

临习 línxí

（一）双手拇、食指搭成"十"字形，同时向一侧移动一下。

（二）一手如执毛笔写字状。

 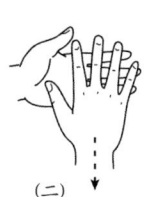

九宫格 jiǔgōnggé

（一）一手食指弯曲，中节指指背向上，虎口朝内。

（二）双手五指张开，一横一竖搭成方格形，然后左手不动，右手向下移动。

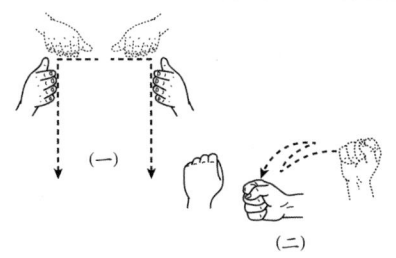

碑刻 bēikè

（一）双手平伸，掌心向下，先向两侧移动少许距离再折而下移，仿碑的形状。

（二）双手握拳，虎口朝内，左手在前不动，右手朝左手挥动两下。

刻帖 kètiè

（一）双手握拳，虎口朝内，左手在前不动，右手朝左手挥动两下。

（二）左手平伸；右手打手指字母"Z"的指式，在左手掌心上从上向下移动一下。

拓印 tàyìn

左手直立，掌心向右；右手握拳，在左手掌心上边捶打边从上向下移动。

（可根据实际表示不同的拓印动作）

拓印包 tàyìnbāo

（一）左手直立，掌心向右；右手握拳，在左手掌心上边捶打边从上向下移动。

（二）右手握拳，手背向上；左手五指弯曲，掌心向上，置于右拳下，然后边从下向上移动边握拳，虎口朝上，置于右手背上。

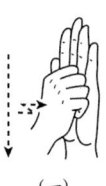 

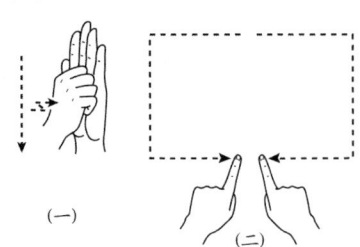

拓片　tàpiàn

（一）左手直立，掌心向右；右手握拳，在左手掌心上边捶打边从上向下移动。

（二）双手伸食指，指尖朝前，在面前划一个"□"形。

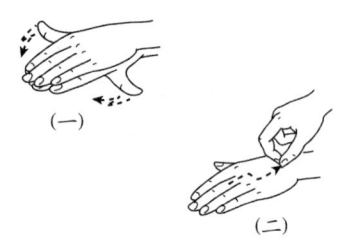

甲骨文①　jiǎgǔwén ①

（一）双手平伸，手背向上，上下相叠，拇指弯动几下。

（二）左手平伸，手背向上；右手拇、食指相捏，指尖朝下，在左手背上做刻写的动作。

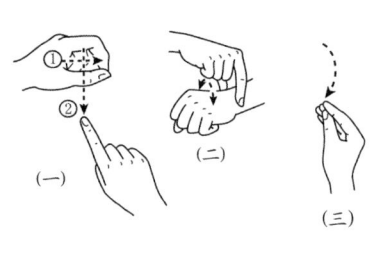

甲骨文②　jiǎgǔwén ②

（一）左手拇、食指捏成圆形，虎口朝内；右手伸食指，在左手虎口上先横划一下，再竖划一下，仿"甲"字形。

（二）左手握拳，手背向上；右手拇、食指张开，卡在左手腕，左手微转两下。

（三）一手五指撮合，指尖朝前，撇动一下，如执毛笔写字状。

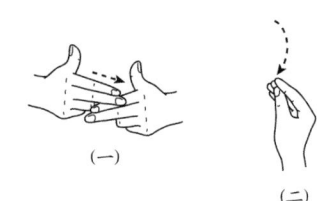

金文（钟鼎文）　jīnwén（zhōngdǐngwén）

（一）双手伸拇、食、中指，食、中指并拢，交叉相搭，右手中指蹭一下左手食指。

（二）一手五指撮合，指尖朝前，撇动一下，如执毛笔写字状。

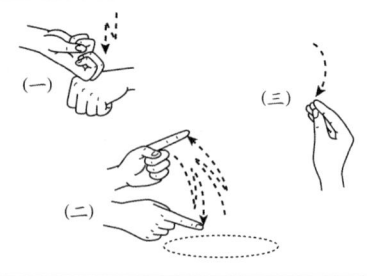

石鼓文　shígǔwén

（一）左手握拳；右手食、中指弯曲，以指关节在左手背上敲两下。

（二）双手伸食指，指尖朝前，上下交替动几下，如敲鼓状。

（三）一手五指撮合，指尖朝前，撇动一下，如执毛笔写字状。

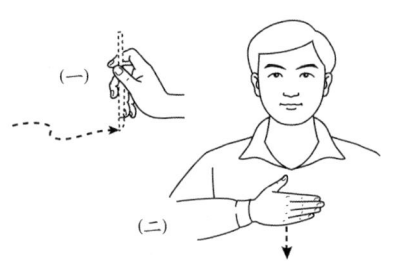

书体　shūtǐ

（一）一手如执毛笔写字状。

（二）一手掌心贴于胸部，向下移动一下。

十、书法　篆刻　193

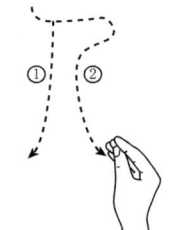

篆书　zhuànshū
一手如执毛笔写篆书状。

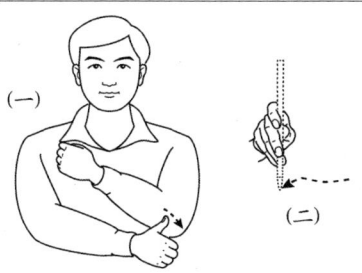

隶书　lìshū
（一）左臂抬起，左手握拳，手背向外；右手伸拇指，指尖在左手肘部向下划一下。
（二）一手如执毛笔写隶书状。

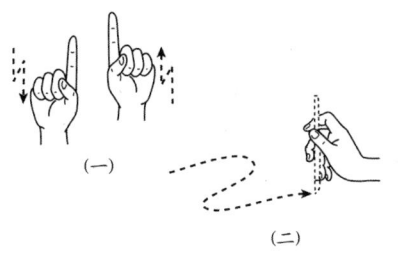

草书　cǎoshū
（一）双手食指直立，手背向内，上下交替动几下。
（二）一手如执毛笔写草书状。

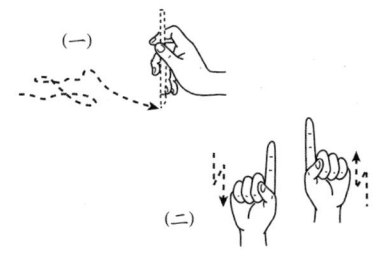

狂草　kuángcǎo
（一）一手如执毛笔状，做随意奔放写字的动作。
（二）双手食指直立，手背向内，上下交替动几下。

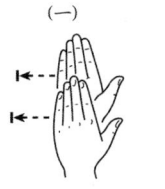 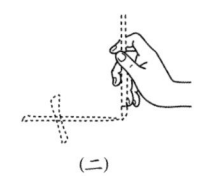

楷书　kǎishū
（一）双手直立，掌心左右相对，向前一顿。
（二）一手如执毛笔写楷书状。

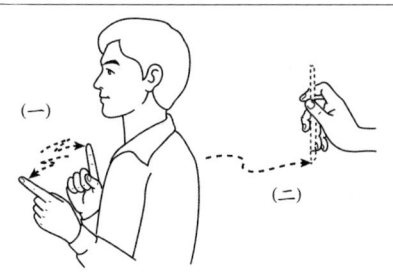

行书①　xíngshū①
（一）双手食指直立，在胸前随意交替摆动几下。
（二）一手如执毛笔写行书状。

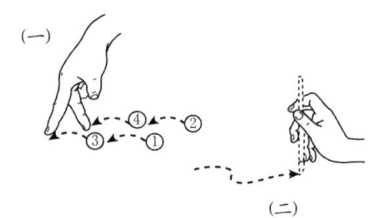

行书② xíngshū②
（一）一手食、中指分开，指尖朝下，交替向前移动。
（二）一手如执毛笔写行书状。

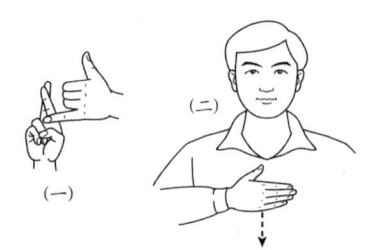

赵体 zhàotǐ
（一）左手伸拇、小指，小指横伸，手背向外；右手食、中指相叠，掌心向外，贴于左手小指。
（二）一手掌心贴于胸部，向下移动一下。

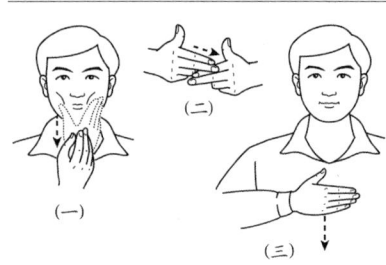

瘦金体 shòujīntǐ
（一）一手五指夹住脸颊两侧，边向下移动边收拢。
（二）双手伸拇、食、中指，食、中指并拢，交叉相搭，右手中指蹭一下左手食指。
（三）一手掌心贴于胸部，向下移动一下。

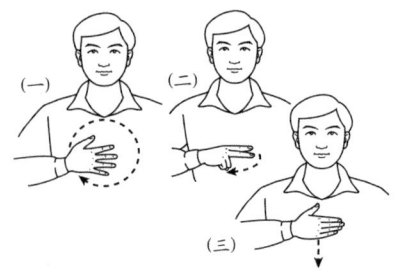

舒同体 shūtóngtǐ
（一）一手五指张开，掌心贴胸部逆时针转动一圈。
（二）一手食、中指横伸分开，手背向上，向前移动一下。
（三）一手掌心贴于胸部，向下移动一下。

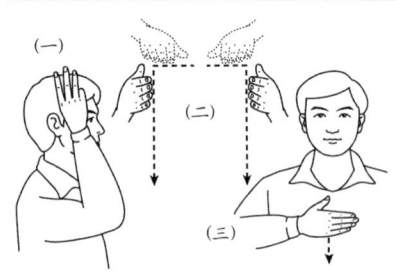

魏碑体 wèibēitǐ
（一）右手打手指字母"W"的指式，手背向右，置于头一侧。
（二）双手平伸，掌心向下，先向两侧移动少许距离再折而下移，仿碑的形状。
（三）一手掌心贴于胸部，向下移动一下。

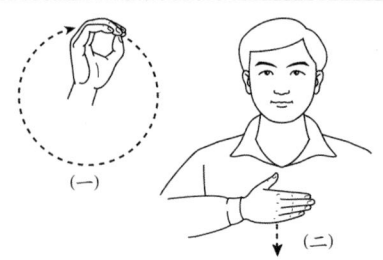

欧体 ōutǐ
（一）一手五指捏成圆形，虎口朝内，在面前逆时针转动一圈。
（二）一手掌心贴于胸部，向下移动一下。

颜体 yántǐ

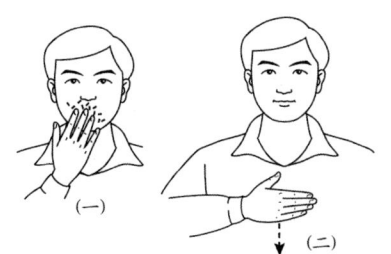

（一）一手直立，掌心向内，五指张开，在嘴唇部交替点动。
（二）一手掌心贴于胸部，向下移动一下。

柳体 liǔtǐ

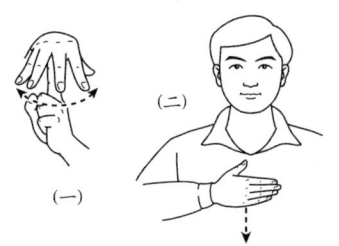

（一）左手食指直立；右手五指张开，指尖朝下，手腕置于左手食指尖，左右晃动两下。
（二）一手掌心贴于胸部，向下移动一下。

苏体 sūtǐ

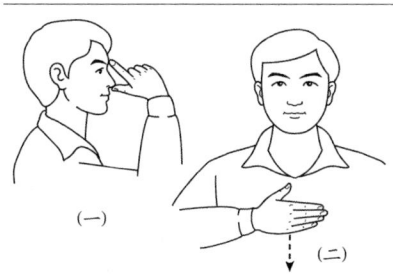

（一）一手拇、食指成"⊃"形，拇指尖抵于鼻尖，食指尖抵于眉心。
（二）一手掌心贴于胸部，向下移动一下。

条幅（横披） tiáofú（héngpī）

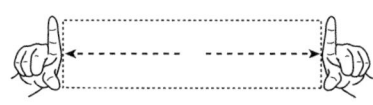

双手拇、食指张开，指尖朝前，虎口相对，从中间向两侧做较长的移动，表示长条形的横幅字画。

对联 duìlián

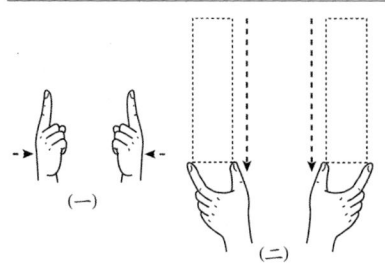

（一）双手食指直立，指面左右相对，从两侧向中间微移一下。
（二）双手拇、食指张开，指尖朝前，相距约5厘米，虎口朝上，然后从上向下移动。

横批 héngpī

双手拇、食指成"⊏⊐"形，虎口朝内，从中间向两侧移动，表示对联上的横批。

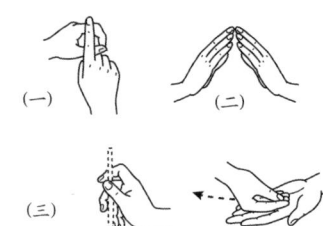

中堂字画　zhōngtáng zìhuà

（一）左手拇、食指与右手食指搭成"中"字形。
（二）双手搭成"∧"形。
（三）一手如执毛笔写字状。
（四）左手横伸；右手五指撮合，指背在左手掌心上抹一下。

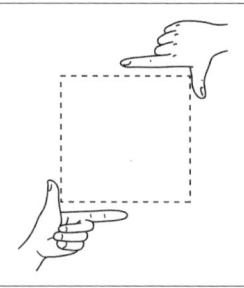

斗方　dǒufāng

双手拇、食指成"⌐"形，左手背向下，右手背向上。

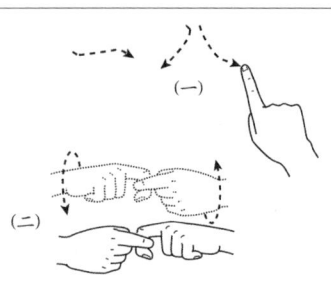

间架结构　jiānjià jiégòu

（一）一手伸食指，指尖朝前，书空"一""丿""丶"笔画。
（二）双手食指弯曲，互勾两下。

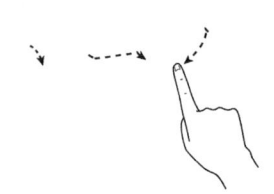

笔画（笔划）　bǐhuà（bǐhuà）

一手伸食指，指尖朝前，书空"丶""一""丿"笔画。
（可根据实际表示不同的握笔书写的动作）

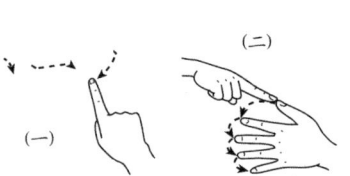

笔顺　bǐshùn

（一）一手伸食指，指尖朝前，书空"丶""一""丿"笔画。
（二）左手横立，掌心向内，五指张开；右手伸食指，从左手拇指依次向下点至小指。
（可根据实际表示不同的握笔书写的动作）

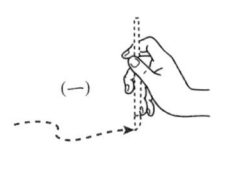

笔意　bǐyì

（一）一手如执毛笔写字状。
（二）一手平伸，手背向下，拇、中指先相捏，然后弹动两下。
（可根据实际表示不同的握笔书写的动作）

十、书法　篆刻　197

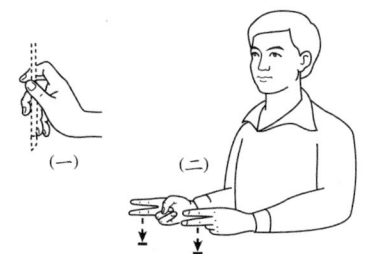

执笔法　zhíbǐfǎ
（一）一手如执毛笔状。
（二）双手打手指字母"F"的指式，指尖朝前，向下一顿。
（可根据实际表示不同的执笔方式）

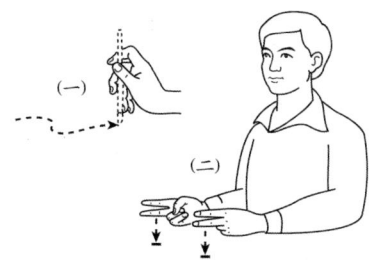

运笔法　yùnbǐfǎ
（一）一手如执毛笔状，做随意运笔的动作。
（二）双手打手指字母"F"的指式，指尖朝前，向下一顿。
（可根据实际表示不同的运笔方式）

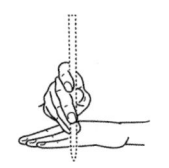

枕腕　zhěnwàn
左手横伸，手背垫在右手腕下；右手如执毛笔状，模仿枕腕执笔的动作。

提腕　tíwàn
一手如执毛笔状，肘部成直角，模仿提腕执笔的动作。

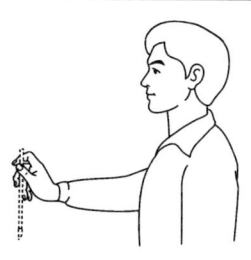
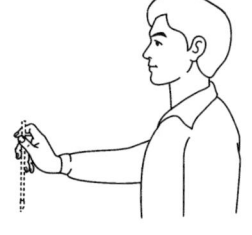

悬腕　xuánwàn
一手如执毛笔状，手臂直伸，模仿悬腕执笔的动作。

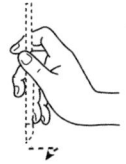

按提　àntí
一手如执毛笔状，先向下一按，再向上一提。

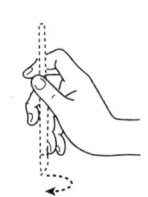

转笔 zhuǎnbǐ
一手如执毛笔状,手腕向内微转半圈。

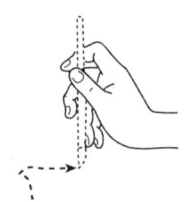

折笔 zhébǐ
一手如执毛笔状,模仿书写横折笔画的动作。

顺锋 shùnfēng
一手如执毛笔状,从左向右做书写"一"的动作,笔锋的运行方向与笔杆的倾斜方向一致。
(可根据实际表示顺锋的笔法动作)

逆锋 nìfēng
一手如执毛笔状,从右向左做书写"一"的动作,笔杆向行笔相反方向倾倒。
(可根据实际表示逆锋的笔法动作)

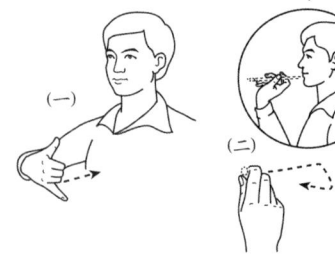

回锋 huífēng
(一)一手伸拇、小指,指尖朝内,从外向内移动。
(二)一手如执毛笔状,做"⌐"形移动,表示收笔时笔锋的运行方向与笔画的延伸方向相反。
(可根据实际表示回锋的笔法动作)

出锋 chūfēng
右手如执毛笔状,做"丿"形移动;左手拇、食指微张,虎口朝内,随右手边向左下方移动边相捏。
(可根据实际表示出锋的笔法动作)

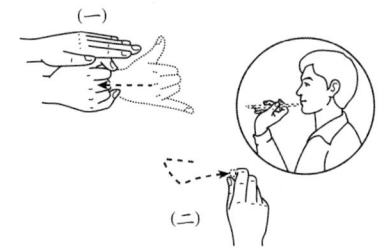

藏锋　cángfēng

（一）左手平伸；右手伸拇、小指，手背向右，边向左手掌心下移动边蜷曲。

（二）一手如执毛笔状，做"←"形移动，表示起笔时的藏锋笔法。

（可根据实际表示藏锋的笔法动作）

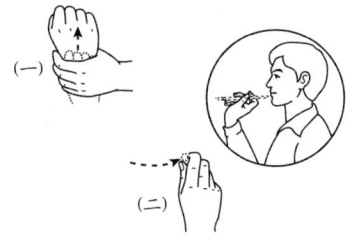

露锋　lùfēng

（一）左手五指成半圆形，虎口朝上；右手握拳，手背向外，从左手虎口内伸出。

（二）一手如执毛笔状，做"一"形移动，表示起笔时用顺锋，收笔时用出锋。

（可根据实际表示露锋的笔法动作）

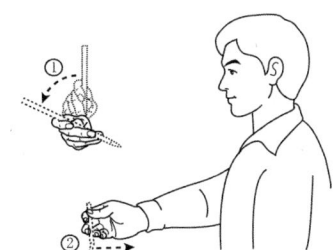

侧锋　cèfēng

一手如执毛笔状，先向右倾斜，再向下移动。

（可根据实际表示侧锋的笔法动作）

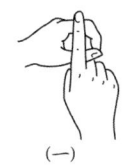 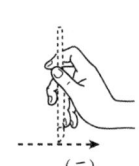

中锋　zhōngfēng

（一）左手拇、食指与右手食指搭成"中"字形。

（二）一手如执毛笔状，从上向下做书写"丨"的动作，表示中锋笔法笔杆垂直，笔锋在笔画中行。

（可根据实际表示中锋的笔法动作）

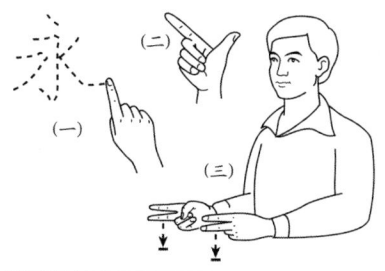

永字八法　yǒngzì bāfǎ

（一）一手伸食指，指尖朝前，书空"永"字形。

（二）一手伸拇、食指，掌心向外。

（三）双手打手指字母"F"的指式，指尖朝前，向下一顿。

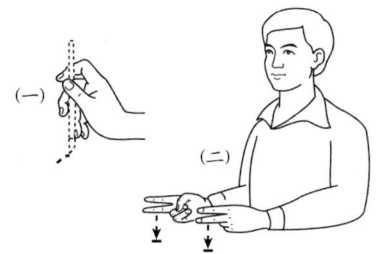

点法　diǎnfǎ

（一）一手如执毛笔状，书写"丶"笔画。

（二）双手打手指字母"F"的指式，指尖朝前，向下一顿。

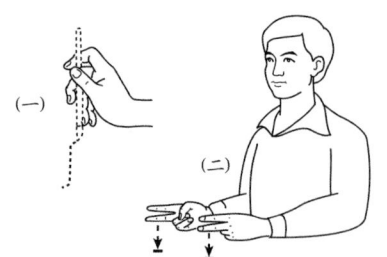

横法 héngfǎ
（一）一手如执毛笔状，书写"一"笔画。
（二）双手打手指字母"F"的指式，指尖朝前，向下一顿。

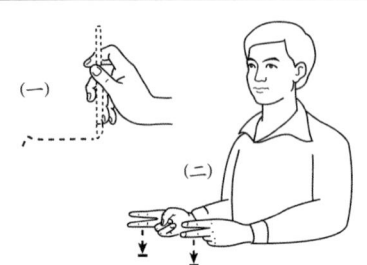

竖法 shùfǎ
（一）一手如执毛笔状，书写"丨"笔画。
（二）双手打手指字母"F"的指式，指尖朝前，向下一顿。

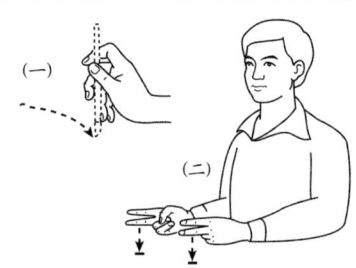

撇法 piěfǎ
（一）一手如执毛笔状，书写"丿"笔画。
（二）双手打手指字母"F"的指式，指尖朝前，向下一顿。

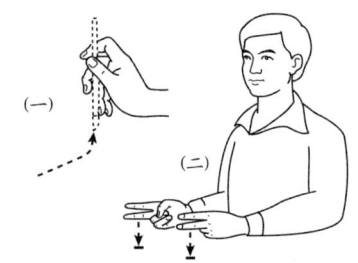

捺法 nàfǎ
（一）一手如执毛笔状，书写"乀"笔画。
（二）双手打手指字母"F"的指式，指尖朝前，向下一顿。

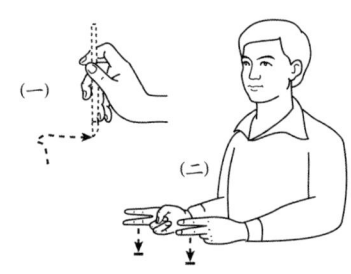

折法 zhéfǎ
（一）一手如执毛笔状，书写"𠃍"笔画。
（二）双手打手指字母"F"的指式，指尖朝前，向下一顿。
（可根据实际表示折的笔画）

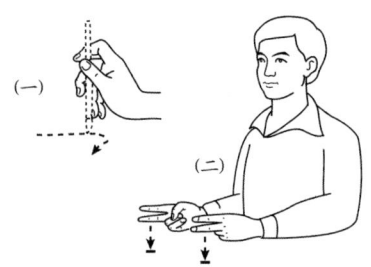

钩法 gōufǎ
（一）一手如执毛笔状，书写"亅"笔画。
（二）双手打手指字母"F"的指式，指尖朝前，向下一顿。

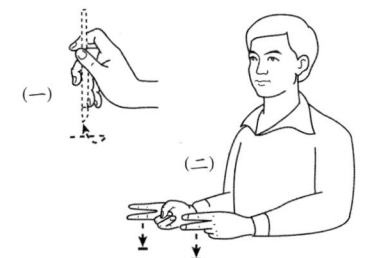

提法 tífǎ

（一）一手如执毛笔状，先向下一按，再向上一提，书写提的笔画。
（二）双手打手指字母"F"的指式，指尖朝前，向下一顿。

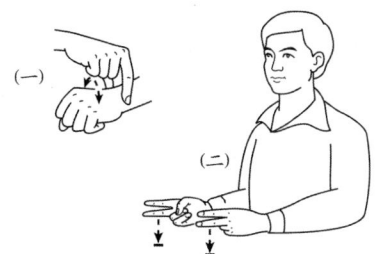

骨法 gǔfǎ

（一）左手握拳，手背向上；右手拇、食指张开，卡在左手腕，左手微转两下。
（二）双手打手指字母"F"的指式，指尖朝前，向下一顿。

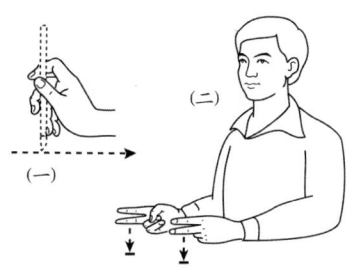

笔法 bǐfǎ

（一）一手如执毛笔状，做划直线的动作。
（二）双手打手指字母"F"的指式，指尖朝前，向下一顿。

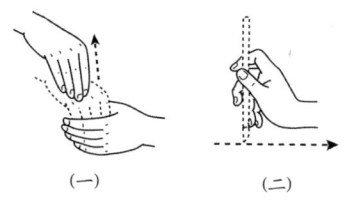

用笔 yòngbǐ

（一）左手五指成"匚"形，虎口朝上；右手五指撮合，指尖朝下，从左手虎口内抽出。
（二）一手如执毛笔状，做划直线的动作。

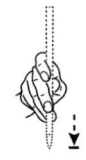

顿笔 dùnbǐ

一手如执毛笔状，做向下顿笔锋的动作。

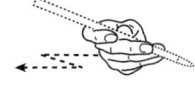

拖笔 tuōbǐ

右手如执毛笔状，手背向右倾斜，向右拉动两下，模仿拖笔的动作。

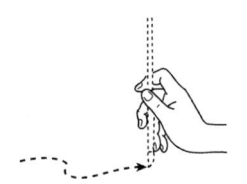

运笔　yùnbǐ
一手如执毛笔状，随意做运笔的动作。

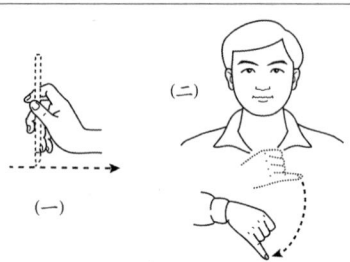

败笔　bàibǐ
（一）一手如执毛笔状，做划直线的动作。
（二）右手伸小指，指尖朝左，向下甩动一下，幅度要大些。

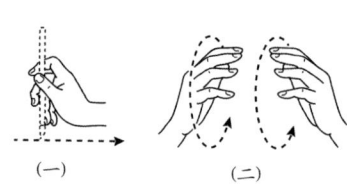

笔势　bǐshì
（一）一手如执毛笔状，做划直线的动作。
（二）双手五指微曲张开，掌心相对，同时向前转动一下。

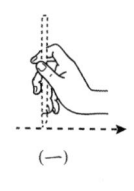

笔力　bǐlì
（一）一手如执毛笔状，做划直线的动作。
（二）一手握拳屈肘，用力向内弯动一下。

2. 篆刻

篆刻（雕刻、镌刻）　zhuànkè（diāokè、juānkè）
左手握拳，虎口朝上；右手食、中指并拢，在左手虎口上划动两下。
（可根据实际表示篆刻的动作）

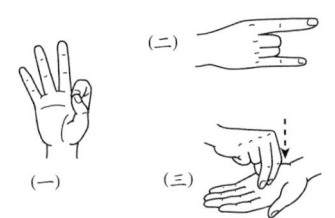

三字印 sānzìyìn
（一）一手中、无名、小指直立分开，掌心向外。
（二）一手打手指字母"Z"的指式。
（三）左手横伸；右手拇、食、中指相捏，指尖朝下，按向左手掌心。

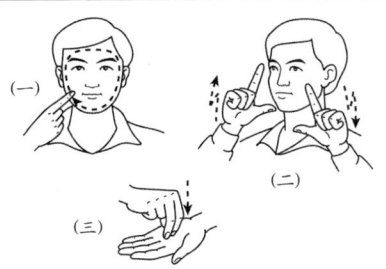

肖形印 xiàoxíngyìn
（一）一手伸食指，绕脸部转动一圈。
（二）双手拇、食指成"⌐⌐"形，置于脸颊两侧，上下交替动两下。
（三）左手横伸；右手拇、食、中指相捏，指尖朝下，按向左手掌心。

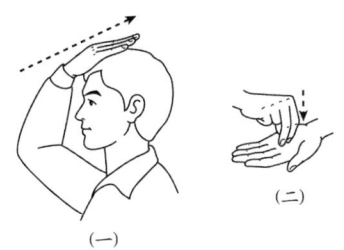

秦印 qínyìn
（一）一手五指并拢，指尖朝后，手背向上，在头顶上从低向高斜向移动一下，仿秦代士兵帽子的样式。
（二）左手横伸；右手拇、食、中指相捏，指尖朝下，按向左手掌心。

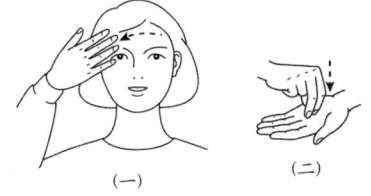

汉印 hànyìn
（一）一手五指张开，手背向外，在额头上一抹，如流汗状。
（二）左手横伸；右手拇、食、中指相捏，指尖朝下，按向左手掌心。

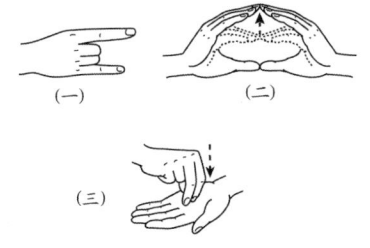

朱文印（阳文印） zhūwényìn（yángwényìn）
（一）一手打手指字母"Z"的指式。
（二）双手五指成"⌐⌐"形，虎口朝内，然后食、中、无名、小指向上凸起。
（三）左手横伸；右手拇、食、中指相捏，指尖朝下，按向左手掌心。

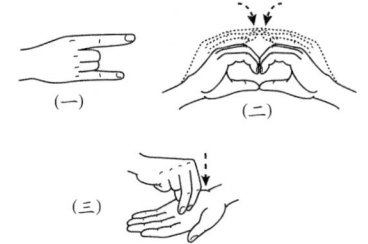

白文印（阴文印） báiwényìn（yīnwényìn）
（一）一手打手指字母"Z"的指式。
（二）双手五指成"⌐⌐"形，虎口朝内，然后食、中、无名、小指向下凹进。
（三）左手横伸；右手拇、食、中指相捏，指尖朝下，按向左手掌心。

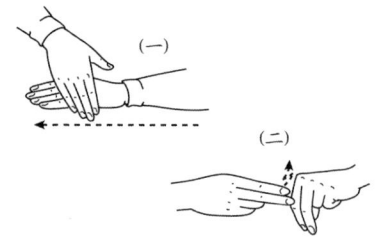

边款(侧款)　biānkuǎn (cèkuǎn)

（一）左手横伸，掌心向下；右手食、中、无名、小指并拢，指尖朝下，沿左小臂向指尖方向划动一下。

（二）左手拇、食、中指相捏，指尖朝下；右手食、中指并拢，指尖朝左，手背向外，在左手食指背上微划两下。

印材　yìncái

（一）左手横伸；右手拇、食、中指相捏，指尖朝下，按向左手掌心。

（二）双手食指指尖朝前，手背向上，先互碰一下，再分开并张开五指。

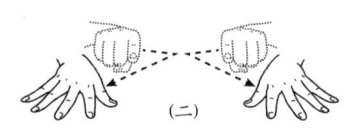

印泥　yìnní

（一）左手横伸；右手拇、食、中指相捏，指尖朝下，按向左手掌心。

（二）一手拇、中指相捏两下，指尖朝前。

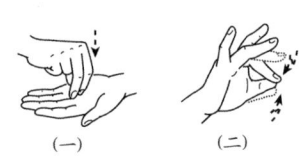

印床　yìnchuáng

（一）左手握拳，手背向上；右手拇、食、中指相捏，指尖朝下，在左手旁向下一按。

（二）双手握拳，手背向上，左手不动，右手移向左手。

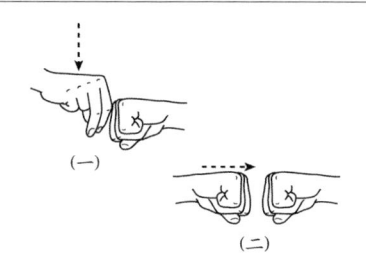

印石　yìnshí

（一）左手横伸；右手拇、食、中指相捏，指尖朝下，按向左手掌心。

（二）左手握拳；右手食、中指弯曲，以指关节在左手背上敲两下。

昌化石　chānghuàshí

（一）左手拇、食指与右手食指搭成"日"字形，虎口朝内，然后向下移动一下，仿"昌"字形。

（二）一手打手指字母"H"的指式，指尖朝前斜下方，平行划动一下。

（三）左手握拳；右手食、中指弯曲，以指关节在左手背上敲两下。

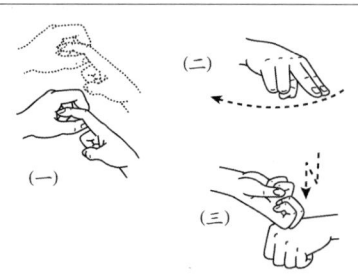

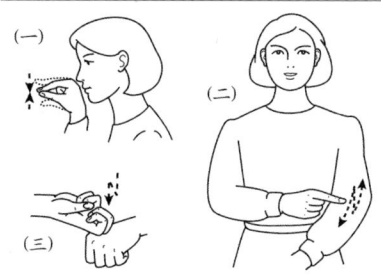

鸡血石 jīxuèshí

（一）一手手背贴于嘴部，拇、食指先张开再相捏，仿鸡的嘴。
（二）右手伸食指，在左臂处上下划动几下。
（三）左手握拳；右手食、中指弯曲，以指关节在左手背上敲两下。

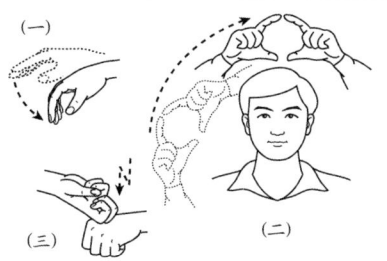

莱阳石 láiyángshí

（一）一手平伸，掌心向下，五指微曲，向内挥动一下。
（二）双手拇、食指搭成圆形，虎口朝内，从头右侧向头顶做弧形移动，表示太阳升起。
（三）左手握拳；右手食、中指弯曲，以指关节在左手背上敲两下。

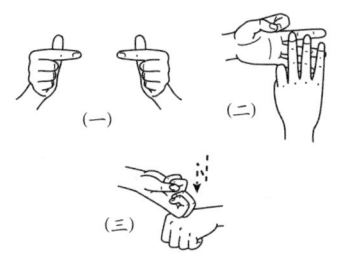

莆田石 pútiánshí

（一）双手拇、食指搭成"十"字形，表示"莆"字的草字头。
（二）双手中、无名、小指搭成"田"字形。
（三）左手握拳；右手食、中指弯曲，以指关节在左手背上敲两下。

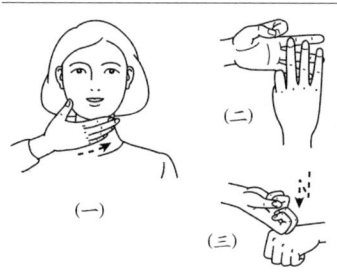

青田石 qīngtiánshí

（一）一手横立，掌心向内，食、中、无名、小指并拢，在颏部从右向左摸一下。
（二）双手中、无名、小指搭成"田"字形。
（三）左手握拳；右手食、中指弯曲，以指关节在左手背上敲两下。

寿山石 shòushānshí

（一）一手在颏部做捋胡须的动作。
（二）一手拇、食、小指直立，手背向外，仿"山"字形。
（三）左手握拳；右手食、中指弯曲，以指关节在左手背上敲两下。

平口刀 píngkǒudāo

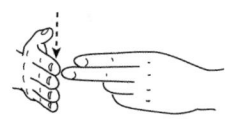

左手食、中指并拢，指尖朝右，手背向外，表示刀；右手侧立，在左手食、中指指尖旁向下一切，表示刀口是平的。

斜口刀 xiékǒudāo
左手食、中指并拢，指尖朝右，手背向外，表示刀；右手斜立，在左手食、中指指尖旁斜向一切，表示刀口是斜的。

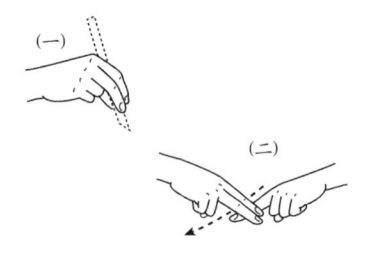

执刀 zhídāo
（一）一手拇、食、中指相捏，指尖朝下，如持刻刀状。
（二）左手伸食指，指尖朝前；右手食、中指并拢，在左手食指上削一下。
（可根据实际表示执刀的动作）

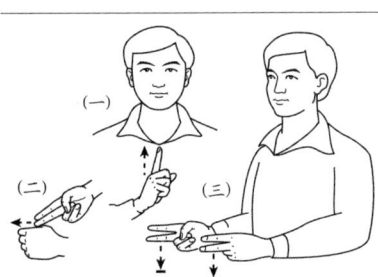

单刀法（刀法） dāndāofǎ（dāofǎ）
（一）一手食指直立，虎口贴于胸部，向上移动少许。
（二）左手握拳，虎口朝上；右手食、中指并拢，指尖朝斜下方，在左手虎口上划动一下。
（三）双手打手指字母"F"的指式，指尖朝前，向下一顿。
（可根据刀的类型表示不同的刀法）

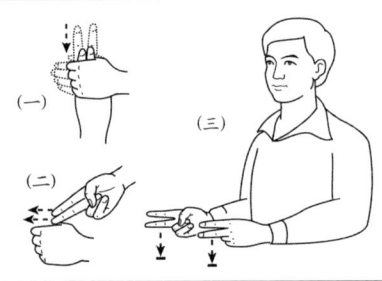

双刀法（复刀法） shuāngdāofǎ（fùdāofǎ）
（一）左手五指微曲，虎口朝上；右手食、中指直立分开，手背向外，边从上向下移入左手掌心内边并拢，左手握住右手食、中指。
（二）左手握拳，虎口朝上；右手食、中指并拢，指尖朝斜下方，在左手虎口上不同位置划动两下。
（三）双手打手指字母"F"的指式，指尖朝前，向下一顿。

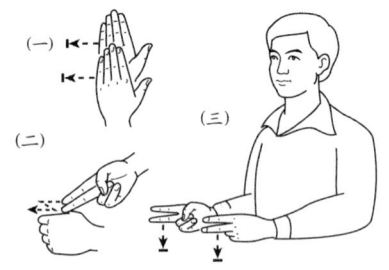

正刀法 zhèngdāofǎ
（一）双手直立，掌心左右相对，向前一顿。
（二）左手握拳，虎口朝上；右手食、中指并拢，指尖朝斜下方，在左手虎口上连续向前划动。
（三）双手打手指字母"F"的指式，指尖朝前，向下一顿。

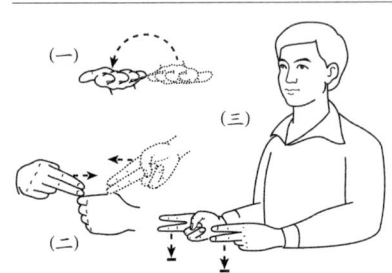

反刀法 fǎndāofǎ
（一）一手平伸，掌心向下，然后翻转为掌心向上。
（二）左手握拳，虎口朝上；右手食、中指并拢，指尖朝斜下方，在左手虎口上先向前划动一下，然后转腕，向后划动一下。
（三）双手打手指字母"F"的指式，指尖朝前，向下一顿。

十、书法 篆刻 207

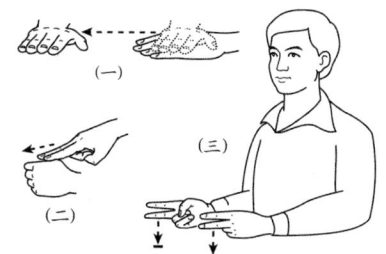

平刀法 píngdāofǎ

（一）左手横伸；右手平伸，掌心向下，从左手背上向右移动一下。

（二）左手握拳，虎口朝上；右手食、中指并拢，手背向上，贴于左手虎口，向前划动一下。

（三）双手打手指字母"F"的指式，指尖朝前，向下一顿。

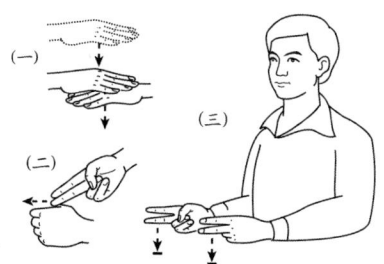

留刀法 liúdāofǎ

（一）双手横伸，掌心向下，右手边拍一下左手背边向下一按。

（二）左手握拳，虎口朝上；右手食、中指并拢，指尖朝斜下方，在左手虎口上划动一下。

（三）双手打手指字母"F"的指式，指尖朝前，向下一顿。

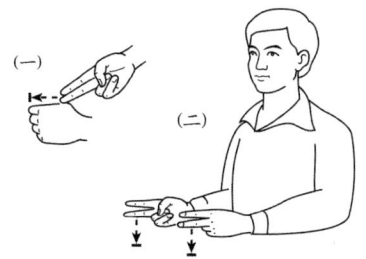

冲刀法 chōngdāofǎ

（一）左手握拳，虎口朝上；右手食、中指并拢，指尖朝斜下方，在左手虎口上向前划动一下并停住，表示冲刀法正锋或侧锋入石，向前划动。

（二）双手打手指字母"F"的指式，指尖朝前，向下一顿。

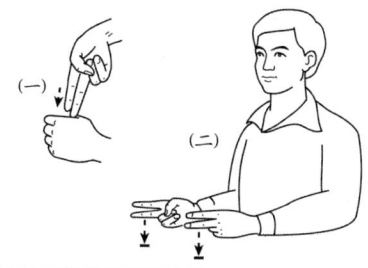

切刀法 qiēdāofǎ

（一）左手握拳，虎口朝上；右手食、中指并拢，指尖朝下，在左手虎口上向下一切，表示切刀法侧锋入石，向下压切。

（二）双手打手指字母"F"的指式，指尖朝前，向下一顿。

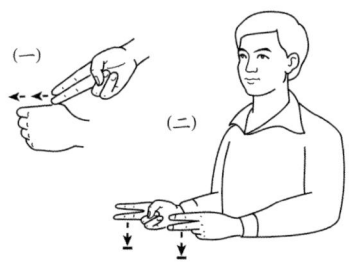

涩刀法 sèdāofǎ

（一）左手握拳，虎口朝上；右手食、中指并拢，指尖朝斜下方，在左手虎口上一顿一顿向前划动，表示涩刀法侧锋入石，磨擦前进。

（二）双手打手指字母"F"的指式，指尖朝前，向下一顿。

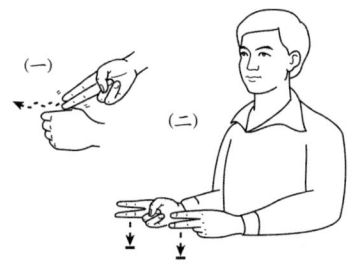

舞刀法 wǔdāofǎ

（一）左手握拳，虎口朝上；右手食、中指并拢，指尖朝斜下方，在左手虎口上边左右微转边向前移动。

（二）双手打手指字母"F"的指式，指尖朝前，向下一顿。

十一、美学 美术流派

1. 美学

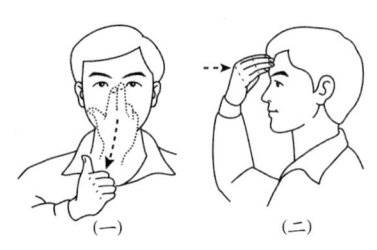

美学 měixué
（一）一手伸拇、食、中指，食、中指并拢，先置于鼻部，然后边向外移动边缩回食、中指。
（二）一手五指撮合，指尖朝内，按向前额。

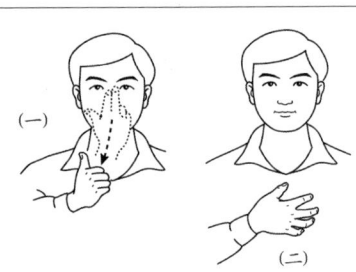

美感 měigǎn
（一）一手伸拇、食、中指，食、中指并拢，先置于鼻部，然后边向外移动边缩回食、中指。
（二）一手五指微曲，指尖朝内，按于胸部。

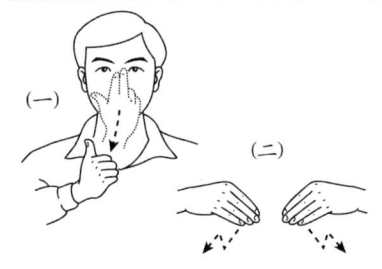

美育 měiyù
（一）一手伸拇、食、中指，食、中指并拢，先置于鼻部，然后边向外移动边缩回食、中指。
（二）双手五指撮合，指尖相对，手背向外，在胸前向前晃动两下。

布局 bùjú
双手平伸，掌心向下，五指张开，前后交替移动两下。
（可根据实际表示布局的意思）

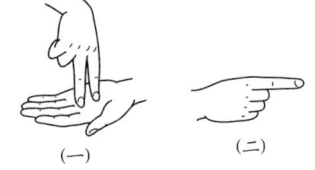

立意 lìyì
（一）左手横伸；右手食、中指分开，指尖朝下，立于左手掌心上。
（二）一手食指横伸，手背向外。"一"与"意"音近，借代。

意境 yìjìng

（一）一手平伸，手背向下，拇、中指先相捏，然后弹动两下。
（二）一手伸食指，指尖朝下划一大圈。

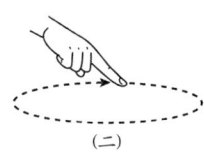

意象 yìxiàng

（一）一手平伸，手背向下，拇、中指先相捏，然后弹动两下。
（二）一手食、中指直立并拢，掌心向斜前方，朝脸颊碰一下。

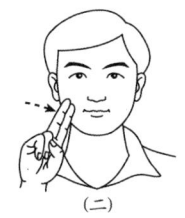

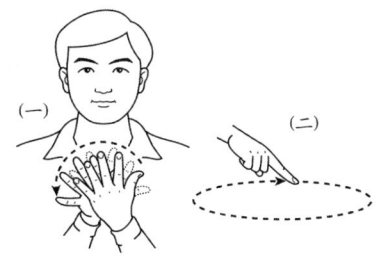

情境 qíngjìng

（一）双手直立，掌心前后相贴，五指张开，左手不动，右手向右转动一下。
（二）一手伸食指，指尖朝下划一大圈。

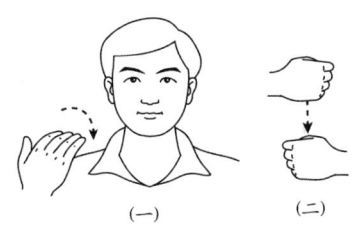

原作 yuánzuò

（一）一手直立，掌心向内，向肩后挥动一下。
（二）双手握拳，一上一下，右拳向下砸一下左拳。

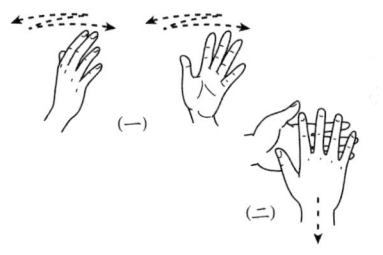

风格 fēnggé

（一）双手直立，掌心左右相对，五指微曲，左右来回扇动。
（二）双手五指张开，一横一竖搭成方格形，然后左手不动，右手向下移动。

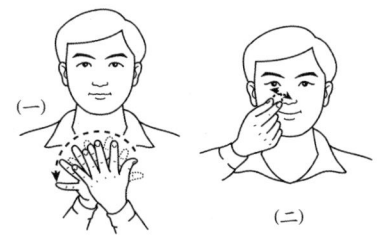

情趣 qíngqù

（一）双手直立，掌心前后相贴，五指张开，左手不动，右手向右转动一下。
（二）一手拇、食指相捏，在鼻翼一侧互捻几下。

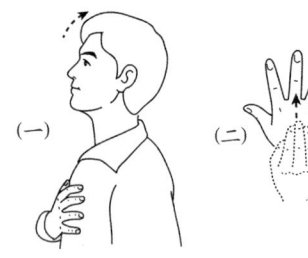

精华（精髓） jīnghuá (jīngsuǐ)

（一）一手五指微曲张开，掌心贴于胸部，挺胸抬头。（二）一手五指撮合，指尖朝上，边向上微移边张开。

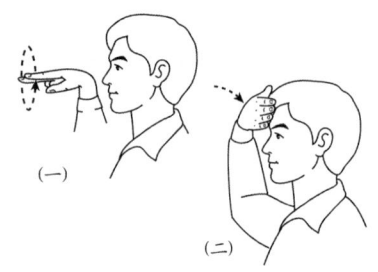

观念 guānniàn

（一）一手食、中指分开，指尖朝前，手背向上，在面前转动一圈。
（二）一手拍一下前额。

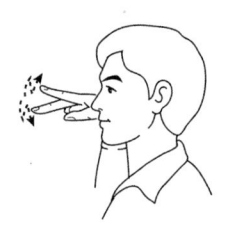

欣赏 xīnshǎng

一手食、中指分开，指尖朝前，手贴于脸颊一侧，在眼前交替点动，面露欣赏的表情。
（可根据实际表示欣赏的动作）

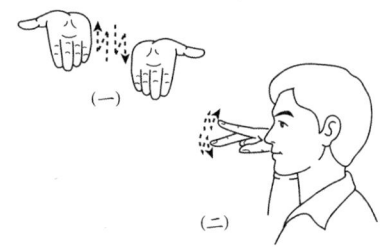

鉴赏 jiànshǎng

（一）双手平伸，掌心向上，上下交替移动。
（二）一手食、中指分开，指尖朝前，手贴于脸颊一侧，在眼前交替点动，面露欣赏的表情。

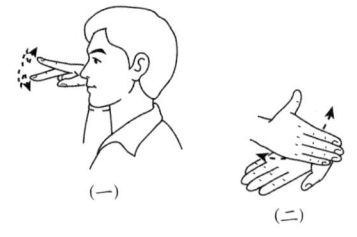

赏析 shǎngxī

（一）一手食、中指分开，指尖朝前，手贴于脸颊一侧，在眼前交替点动，面露欣赏的表情。
（二）左手横伸；右手侧立，置于左手掌心上，并左右拨动两下。

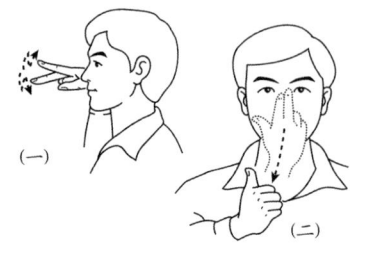

审美 shěnměi

（一）一手食、中指分开，指尖朝前，手贴于脸颊一侧，在眼前交替点动，面露欣赏的表情。
（二）一手伸拇、食、中指，食、中指并拢，先置于鼻部，然后边向外移动边缩回食、中指。

十一、美学 美术流派 211

品评 pǐnpíng

（一）右手直立，掌心向左，五指张开，前后微动几下，嘴微动，如发表评论状。

（二）左手食指直立；右手伸拇、小指，指尖朝上，在左手食指后交替弯动两下。

保守 bǎoshǒu

双手食、中指并拢，手背向外，搭成"×"形，置于前额，然后同时向两侧斜下方移动。

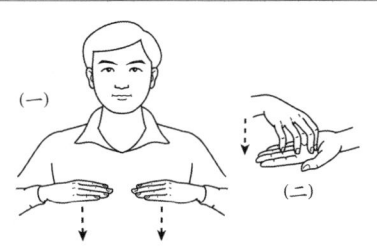

沉稳 chénwěn

（一）双手横伸，掌心向下，从胸部缓慢向下移动，双唇紧闭，面露镇定的表情。

（二）左手横伸；右手五指弯曲，指尖朝下，抵于左手掌心，向下一按。

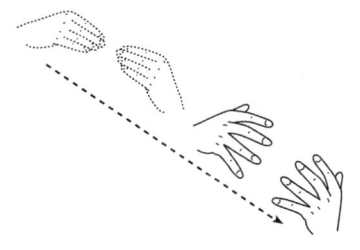

传统 chuántǒng

双手五指撮合，指尖斜向相对，边向斜下方移动边张开。

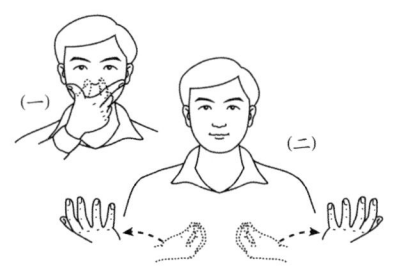

粗犷 cūguǎng

（一）一手拇、食指微张，指尖朝内，抵于鼻翼两侧，然后向两侧张开。

（二）双手五指撮合，指尖朝上，在胸前边向两侧移动边张开。

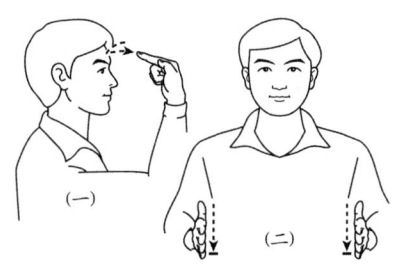

典雅 diǎnyǎ

（一）一手拇指尖按于食指根部，食指点一下前额再弹出，面露优雅的神态。

（二）双手侧立，掌心相对，沿身体两侧向下一顿。

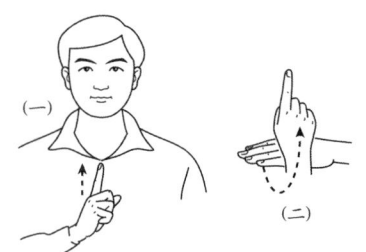

独特（独树一帜）　dútè (dúshù-yīzhì)
（一）一手食指直立，虎口贴于胸部，向上移动少许。
（二）左手横伸，手背向上；右手伸食指，从左手小指外侧向上伸出，幅度要大些。

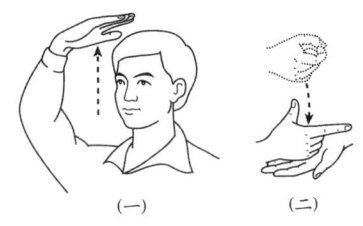

高贵　gāoguì
（一）一手横伸，掌心向下，向上移过头顶。
（二）左手横伸；右手拇、食指相捏，边砸向左手掌心边张开，食指尖朝左前方。

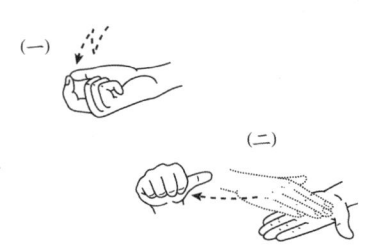

简洁　jiǎnjié
（一）一手拇、食指相捏，指尖朝上，向下晃动两下。
（二）左手横伸；右手平伸，掌心向下，贴于左手掌心，边向左手指尖方向移动边弯曲食、中、无名、小指，指尖抵于掌心。

简练　jiǎnliàn
双手拇、食指相捏，虎口朝上，然后向下转腕，虎口相对。

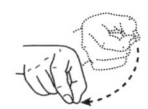

夸大（夸张）　kuādà (kuāzhāng)
双手五指弯曲，虎口朝内，右手包住左手，置于嘴部，边向两侧移动边张开。

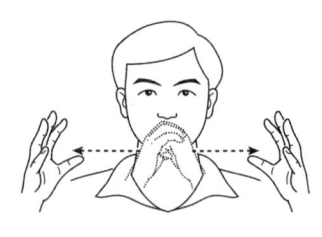

朦胧　ménglóng
双手直立，掌心向外，五指张开，在眼前交替转动两下，同时眯眼，表示朦胧不清。

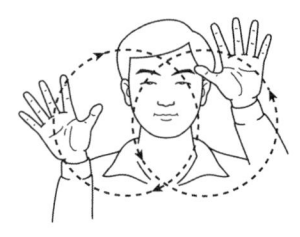

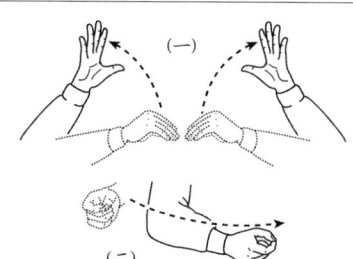

明快　míngkuài

（一）双手五指撮合，指尖左右相对，手背向上，然后边向两侧上方移动边张开。

（二）一手拇、食指捏成圆形，向一侧快速划动。

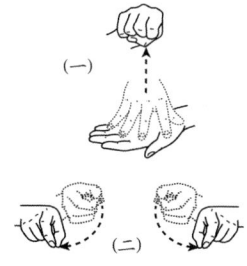

凝练　níngliàn

（一）左手横伸，五指微曲；右手五指张开，指尖朝下，边从左手掌心上向上移动边握拳。

（二）双手拇、食指相捏，虎口朝上，然后向下转腕，虎口相对。

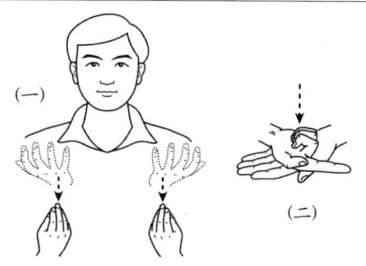

凝重　níngzhòng

（一）双手五指微曲，指尖朝上，边向下微移边撮合。

（二）左手横伸；右手伸食指，拇指尖按于食指根部，手背向下，用力砸向左手掌心。

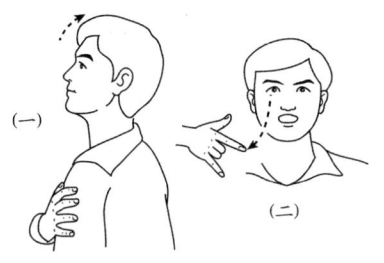

神奇　shénqí

（一）一手五指微曲张开，掌心贴于胸部，挺胸抬头。

（二）一手伸拇、食、小指，食指尖朝内，手背向外，然后从同侧眼部向外甩动，面露惊奇的表情。

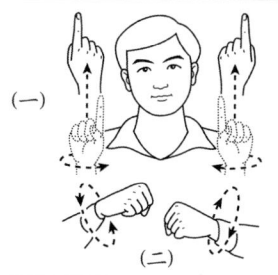

生动（灵动）　shēngdòng（língdòng）

（一）双手食指直立，边转动手腕边向上移动，表示活灵活现。

（二）双手握拳屈肘，前后交替转动两下。

细腻（精微）　xìnì（jīngwēi）

双手拇、小指相捏，左手不动，右手向右前方微动两下。

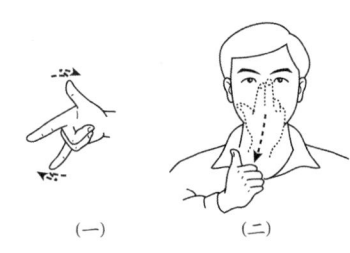

鲜丽 xiānlì
（一）一手伸拇、食、小指，指尖朝斜前方，左右晃动几下。
（二）一手伸拇、食、中指，食、中指并拢，先置于鼻部，然后边向外移动边缩回食、中指。

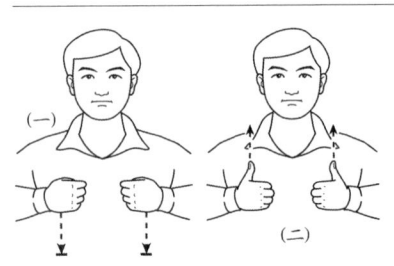

雄伟 xióngwěi
（一）双手握拳屈肘，同时用力向下一顿。
（二）双手伸拇指，手背向外，同时向上一举。

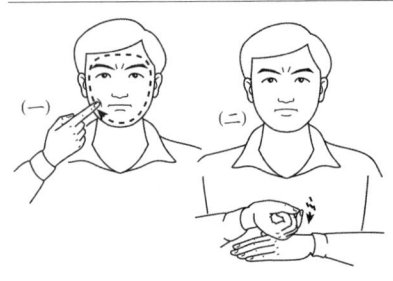

严谨 yánjǐn
（一）一手拇指尖按于食指根部，食指绕脸部转动一圈，然后抵于脸颊，面露严肃的表情。
（二）左手横伸；右手拇、小指相捏，指尖朝上，手背轻碰两下左手背。

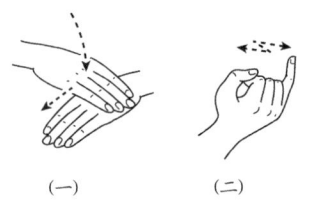

庸俗 yōngsú
（一）左手横伸；右手平伸，掌心向下，边拍一下左手背边向右移动。
（二）一手伸小指，指尖朝上，手背向外，左右晃动几下。

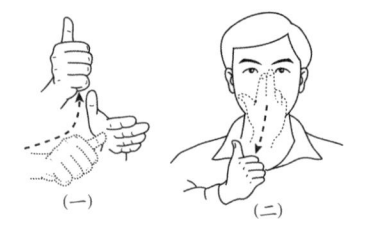

优美 yōuměi
（一）左手侧立；右手伸拇指，边指尖顶向左手掌心边竖起。
（二）一手伸拇、食、中指，食、中指并拢，先置于鼻部，然后边向外移动边缩回食、中指。

粗糙 cūcāo
左手横伸；右手五指弯曲，指尖朝下，在左手背上随意点动几下。
（可根据实际表示粗糙的状态）

十一、美学 美术流派

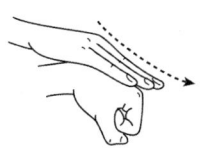

光滑 guānghuá
左手握拳；右手平伸，掌心向下，在左手背上快速向下划动一下，表示物体表面光滑。
（可根据实际表示光滑的状态）

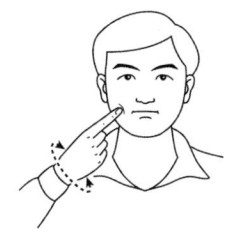

生硬 shēngyìng
一手食指抵于脸颊，钻动两下，同时闭嘴板脸。

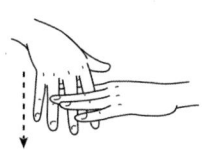

渗化（渗入） shènhuà (shènrù)
左手横伸，掌心向下，五指张开；右手五指张开，指尖朝下，从左手食、中指指缝间缓慢插入。

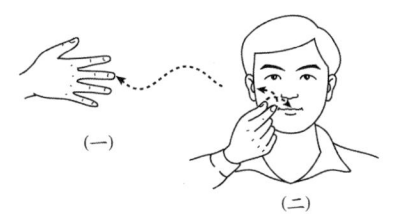

韵味 yùnwèi
（一）一手五指张开，掌心向内，从一侧向另一侧做较大幅度的曲线形移动。
（二）一手拇、食指在嘴边捻动，指尖朝上，表示有滋味。

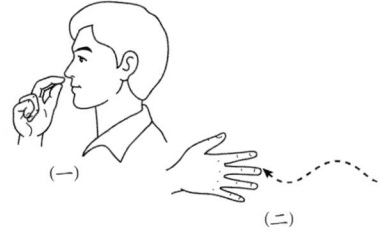

气韵 qìyùn
（一）一手打手指字母"Q"的指式，指尖朝内，置于鼻孔处。
（二）一手五指张开，掌心向内，从一侧向另一侧做较大幅度的曲线形移动。

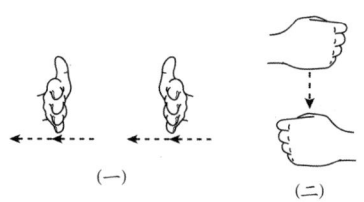

营造 yíngzào
（一）双手侧立，掌心相对，向一侧一顿一顿移动几下。
（二）双手握拳，一上一下，右拳向下砸一下左拳。

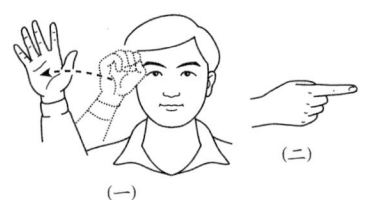

创意　chuàngyì

（一）一手握拳，虎口贴于太阳穴，然后边向前移动边张开五指。

（二）一手食指横伸，手背向外。"一"与"意"音近，借代。

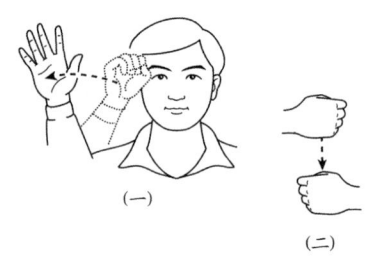

创作　chuàngzuò

（一）一手握拳，虎口贴于太阳穴，然后边向前移动边张开五指。

（二）双手握拳，一上一下，右拳向下砸一下左拳。

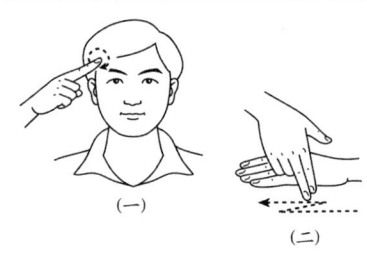

意图　yìtú

（一）一手伸食指，在太阳穴前后转动一（或两）圈，面露思考的表情。

（二）左手横伸，掌心向下；右手伸拇、食、中指，食、中指并拢，指尖朝下，沿左手小指外侧划动两下。

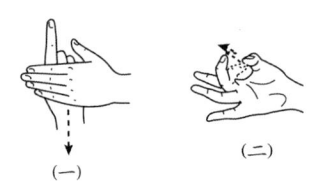

内涵（含义、含意、意蕴）　nèihán（hányì、hányì、yìyùn）

（一）左手横立；右手食指直立，在左手掌心内从上向下移动。

（二）一手平伸，手背向下，拇、中指先相捏，然后弹动两下。

寓意　yùyì

（一）左手横立；右手打手指字母"Y"的指式，手背向外，从上向下移入左手掌心内，表示内含寓意的意思。

（二）一手平伸，手背向下，拇、中指先相捏，然后弹动两下。

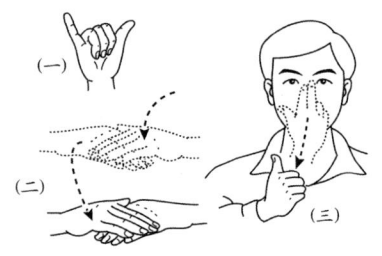

艺术美　yìshùměi

（一）一手打手指字母"Y"的指式。

（二）双手横伸，掌心向下，互拍手背。

（三）一手伸拇、食、中指，食、中指并拢，先置于鼻部，然后边向外移动边缩回食、中指。

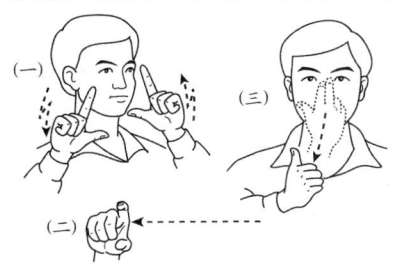

形式美　xíngshìměi
（一）双手拇、食指成"⌊⌋"形，置于脸颊两侧，上下交替动两下。
（二）一手拇、食指张开，指尖朝前，向一侧移动一下。
（三）一手伸拇、食、中指，食、中指并拢，先置于鼻部，然后边向外移动边缩回食、中指。

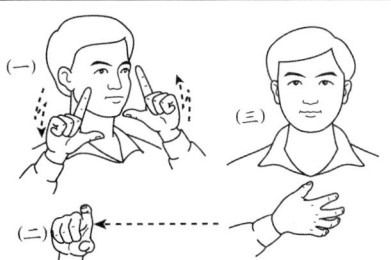

形式感　xíngshìgǎn
（一）双手拇、食指成"⌊⌋"形，置于脸颊两侧，上下交替动两下。
（二）一手拇、食指张开，指尖朝前，向一侧移动一下。
（三）一手五指微曲，指尖朝内，按于胸部。

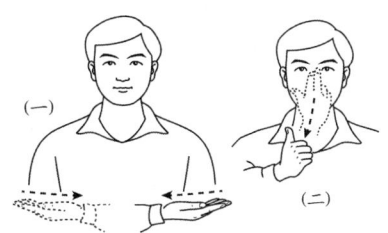

残缺美①　cánquēměi ①
（一）双手横伸，掌心向上，交替在对侧上臂划一下，表示有残缺的人物艺术品。
（二）一手伸拇、食、中指，食、中指并拢，先置于鼻部，然后边向外移动边缩回食、中指。

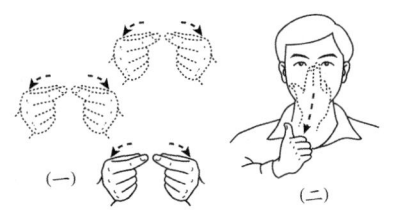

残缺美②　cánquēměi ②
（一）双手拇、食指相捏，虎口朝上，随意在不同位置向上掰动，表示破碎有残缺的非人物艺术品。
（二）一手伸拇、食、中指，食、中指并拢，先置于鼻部，然后边向外移动边缩回食、中指。

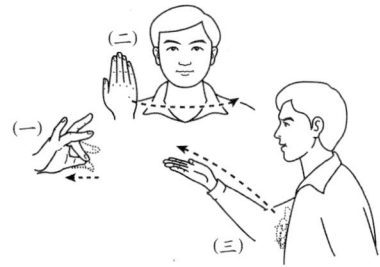

借景抒情（以景寓情）　jièjǐngshūqíng（yǐjǐngyùqíng）
（一）一手拇、中指张开少许，其他三指伸出，边从外向内移动边拇、中指相捏。
（二）一手直立，掌心向内，从一侧向另一侧做弧形移动。
（三）一手掌心贴于胸部，然后向外做弧形移动，掌心向上，口微张，身体随之前倾，面露激昂的表情。

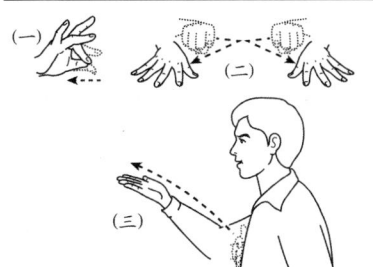

借物抒情　jièwùshūqíng
（一）一手拇、中指张开少许，其他三指伸出，边从外向内移动边拇、中指相捏。
（二）双手食指指尖朝前，手背向上，先互碰一下，再分开并张开五指。
（三）一手掌心贴于胸部，然后向外做弧形移动，掌心向上，口微张，身体随之前倾，面露激昂的表情。

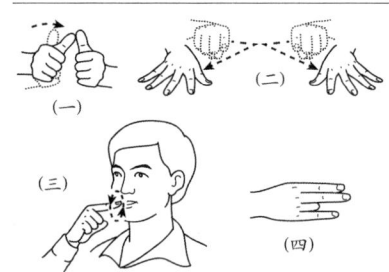

托物言志 tuōwùyánzhì
（一）双手伸拇指，右手向左转动，拇指靠向左手拇指。
（二）双手食指指尖朝前，手背向上，先互碰一下，再分开并张开五指。
（三）一手食指横伸，在嘴前前后转动两下。
（四）一手打手指字母"ZH"的指式。

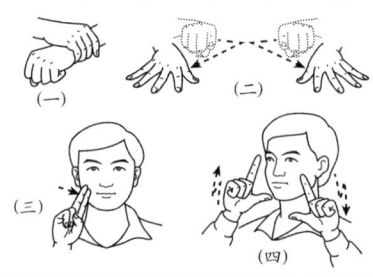

因物象形① yīnwùxiàngxíng ①
（一）左手握拳，手背向上；右手握住左手腕。
（二）双手食指指尖朝前，手背向上，先互碰一下，再分开并张开五指。
（三）一手食、中指直立并拢，掌心向斜前方，朝脸颊碰一下。
（四）双手拇、食指成"⌐"形，置于脸颊两侧，上下交替动两下。

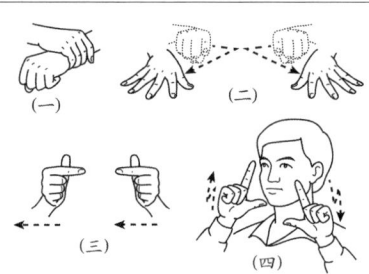

因物象形② yīnwùxiàngxíng ②
（一）左手握拳，手背向上；右手握住左手腕。
（二）双手食指指尖朝前，手背向上，先互碰一下，再分开并张开五指。
（三）双手拇、食指搭成"十"字形，同时向一侧移动一下。
（四）双手拇、食指成"⌐"形，置于脸颊两侧，上下交替动两下。

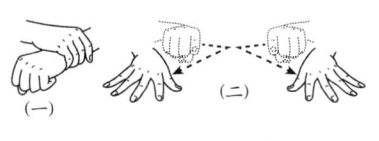

因材施艺 yīncáishīyì
（一）左手握拳，手背向上；右手握住左手腕。
（二）双手食指指尖朝前，手背向上，先互碰一下，再分开并张开五指。
（三）双手握拳，虎口朝内，左手在前不动，右手朝左手挥动两下，如用锤子、钎子等工具进行石雕、碑刻状。
（可根据实际表示因材施艺）

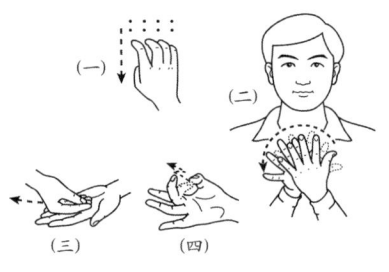

诗情画意 shīqíng-huàyì
（一）一手食、中、无名、小指弯曲，指尖朝前，从上向下点动几下，如一行行的诗句。
（二）双手直立，掌心前后相贴，五指张开，左手不动，右手向右转动一下。
（三）左手横伸；右手五指撮合，指背在左手掌心上抹一下。
（四）一手平伸，手背向下，拇、中指先相捏，然后弹动两下。

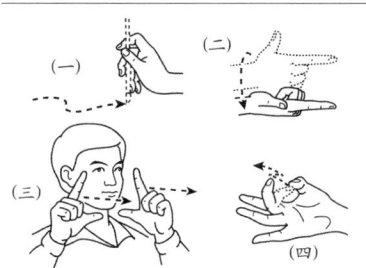

笔为意用 bǐwéiyìyòng
（一）一手如执毛笔写字状。
（二）一手伸拇、食指，食指尖朝前，然后转腕，手背向下。
（三）双手拇、食指成"⌐"形，置于脸颊两侧，向前移动一下。
（四）一手平伸，手背向下，拇、中指先相捏，然后弹动两下。

意在笔先 yìzàibǐxiān

（一）一手平伸，手背向下，拇、中指先相捏，然后弹动两下。
（二）左手横伸；右手伸拇、小指，从上向下移至左手掌心。
（三）一手如执毛笔写字状。
（四）双手直立，手背前后相贴，左手在前不动，右手向后移动。

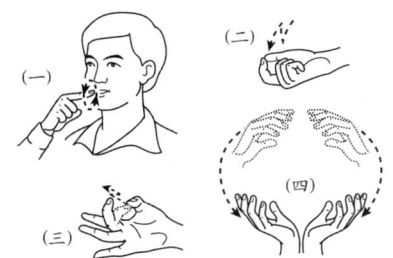

言简意赅 yánjiǎn-yìgāi

（一）一手食指横伸，在嘴前前后转动两下。
（二）一手拇、食指相捏，指尖朝上，向下晃动两下。
（三）一手平伸，手背向下，拇、中指先相捏，然后弹动两下。
（四）双手五指微曲，指尖左右相对，然后向下做弧形移动，手腕靠拢。

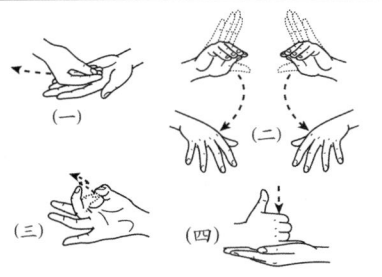

画尽意在 huàjìnyìzài

（一）左手横伸；右手五指撮合，指背在左手掌心上抹一下。
（二）双手直立，掌心向斜前方，拇指张开，然后其他四指弯动与拇指捏合，再向下一甩，五指张开。
（三）一手平伸，手背向下，拇、中指先相捏，然后弹动两下。
（四）左手横伸；右手伸拇、小指，从上向下移至左手掌心。

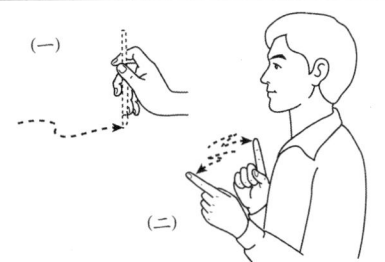

行笔纵放 xíngbǐ zòngfàng

（一）一手如执毛笔写行书状。
（二）双手食指直立，在胸前随意交替摆动几下。

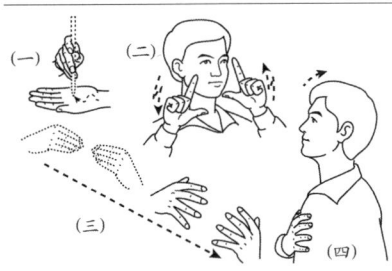

写形传神 xiěxíngchuánshén

（一）左手横伸；右手如执毛笔状，在左手掌心上做写字的动作。
（二）双手拇、食指成"⌐"形，置于脸颊两侧，上下交替动两下。
（三）双手五指撮合，指尖斜向相对，边向斜下方移动边张开。
（四）一手五指微曲张开，掌心贴于胸部，挺胸抬头。

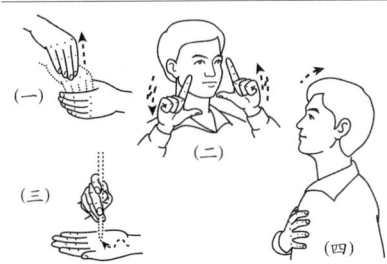

以形写神 yǐxíngxiěshén

（一）左手五指成"⌐"形，虎口朝上；右手五指撮合，指尖朝下，从左手虎口内抽出。
（二）双手拇、食指成"⌐"形，置于脸颊两侧，上下交替动两下。
（三）左手横伸；右手如执毛笔状，在左手掌心上做写字的动作。
（四）一手五指微曲张开，掌心贴于胸部，挺胸抬头。

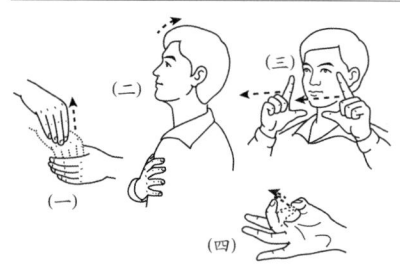

以神达意 yǐshéndáyì

（一）左手五指成"匚"形，虎口朝上；右手五指撮合，指尖朝下，从左手虎口内抽出。
（二）一手五指微曲张开，掌心贴于胸部，挺胸抬头。
（三）双手拇、食指成"⌊ ⌋"形，置于脸颊两侧，向前移动一下。
（四）一手平伸，手背向下，拇、中指先相捏，然后弹动两下。

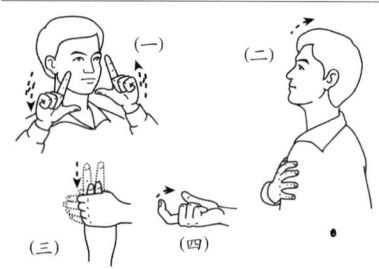

形神兼备 xíng shén jiānbèi

（一）双手拇、食指成"⌊ ⌋"形，置于脸颊两侧，上下交替动两下。
（二）一手五指微曲张开，掌心贴于胸部，挺胸抬头。
（三）左手五指微曲，虎口朝上；右手食、中指直立分开，手背向外，边从上向下移入左手掌心内边并拢，左手握住右手食、中指。
（四）一手伸拇、食指，手背向下，拇指不动，食指向内弯动一下。

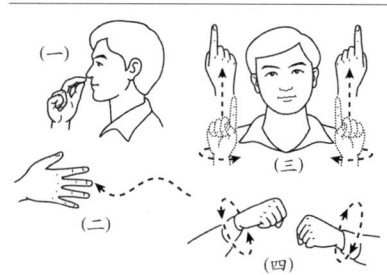

气韵生动 qìyùn shēngdòng

（一）一手打手指字母"Q"的指式，指尖朝内，置于鼻孔处。
（二）一手五指张开，掌心向内，从一侧向另一侧做较大幅度的曲线形移动。
（三）双手食指直立，边转动手腕边向上移动。
（四）双手握拳屈肘，前后交替转动两下。

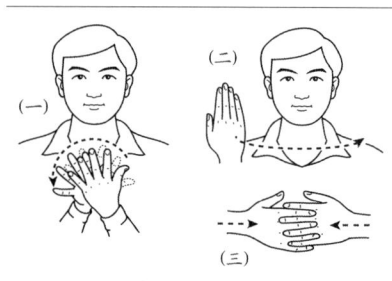

情景交融 qíngjǐngjiāoróng

（一）双手直立，掌心前后相贴，五指张开，左手不动，右手向右转动一下。
（二）一手直立，掌心向内，从一侧向另一侧做弧形移动。
（三）双手横立，掌心向内，五指张开，从两侧向中间移动并交叉夹住。

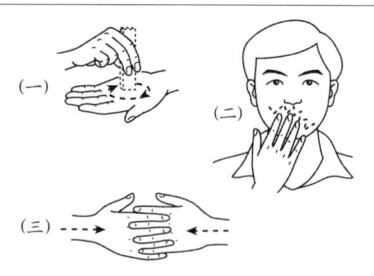

墨色交融 mòsè jiāoróng

（一）左手横伸；右手拇、食、中指相捏，指尖朝下，在左手掌心上方顺时针转动两下，如研墨状。
（二）一手直立，掌心向内，五指张开，在嘴唇部交替点动。
（三）双手横立，掌心向内，五指张开，从两侧向中间移动并交叉夹住。

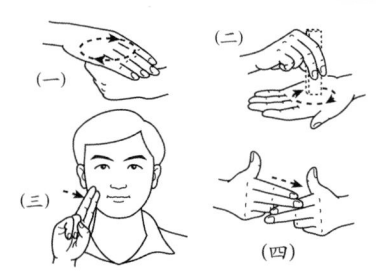

惜墨如金 xīmò-rújīn

（一）左手拇、食指捏成圆形，虎口朝上；右手平伸，掌心贴于左手虎口，转动两下。
（二）左手横伸；右手拇、食、中指相捏，指尖朝下，在左手掌心上方顺时针转动两下，如研墨状。
（三）一手食、中指直立并拢，掌心向斜前方，朝脸颊碰一下。
（四）双手伸拇、食、中指，食、中指并拢，交叉相搭，右手中指蹭一下左手食指。

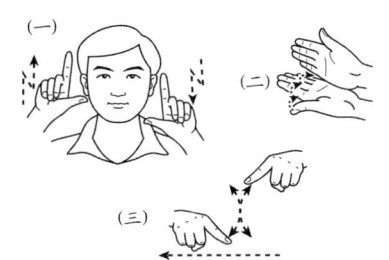

千姿百态 qiānzī-bǎitài

（一）双手拇、食指成"⌐"形，置于脸颊两侧，上下交替动两下。

（二）左手平伸；右手斜立于左手掌心上，然后向右一顿一顿做弧形移动。

（三）双手伸食指，指尖朝斜前方，手背向上，边指尖上下交替互碰边向一侧移动，表示多种多样。

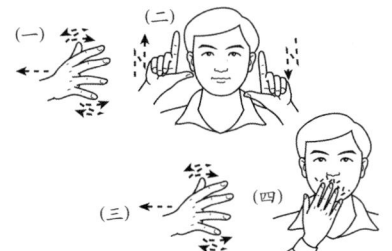

多姿多彩 duōzī-duōcǎi

（一）一手侧立，五指张开，边抖动边向一侧移动。

（二）双手拇、食指成"⌐"形，置于脸颊两侧，上下交替动两下。

（三）一手侧立，五指张开，边抖动边向一侧移动。

（四）一手直立，掌心向内，五指张开，在嘴唇部交替点动。

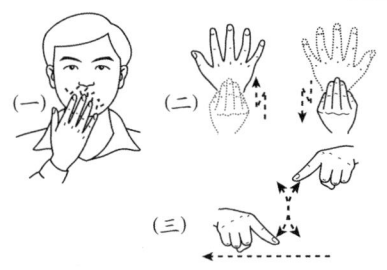

绚丽多彩（色彩绚丽） xuànlì-duōcǎi（sècǎi xuànlì）

（一）一手直立，掌心向内，五指张开，在嘴唇部交替点动。

（二）双手五指撮合，指尖朝上，边上下交替移动边做开合的动作。

（三）双手伸食指，指尖朝斜前方，手背向上，边指尖上下交替互碰边向一侧移动，表示多种多样。

（可根据实际表示绚丽多彩的样子）

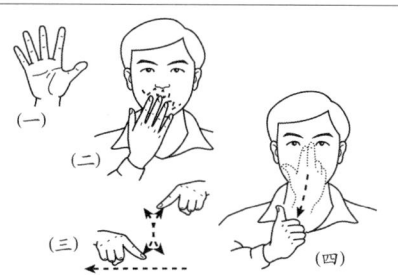

五彩缤纷（五彩斑斓） wǔcǎi-bīnfēn（wǔcǎi-bānlán）

（一）一手五指直立张开，掌心向外。

（二）一手直立，掌心向内，五指张开，在嘴唇部交替点动。

（三）双手伸食指，指尖朝斜前方，手背向上，边指尖上下交替互碰边向一侧移动，表示多种多样。

（四）一手伸拇、食、中指，食、中指并拢，先置于鼻部，然后边向外移动边缩回食、中指。

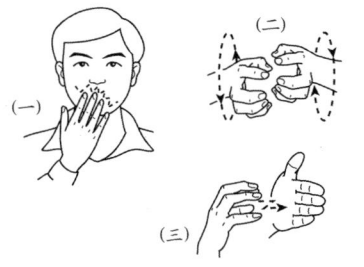

色彩斑驳 sècǎi bānbó

（一）一手直立，掌心向内，五指张开，在嘴唇部交替点动。

（二）双手五指弯曲，指尖左右相对，前后交替转动几下。

（三）左手侧立，掌心向右；右手五指弯曲，指尖朝左，在左手掌心上随意点动几下。

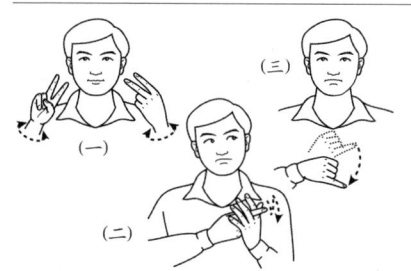

变幻莫测 biànhuàn-mòcè

（一）双手食、中指分开，指尖朝上，在身前交替转动手腕。

（二）左手直立，手背向外，五指张开；右手食指在左手食、中指指缝间点动两下，面露思考的表情。

（三）右手伸小指，指尖朝左，向下甩动一下。

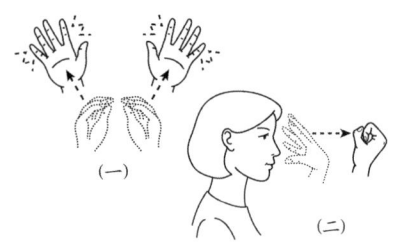

灿烂夺目 cànlàn-duómù

（一）双手五指撮合，指尖左右相对，然后边张开边抖动，并向两侧上方移动。

（二）一手五指张开，指尖对着同侧眼睛，然后边向外移动边握拳。

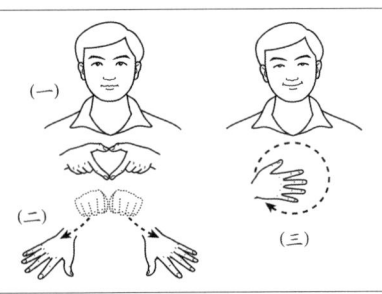

心旷神怡 xīnkuàng-shényí

（一）双手拇、食指张开仿"♡"形，手背向外，置于胸部。

（二）双手虚握，虎口左右相抵，边向两侧斜下方移动边张开五指。

（三）一手五指张开，掌心贴胸部逆时针转动一圈，面露惬意的表情。

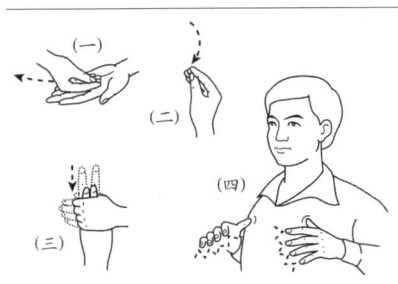

图文并茂 túwénbìngmào

（一）左手横伸；右手五指撮合，指背在左手掌心上抹一下。

（二）一手五指撮合，指尖朝前，撇动一下，如执毛笔写字状。

（三）左手五指微曲，虎口朝上；右手食、中指直立分开，手背向外，边从上向下移入左手掌心内收并拢，左手握住右手食、中指。

（四）双手五指张开，掌心向下，拇指尖抵于胸部，其他四指交替点动几下。

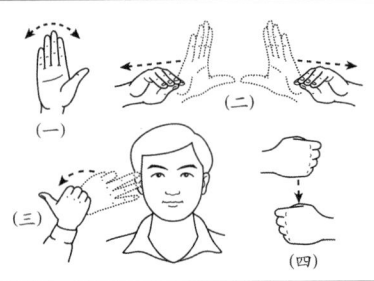

不朽之作① bùxiǔzhīzuò ①

（一）一手直立，掌心向外，左右摆动几下。

（二）双手直立，掌心向斜前方，拇指张开，边向两侧移动边撮合五指。

（三）右手中、无名、小指横伸分开，指尖对着耳部，手背向外，然后边向右移动边伸出拇指。

（四）双手握拳，一上一下，右拳向下砸一下左拳。

（此手势表示不朽之作的一般意思）

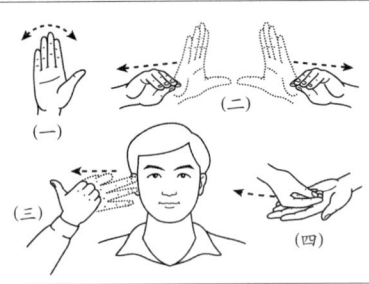

不朽之作② bùxiǔzhīzuò ②

（一）一手直立，掌心向外，左右摆动几下。

（二）双手直立，掌心向斜前方，拇指张开，边向两侧移动边撮合五指。

（三）右手中、无名、小指横伸分开，指尖对着耳部，手背向外，然后边向右移动边伸出拇指。

（四）左手横伸；右手五指撮合，指背在左手掌心上抹一下。

（此手势表示绘画名作，可根据实际表示具体某类的不朽之作）

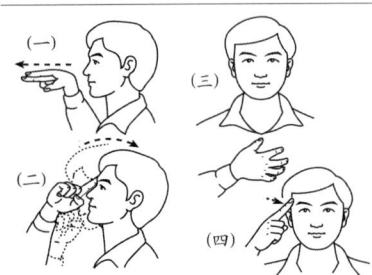

视觉感知 shìjué gǎnzhī

（一）一手食、中指分开，指尖朝前，手背向上，从眼部向前一指。

（二）一手食指抵于太阳穴，头同时微抬。

（三）一手五指微曲，指尖朝内，按于胸部。

（四）一手伸食指，点一下太阳穴。

十一、美学 美术流派

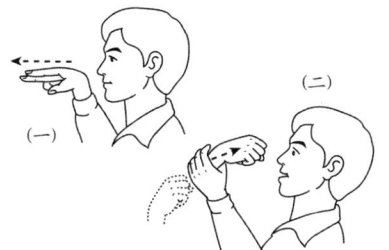

视觉冲击力 shìjué chōngjīlì
（一）一手食、中指分开，指尖朝前，手背向上，从眼部向前一指。
（二）左手五指成半圆形，虎口朝内；右手握拳，手背向上，从左手虎口处猛然向内伸出，面露惊叹的表情。

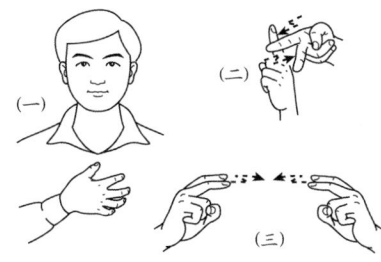

感性认识 gǎnxìng rènshi
（一）一手五指微曲，指尖朝内，按于胸部。
（二）左手食指直立；右手食、中指横伸，指背交替弹左手食指背。
（三）双手食、中指微曲，指尖左右相对，从两侧向中间移动两下。

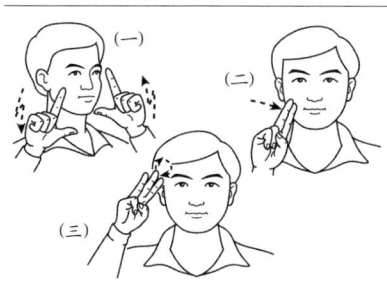

形象思维 xíngxiàng sīwéi
（一）双手拇、食指成"⌐ ⌐"形，置于脸颊两侧，上下交替动两下。
（二）一手食、中指直立并拢，掌心向斜前方，朝脸颊碰一下。
（三）一手打手指字母"W"的指式，在太阳穴前后转动两圈，面露思考的表情。

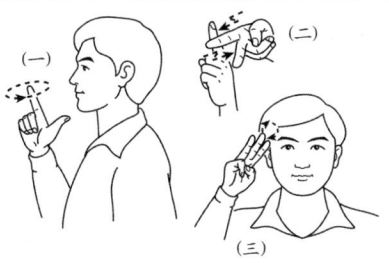

理性思维 lǐxìng sīwéi
（一）一手打手指字母"L"的指式，逆时针平行转动一下。
（二）左手食指直立；右手食、中指横伸，指背交替弹左手食指背。
（三）一手打手指字母"W"的指式，在太阳穴前后转动两圈，面露思考的表情。

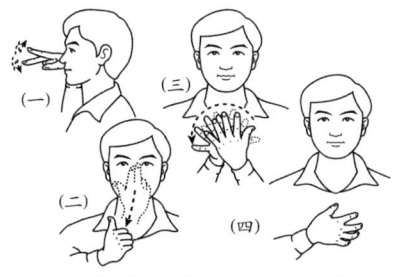

审美情感 shěnměi qínggǎn
（一）一手食、中指分开，指尖朝前，手贴于脸颊一侧，在眼前交替点动，面露欣赏的表情。
（二）一手伸拇、食、中指，食、中指并拢，先置于鼻部，然后边向外移动边缩回食、中指。
（三）双手直立，掌心前后相贴，五指张开，左手不动，右手向右转动一下。
（四）一手五指微曲，指尖朝内，按于胸部。

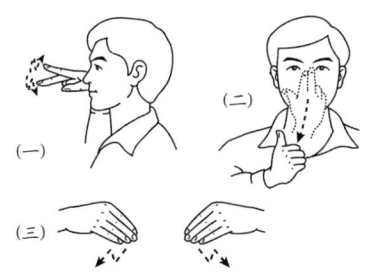

审美教育 shěnměi jiàoyù
（一）一手食、中指分开，指尖朝前，手贴于脸颊一侧，在眼前交替点动，面露欣赏的表情。
（二）一手伸拇、食、中指，食、中指并拢，先置于鼻部，然后边向外移动边缩回食、中指。
（三）双手五指撮合，指尖相对，手背向外，在胸前向前晃动两下。

2. 美术流派

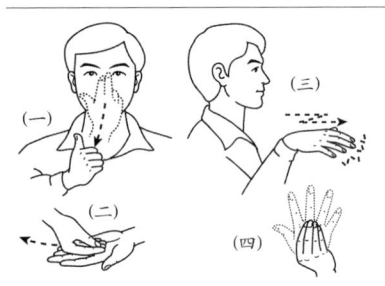

美术流派 měishù liúpài
（一）一手伸拇、食、中指，食、中指并拢，先置于鼻部，然后边向外移动边缩回食、中指。
（二）左手横伸；右手五指撮合，指背在左手掌心上抹一下。
（三）一手平伸，掌心向下，五指张开，边交替点动边向前移动两下。
（四）一手五指张开，指尖朝上，然后撮合。

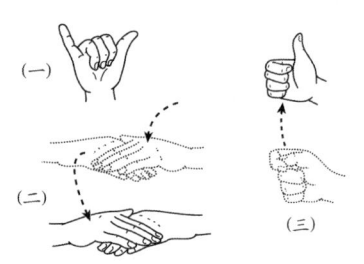

艺术起源 yìshù qǐyuán
（一）一手打手指字母"Y"的指式。
（二）双手横伸，掌心向下，互拍手背。
（三）一手拇、食指相捏，然后边向上移动边弹出拇指。

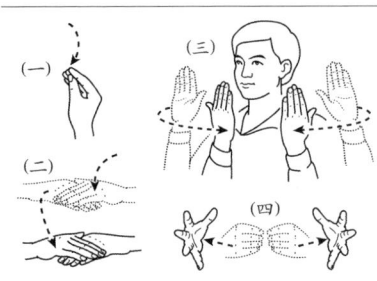

文艺复兴 wényì fùxīng
（一）一手五指撮合，指尖朝前，撇动一下，如执毛笔写字状。
（二）双手横伸，掌心向下，互拍手背。
（三）双手直立，掌心向外，然后边向前做弧形移动边翻转为掌心向内。
（四）双手虚握，虎口朝上，然后边向两侧移动边张开五指。

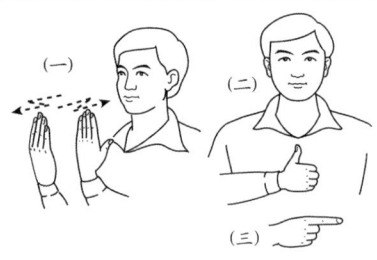

表现主义 biǎoxiàn zhǔyì
（一）双手直立，掌心向内，前后交替移动两下。
（二）一手伸拇指，贴于胸部。
（三）一手食指横伸，手背向外。"一"与"义"音近，借代。

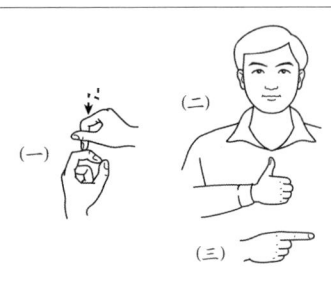

古典主义 gǔdiǎn zhǔyì
（一）左手拇、食指搭成"口"字形，虎口朝内；右手拇、食指搭成"十"字形，食指尖朝下，碰两下左手食指背。
（二）一手伸拇指，贴于胸部。
（三）一手食指横伸，手背向外。"一"与"义"音近，借代。

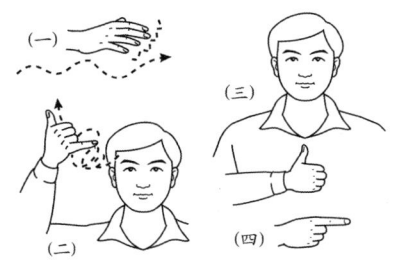

浪漫主义　làngmàn zhǔyì
（一）一手横伸，掌心向下，五指张开，边交替点动边向一侧做波浪形移动，幅度要大些。
（二）一手伸拇、小指，从太阳穴向斜上方旋转移动。
（三）一手伸拇指，贴于胸部。
（四）一手食指横伸，手背向外。"一"与"义"音近，借代。

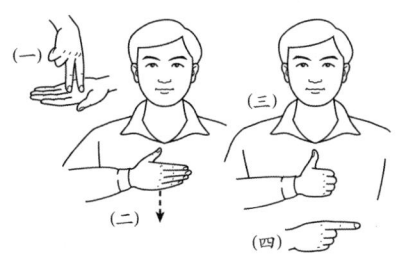

立体主义　lìtǐ zhǔyì
（一）左手横伸；右手食、中指分开，指尖朝下，立于左手掌心上。
（二）一手掌心贴于胸部，向下移动一下。
（三）一手伸拇指，贴于胸部。
（四）一手食指横伸，手背向外。"一"与"义"音近，借代。

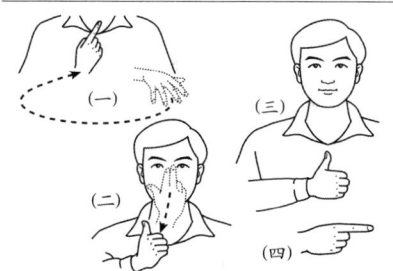

唯美主义　wéiměi zhǔyì
（一）一手五指张开，掌心向下，在胸前转动半圈，然后食指直立，手背向外。
（二）一手伸拇、食、中指，食、中指并拢，先置于鼻部，然后边向外移动边缩回食、中指。
（三）一手伸拇指，贴于胸部。
（四）一手食指横伸，手背向外。"一"与"义"音近，借代。

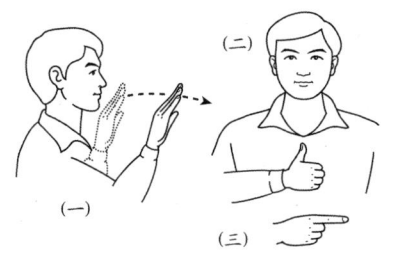

未来主义　wèilái zhǔyì
（一）一手直立，掌心向外，向前挥动一下。
（二）一手伸拇指，贴于胸部。
（三）一手食指横伸，手背向外。"一"与"义"音近，借代。

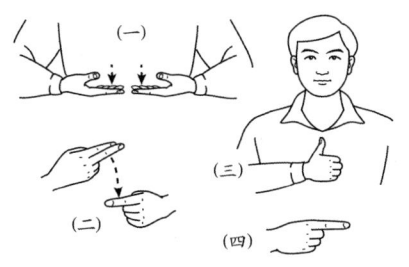

现实主义　xiànshí zhǔyì
（一）双手横伸，掌心向上，在腹前向下微动一下。
（二）左手食指横伸；右手食、中指相叠，敲一下左手食指。
（三）一手伸拇指，贴于胸部。
（四）一手食指横伸，手背向外。"一"与"义"音近，借代。

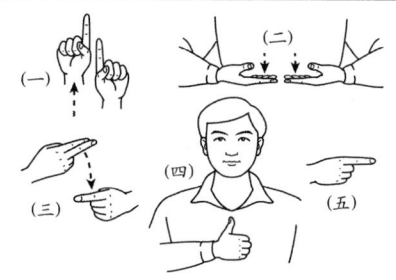

超现实主义　chāoxiànshí zhǔyì
（一）双手食指直立，掌心向外，左手不动，右手向上动一下。
（二）双手横伸，掌心向上，在腹前向下微动一下。
（三）左手食指横伸；右手食、中指相叠，敲一下左手食指。
（四）一手伸拇指，贴于胸部。
（五）一手食指横伸，手背向外。"一"与"义"音近，借代。

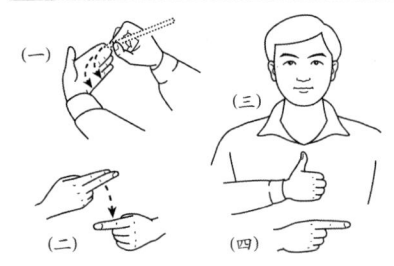

写实主义 xiěshí zhǔyì

（一）左手斜伸；右手如执铅笔状，在左手掌心上向左划动两下，眼睛注视手的动作。

（二）左手食指横伸；右手食、中指相叠，敲一下左手食指。

（三）一手伸拇指，贴于胸部。

（四）一手食指横伸，手背向外。"一"与"义"音近，借代。

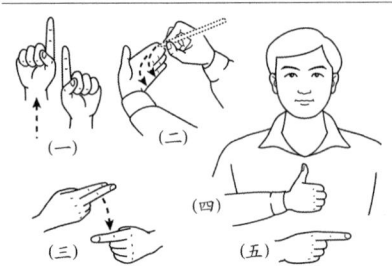

超写实主义 chāoxiěshí zhǔyì

（一）双手食指直立，掌心向外，左手不动，右手向上动一下。

（二）左手斜伸；右手如执铅笔状，在左手掌心上向左划动两下，眼睛注视手的动作。

（三）左手食指横伸；右手食、中指相叠，敲一下左手食指。

（四）一手伸拇指，贴于胸部。

（五）一手食指横伸，手背向外。"一"与"义"音近，借代。

象征主义 xiàngzhēng zhǔyì

（一）一手食、中指直立并拢，掌心向斜前方，朝脸颊碰一下。

（二）双手拇、食指成"⌐ ⌐"形，置于脸颊两侧，向前移动一下。

（三）一手伸拇指，贴于胸部。

（四）一手食指横伸，手背向外。"一"与"义"音近，借代。

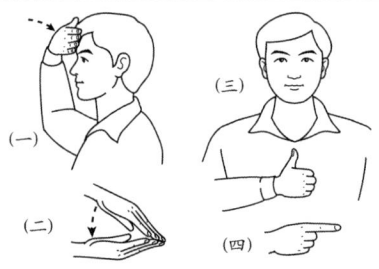

印象主义 yìnxiàng zhǔyì

（一）一手拍一下前额。

（二）左手平伸，掌心向上；右手斜伸，手背向前上方，指尖抵于左手指尖，然后向下一按。

（三）一手伸拇指，贴于胸部。

（四）一手食指横伸，手背向外。"一"与"义"音近，借代。

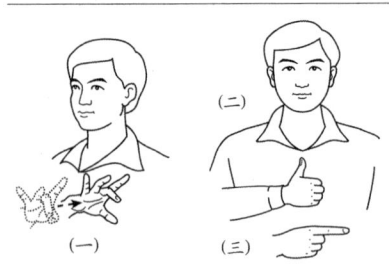

自然主义 zìrán zhǔyì

（一）右手拇、中指相捏，边碰向左胸部边张开。

（二）一手伸拇指，贴于胸部。

（三）一手食指横伸，手背向外。"一"与"义"音近，借代。

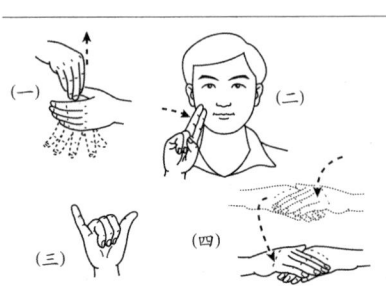

抽象艺术 chōuxiàng yìshù

（一）左手五指成半圆形，虎口朝上；右手五指张开，指尖朝下，边从左手虎口内移出边撮合。

（二）一手食、中指直立并拢，掌心向斜前方，朝脸颊碰一下。

（三）一手打手指字母"Y"的指式。

（四）双手横伸，掌心向下，互拍手背。

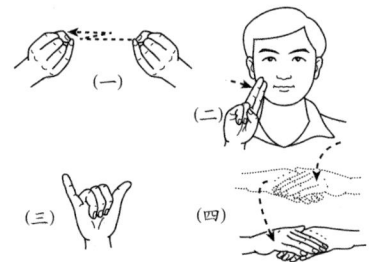

具象艺术 jùxiàng yìshù

（一）双手拇、小指相捏，左手不动，右手向右拉动两下，表示非常细致。

（二）一手食、中指直立并拢，掌心向斜前方，朝脸颊碰一下。

（三）一手打手指字母"Y"的指式。

（四）双手横伸，掌心向下，互拍手背。

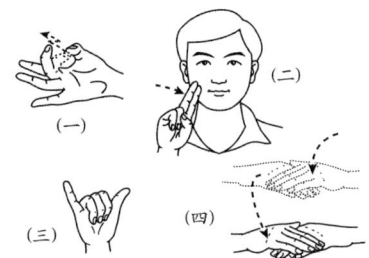

意象艺术 yìxiàng yìshù

（一）一手平伸，手背向下，拇、中指先相捏，然后弹动两下。

（二）一手食、中指直立并拢，掌心向斜前方，朝脸颊碰一下。

（三）一手打手指字母"Y"的指式。

（四）双手横伸，掌心向下，互拍手背。

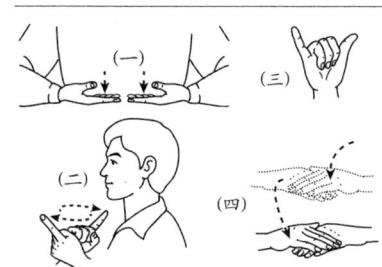

现代艺术（当代艺术） xiàndài yìshù（dāngdài yìshù）

（一）双手横伸，掌心向上，在腹前向下微动一下。

（二）双手伸食指，手腕交叉相贴，然后前后转动，互换位置。

（三）一手打手指字母"Y"的指式。

（四）双手横伸，掌心向下，互拍手背。

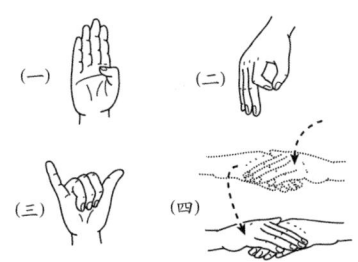

波普艺术 bōpǔ yìshù

（一）一手打手指字母"B"的指式。

（二）一手打手指字母"P"的指式。

（三）一手打手指字母"Y"的指式。

（四）双手横伸，掌心向下，互拍手背。

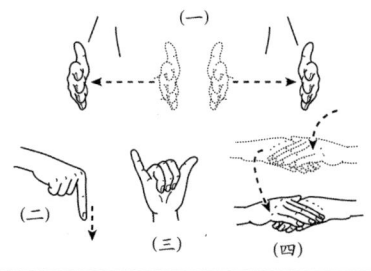

大地艺术 dàdì yìshù

（一）双手侧立，掌心相对，同时向两侧移动，幅度要大些。

（二）一手伸食指，指尖朝下一指。

（三）一手打手指字母"Y"的指式。

（四）双手横伸，掌心向下，互拍手背。

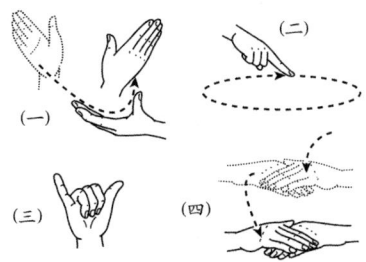

空间艺术 kōngjiān yìshù

（一）左手斜伸，掌心向斜后方；右手食、中、无名、小指并拢，指尖朝前，小指外侧从右向左在左手虎口处刮一下。

（二）一手伸食指，指尖朝下划一大圈。

（三）一手打手指字母"Y"的指式。

（四）双手横伸，掌心向下，互拍手背。

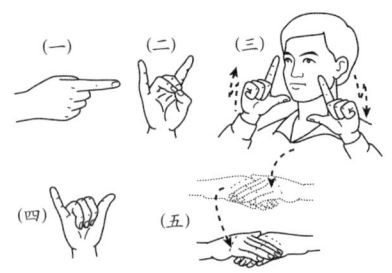

哥特式艺术　gētèshì yìshù
（一）一手打手指字母"G"的指式。
（二）一手打手指字母"T"的指式。
（三）双手拇、食指成"⌐"形，置于脸颊两侧，上下交替动两下。
（四）一手打手指字母"Y"的指式。
（五）双手横伸，掌心向下，互拍手背。

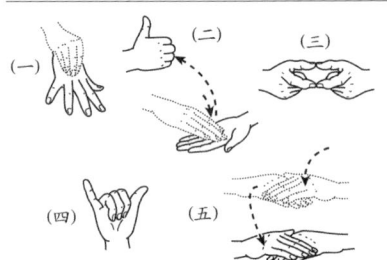

光效应艺术　guāngxiàoyìng yìshù
（一）一手五指撮合，指尖朝下，然后张开。
（二）左手横伸，掌心向上；右手先拍一下左手掌，再伸出拇指。
（三）双手拇、食指搭成圆形，虎口朝上。
（四）一手打手指字母"Y"的指式。
（五）双手横伸，掌心向下，互拍手背。

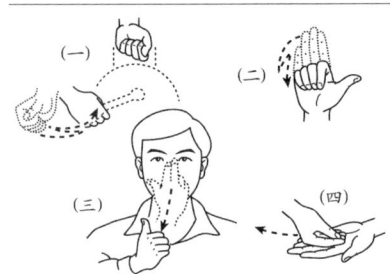

罗可可美术　luókěkě měishù
（一）左手握拳如提锣；右手握拳如持棒槌，模仿敲锣的动作。"锣"与"罗"音同形近，借代。
（二）一手直立，掌心向外，然后食、中、无名、小指弯动两下。
（三）一手伸拇、食、中指，食、中指并拢，先置于鼻部，然后边向外移动边缩回食、中指。
（四）左手横伸；右手五指撮合，指背在左手掌心上抹一下。

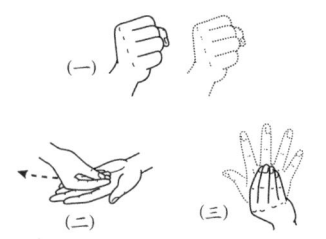

达达画派　Dádá Huàpài
（一）一手连续打两下手指字母"D"的指式。
（二）左手横伸；右手五指撮合，指背在左手掌心上抹一下。
（三）一手五指张开，指尖朝上，然后撮合。

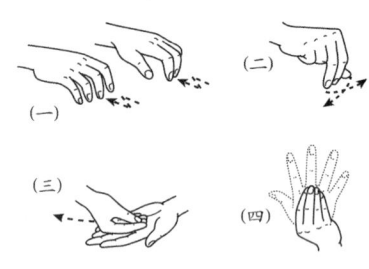

乡土画派　Xiāngtǔ Huàpài
（一）双手五指弯曲，掌心向下，一前一后，向后移动两下，模仿耙地的动作。
（二）一手拇、食、中指相捏，指尖朝下，互捻几下。
（三）左手横伸；右手五指撮合，指背在左手掌心上抹一下。
（四）一手五指张开，指尖朝上，然后撮合。

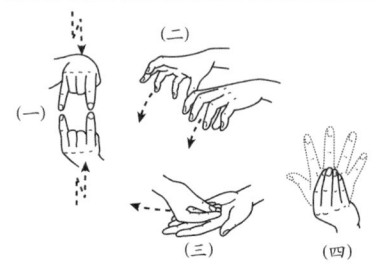

野兽画派　Yěshòu Huàpài
（一）双手伸食、小指，指尖上下相对，然后互碰两下，表示野兽的獠牙。
（二）双手五指弯曲，指尖朝下，如兽爪，同时向前下方按动一下。
（三）左手横伸；右手五指撮合，指背在左手掌心上抹一下。
（四）一手五指张开，指尖朝上，然后撮合。

十一、美学 美术流派

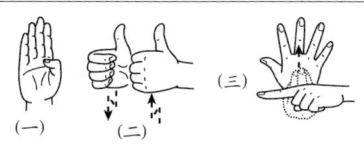
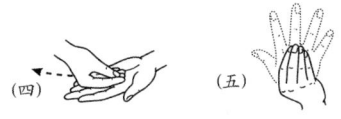

巴比松画派　Bābǐsōng Huàpài

（一）一手打手指字母"B"的指式。
（二）双手伸拇指，上下交替动两下。
（三）左手食指横伸，手背向上；右手五指撮合，指背贴于左手食指，边向上移动边张开，表示松树的针叶。
（四）左手横伸；右手五指撮合，指背在左手掌心上抹一下。
（五）一手五指张开，指尖朝上，然后撮合。

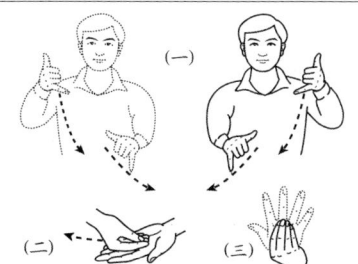

威尼斯画派　Wēinísī Huàpài

（一）双手伸拇、小指，一上一下，各向左右后方划动一下（或者双手伸拇、小指，手背向上，向前转动两圈）。
（二）左手横伸；右手五指撮合，指背在左手掌心上抹一下。
（三）一手五指张开，指尖朝上，然后撮合。

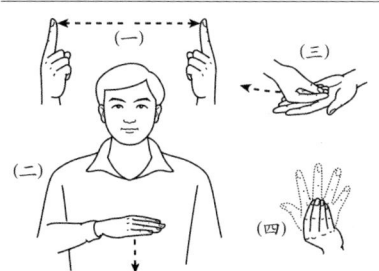

长安画派　Cháng'ān Huàpài

（一）双手食指直立，指面左右相对，从中间向两侧拉开。
（二）一手横伸，掌心向下，自胸部向下一按。
（三）左手横伸；右手五指撮合，指背在左手掌心上抹一下。
（四）一手五指张开，指尖朝上，然后撮合。

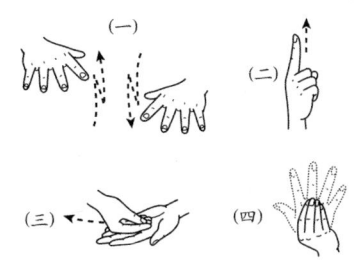

海上画派　Hǎishàng Huàpài

（一）双手平伸，掌心向下，五指张开，上下交替移动，表示起伏的波浪。
（二）一手食指直立，向上一指。
（三）左手横伸；右手五指撮合，指背在左手掌心上抹一下。
（四）一手五指张开，指尖朝上，然后撮合。

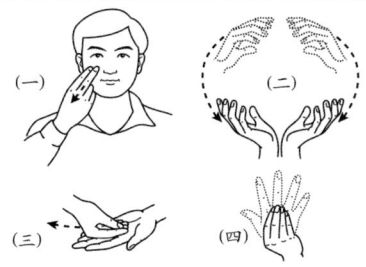

黄筌画派　Huáng Quán Huàpài

（一）一手打手指字母"H"的指式，摸一下脸颊。
（二）双手五指微曲，指尖左右相对，然后向下做弧形移动，手腕靠拢。
（三）左手横伸；右手五指撮合，指背在左手掌心上抹一下。
（四）一手五指张开，指尖朝上，然后撮合。

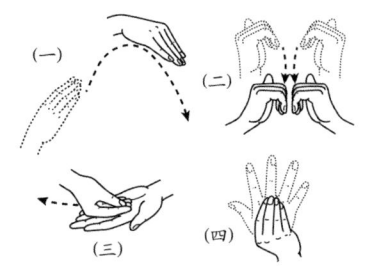

岭南画派　Lǐngnán Huàpài

（一）一手斜伸，指尖朝斜上方，先向上再向下做起伏状移动，仿山的形状。
（二）双手五指弯曲，食、中、无名、小指指尖朝下，手腕向下转动一下。
（三）左手横伸；右手五指撮合，指背在左手掌心上抹一下。
（四）一手五指张开，指尖朝上，然后撮合。

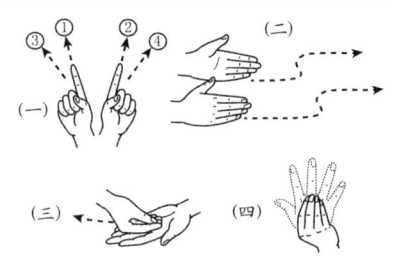

松江画派 Sōngjiāng Huàpài
（一）双手伸食指，交替向两侧上方各指两下，表示松树的针叶。此为当地聋人表示松江地名的手势。
（二）双手侧立，掌心相对，相距宽些，向前做曲线形移动。
（三）左手横伸；右手五指撮合，指背在左手掌心上抹一下。
（四）一手五指张开，指尖朝上，然后撮合。

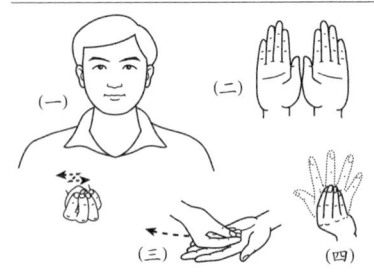

吴门画派 Wúmén Huàpài
（一）一手五指捏成球形，手背向下，左右微晃几下。
（二）双手并排直立，掌心向外，五指并拢。
（三）左手横伸；右手五指撮合，指背在左手掌心上抹一下。
（四）一手五指张开，指尖朝上，然后撮合。

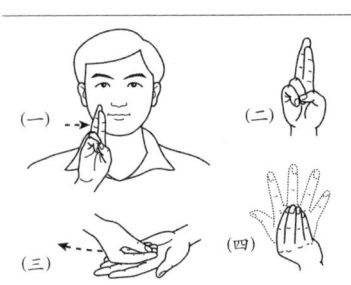

徐熙画派 Xú Xī Huàpài
（一）一手打手指字母"X"的指式，碰一下嘴角一侧。
（二）一手打手指字母"X"的指式。
（三）左手横伸；右手五指撮合，指背在左手掌心上抹一下。
（四）一手五指张开，指尖朝上，然后撮合。

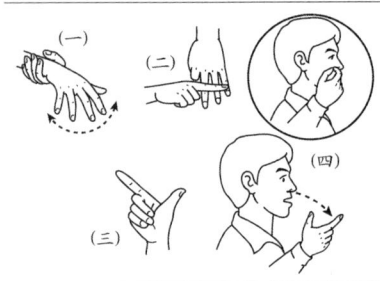

扬州八怪 Yángzhōu Bā Guài
（一）左手握住右手腕；右手五指张开，指尖朝下，左右晃动几下。此为当地聋人表示扬州地名的手势。
（二）左手中、无名、小指分开，指尖朝下，手背向外；右手食指横伸，置于左手三指间，仿"州"字形。
（三）一手伸拇、食指，掌心向外。
（四）一手拇、食指相捏，置于鼻翼一侧，然后向前张开，面露惊奇的表情。

十二、画家 书法家

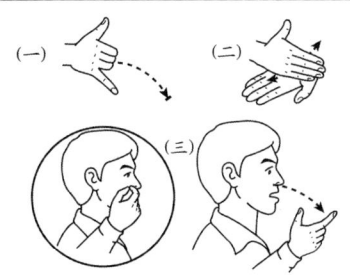

达·芬奇① Dá·Fēnqí ①
（一）一手伸拇、小指，向前做弧形移动，然后向下一顿。
（二）左手横伸；右手侧立，置于左手掌心上，并左右拨动一下。"分"与"芬"音同形近，借代。
（三）一手拇、食指相捏，置于鼻翼一侧，然后向前张开，面露惊奇的表情。

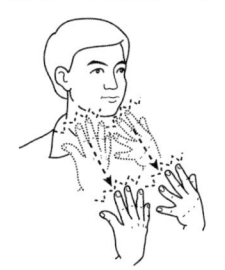

达·芬奇② Dá·Fēnqí ②
双手直立，手背向外，五指张开，边交替点动边从颏部向下移动。
（此为国外聋人手语）

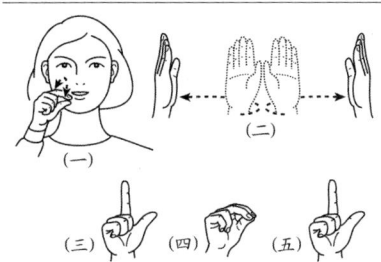

米开朗琪罗（米开朗基罗） Mǐkāilǎngqíluó (Mǐkāilǎngjīluó)
（一）一手拇、食指微张，在嘴角处前后微转几下。
（二）双手并排直立，掌心向外，然后向内转动90度，掌心相对。
（三）一手打手指字母"L"的指式。
（四）一手打手指字母"Q"的指式。
（五）一手打手指字母"L"的指式。

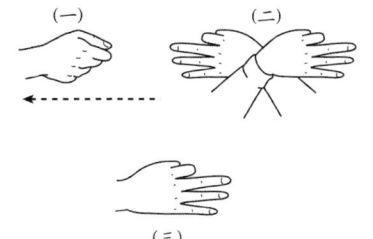

拉斐尔 Lāfěi'ěr
（一）一手握拳，向内拉动一下。
（二）双手中、无名、小指横伸分开，手背向外，手腕交叉相搭。
（三）一手打手指字母"E"的指式。

莫奈 Mònài
双手五指成"⊏⊐"形，虎口朝上，置于颏部，然后向下方两侧移动。
（此为国外聋人手语）

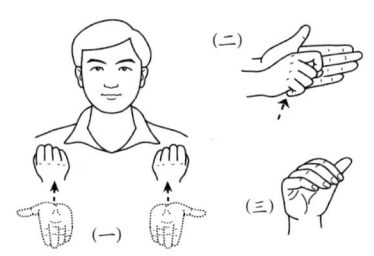

毕加索① Bìjiāsuǒ ①
（一）双手平伸，掌心向上，边从下向上移动边握拳，手背向外。
（二）左手侧立；右手拇、食指捏成圆形，虎口朝左，贴向左手掌心。
（三）一手打手指字母"S"的指式。

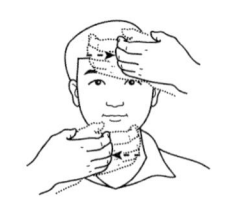

毕加索② Bìjiāsuǒ ②
双手五指弯曲，指尖朝内，置于头前，一高一低，然后分别向两侧微移。
（此为国外聋人手语）

凡·高 Fán·Gāo
右手伸拇、食、中指，食、中指并拢，指尖朝左，手背向外，在右耳旁向下移动两下。
（此为国外聋人手语）

安德鲁·怀斯 Āndélǔ·Huáisī
（一）右手直立，掌心向右，小指外侧贴于胸部正中，从上向下移动。
（二）一手打手指字母"S"的指式。

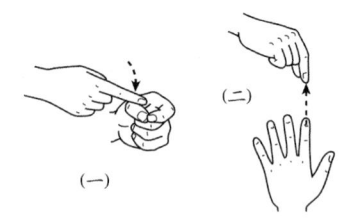

钱选 Qián Xuǎn
（一）左手拇、食指捏成圆形，虎口朝上；右手伸食指，敲一下左手拇指。
（二）左手直立，掌心向内，五指张开；右手拇、食指捏一下左手食指，然后向上移动。

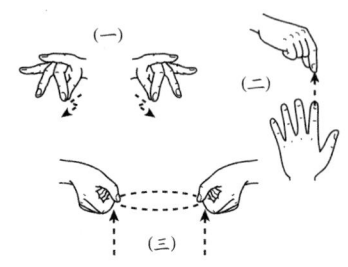

张择端 Zhāng Zéduān
（一）双手拇、中指相捏，指尖朝下，微抖几下。
（二）左手直立，掌心向内，五指张开；右手拇、食指捏一下左手食指，然后向上移动。
（三）双手虚握，虎口朝外，向上一提，如端物状。
（"张"的手语存在地域差异，可根据实际选择使用）

十二、画家 书法家

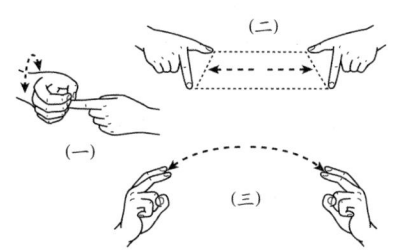

郑燮（郑板桥） Zhèng Xiè (Zhèng Bǎnqiáo)

（一）左手食指横伸，手背向外；右手五指弯曲，套入左手食指尖，然后前后转动两下。
（二）双手拇、食指张开，指尖朝下，虎口相对，从中间向两侧移动。
（三）双手食、中指微曲分开，指尖相对，指背向上，从中间向两侧下方做弧形移动。

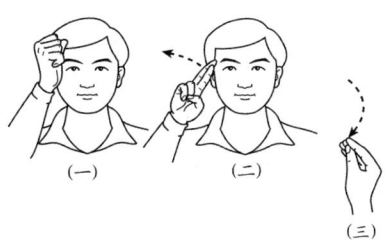

董希文 Dǒng Xīwén

（一）一手打手指字母"D"的指式，虎口朝内，贴于太阳穴。
（二）一手打手指字母"X"的指式，先置于太阳穴，然后向外移动。
（三）一手五指撮合，指尖朝前，撇动一下，如执毛笔写字状。

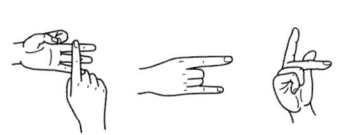

丰子恺 Fēng Zǐkǎi

（一）左手中、无名、小指横伸；右手食指置于左手三指中间，仿"丰"字形。
（二）一手打手指字母"Z"的指式。
（三）一手打手指字母"K"的指式。

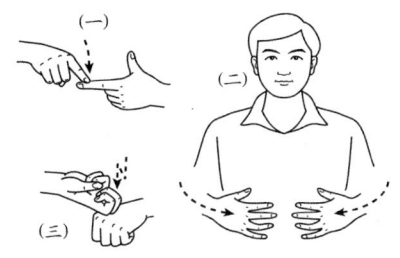

傅抱石 Fù Bàoshí

（一）左手伸拇、食指，食指尖朝右，手背向外；右手伸食指，敲一下左手食指尖。
（二）双手侧立，五指微曲，从两侧向中间一搂。
（三）左手握拳；右手食、中指弯曲，以指关节在左手背上敲两下。

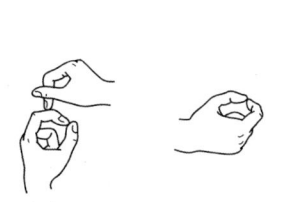

古元 Gǔ Yuán

（一）双手拇、食指搭成"古"字形。
（二）一手拇、食指捏成圆形，虎口朝上。

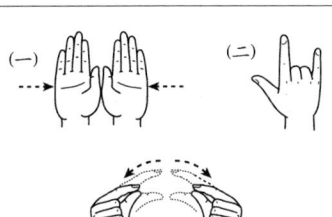

关山月 Guān Shānyuè

（一）双手直立，掌心向外，从两侧向中间移动并互碰。
（二）一手拇、食、小指直立，手背向外，仿"山"字形。
（三）双手拇、食指张开，指尖相对，虎口朝内，边从中间向两侧做弧形移动边相捏，如弯月状。

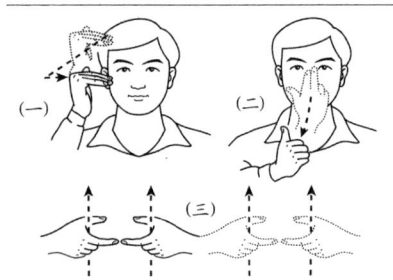

韩美林　Hán Měilín

（一）一手五指与手掌成"⌐"形，指尖抵于头一侧，然后向斜下方移动，指尖再碰向脸颊一侧。

（二）一手伸拇、食、中指，食、中指并拢，先置于鼻部，然后边向外移动边缩回食、中指。

（三）双手拇、食指成大圆形，虎口朝上，在不同位置向上移动两下。

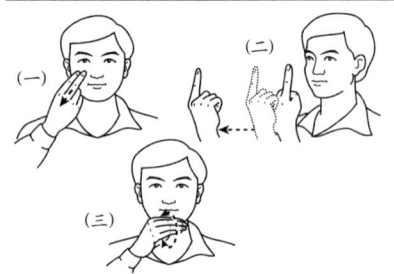

黄永玉　Huáng Yǒngyù

（一）一手打手指字母"H"的指式，摸一下脸颊。

（二）双手食指直立，手背向外，置于身前，左手在后不动，右手向前移动。

（三）一手五指撮合，置于嘴前，前后转动。

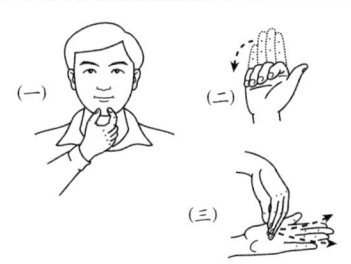

李可染　Lǐ Kěrǎn

（一）一手拇、食指弯曲，指尖朝内，抵于颏部。

（二）一手直立，掌心向外，然后食、中、无名、小指弯动一下。

（三）左手平伸；右手五指撮合，指尖朝下，在左手掌心上向不同方向用力挥动两下。

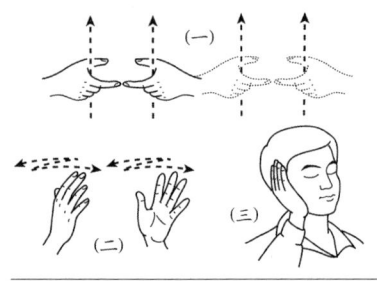

林风眠　Lín Fēngmián

（一）双手拇、食指成大圆形，虎口朝上，在不同位置向上移动两下。

（二）双手直立，掌心左右相对，五指微曲，左右来回扇动。

（三）一手掌心贴于脸部，头微侧，闭眼，如睡觉状。

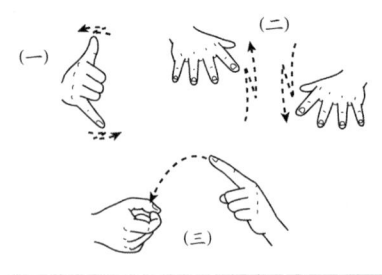

刘海粟　Liú Hǎisù

（一）一手伸拇、小指，指尖朝外，左右晃动几下。

（二）双手平伸，掌心向下，五指张开，上下交替移动，表示起伏的波浪。

（三）左手食指微曲，指尖朝右上方；右手拇、食指捏成圆形，从左手食指尖向下移动，如谷子垂穗状。

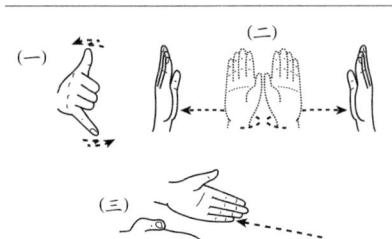

刘开渠　Liú Kāiqú

（一）一手伸拇、小指，指尖朝外，左右晃动几下。

（二）双手并排直立，掌心向外，然后向内转动90度，掌心相对。

（三）双手斜伸，掌心相对，从前向后移动。

十二、画家 书法家 235

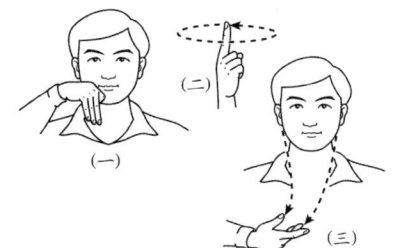

潘天寿 Pān Tiānshòu
（一）一手打手指字母"P"的指式，手背向外，虎口贴于嘴角一侧。
（二）一手食指直立，在头一侧上方转动一圈。
（三）一手做捋长胡须的动作。

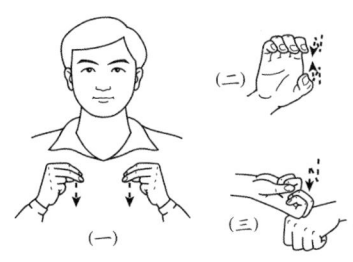

齐白石 Qí Báishí
（一）双手打手指字母"Q"的指式，指尖相对，虎口朝上，向下微动一下。
（二）一手五指弯曲，掌心向外，指尖弯动两下。
（三）左手握拳；右手食、中指弯曲，以指关节在左手背上敲两下。

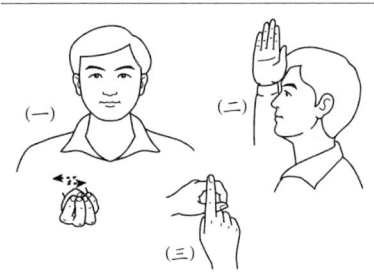

吴冠中 Wú Guànzhōng
（一）一手五指捏成球形，手背向下，左右微晃几下。
（二）右手直立，掌心向左，置于前额，表示鸡冠。
（三）左手拇、食指与右手食指搭成"中"字形。

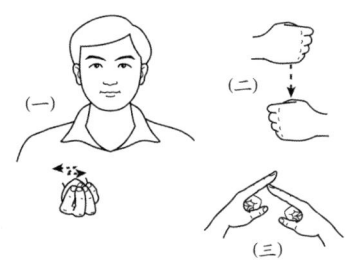

吴作人 Wú Zuòrén
（一）一手五指捏成球形，手背向下，左右微晃几下。
（二）双手握拳，一上一下，右拳向下砸一下左拳。
（三）双手食指搭成"人"字形。

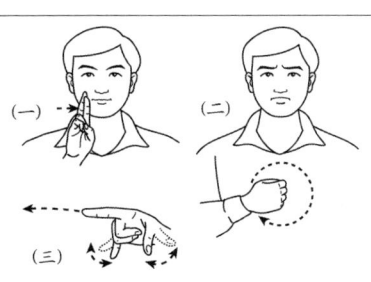

徐悲鸿 Xú Bēihóng
（一）一手打手指字母"X"的指式，碰一下嘴角一侧。
（二）一手虚握，手背向外，贴于胸部，转动一圈。
（三）一手伸拇、食、小指，手背向上，边弯动拇、小指边向前移动。

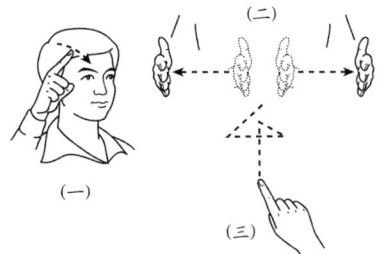

张大千 Zhāng Dàqiān
（一）一手食指直立，在头一侧向前一划。
（二）双手侧立，掌心相对，同时向两侧移动，幅度要大些。
（三）一手伸食指，指尖朝前，书空"千"字形。
（"张"的手语存在地域差异，可根据实际选择使用）

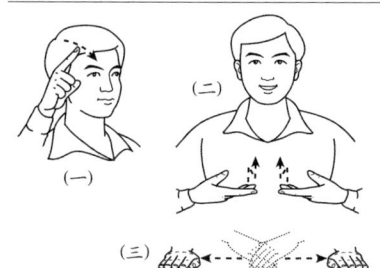

张乐平　Zhāng Lèpíng
（一）一手食指直立，在头一侧向前一划。
（二）双手横伸，掌心向上，在胸前同时向上移动两下，面带笑容。
（三）双手五指并拢，掌心向下，交叉相搭，然后分别向两侧移动。
（"张"的手语存在地域差异，可根据实际选择使用）

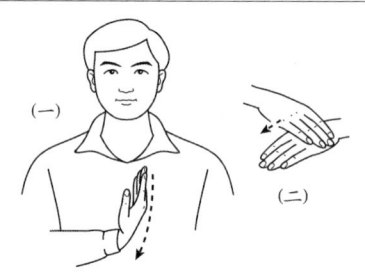

怀素　Huáisù
（一）右手直立，掌心向右，小指外侧贴于胸部正中，从上向下移动。
（二）左手横伸；右手平伸，掌心向下，在左手背上向右摸一下。

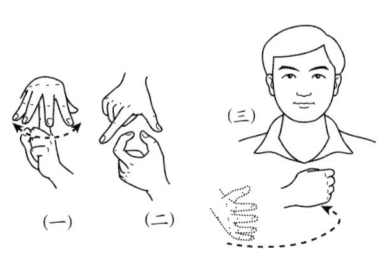

柳公权　Liǔ Gōngquán
（一）左手食指直立；右手五指张开，指尖朝下，手腕置于左手食指尖，左右晃动两下。
（二）双手拇、食指搭成"公"字形，虎口朝外。
（三）右手侧立，五指微曲张开，边向左做弧形移动边握拳。

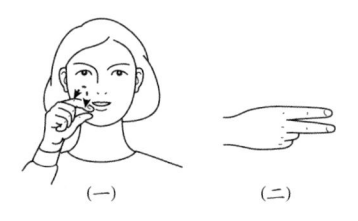

米芾　Mǐ Fú
（一）一手拇、食指微张，在嘴角处前后微转几下。
（二）一手打手指字母"F"的指式。

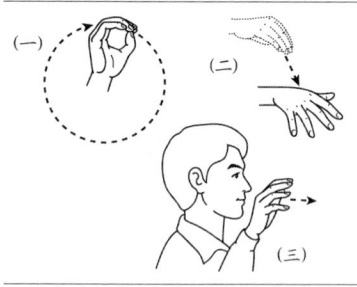

欧阳询　Ōuyáng Xún
（一）一手五指捏成圆形，虎口朝内，在面前逆时针转动一圈。
（二）一手五指撮合，指尖朝下，然后边向下移动边张开。
（三）一手五指微曲，掌心向外，从嘴前向外微移一下。

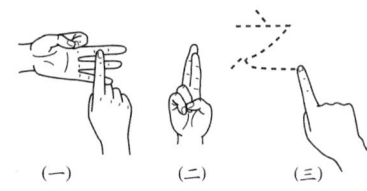

王羲之　Wáng Xīzhī
（一）左手中、无名、小指与右手食指搭成"王"字形。
（二）一手打手指字母"X"的指式。
（三）一手伸食指，指尖朝前，书空"之"字形。

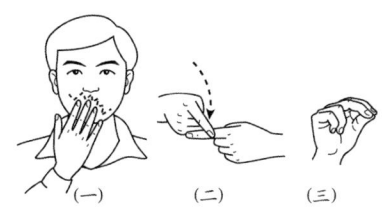

颜真卿 Yán Zhēnqīng

（一）一手直立，掌心向内，五指张开，在嘴唇部交替点动。

（二）左手食指横伸；右手食指直立，向下敲一下左手食指。

（三）一手打手指字母"Q"的指式。

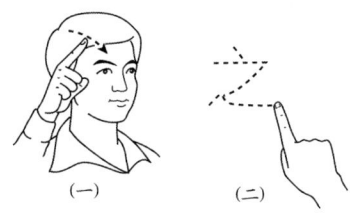

张芝 Zhāng Zhī

（一）一手食指直立，在头一侧向前一划。

（二）一手伸食指，指尖朝前，书空"之"字形。"之"与"芝"音同形近，借代。

（"张"的手语存在地域差异，可根据实际选择使用）

汉语拼音索引

A

Āndélǔ·Huáisī
 安德鲁·怀斯　　　　　232
àntí　按提　　　　　　　197
ànmiàn　暗面　　　　　　24
āobǎnhuà　凹版画　　　129

B

Bābǐsōng Huàpài
 巴比松画派　　　　　229
bái　白　　　　　　　　59
báibiān　白边　　　　　181
báimiáo　白描　　　　　88
báiwényìn　白文印　　　203
bǎibǐfǎ　摆笔法　　　　125
bǎijiàn　摆件　　　　　161
bàibǐ　败笔　　　　　　202
bǎnshuā　板刷　　　　　109
bǎnhuà　版画　　　　　129
bǎnhuàjī　版画机　　　135
bǎnhuà yánliào　版画颜料　135
bǎnmiàn shèjì　版面设计　183
bǎnshì　版式　　　　　181
bǎnxīn　版心　　　　　181
bànmiànxiàng　半面像　　11
bànshēnxiàng　半身像　　12
bāozhuāng shèjì　包装设计　185
bǎohédù　饱和度　　　　52
bǎoshǒu　保守　　　　　211
bēikè　碑刻　　　　　　191
bèiguāng　背光　　　　　21
bèiguāngmiàn　背光面　　23
bèijǐng　背景　　　　　6
bèijǐng shèjì　背景设计　151
bèijǐng zhìzuò　背景制作　151
bǐlì guān·xì　比例关系　39
bǐchù　笔触　　　　　　46
bǐfǎ　笔法　　　　　　201
bǐfēng　笔锋　　　　　107
bǐfù　笔腹　　　　　　107
bǐgǎn　笔杆　　　　　　106
bǐgēn　笔根　　　　　　106

bǐhuà　笔划　　　　　　196
bǐhuà　笔画　　　　　　196
bǐjià　笔架　　　　　　109
bǐlì　笔力　　　　　　202
bǐshì　笔势　　　　　　202
bǐshùn　笔顺　　　　　196
bǐtǒng　笔筒　　　　　110
bǐtóu　笔头　　　　　　107
bǐwéiyìyòng　笔为意用　218
bǐxǐ　笔洗　　　　　　110
bǐyì　笔意　　　　　　196
Bìjiāsuǒ①　毕加索①　　232
Bìjiāsuǒ②　毕加索②　　232
bìguà　壁挂　　　　　　162
bìhuà　壁画　　　　　　72
bìshì　壁饰　　　　　　162
bìsù　壁塑　　　　　　142
biānkuǎn　边款　　　　　204
biānyuán wényàng
 边缘纹样　　　　　　172
biānzhī　编织　　　　　164
biànhuàn-mòcè　变幻莫测　221
biàntǐhuà　变体画　　　72
biàntǐzì　变体字　　　175
biànxiàn　变线　　　　　21
biànxíng　变形　　　　　167
biāoshí　标识　　　　　189
biāotí shèjì　标题设计　183
biāozhì　标志　　　　　189
biāozhì shèjì　标志设计　183
biāozhǔnsè　标准色　　　48
biǎoxiàn　表现　　　　　34
biǎoxiàn yóuhuà　表现油画　116
biǎoxiàn zhǔyì　表现主义　224
biǎohuà　裱画　　　　　105
biǎohuàtái　裱画台　　　106
bǐngxīhuà　丙烯画　　　73
bōlàngshì　波浪式　　　170
bōpǔ yìshù　波普艺术　　227
bō·ligāng diāosù
 玻璃钢雕塑　　　　　143
bō·lihuà　玻璃画　　　73
bówùguǎn　博物馆　　　　82

bóhuàfǎ　薄画法　　　　116
bótúfǎ　薄涂法　　　　116
bǔsè　补色　　　　　　50
bùxiǔzhīzuò①　不朽之作①　222
bùxiǔzhīzuò②　不朽之作②　222
bùjǐng　布景　　　　　151
bùjú　布局　　　　　　208
bùtiēhuà　布贴画　　　73
bùzhòu　步骤　　　　　40

C

cābǐfǎ　擦笔法　　　　126
cáizhǐdāo　裁纸刀　　　70
cǎibǐ jiǎnzhǐ　彩笔剪纸　155
cǎidiǎn　彩点　　　　　154
cǎidiāo　彩雕　　　　　140
cǎidù　彩度　　　　　　49
cǎimòhuà　彩墨画　　　83
cǎisù　彩塑　　　　　　142
cǎitáo　彩陶　　　　　157
cǎixiàn　彩线　　　　　154
cánquēměi①　残缺美①　　217
cánquēměi②　残缺美②　　217
cànlàn-duómù　灿烂夺目　222
cángfēng　藏锋　　　　　199
cángshūpiào　藏书票　　182
cángshūyìn　藏书印　　　183
cángshūzhāng　藏书章　　183
cáoyīmiáo　曹衣描　　　89
cǎobiān　草编　　　　　164
cǎolù　草绿　　　　　　56
cǎoshū　草书　　　　　193
cǎotú　草图　　　　　　4
cèyè　册页　　　　　　104
cèfēng　侧锋　　　　　199
cèguāng　侧光　　　　　21
cèguāngmiàn　侧光面　　23
cèkuǎn　侧款　　　　　204
cèshìtú　侧视图　　　　38
cèliáng　测量　　　　　31
céngcì　层次　　　　　34
céngcìgǎn　层次感　　　31
chādié　差叠　　　　　178

chǎnpǐn shèjì 产品设计	184	
chānghuàshí 昌化石	204	
Cháng'ān Huàpài 长安画派	229	
chángjuàn 长卷	103	
chángtí 长题	101	
chǎngjǐng 场景	7	
chāoxiànshí zhǔyì 超现实主义	225	
chāoxiěshí zhǔyì 超写实主义	226	
chénwěn 沉稳	211	
chénlièguǎn 陈列馆	82	
chénlièpǐn 陈列品	82	
chénlièshì 陈列室	82	
chènbù 衬布	68	
chènsè jiǎnzhǐ 衬色剪纸	155	
chèntuō 衬托	34	
chéngjiǎotòushì 成角透视	15	
chéngzǔ 成组	45	
chéngshì diāosù 城市雕塑	142	
chéngsè 橙色	54	
chōngdāofǎ 冲刀法	207	
chóngdié 重叠	178	
chóngdiéshì 重叠式	170	
chóngfù gòuchéng 重复构成	176	
chónghé 重合	178	
chōuxiàng 抽象	35	
chōuxiàng diāosù 抽象雕塑	144	
chōuxiàng yìshù 抽象艺术	226	
chūfēng 出锋	198	
chuānxiù 川绣	153	
chuānchā 穿插	42	
chuánshén 传神	36	
chuántǒng 传统	211	
chuānghuā 窗花	155	
chuàngyì 创意	216	
chuàngyì sùmiáo 创意素描	71	
chuàngzuò 创作	216	
chuīsùzhǐ 吹塑纸	136	
chuízhí 垂直	32	
chúndù 纯度	52	
cí 瓷	157	
cíqì 瓷器	158	
cìxiù 刺绣	153	
cūcāo 粗糙	214	
cūguǎng 粗犷	211	
cuìlù 翠绿	56	
cūnfǎ 皴法	92	
cuò 锉	146	
cuòdāo 锉刀	146	
cuòjué 错觉	29	

D

Dá·Fēnqí① 达·芬奇①	231	
Dá·Fēnqí② 达·芬奇②	231	
Dádá Huàpài 达达画派	228	
dámǎguāngyóu 达玛光油	121	
dǎmó 打磨	145	
dǎsàn gòuchéng 打散构成	176	
dàbáifěn 大白粉	119	
dàbáiyún 大白云	107	
dàdì yìshù 大地艺术	227	
dàhóng 大红	53	
dàtídǒu 大提斗	109	
dānpéilā 丹培拉	120	
dānbó 单薄	43	
dāndāofǎ 单刀法	206	
dāndiào 单调	34	
dāndú wǎngbǎn 单独网版	137	
dāndú wényàng 单独纹样	172	
dāngè 单个	46	
dānsè bǎnhuà 单色版画	131	
dāntǐ 单体	46	
dānyuèyáxíng 单月牙形	156	
dànbó 淡薄	44	
dànhuáng 淡黄	55	
dànlǜ 淡绿	56	
dànmò 淡墨	95	
dàncǎihuà 蛋彩画	73	
dànkétáo 蛋壳陶	157	
dànqīng 蛋清	118	
dāngdài yìshù 当代艺术	227	
dāofǎ 刀法	206	
dāoguāfǎ 刀刮法	127	
dāowèi 刀味	135	
déhuàyáo 德化窑	160	
dīdiào 低调	66	
dǐmiàn 底面	29	
dǐsè 底色	51	
dìdiǎn 地点	19	
dìpíngxiàn 地平线	16	
dìzhuān tú'àn 地砖图案	166	
diǎnxíng 典型	37	
diǎnyǎ 典雅	211	
diǎn 点	5	
diǎnbǐfǎ 点笔法	126	
diǎnfǎ 点法	199	
diǎnhuìfǎ 点绘法	169	
diǎnméibǐ 点梅笔	108	
diǎntái 点苔	100	
diǎnyèfǎ 点叶法	93	
diāobǎn 雕版	132	
diāohuā 雕花	140	
diāokè 雕刻	202	

diāoqī 雕漆	164	
diāosù① 雕塑①	139	
diāosù② 雕塑②	139	
diào·zi 调子	65	
dīngtóushǔwěimiáo 钉头鼠尾描	91	
dǐngmiàn 顶面	28	
dìnghuàyè 定画液	70	
dìngwèi① 定位①	136	
dìngwèi② 定位②	136	
dìngxíng 定形	37	
dìngxíng 定型	37	
dìngyáo 定窑	160	
Dǒng Xīwén 董希文	233	
dònghuàpiàn 动画片	149	
dònghuàzhǐ 动画纸	149	
dòngmàn 动漫	149	
dòngtài 动态	7	
dòngtàixiàn 动态线	13	
dòngwù biànhuà 动物变化	168	
dòngwùjiāo 动物胶	119	
dòngzuò shèjì 动作设计	150	
dǒufāng 斗方	196	
dúfúhuà 独幅画	73	
dúshù-yīzhì 独树一帜	212	
dútè 独特	212	
duànliè 断裂	117	
duìbǐ 对比	34	
duìbǐsè 对比色	64	
duìchèn 对称	39	
duìchènshì 对称式	170	
duìlián 对联	195	
duìyìn 对印	182	
dùnbǐ 顿笔	201	
duōmiànqiútǐ 多面球体	28	
duōyàng tǒngyī 多样统一	39	
duōzī-duōcǎi 多姿多彩	221	

E

èrfāng liánxù 二方连续	173	
èrlǜ 二绿	112	
èrqīng 二青	113	
èrwéi dònghuà 二维动画	150	
èrwéi kōngjiān 二维空间	25	

F

fāshè gòuchéng 发射构成	176	
fàlángcǎi 珐琅彩	161	
Fán·Gāo 凡·高	232	
fǎndāofǎ 反刀法	206	
fǎngǎo 反稿	134	
fǎnguāng 反光	33	
fǎnshè 反射	33	

拼音	词条	页码
fànhuà①	范画①	46
fànhuà②	范画②	47
fāngzhuītǐ	方锥体	28
fǎnggǔzhǐ	仿古纸	115
fǎngsòngzì	仿宋字	175
fēibái	飞白	101
fēiyè	扉页	180
fēngēxiàn	分割线	14
fēnlí	分离	177
fēnrǎn	分染	100
fēnsè	分色	136
fěnhóng	粉红	53
fěnlǜ	粉绿	56
Fēng Zǐkǎi	丰子恺	233
fēnggé	风格	209
fēngjǐng	风景	9
fēngjǐng biànhuà	风景变化	168
fēngjǐnghuà	风景画	73
fēngsúhuà	风俗画	74
fēngdǐ	封底	181
fēng'èr	封二	180
fēngjǐ	封脊	181
fēnglǐ	封里	180
fēngmiàn	封面	180
fēngsān	封三	180
fēnglà	蜂蜡	118
fótǎ diāosù	佛塔雕塑	144
fóxiànghuà	佛像画	80
fūsè	肤色	50
fúshì	服饰	161
fúshì shèjì	服饰设计	184
fúzhuāng shèjì	服装设计	184
fúdiāo	浮雕	139
fúshìhuì	浮世绘	81
fúzìjié	福字结	165
fǔpīcūn	斧劈皴	92
fǔshì	俯视	20
fǔshìtú	俯视图	38
fǔguāng	辅光	22
fǔzhùxiàn	辅助线	14
fùdāofǎ	复刀法	206
fùsè	复色	50
Fù Bàoshí	傅抱石	233
fùgài	覆盖	33

G

拼音	词条	页码
gàizhān	盖毡	137
gàizhāng	盖章	102
gānhuàfǎ	干画法	124
gānjiēfǎ	干接法	125
gānshī jiéhéfǎ	干湿结合法	125
gǎnguāng zhìbǎnfǎ	感光制版法	138
gǎnjué	感觉	29
gǎnshòu	感受	29
gǎnxìng rènshi	感性认识	223
gǎnlǎnlǜ	橄榄绿	57
gǎnlǎnmiáo	橄榄描	89
gāngbǐhuà	钢笔画	74
gāodiào	高调	65
gāogǔyóusīmiáo	高古游丝描	91
gāoguāng	高光	22
gāoguì	高贵	212
gāojíhuī	高级灰	60
gāolízhǐ	高丽纸	115
gāoyuǎn	高远	87
gāozhuàng méijièjì	膏状媒介剂	122
gētèshì yìshù	哥特式艺术	228
gēyáo	哥窑	160
gèzìdiǎn	个字点	93
gēndiāo	根雕	140
gōngbǐ huāhuì	工笔花卉	85
gōngbǐ huāniǎo	工笔花鸟	85
gōngbǐhuà	工笔画	84
gōngbǐ rénwù	工笔人物	85
gōngbǐ zhòngcǎi	工笔重彩	85
gōngxì	工细	102
gōngyè měishù	工业美术	71
gōngyè shèjì	工业设计	184
gōngyì měishù	工艺美术	71
gōngdǐ①	功底①	44
gōngdǐ②	功底②	45
gōnglì①	功力①	44
gōnglì②	功力②	44
gōubǐfǎ	勾笔法	126
gōuhuà	勾画	100
gōulè	勾勒	88
gōutián	勾填	100
gōuxiàn	勾线	88
gōufǎ	钩法	200
gòusī	构思	4
gòutú	构图	4
gǔdiǎn yóuhuà	古典油画	116
gǔdiǎn zhǔyì	古典主义	224
Gǔ Yuán	古元	233
gǔdiāo	骨雕	140
gǔfǎ	骨法	201
gǔgé	骨格	169
gǔjiāo	骨胶	119
gǔshì	骨式	170
gǔlán	钴蓝	58
gùyǒusè	固有色	61
guādāo	刮刀	145
guàhuà	挂画	74
guàpánhuà	挂盘画	74
guàshì	挂饰	162
guàzhóu	挂轴	104
guānjiédiǎn	关节点	10
Guān Shānyuè	关山月	233
guānniàn	观念	210
guānyáo	官窑	160
guāng	光	21
guānghuá	光滑	215
guāngxiàn	光线	21
guāngxiàoyìng yìshù	光效应艺术	228
guāngyǐng	光影	23
guāngyǐnggǎn	光影感	30
guāngyuán	光源	21
guāngyuánsè	光源色	61
guǎngxiù	广绣	154
guóhuà	国画	83
guòdùsè	过渡色	62
guògǎo	过稿	134

H

拼音	词条	页码
hǎibào shèjì	海报设计	186
hǎijǐnghuà	海景画	74
hǎimàn	海幔	104
Hǎishàng Huàpài	海上画派	229
hányì	含义	216
hányì	含意	216
Hán Měilín	韩美林	234
hànyìn	汉印	203
héyècūn	荷叶皴	92
hé·taoyóu	核桃油	121
hèsè	褐色	59
hēibái duìbǐ	黑白对比	25
hēibáihuī guān·xì	黑白灰关系	25
hēibái mùkè	黑白木刻	129
hēitǐzì	黑体字	174
héngfǎ	横法	200
héngjuàn	横卷	103
héngpī	横批	195
héngpī	横披	195
hòuhuàfǎ	厚画法	117
hòutúfǎ	厚涂法	117
hūyìng	呼应	39
húxiàn	弧线	32
húlán	湖蓝	58
hùbǔsè	互补色	62
hùfēng	护封	180
huābànxíng	花瓣形	167
huābiān	花边	169
huāhuì biànhuà	花卉变化	169
huāqīng	花青	112
huāwén	花纹①	41

拼音	词	页码	拼音	词	页码	拼音	词	页码
huāwén ②	花纹②	154	jǐhé xíngtǐ	几何形体	26	jìnzhǐfǎ	浸纸法	127
huàbǎn	画板	67	jì·haobǐ	记号笔	69	jīngbiànhuà	经变画	80
huàbù	画布	122	jìyìhuà	记忆画	74	jīnghuá	精华	210
huàcái	画材	67	jìfǎ	技法	40	jīngsuǐ	精髓	210
huàcè shèjì	画册设计	183	jìtánhuà	祭坛画	80	jīngwēi	精微	213
huàdiàn	画垫	67	jiáxuān	夹宣	114	jǐngdézhènyáo	景德镇窑	161
huàfǎ	画法	40	jiáyèfǎ	夹叶法	93	jǐngguān shèjì	景观设计	186
huàgǎo	画稿	134	jiǎgǔwén ①	甲骨文①	192	jǐngxiàng	景象	45
huàjiā	画夹	67	jiǎgǔwén ②	甲骨文②	192	jǐngshìyǔ	警示语	189
huàjià	画架	67	jiàshànghuìhuà	架上绘画	75	jìngtài	静态	7
huàjìnyìzài	画尽意在	219	jiānjià jiégòu	间架结构	196	jìngwù	静物	9
huàjuàn	画卷	103	jiāngōngdàixiě	兼工带写	87	jiǔgōnggé	九宫格	191
huàkuàng	画框	68	jiānháo máobǐ	兼毫毛笔	108	júbù	局部	33
huàláng	画廊	81	jiǎnbǐmiáo	减笔描	89	júhóng	桔红	53
huàmiàn	画面	47	jiǎnquē	减缺	178	júhuādiǎn	菊花点	94
huàtí	画题	100	jiǎnjí	剪辑	152	júhóng	橘红	53
huàxiāng	画箱	68	jiǎntiē	剪贴	42	júhuáng	橘黄	55
huàxiàngshí	画像石	81	jiǎnzhǐ	剪纸	155	jùfú	巨幅	103
huàxiàngzhuān	画像砖	81	jiǎnbǐhuà	简笔画	75	jùxiàng	具象	35
huàzhān	画毡	67	jiǎnhuà	简化	4	jùxiàng diāosù	具象雕塑	144
huàzhàng	画杖	122	jiǎnjié	简洁	212	jùxiàng yìshù	具象艺术	227
Huáisù	怀素	236	jiǎnliàn	简练	212	jùdiǎn	距点	18
huánjìngsè	环境色	61	jiànzhù diāosù	建筑雕塑	143	jùchǐxíng	锯齿形	156
huánjìng shèjì	环境设计	186	jiànzhùhuà	建筑画	75	jùjiāo	聚焦	33
huànxiàng	幻象	7	jiànzhù shèjì	建筑设计	185	jùsàn gòuchéng	聚散构成	176
huángjīn fēngēlǜ	黄金分割律	40	jiànbiàn gòuchéng 渐变构成		176	juānkè	镌刻	202
Huáng Quán Huàpài	黄筌画派	229	jiànshǎng	鉴赏	210	juànzhóuhuà	卷轴画	104
Huáng Yǒngyù	黄永玉	234	jiāodiǎn	交点	19	juànbó	绢帛	114
huīdù	灰度	52	jiāocǎihuà	胶彩画	75	juétóudīngmiáo	橛头钉描	91
huīmiàn	灰面	24	jiāodǐ·zi	胶底子	120	jūnshìhuà	军事画	75
huīmò	徽墨	110	jiāohébǎn	胶合板	123	jūnhéng	均衡	39
huífēng	回锋	198	jiāoxìngdǐ	胶性底	120	jūnqíshì	均齐式	170
huíshōu yìnmò	回收印墨	135	jiāodiǎn	焦点	19	jūnliè	龟裂	117
huìgǎo	绘稿	134	jiāomò	焦墨	95	jūnyáo	钧窑	160
huìhuà	绘画	1	jiǎodāo	角刀	146			
huìzhì	绘制	1	jiǎoyú wényàng	角隅纹样	172	**K**		
hùnmiáo	混描	89	jiēchù	接触	177	kāfēisè	咖啡色	59
hùnsè	混色	50	jiédiǎn	节点	5	kǎtōnghuà	卡通画	149
huǒqì	火气	52	jiézòu	节奏	41	kǎtōng rénwù	卡通人物	150
			jiégòu sùmiáo	结构素描	71	kǎtōng xíngxiàng	卡通形象	150
J			jiěsuǒcūn	解索皴	92	kǎzhǐ	卡纸	136
jīlǐ	肌理	117	jièzìdiǎn	介字点	93	kǎishū	楷书	193
jīxuèshí	鸡血石	205	jièhuà	界画	85	kǎitǐzì	楷体字	174
jīmò	积墨	95	jièjǐngshūqíng	借景抒情	217	kāntóuhuà	刊头画	75
jīběnxíng	基本形	26	jièwùshūqíng	借物抒情	217	kēhuànhuà	科幻画	76
jīchǔ tú'àn	基础图案	166	jīnbì shānshuǐ	金碧山水	83	kèbǎn	刻版	132
jīzhǔnxiàn	基准线	137	jīnjiān	金笺	114	kècí	刻瓷	158
jíxiángjié	吉祥结	165	jīnwén	金文	192	kèhuà	刻画	3
jídùsè	极度色	62	jìnshēngǎn	进深感	31	kèmó zhìbǎnfǎ	刻膜制版法	138
jǐhéshì	几何式	170	jìnjǐng	近景	6	kètiēfǎ	刻贴法	134
jǐhé tú'àn	几何图案	166	jìnsì gòuchéng	近似构成	176	kètiè	刻帖	191
			jìnsìsè	近似色	62	kèzhǐ	刻纸	155
						kōngjiāngǎn	空间感	30

kōngjiān hùnhé 空间混合	179	
kōngjiān shèjì 空间设计	187	
kōngjiān yìshù 空间艺术	227	
kōngqì tòushì 空气透视	16	
kǒngbǎnhuà 孔版画	130	
kūcháimiáo 枯柴描	89	
kuādà 夸大	212	
kuāzhāng 夸张	212	
kuǎnshì 款式	25	
kuángcǎo 狂草	193	
kuàngwùsè 矿物色	111	

L

Lāfěi'ěr 拉斐尔	231
lāpī chéngxíngfǎ 拉坯成型法	148
lāpījī 拉坯机	158
làbǐ 蜡笔	68
làrǎn 蜡染	163
láiyángshí 莱阳石	205
lán① 蓝①	58
lán② 蓝②	58
lángháo máobǐ 狼毫毛笔	108
làngmàn zhǔyì 浪漫主义	225
lèisìsè 类似色	62
lěngnuǎndù 冷暖度	66
lěngsèxì 冷色系	66
Lǐ Kěrǎn 李可染	234
lǐxìng sīwéi 理性思维	223
lìdéfěn 立德粉	119
lìfāngtǐ 立方体	27
lìtǐgǎn 立体感	30
lìtǐ gòuchéng 立体构成	175
lìtǐ shèjì 立体设计	187
lìtǐ tú'àn 立体图案	167
lìtǐ zhǔyì 立体主义	225
lìyì 立意	208
lìzhóu 立轴	104
lìqīng 沥青	118
lìshū 隶书	193
liánhuánhuà 连环画	76
liánzhuìshì 连缀式	170
liánhé 联合	178
liánxiǎng 联想	35
liǎnpǔ 脸谱	155
liǎnxíng 脸型	10
liàngmiàn 亮面	24
liànggǎn 量感	30
línjìnsè 邻近色	62
Lín Fēngmián 林风眠	234
línmó 临摹	2
línxí 临习	191
língdòng 灵动	213
línggǎn 灵感	30

Lǐngnán Huàpài 岭南画派	229
Liú Hǎisù 刘海粟	234
Liú Kāiqú 刘开渠	234
liúbái 留白	102
liúdāofǎ 留刀法	207
liúkòngfǎ 留空法	127
liúxíngsè 流行色	48
Liǔ Gōngquán 柳公权	236
liǔtǐ 柳体	195
liǔtiáobiān 柳条编	165
liǔyèmiáo 柳叶描	90
liǔyèxíng 柳叶形	156
liùléngzhùtǐ 六棱柱体	28
lóngquányáo 龙泉窑	161
lòubǎn cángshūpiào 漏版藏书票	183
lùfēng 露锋	199
lúnkuòxiàn 轮廓线	13
luókěkě měishù 罗可可美术	228

M

mǎkèbǐ 马克笔	69
mǎhuángmiáo 蚂蝗描	90
mànhuà 漫画	76
mànxiě 慢写	2
máobǐ 毛笔	106
máobiānzhǐ 毛边纸	115
méi·guīhóng 玫瑰红	54
méihuādiǎn 梅花点	94
méihēi 煤黑	61
měigǎn 美感	208
měigōngdāo 美工刀	70
měihuà 美化	45
měishù❶ 美术❶	1
měishù❷ 美术❷	1
měishùguǎn 美术馆	81
měishù liúpài 美术流派	224
měishùzì 美术字	174
měixué 美学	208
měiyù 美育	208
ménglóng 朦胧	212
Mǐ Fú 米芾	236
Mǐkāilǎngjīluó 米开朗基罗	231
Mǐkāilǎngqíluó 米开朗琪罗	231
mìjí gòuchéng 密集构成	177
miánzhǐ 棉纸	115
miàn 面	5
miànjù 面具	173
miànsù① 面塑①	163
miànsù② 面塑②	163
miáohuà zhìbǎnfǎ 描画制版法	138

miáohuì 描绘	3
mièdiǎn 灭点	19
mínyáo 民窑	159
míngzhāng 名章	102
míng'àn 明暗	24
míng'àndù 明暗度	24
míng'àn jiāojièxiàn 明暗交界线	25
míng'àn sùmiáo 明暗素描	72
míngdù 明度	52
míngdù tuīyí 明度推移	179
míngfán 明矾	111
míngjiāo 明胶	118
míngkuài 明快	213
mìngtíhuà 命题画	76
móběn 摹本	105
mótèr 模特儿	12
móxíng shèjì 模型设计	184
móyá diāosù 摩崖雕塑	144
mògǔfǎ 没骨法	87
Mònài 莫奈	231
mòcǎi 墨彩	96
mòfǎ 墨法	95
mò fēn wǔsè 墨分五色	95
mòjì 墨迹	190
mòlǜ 墨绿	56
mòsè 墨色	96
mòsè jiāoróng 墨色交融	220
mòzhī 墨汁	110
mùbǎnhuà 木版画	130
mùdiāo① 木雕①	140
mùdiāo② 木雕②	141
mùkè 木刻	128
mùkèdāo 木刻刀	132
mùkǒu mùkè 木口木刻	128
mùmiàn mùkè 木面木刻	129
mùtàntiáo 木炭条	70
mùcè 目测	32

N

nàfǎ 捺法	200
nèihán 内涵	216
nèiwén 内文	182
níbǎn 泥板	147
níbǎn chéngxíngfǎ 泥板成型法	147
nídiāo 泥雕	141
nísù 泥塑	142
nítiáo 泥条	147
nítiáo chéngxíngfǎ 泥条成型法	147
nǐrénhuà 拟人化	168
nìfēng 逆锋	198

汉语拼音索引 243

nìguāng	逆光	21	pūsè	铺色	51	qúnhuà	群化	179
niánhuà	年画	76	pútiánshí	莆田石	205	qúnqīng	群青	57
niēsù chéngxíngfǎ	捏塑成型法	148	pǔlán	普蓝	58	qúnxiànghuà	群像画	77
níngménghuáng	柠檬黄	55	**Q**			**R**		
nínglìan	凝练	213	qīhuà	漆画	77	rǎnfǎ	染法	99
níngzhòng	凝重	213	qīqì	漆器	164	rǎnmò	染墨	96
niúmáocūn	牛毛皴	92	qīyì	漆艺	163	réntǐ bǐlì	人体比例	10
nóngmínhuà	农民画	76	Qí Báishí	齐白石	235	rénwù	人物	9
nóngmò	浓墨	95	qǐfú	起伏	32	rénwù biànhuà	人物变化	168
nóngzhòng	浓重	43	qǐgǎo	起稿	8	rénwùhuà	人物画	84
nuǎnsèxì	暖色系	66	qì·fēn	气氛	44	rénzàoguāng	人造光	22
			qìyùn	气韵	215	rónghuà	绒画	77
O			qìyùn shēngdòng	气韵生动	220	róuhé	糅合	145
ōutǐ	欧体	194	qìmǐn	器皿	159	ròusè	肉色	59
Ōuyáng Xún	欧阳询	236	qiānzī-bǎitài	千姿百态	221	rúyìjié	如意结	165
			qiānbǐ dàncǎi	铅笔淡彩	124	rǔyáo	汝窑	160
P			qiányìn	钤印	102	rǔbáijiāo	乳白胶	119
páibǐ	排笔	109	Qián Xuǎn	钱选	232	ruǎnbǐ	软笔	190
páixiàn	排线	15	qiǎnjiàng shānshuǐ	浅绛山水	84	ruǎntáo	软陶	157
pái·zi	牌子	189	qiǎnlǜ	浅绿	56	ruǎn yìng jiānháo	软硬兼毫	109
Pān Tiānshòu	潘天寿	235	qiǎnsè	浅色	50	ruòduìbǐ	弱对比	64
pánchángjié	盘长结	165	qiángduìbǐ	强对比	64	ruòguāng	弱光	22
péichèn	陪衬	36	qiángguāng	强光	21			
pèisè	配色	51	qiánghuì	墙绘	72	**S**		
pēnhuì	喷绘	9	qiēdāofǎ	切刀法	207	sān dà gòuchéng	三大构成	175
pītǐ	坯体	158	qiēmiànxiàng	切面像	11	sāndàmiàn	三大面	23
pīmácūn	披麻皴	93	qínyìn	秦印	203	sānhébǎn	三合板	133
píyǐng	皮影	162	qínxiánmiáo	琴弦描	90	sānjiànsè	三间色	47
pízhǐ	皮纸	114	qīnghuācí	青花瓷	158	sānliánhuà	三联画	77
piěfǎ	撇法	200	qīnglián	青莲	57	sān tíng wǔ yǎn	三庭五眼	10
pīnbǎi	拼摆	42	qīnglǜ shānshuǐ	青绿山水	84	sānwéi dònghuà	三维动画	150
pīntiē	拼贴	42	qīngtiánshí	青田石	205	sānwéi kōngjiān	三维空间	25
pīntiēhuà	拼贴画	77	qīngtóng diāosù	青铜雕塑	143	sānyuánsè	三原色	47
pǐnpíng	品评	211	qīngdàn	轻淡	43	sānyuǎnfǎ	三远法	87
píngbǎnhuà	平版画	130	qīngxié	倾斜	20	sānzìyìn	三字印	203
píngdāo	平刀	146	qīngxiéshì	倾斜式	171	sǎndiǎnshì	散点式	171
píngdāofǎ	平刀法	207	qīngxié tòushì	倾斜透视	16	sǎndiǎn tòushì	散点透视	16
pínghéng	平衡	39	qíngjǐngjiāoróng	情景交融	220	sǎntúfǎ	散涂法	117
píngkǒudāo	平口刀	205	qíngjìng	情境	209	sǎngbǐfǎ	搡笔法	126
píngmiàn gòuchéng	平面构成	175	qíngqù	情趣	209	sǎobǐfǎ	扫笔法	126
píngmiàn shèjì	平面设计	187	qǐngjiǎn shèjì	请柬设计	184	sèbiǎo	色表	49
píngmiàn tú'àn	平面图案	167	qióngkuǎn	穷款	101	sècǎi	色彩	47
píngshì	平视	20	qiūyǐnmiáo	蚯蚓描	90	sècǎi bānbó	色彩斑驳	221
píngtú	平涂	41	qiútǐ	球体	28	sècǎi dāpèi	色彩搭配	65
píngxíng	平行	20	qǔjǐng	取景	5	sècǎigǎn	色彩感	65
píngxíng tòushì	平行透视	16	qǔjǐngkuàng	取景框	6	sècǎi gòuchéng	色彩构成	175
píngyuǎn	平远	87	qǔshě	取舍	8	sècǎi qīngxiàng	色彩倾向	65
píngzhìtú	平置图	188	quánjǐng	全景	6	sècǎi tòushì	色彩透视	16
pōmò	泼墨	96	quánjǐnghuà	全景画	77	sècǎi xuànlì	色彩绚丽	221
pòfèngyǎn	破凤眼	98	quánshēnxiàng	全身像	12	sèdù	色度	49
pòmò	破墨	96	quányīnsù sùmiáo	全因素素描	72	sèfěn	色粉	118
						sèfěnbǐ	色粉笔	69

拼音	词	页
sèfěnhuà	色粉画	78
sèhuán	色环	49
sèjiē	色阶	49
sèkuài	色块	48
sèlìtǐ	色立体	64
sèlún	色轮	49
sèmò	色墨	96
sèpǔ	色谱	48
sèxiàng	色相	48
sèxìng	色性	49
sèyòu	色釉	159
sèzé	色泽	49
sèdāofǎ	涩刀法	207
shāhuà	沙画	78
shānshuǐhuà	山水画	83
shànmiàn	扇面	105
shǎngxī	赏析	210
shàngguāngyóu	上光油	121
shàngsè	上色	51
shàngtíng	上庭	10
shèjì sùmiáo	设计素描	72
shēnhóng	深红	53
shēnhuáng	深黄	55
shēnlǜ	深绿	57
shēnsè	深色	50
shēnyuǎn	深远	87
shénqí	神奇	213
shénsì	神似	43
shéntài	神态	36
shěnměi	审美	210
shěnměi jiàoyù	审美教育	223
shěnměi qínggǎn	审美情感	223
shènhuà	渗化	215
shènrù	渗入	215
shēngdòng	生动	213
shēngxuān	生宣	114
shēngyìng	生硬	215
shēngzhě	生赭	59
shéngzhī	绳织	165
shèngxiànghuà	圣像画	81
shīqíng-huàyì	诗情画意	218
shībǐ	湿笔	98
shībìhuà	湿壁画	78
shīhuàfǎ	湿画法	125
shījiēfǎ	湿接法	125
shīrùn	湿润	44
shíbāmiáo	十八描	89
shí'èr shēngxiào	十二生肖	72
shízì guànchuāntǐ	十字贯穿体	28
shíbǎnhuà	石版画	130
shídiāo	石雕	141
shígāobǎn	石膏板	134
shígāo diāosù	石膏雕塑	143
shígāoxiàng	石膏像	11
shígǔwén	石鼓文	192
shíkè	石刻	141
shíkū diāosù	石窟雕塑	144
shílǜ	石绿	112
shíqīng	石青	113
shízhuānghuà	时装画	78
shízhuāng shèjì	时装设计	185
shíwù bǎnhuà	实物版画	131
shíxiàn①	实线①	14
shíxiàn②	实线②	15
shíyòng měishù	实用美术	71
shìfàn①	示范①	46
shìfàn②	示范②	46
shìnǚhuà	仕女画	84
shìdiǎn	视点	18
shìgāo	视高	17
shìjiǎo	视角	17
shìjù	视距	18
shìjué	视觉	29
shìjué chōngjīlì	视觉冲击力	223
shìjué chuándá shèjì	视觉传达设计	187
shìjué gǎnzhī	视觉感知	222
shìpíngmiàn	视平面	17
shìpíngxiàn	视平线	17
shìtú	视图	37
shìxiàn	视线	17
shìxiàng	视向	18
shìyě	视野	18
shìyù	视域	18
shìzhōngxiàn	视中线	17
shìhé wényàng	适合纹样	172
shìnèi shèjì	室内设计	185
shìwài shèjì	室外设计	186
shǒugōng	手工	153
shǒuhuìfǎ	手绘法	42
shǒujuàn	手卷	103
shòushānshí	寿山石	205
shòuguāng	受光	21
shòuguāngmiàn	受光面	23
shòujīntǐ	瘦金体	194
shūfǎ	书法	190
shūjǐ	书脊	181
shūtǐ	书体	192
shūtóngtǐ	舒同体	194
shūmì	疏密	7
shúxuān	熟宣	114
shúyàmárényóu	熟亚麻仁油	121
shǔxiù	蜀绣	153
shǔzhǎodiǎn	鼠爪点	94
shǔhóng	曙红	54
shùdiāo	树雕	141
shùfǎ	竖法	200
shùmǎ bǎnhuà	数码版画	131
shùmǎ huìhuà	数码绘画	78
shuābǐfǎ	刷笔法	127
shuāsè	刷色	136
shuāngdāofǎ	双刀法	206
shuānggōu	双钩	88
shuāngmiànbǎn	双面板	133
shuāngyuèyáxíng	双月牙形	156
shuǐcǎihuà	水彩画	124
shuǐfěnhuà	水粉画	124
shuǐmò	水墨	94
shuǐmòhuà	水墨画	83
shuǐpíngshì	水平式	171
shuǐsè	水色	98
shuǐwén	水纹	154
shuǐxìng bǎnhuà	水性版画	131
shuǐxìngbǐ	水性笔	69
shuǐyìn	水印	128
shuǐyìn bǎnhuà	水印版画	131
shùnfēng	顺锋	198
shùnguāng	顺光	21
shùnjiān	瞬间	31
sīwǎng bǎnhuà	丝网版画	131
sīlù	思路	40
sītiē	撕贴	42
sì dà biànhuà	四大变化	168
sìfāng liánxù	四方连续	173
sìmiào diāosù	寺庙雕塑	144
Sōngjiāng Huàpài	松江画派	230
sōngjiéyóu	松节油	121
sōngyānmò	松烟墨	110
sōngyèdiǎn	松叶点	94
sòngtǐzì	宋体字	174
sūtǐ	苏体	195
sūxiù	苏绣	153
sùcái	素材	36
sùmiáo	素描	1
sùgānyóu	速干油	121
sùxiě	速写	2
sùmò	宿墨	96
sùxiàng	塑像	142
sùxínggāo	塑形膏	120
sùzào	塑造	3

T

拼音	词	页
tàgǎo	拓稿	8
tàpiàn	拓片	192
tàyìn	拓印	191
tàyìnbāo	拓印包	191
tàibái	钛白	60

tàiqīnglán	酞青蓝	113	tiěhuà	铁画	78		**W**
tàiqīnglǜ	酞青绿	113	tiěxiànmiáo	铁线描	90	wāi	歪	20
tànhēi	炭黑	61	tōngjǐngpíng	通景屏	104	wàiguān shèjì	外观设计	185
tànjīngtiáo	炭精条	70	tónglèisè	同类色	63	wāndù	弯度	31
tànqiānbǐ	炭铅笔	69	tóngxīnjié	同心结	166	wànzìxíng	万字形	167
tángsāncǎi diāosù	唐三彩雕塑	143	tóngzhǒngsè	同种色	63	Wáng Xīzhī	王羲之	236
tángcí	搪瓷	158	tóngbǎn	铜版	133	wǎngbǎn	网版	137
tàngjīn	烫金	182	tóngbǎnhuà	铜版画	130	Wēinísī Huàpài	威尼斯画派	229
táo	陶	156	tóubù bāgé	头部八格	11	wéiměi zhǔyì	唯美主义	225
táocí①	陶瓷①	156	tóulǜ	头绿	112	wèilái zhǔyì	未来主义	225
táocí②	陶瓷②	156	tóuqīng	头青	113	wèi·zhì❶	位置❶	37
táoqì	陶器	157	tóushì	头饰	173	wèi·zhì❷	位置❷	37
táoyì	陶艺	157	tóuxiàng	头像	12	wèibēitǐ	魏碑体	194
tàoshǎi bǎnhuà	套色版画	132	tóuyǐng	投影	23	wénfáng sì bǎo	文房四宝	106
tàoshǎi mùkè	套色木刻	129	tòudiāo	透雕	139	wényì fùxīng	文艺复兴	224
tàoshǎi yìnshuā	套色印刷	135	tòudié	透叠	178	wénlǐ	纹理	41
tàoshǎi zhǐbǎnhuà			tòudié gòuchéng	透叠构成	177	wénlù	纹路	41
	套色纸版画	132	tòugǎo①	透稿①	105	wénshì	纹饰	162
tèjì	特技	152	tòugǎo②	透稿②	105	wényàng	纹样	172
tèyì gòuchéng	特异构成	177	tòumínggǎn	透明感	31	Wú Guànzhōng	吴冠中	235
téngbiān	藤编	164	tòumíng huàfǎ	透明画法	124	Wúmén Huàpài	吴门画派	230
ténghuáng	藤黄	112	tòushì	透视	15	Wú Zuòrén	吴作人	235
tífǎ	提法	201	tòushì xiànxiàng①			wǔcǎi-bānlán	五彩斑斓	221
tíliàn	提炼	4		透视现象①	15	wǔcǎi-bīnfēn	五彩缤纷	221
tíshì	提示	189	tòushì xiànxiàng②			wǔdiào·zi	五调子	24
tíshìpái	提示牌	189		透视现象②	15	wǔguān	五官	11
tíwàn	提腕	197	tòutútái	透图台	70	wǔhébǎn	五合板	133
tíbá	题跋	101	tūbǎnhuà	凸版画	129	wǔdāofǎ	舞刀法	207
tícái	题材	36	tūbǐxiànmiáo	秃笔线描	91	wùcè	物测	32
tíkuǎn	题款	101	tūbiàn gòuchéng	突变构成	177	wùxiàng	物象	7
tíshī	题诗	101	tú'àn	图案	166		
tǐjī	体积	26	tú'ànsè	图案色	63		**X**
tǐjīgǎn	体积感	30	túgǎo	图稿	134	xīyánghóng	西洋红	54
tǐkuài	体块	26	túhuà	图画	1	xīyánghuà	西洋画	79
tǐliàng	体量	145	túwén biānpái	图文编排	188	xīxǐfǎ	吸洗法	127
tiāndiǎn	天点	19	túwénbìngmào	图文并茂	222	xīmò-rújīn	惜墨如金	220
tiāndǐnghuà	天顶画	80	túxíng chuàngyì	图形创意	189	xízuò	习作	4
tiānhuà	添画	41	túshǒu huàxiàn	徒手画线	152	xìjié	细节	33
tiánqī	填漆	41	túliào	涂料	164	xìmìhuà	细密画	79
tiántú	填涂	41	túsè	涂色	136	xìnì	细腻	213
tiáofú	条幅	195	túyā①	涂鸦①	8	xiàtíng	下庭	11
tiáojiànsè	条件色	63	túyā②	涂鸦②	9	xiānlì	鲜丽	214
tiáowén	条纹	41	tǔhóng	土红	53	xiānyàndù	鲜艳度	52
tiáoxíngmǎ	条形码	181	tǔhuáng	土黄	55	xiánzhāng	闲章	103
tiáohésè	调和色	63	tǔlǜ	土绿	57	xiàndài yìshù	现代艺术	227
tiáopèi	调配	51	tùpíjiāo	兔皮胶	119	xiànshí zhǔyì	现实主义	225
tiáosèbǎn	调色板	68	tuánhuāshì	团花式	171	xiàn	线	5
tiáosèhé	调色盒	68	tuīcè	推测	32	xiàncái	线材	166
tiáosèyóu	调色油	120	tuìyùnfǎ	退晕法	169	xiàndiāo	线雕	141
tiǎobǐfǎ	挑笔法	126	tuìsè	褪色	117	xiànmiáo	线描	3
tiǎohuā	挑花	154	tuōwùyánzhì	托物言志	218	xiàntiáo	线条	5
			tuōbǐ	拖笔	201	Xiāngtǔ Huàpài	乡土画派	228
			tuǒyuánxíng	椭圆形	26		

汉语拼音索引 247

xiāngduìshì 相对式	171
xiānghùn 相混	145
xiāngxiù 湘绣	153
xiāngqiànhuà 镶嵌画	79
xiǎngxiàng 想象	35
xiàngxíng① 象形①	35
xiàngxíng② 象形②	36
xiàngyáhēi 象牙黑	61
xiàngzhēng zhǔyì 象征主义	226
xiàngpíní 橡皮泥	147
xiāoshīdiǎn 消失点	19
xiǎobáiyún 小白云	107
xiǎohùndiǎn 小混点	94
xiǎopǐnhuà 小品画	84
xiàoxiàng 肖像	12
xiàoxiàng yóuhuà 肖像油画	116
xiàoxíngyìn 肖形印	203
xiàoguǒtú 效果图	179
xiétiáofǎ 协调法	45
xiékǒudāo 斜口刀	206
xiěshēng 写生	1
xiěshí① 写实①	2
xiěshí② 写实②	2
xiěshí diāosù 写实雕塑	145
xiěshí zhǔyì 写实主义	226
xiěxíngchuánshén 写形传神	219
xiěyì huāniǎo 写意花鸟	86
xiěyìhuà 写意画	85
xiěyì rénwù 写意人物	86
xiěyì shānshuǐ 写意山水	86
xiěyì xiǎopǐn 写意小品	86
xiězhēn① 写真①	2
xiězhēn② 写真②	2
xīndiǎn 心点	19
xīnkuàng-shényí 心旷神怡	222
xīnshǎng 欣赏	210
xīnbái 锌白	60
xíngbǐ zòngfàng 行笔纵放	219
xíngshū① 行书①	193
xíngshū② 行书②	194
xíngyúnliúshuǐmiáo 行云流水描	91
xíng shén jiānbèi 形神兼备	220
xíngshìgǎn 形式感	217
xíngshìměi 形式美	217
xíngsì 形似	43
xíngtài 形态	25
xíngtǐ 形体	26
xíngxiàng 形象	35
xíngxiàng sīwéi 形象思维	223
xíngzhuàng 形状	25
xiōngxiàng 胸像	12
xióngwěi 雄伟	214
xūshí① 虚实①	8
xūshí② 虚实②	8
xūxiàn① 虚线①	14
xūxiàn② 虚线②	14
Xú Bēihóng 徐悲鸿	235
Xú Xī Huàpài 徐熙画派	230
xuānchuánhuà 宣传画	79
xuānchuán shèjì 宣传设计	186
xuānzhǐ 宣纸	113
xuándiāo 悬雕	139
xuánwàn 悬腕	197
xuǎnjǐng 选景	5
xuànlì-duōcǎi 绚丽多彩	221
xuànrǎn 渲染	99

Y

yādāo 压刀	145
yājiēfǎ 压接法	125
yāyìn 压印	137
yádiāo 牙雕	141
yàmábù 亚麻布	122
yān·zhi 胭脂	112
yánjǐn 严谨	214
yánjiǎn-yìgāi 言简意赅	219
yánhuà 岩画	79
yánliào 颜料	53
yánsè 颜色	47
yántǐ 颜体	195
Yán Zhēnqīng 颜真卿	237
yàn·tái 砚台	111
Yángzhōu Bā Guài 扬州八怪	230
yángháo máobǐ 羊毫毛笔	108
yángkè 阳刻	128
yángwényìn 阳文印	203
yǎngshì 仰视	20
yǎngshìtú 仰视图	38
yàngshì 样式	25
yāofēng 腰封	180
yáolú 窑炉	159
yàosù 要素	38
Yěshòu Huàpài 野兽画派	228
yèjīnbǐ 叶筋笔	108
yèmǎ 页码	182
yīwénbǐ 衣纹笔	108
yīwénxiàn 衣纹线	88
yǐdànpònóng 以淡破浓	97
yǐgānpòshī 以干破湿	98
yǐjǐngyùqíng 以景寓情	217
yǐmòpòsè 以墨破色	97
yǐmòpòshuǐ 以墨破水	97
yǐnóngpòdàn 以浓破淡	97
yǐsèpòmò 以色破墨	97
yǐshéndáyì 以神达意	220
yǐshīpògān 以湿破干	98
yǐshuǐpòmò 以水破墨	97
yǐxíngxiěshén 以形写神	219
yìshùguǎn 艺术馆	82
yìshùměi 艺术美	216
yìshù qǐyuán 艺术起源	224
yì·jiàn 意见	189
yìjìng 意境	209
yìtú 意图	216
yìxiàng 意象	209
yìxiàng yìshù 意象艺术	227
yìyùn 意蕴	216
yìzàibǐxiān 意在笔先	219
yīncáishīyì 因材施艺	218
yīnwùxiàngxíng① 因物象形①	218
yīnwùxiàngxíng② 因物象形②	218
yīnkè 阴刻	128
yīnwényìn 阴文印	203
yínbái 银白	60
yínhēi 银黑	60
yínhuī 银灰	60
yìncái 印材	204
yìnchuáng 印床	204
yìndùhóng 印度红	54
yìnní 印泥	204
yìnrǎn 印染	163
yìnshí 印石	204
yìnwén 印纹	182
yìnxiàng zhǔyì 印象主义	226
yìnzhāng 印章	102
yíngguāngbǐ 荧光笔	69
yíngguāngsè 荧光色	63
yíngzào 营造	215
yǐnghuìfǎ 影绘法	169
yǐngxiàng 影像	149
yìngyòng měishù 应用美术	71
yìngbǐ 硬笔	190
yōngsú 庸俗	214
yǒngzì bāfǎ 永字八法	199
yòngbǐ 用笔	201
yōuměi 优美	214
yóudǐ·zi 油底子	120
yóugǔn·zi 油磙子	137
yóuhuà 油画	116
yóuhuàbàng 油画棒	122
yóuhuàdāo 油画刀	122
yóuhuà dǐliào 油画底料	120
yóuhuà sānjiǎojià 油画三脚架	123

拼音	词	页码	拼音	词	页码	拼音	词	页码
yóumò	油墨	135	Zhāng Dàqiān	张大千	235	zhōngxīnxiàn	中心线	13
yóuxìngbǐ	油性笔	69	Zhāng Lèpíng	张乐平	236	zhōngxìngsè	中性色	64
yóuyānmò	油烟墨	110	Zhāng Zéduān	张择端	232	zhōngdǐngwén	钟鼎文	192
yòushìtú	右视图	38	Zhāng Zhī	张芝	237	zhòngcǎi	重彩	99
yòusè	釉色	159	zhāngfǎ	章法	40	zhòngxīnxiàn	重心线	13
yòushàngcǎi	釉上彩	159	zhāopái	招牌	189	zhóutóu	轴头	104
yòuxiàcǎi	釉下彩	159	zhāotiē shèjì	招贴设计	187	zhòuwénxiàn	皱纹线	88
yúdiǎn	余点	19	zhàotǐ	赵体	194	zhūbiāo	朱镖	111
yújiāo	鱼胶	118	zhàosè	罩色	98	zhūhóng	朱红	54
yùyì	寓意	216	zhēdǎng	遮挡	34	zhūshā	朱砂	111
yuánshūzhǐ	元书纸	115	zhébǐ	折笔	198	zhūwényìn	朱文印	203
yuánlín diāosù	园林雕塑	142	zhédàicūn	折带皴	93	zhúbiān	竹编	164
yuánlín shèjì	园林设计	186	zhéfǎ	折法	200	zhúyèmiáo	竹叶描	91
yuánhuà chuàngzuò	原画创作	151	zhélúmiáo	折芦描	91	zhǔguāng	主光	22
yuánhuà shèjì	原画设计	151	zhéxiànshì	折线式	171	zhǔshìtú	主视图	37
yuánxiàn	原线	20	zhěshí	赭石	59	zhǔzhāng	主张	189
yuánzuò	原作	209	zhěnwàn	枕腕	197	zhuāndiāo	砖雕	141
yuándāo	圆刀	146	zhènzhǐ	镇纸	115	zhuǎnbǐ	转笔	198
yuándiāo	圆雕	140	zhěngtǐ	整体	33	zhuǎngǎo	转稿	134
yuánzhùtǐ	圆柱体	27	zhèngdāofǎ	正刀法	206	zhuǎnzhéxiàn	转折线	13
yuánzhuītǐ	圆锥体	27	zhèngliùbiānxíng	正六边形	27	zhuànpán	转盘	147
yuǎnjìn	远近	45	zhèngsānjiǎoxíng	正三角形	27	zhuànkè	篆刻	202
yuǎnjǐng	远景	6	zhèngsè	正色	48	zhuànshū	篆书	193
yuèxiù	粤绣	154	zhèngtǐzì	正体字	174	zhuāngbàn	装扮	162
yúngōuxíng	云勾形	168	zhèngtǒngsè	正统色	48	zhuāngbiāo	装裱	105
yùnbǐ	运笔	202	zhèngwǔbiānxíng	正五边形	27	zhuānghuáng shèjì 装潢设计		185
yùnbǐfǎ	运笔法	197	Zhèng Bǎnqiáo	郑板桥	233	zhuāngshì	装饰	161
yùndāo	晕刀	146	Zhèng Xiè	郑燮	233	zhuāngshì diāosù	装饰雕塑	143
yùnhōngdāo	晕烘刀	146	zhíbǐfǎ	执笔法	197	zhuāngshì sècǎi	装饰色彩	65
yùnrǎn	晕染	100	zhídāo	执刀	206	zhuāngzhēn	装帧	179
yùnlǜ	韵律	41	zhílìshì	直立式	172	zhuīmó	追摹	3
yùnwèi	韵味	215	zhílìtú	直立图	188	zhuósè	浊色	51
			zhíxiàn	直线	13	zhuósè	着色	51
	Z		zhíwùsè	植物色	111	zītài	姿态	25
			zhǐbǎn	纸板	133	zǐ	紫	58
zārǎn	扎染	163	zhǐbǎnhuà	纸版画	130	zǐluólán	紫罗兰	59
zàixiàn	再现	3	zhǐtiēhuà	纸贴画	79	zìbēng wǎngkuàng 自绷网框		138
zǎohémiáo	枣核描	90	zhǐhuà	指画	86	zìránguāng	自然光	22
zàohuà	造化	102	zhìgǎn	质感	29	zìrán zhǔyì	自然主义	226
zàojìng	造境	102	zhōngbáiyún	中白云	107	zìmù	字幕	152
zàoxíng	造形	9	zhōngdiào	中调	66	zìtǐ shèjì	字体设计	174
zàoxíng	造型	9	zhōngduìbǐ	中对比	64	zìtiè	字帖	190
zhāntiēfǎ	粘贴法	43	zhōngfēng	中锋	199	zōngjiàohuà	宗教画	80
zhǎnbǎn	展板	82	zhōngguóhuà	中国画	83	zōnghé bǎnhuà	综合版画	132
zhǎnlǎnguǎn	展览馆	82	zhōnghuáng	中黄	55	zōnghé tú'àn	综合图案	167
zhǎnpǐn	展品	82	zhōngjiānhuà	中间画	152	zōngbiān	棕编	165
zhǎnshì shèjì	展示设计	187	zhōngjiānhuà xiàntiáo 中间画线条		152	zōngsè	棕色	59
zhǎntái	展台	82				zōngshuā	棕刷	109
zhànbǐshuǐwénmiáo 战笔水纹描		92	zhōngjiānxiàn	中间线	151	zōngsèdiào	总色调	66
zhànmò	蘸墨	99	zhōngjǐng	中景	6	zǒudāo	走刀	134
zhànsè	蘸色	99	zhōnglǜ	中绿	57	zǔhé	组合	179
zhànshuǐ	蘸水	99	zhōngtáng zìhuà	中堂字画	196	zǔhuà	组画	80
			zhōngtíng	中庭	10	zuǒshìtú	左视图	38

其他

CG chātú	CG 插图	150
CIS shèjì	CIS 设计	188
POP shèjì	POP 设计	188
PVC bǎn	PVC 板	133
S xíng qūxiàn	S 形曲线	14
VI shèjì	VI 设计	188

笔画索引

二画

二方连续	173
二青	113
二维动画	150
二维空间	25
二绿	112
十二生肖	72
十八描	89
十字贯穿体	28
人体比例	10
人物	9
人物画	84
人物变化	168
人造光	22
几何式	170
几何形体	26
几何图案	166
九宫格	191
刀味	135
刀刮法	127
刀法	206

三画

三大构成	175
三大面	23
三合板	133
三字印	203
三远法	87
三间色	47
三庭五眼	10
三原色	47
三维动画	150
三维空间	25
三联画	77
干画法	124
干接法	125
干湿结合法	125
工艺美术	71
工业设计	184
工业美术	71
工细	102
工笔人物	85

工笔花卉	85
工笔花鸟	85
工笔画	84
工笔重彩	85
土红	53
土黄	55
土绿	57
下庭	11
大白云	107
大白粉	119
大地艺术	227
大红	53
大提斗	109
万字形	167
上光油	121
上色	51
上庭	10
小白云	107
小品画	84
小混点	94
山水画	83
千姿百态	221
川绣	153
个字点	93
凡·高	232
广绣	154
飞白	101
习作	4
马克笔	69
乡土画派	228

四画

丰子恺	233
王羲之	236
天顶画	80
天点	19
元书纸	115
云勾形	168
扎染	163
艺术美	216
艺术起源	224
艺术馆	82
木口木刻	128

木版画	130
木刻	128
木刻刀	132
木面木刻	129
木炭条	70
木雕①	140
木雕②	141
五合板	133
五官	11
五调子	24
五彩斑斓	221
五彩缤纷	221
不朽之作①	222
不朽之作②	222
巨幅	103
牙雕	141
比例关系	39
互补色	62
切刀法	207
切面像	11
中心线	13
中白云	107
中对比	64
中间画	152
中间画线条	152
中间线	151
中国画	83
中性色	64
中庭	10
中调	66
中黄	55
中堂字画	196
中绿	57
中景	6
中锋	199
内文	182
内涵	216
水平式	171
水印	128
水印版画	131
水色	98
水纹	154
水性版画	131

水性笔	69	以淡破浓	97	龙泉窑	161
水粉画	124	以景寓情	217	平刀	146
水彩画	124	以湿破干	98	平刀法	207
水墨	94	以墨破水	97	平口刀	205
水墨画	83	以墨破色	97	平行	20
牛毛皴	92	双刀法	206	平行透视	16
手工	153	双月牙形	156	平远	87
手卷	103	双面板	133	平版画	130
手绘法	42	双钩	88	平视	20
气氛	44	书体	192	平面设计	187
气韵	215	书法	190	平面构成	175
气韵生动	220	书脊	181	平面图案	167
毛边纸	115	幻象	7	平涂	41
毛笔	106			平置图	188
长安画派	229	**五画**		平衡	39
长卷	103			灭点	19
长题	101	刊头画	75	卡纸	136
反刀法	206	未来主义	225	卡通人物	150
反光	33	示范①	46	卡通形象	150
反射	33	示范②	46	卡通画	149
反稿	134	打散构成	176	凸版画	129
介字点	93	打磨	145	目测	32
分色	136	正刀法	206	叶筋笔	108
分染	100	正三角形	27	甲骨文①	192
分离	177	正五边形	27	甲骨文②	192
分割线	14	正六边形	27	凹版画	129
风俗画	74	正色	48	四大变化	168
风格	209	正体字	174	四方连续	173
风景	9	正统色	48	生动	213
风景画	73	功力①	44	生宣	114
风景变化	168	功力②	44	生硬	215
丹培拉	120	功底①	44	生赭	59
勾画	100	功底②	45	仕女画	84
勾线	88	古元	233	白	59
勾笔法	126	古典主义	224	白文印	203
勾勒	88	古典油画	116	白边	181
勾填	100	节奏	41	白描	88
六棱柱体	28	节点	5	用笔	201
文艺复兴	224	丙烯画	73	印石	204
文房四宝	106	左视图	38	印材	204
方锥体	28	石青	113	印床	204
火气	52	石版画	130	印纹	182
斗方	196	石刻	141	印泥	204
心旷神怡	222	石绿	112	印度红	54
心点	19	石鼓文	192	印染	163
巴比松画派	229	石窟雕塑	144	印章	102
孔版画	130	石膏板	134	册页	104
以干破湿	98	石膏像	11	外观设计	185
以水破墨	97	石膏雕塑	143	包装设计	185
以色破墨	97	石雕	141	主光	22
以形写神	219	右视图	38	主张	189
以浓破淡	97	布局	208	主视图	37
以神达意	220	布贴画	73	立方体	27
		布景	151		

立体主义	225	动态线	13	因材施艺	218
立体设计	187	动物变化	168	因物象形①	218
立体构成	175	动物胶	119	因物象形②	218
立体图案	167	动漫	149	回收印墨	135
立体感	30	寺庙雕塑	144	回锋	198
立轴	104	吉祥结	165	网版	137
立意	208	托物言志	218	肉色	59
立德粉	119	执刀	206	年画	76
半身像	12	执笔法	197	朱文印	203
半面像	11	扫笔法	126	朱红	54
头青	113	地平线	16	朱砂	111
头饰	173	地砖图案	166	朱磦	111
头部八格	11	地点	19	竹叶描	91
头绿	112	场景	7	竹编	164
头像	12	扬州八怪	230	传神	36
汉印	203	亚麻布	122	传统	211
写生	1	过渡色	62	优美	214
写形传神	219	过稿	134	仰视	20
写实①	2	再现	3	仰视图	38
写实②	2	协调法	45	仿古纸	115
写实主义	226	西洋红	54	仿宋字	175
写实雕塑	145	西洋画	79	自绷网框	138
写真①	2	压刀	145	自然主义	226
写真②	2	压印	137	自然光	22
写意人物	86	压接法	125	行云流水描	91
写意小品	86	页码	182	行书①	193
写意山水	86	夸大	212	行书②	194
写意花鸟	86	夸张	212	行笔纵放	219
写意画	85	灰面	24	全因素素描	72
记忆画	74	灰度	52	全身像	12
记号笔	69	达·芬奇①	231	全景	6
永字八法	199	达·芬奇②	231	全景画	77
民窑	159	达达画派	228	创作	216
出锋	198	达玛光油	121	创意	216
皮纸	114	成角透视	15	创意素描	71
皮影	162	成组	45	肌理	117
边款	204	夹叶法	93	名章	102
边缘纹样	172	夹宣	114	多面球体	28
发射构成	176	毕加索①	232	多姿多彩	221
圣像画	81	毕加索②	232	多样统一	39
对比	34	光	21	色立体	64
对比色	64	光线	21	色阶	49
对印	182	光效应艺术	228	色块	48
对称	39	光滑	215	色环	49
对称式	170	光源	21	色表	49
对联	195	光源色	61	色轮	49
丝网版画	131	光影	23	色泽	49
		光影感	30	色性	49
六画		当代艺术	227	色相	48
动作设计	150	团花式	171	色度	49
动画片	149	同心结	166	色粉	118
动画纸	149	同种色	63	色粉画	78
动态	7	同类色	63	色粉笔	69

笔画索引

色彩	47	远景	6	近景	6
色彩构成	175	运笔	202	余点	19
色彩绚丽	221	运笔法	197	含义	216
色彩透视	16	技法	40	含意	216
色彩倾向	65	走刀	134	邻近色	62
色彩斑驳	221	折芦描	91	龟裂	117
色彩搭配	65	折法	200	狂草	193
色彩感	65	折线式	171	角刀	146
色釉	159	折带皴	93	角隅纹样	172
色谱	48	折笔	198	条件色	63
色墨	96	均齐式	170	条形码	181
冲刀法	207	均衡	39	条纹	41
刘开渠	234	投影	23	条幅	195
刘海粟	234	护封	180	言简意赅	219
齐白石	235	拟人化	168	应用美术	71
交点	19	花卉变化	169	冷色系	66
衣纹线	88	花边	169	冷暖度	66
衣纹笔	108	花纹①	41	闲章	103
产品设计	184	花纹②	154	间架结构	196
羊毫毛笔	108	花青	112	灿烂夺目	222
关山月	233	花瓣形	167	沥青	118
关节点	10	严谨	214	沙画	78
米开朗基罗	231	苏体	195	没骨法	87
米开朗琪罗	231	苏绣	153	沉稳	211
米芾	236	极度色	62	怀素	236
汝窑	160	李可染	234	宋体字	174
字体设计	174	连环画	76	穷款	101
字帖	190	连缀式	170	补色	50
字幕	152	步骤	40	灵动	213
安德鲁·怀斯	232	肖形印	203	灵感	30
军事画	75	肖像	12	层次	34
农民画	76	肖像油画	116	层次感	31
设计素描	72	时装设计	185	局部	33
阳文印	203	时装画	78	张大千	235
阳刻	128	吴门画派	230	张乐平	236
阴文印	203	吴作人	235	张芝	237
阴刻	128	吴冠中	235	张择端	232
如意结	165	园林设计	186	陈列品	82
观念	210	园林雕塑	142	陈列室	82
		吹塑纸	136	陈列馆	82
七画		钉头鼠尾描	91	鸡血石	205
寿山石	205	秃笔线描	91	纯度	52
形式美	217	体块	26	纸板	133
形式感	217	体积	26	纸版画	130
形似	43	体积感	30	纸贴画	79
形体	26	体量	145	纹饰	162
形状	25	低调	66	纹样	172
形态	25	位置❶	37	纹理	41
形神兼备	220	位置❷	37	纹路	41
形象	35	佛塔雕塑	144		
形象思维	223	佛像画	80	**八画**	
进深感	31	近似色	62	环境色	61
远近	45	近似构成	176	环境设计	186

青田石	205	画面	47	物测	32
青花瓷	158	画毡	67	物象	7
青莲	57	画架	67	刮刀	145
青铜雕塑	143	画框	68	版心	181
青绿山水	84	画廊	81	版式	181
现代艺术	227	画像石	81	版画	129
现实主义	225	画像砖	81	版画机	135
玫瑰红	54	画题	100	版画颜料	135
表现	34	画稿	134	版面设计	183
表现主义	224	画箱	68	侧光	21
表现油画	116	刺绣	153	侧光面	23
坯体	158	枣核描	90	侧视图	38
拓片	192	矿物色	111	侧款	204
拓印	191	欧阳询	236	侧锋	199
拓印包	191	欧体	194	质感	29
拓稿	8	转折线	13	欣赏	210
抽象	35	转笔	198	金文	192
抽象艺术	226	转盘	147	金笺	114
抽象雕塑	144	转稿	134	金碧山水	83
拖笔	201	轮廓线	13	命题画	76
顶面	28	软笔	190	斧劈皴	92
拉坯机	158	软陶	157	受光	21
拉坯成型法	148	软硬兼毫	109	受光面	23
拉斐尔	231	具象	35	乳白胶	119
招牌	189	具象艺术	227	肤色	50
披麻皴	93	具象雕塑	144	服饰	161
取舍	8	国画	83	服饰设计	184
取景	5	明快	213	服装设计	184
取景框	6	明矾	111	鱼胶	118
范画①	46	明度	52	兔皮胶	119
范画②	47	明度推移	179	饱和度	52
直立式	172	明胶	118	变幻莫测	221
直立图	188	明暗	24	变形	167
直线	13	明暗交界线	25	变体字	175
林风眠	234	明暗度	24	变体画	72
板刷	109	明暗素描	72	变线	21
松节油	121	典型	37	底色	51
松叶点	94	典雅	211	底面	29
松江画派	230	固有色	61	刻纸	155
松烟墨	110	呼应	39	刻帖	191
构图	4	咖啡色	59	刻版	132
构思	4	岩画	79	刻贴法	134
枕腕	197	罗可可美术	228	刻瓷	158
画布	122	岭南画派	229	刻膜制版法	138
画册设计	183	败笔	202	郑板桥	233
画夹	67	图文并茂	222	郑燮	233
画尽意在	219	图文编排	188	卷轴画	104
画材	67	图形创意	189	单刀法	206
画杖	122	图画	1	单个	46
画板	67	图案	166	单月牙形	156
画卷	103	图案色	63	单色版画	131
画法	40	图稿	134	单体	46
画垫	67	垂直	32	单独网版	137

单独纹样	172	视图	37	草图	4		
单调	34	视线	17	草绿	56		
单薄	43	视点	18	草编	164		
浅色	50	视觉	29	荧光色	63		
浅绛山水	84	视觉传达设计	187	荧光笔	69		
浅绿	56	视觉冲击力	223	标志	189		
油画	116	视觉感知	222	标志设计	183		
油画刀	122	视高	17	标识	189		
油画三脚架	123	视域	18	标准色	48		
油画底料	120	视野	18	标题设计	183		
油画棒	122	视距	18	枯柴描	89		
油底子	120	建筑设计	185	相对式	171		
油性笔	69	建筑画	75	相混	145		
油烟墨	110	建筑雕塑	143	柳公权	236		
油碌子	137	隶书	193	柳叶形	156		
油墨	135	刷色	136	柳叶描	90		
泥条	147	刷笔法	127	柳体	195		
泥条成型法	147	弧线	32	柳条编	165		
泥板	147	线	5	树雕	141		
泥板成型法	147	线材	166	要素	38		
泥塑	142	线条	5	威尼斯画派	229		
泥雕	141	线描	3	歪	20		
波浪式	170	线雕	141	砖雕	141		
波普艺术	227	组合	179	厚画法	117		
泼墨	96	组画	80	厚涂法	117		
宗教画	80	细节	33	砚台	111		
定形	37	细密画	79	面	5		
定位①	136	细腻	213	面具	173		
定位②	136	经变画	80	面塑①	163		
定画液	70			面塑②	163		
定型	37	**九画**		残缺美①	217		
定窑	160	珐琅彩	161	残缺美②	217		
审美	210	玻璃画	73	轴头	104		
审美教育	223	玻璃钢雕塑	143	轻淡	43		
审美情感	223	挂画	74	背光	21		
官窑	160	挂饰	162	背光面	23		
空气透视	16	挂轴	104	背景	6		
空间艺术	227	挂盘画	74	背景设计	151		
空间设计	187	封二	180	背景制作	151		
空间混合	179	封三	180	战笔水纹描	92		
空间感	30	封里	180	点	5		
实用美术	71	封底	181	点叶法	93		
实物版画	131	封面	180	点苔	100		
实线①	14	封脊	181	点法	199		
实线②	15	城市雕塑	142	点绘法	169		
诗情画意	218	赵体	194	点笔法	126		
衬布	68	挑花	154	点梅笔	108		
衬色剪纸	155	挑笔法	126	临习	191		
视中线	17	指画	86	临摹	2		
视平线	17	拼贴画	77	竖法	200		
视平面	17	拼摆	42	界画	85		
视向	18	按提	197	思路	40		
视角	17	草书	193	蚂蝗描	90		

品评	211	染法	99	晕刀	146
炭铅笔	69	染墨	96	晕染	100
炭黑	61	浓重	43	晕烘刀	146
炭精条	70	浓墨	95	圆刀	146
骨式	170	宣传设计	186	圆柱体	27
骨法	201	宣传画	79	圆锥体	27
骨格	169	宣纸	113	圆雕	140
骨胶	119	室内设计	185	钱选	232
骨雕	140	室外设计	186	钴蓝	58
钛白	60	突变构成	177	铁画	78
钟鼎文	192	穿插	42	铁线描	90
钢笔画	74	神似	43	铅笔淡彩	124
钤印	102	神奇	213	特异构成	177
钧窑	160	神态	36	特技	152
钩法	200	退晕法	169	造化	102
选景	5	架上绘画	75	造形	9
适合纹样	172	绒画	77	造型	9
科幻画	76	结构素描	71	造境	102
重心线	13	绘画	1	积墨	95
重合	178	绘制	1	透明画法	124
重复构成	176	绘稿	134	透明感	31
重彩	99	绚丽多彩	221	透图台	70
重叠	178			透视	15
重叠式	170	**十画**		透视现象①	15
复刀法	206	秦印	203	透视现象②	15
复色	50	素材	36	透叠	178
顺光	21	素描	1	透叠构成	177
顺锋	198	起伏	32	透稿①	105
保守	211	起稿	8	透稿②	105
追摹	3	捏塑成型法	148	透雕	139
独树一帜	212	莆田石	205	笔力	202
独特	212	莱阳石	205	笔为意用	218
独幅画	73	莫奈	231	笔头	107
弯度	31	荷叶皴	92	笔划	196
亮面	24	桔红	53	笔杆	106
姿态	25	样式	25	笔势	202
差叠	178	根雕	140	笔画	196
美工刀	70	哥特式艺术	228	笔法	201
美化	45	哥窑	160	笔顺	196
美术❶	1	速干油	121	笔洗	110
美术❷	1	速写	2	笔架	109
美术字	174	配色	51	笔根	106
美术流派	224	破凤眼	98	笔锋	107
美术馆	81	破墨	96	笔筒	110
美育	208	原作	209	笔腹	107
美学	208	原画创作	151	笔触	46
美感	208	原画设计	151	笔意	196
类似色	62	原线	20	借物抒情	217
逆光	21	套色木刻	129	借景抒情	217
逆锋	198	套色印刷	135	倾斜	20
总色调	66	套色纸版画	132	倾斜式	171
浊色	51	套色版画	132	倾斜透视	16
测量	31	顿笔	201	俯视	20

俯视图	38	展示设计	187	银黑	60
徒手画线	152	展台	82	盘长结	165
徐悲鸿	235	展板	82	斜口刀	206
徐熙画派	230	展览馆	82	彩线	154
胭脂	112	展品	82	彩点	154
胸像	12	弱对比	64	彩度	49
胶合板	123	弱光	22	彩笔剪纸	155
胶底子	120	陶	156	彩陶	157
胶性底	120	陶艺	157	彩塑	142
胶彩画	75	陶瓷①	156	彩墨画	83
狼毫毛笔	108	陶瓷②	156	彩雕	140
留刀法	207	陶器	157	脸型	10
留白	102	陪衬	36	脸谱	155
留空法	127	通景屏	104	象牙黑	61
皱纹线	88	绢帛	114	象形①	35
高古游丝描	91			象形②	36
高光	22	**十一画**		象征主义	226
高级灰	60			祭坛画	80
高远	87	球体	28	减缺	178
高丽纸	115	理性思维	223	减笔描	89
高贵	212	描画制版法	138	庸俗	214
高调	65	描绘	3	章法	40
效果图	179	捺法	200	着色	51
唐三彩雕塑	143	排线	15	盖章	102
瓷器	158	排笔	109	粘贴法	43
粉红	53	推测	32	粗犷	211
粉绿	56	接触	177	粗糙	214
兼工带写	87	基本形	26	断裂	117
兼毫毛笔	108	基础图案	166	剪纸	155
消失点	19	基准线	137	剪贴	42
海上画派	229	黄永玉	234	剪辑	152
海报设计	186	黄金分割律	40	添画	41
海景画	74	黄筌画派	229	渐变构成	176
海幔	104	菊花点	94	混色	50
涂色	136	营造	215	混描	89
涂鸦①	8	梅花点	94	淡黄	55
涂鸦②	9	曹衣描	89	淡绿	56
涂料	164	酞青绿	113	淡墨	95
浮世绘	81	酞青蓝	113	淡薄	44
浮雕	139	辅光	22	深色	50
流行色	48	辅助线	14	深红	53
浪漫主义	225	虚实①	8	深远	87
浸纸法	127	虚实②	8	深黄	55
烫金	182	虚线①	14	深绿	57
涩刀法	207	虚线②	14	渗入	215
请柬设计	184	悬腕	197	渗化	215
扇面	105	野兽画派	228	情景交融	220
调子	65	距点	18	情境	209
调色板	68	蚯蚓描	90	情趣	209
调色油	120	唯美主义	225	惜墨如金	220
调色盒	68	铜版	133	宿墨	96
调和色	63	铜版画	130	窑炉	159
调配	51	银白	60	密集构成	177
		银灰	60		

蛋壳陶	157	焦墨	95	锯齿形	156
蛋彩画	73	粤绣	154	简化	4
蛋清	118	舒同体	194	简练	212
绳织	165	釉下彩	159	简洁	212
综合图案	167	釉上彩	159	简笔画	75
综合版画	132	釉色	159	鼠爪点	94
		装扮	162	腰封	180
十二画		装饰	161	解索皴	92
琴弦描	90	装饰色彩	65	韵味	215
款式	25	装饰雕塑	143	韵律	41
超写实主义	226	装帧	179	意见	189
超现实主义	225	装潢设计	185	意在笔先	219
提示	189	普蓝	58	意图	216
提示牌	189	湖蓝	58	意象	209
提法	201	湘绣	153	意象艺术	227
提炼	4	湿画法	125	意境	209
提腕	197	湿笔	98	意蕴	216
博物馆	82	湿润	44	数码版画	131
裁纸刀	70	湿接法	125	数码绘画	78
联合	178	湿壁画	78	塑形膏	120
联想	35	渲染	99	塑造	3
散点式	171	寓意	216	塑像	142
散点透视	16	窗花	155	煤黑	61
散涂法	117	扉页	180	裱画	105
董希文	233	强对比	64	裱画台	106
韩美林	234	强光	21	福字结	165
植物色	111	疏密	7	群化	179
棉纸	115	皴法	92	群青	57
棕色	59	编织	164	群像画	77
棕刷	109				
棕编	165	**十三画**		**十四画**	
椭圆形	26	填涂	41	静态	7
硬笔	190	填漆	41	静物	9
雄伟	214	摆件	161	墙绘	72
紫	58	摆笔法	125	撇法	200
紫罗兰	59	搏瓷	158	聚散构成	176
赏析	210	揉笔法	126	聚焦	33
量感	30	蓝①	58	摹本	105
喷绘	9	蓝②	58	模型设计	184
景观设计	186	楷书	193	模特儿	12
景象	45	楷体字	174	蜡染	163
景德镇窑	161	想象	35	蜡笔	68
黑白木刻	129	感光制版法	138	舞刀法	207
黑白对比	25	感受	29	鲜丽	214
黑白灰关系	25	感性认识	223	鲜艳度	52
黑体字	174	感觉	29	膏状媒介剂	122
铺色	51	碑刻	191	遮挡	34
锉	146	鉴赏	210	瘦金体	194
锉刀	146	暖色系	66	精华	210
锌白	60	暗面	24	精微	213
傅抱石	233	罩色	98	精髓	210
牌子	189	蜀绣	153	漆艺	163
焦点	19	错觉	29	漆画	77

漆器	164	橘黄	55	
漫画	76	整体	33	
漏版藏书票	183	器皿	159	
慢写	2	雕花	140	
褐色	59	雕版	132	
褪色	117	雕刻	202	
翠绿	56	雕塑①	139	
		雕塑②	139	

十五画

撕贴	42	雕漆	164
赭石	59	凝练	213
横批	195	凝重	213
横披	195	壁画	72
横卷	103	壁饰	162
横法	200	壁挂	162
橡皮泥	147	壁塑	142
橄榄描	89		
橄榄绿	57		

十七画

题材	36	擦笔法	126
题诗	101	藏书印	183
题款	101	藏书票	182
题跋	101	藏书章	183
影绘法	169	藏锋	199
影像	149	瞬间	31
墨分五色	95	曙红	54
墨汁	110	魏碑体	194
墨色	96	徽墨	110
墨色交融	220	朦胧	212
墨法	95		

十八画

墨迹	190	藤黄	112
墨彩	96	藤编	164
墨绿	56	覆盖	33
镇纸	115		
镌刻	202		

十九画

篆书	193	警示语	189
篆刻	202		
德化窑	160		

二十一画

熟亚麻仁油	121	露锋	199
熟宣	114		
摩崖雕塑	144		

二十二画

颜色	47	蘸水	99
颜体	195	蘸色	99
颜真卿	237	蘸墨	99
颜料	53	镶嵌画	79
糅合	145		
潘天寿	235		

其他

		CG 插图	150
		CIS 设计	188

十六画

薄画法	116	POP 设计	188
薄涂法	116	PVC 板	133
橛头钉描	91	S 形曲线	14
橙色	54	VI 设计	188
橘红	53